ESV
ERICH
SCHMIDT
VERLAG

FINANZWESEN DER GEMEINDEN

Band 12

Besteuerung von Kommunen

Von
Prof. Dr. Sabine Seibold-Freund

3., völlig neu bearbeitete und
wesentlich erweiterte Auflage

ERICH SCHMIDT VERLAG

Bibliografische Information der Deutschen Bibliothek
Die Deutsche Bibliothek verzeichnet diese Publikation in der Deutschen Nationalbibliografie; detaillierte bibliografische Daten sind im Internet über dnb.ddb.de abrufbar.

Weitere Informationen zu diesem Titel finden Sie im Internet unter
ESV.info/978-3-503-24153-8

1. Auflage 2008
2. Auflage 2015
3. Auflage 2026

Gedrucktes Werk: ISBN 978-3-503-24153-8
eBook: ISBN: 978-3-503-24154-5

Genthiner Straße 30 G, 10785 Berlin
info@ESVmedien.de, www.ESV.info

Satz: PER MEDIEN & MARKETING GmbH, Braunschweig
Druck: Beltz Grafische Betriebe, Bad Langensalza

Vorwort zur 3. Auflage

Seit der Veröffentlichung der letzten Fassung dieses Überblickswerks haben sich viele Neuerungen im Bereich der Besteuerung kommunaler Einrichtungen ergeben. Schwerpunkte der Neuauflage sind insbesondere Dauerverlustgeschäfte und die Verlustverrechnung mittels Betrieben gewerblicher Art oder mittels einer kommunaler GmbH im Zuge der Spartenrechnung. Neuerungen ergaben sich auch mit der Grundsteuerreform 2025, die zu einem erheblichen Mehraufwand in der kommunalen Selbstverwaltung führten. Da kommunale Einrichtungen auch immer öfter mit privaten Anbietern in Konkurrenz stehen, ergeben sich vor allem im Umsatzsteuerrecht neue Herausforderungen für wirtschaftliche, aber auch nichtwirtschaftliche Tätigkeiten im Zusammenhang mit § 2b UStG. Darüber hinaus wurden die zum 01.01.2026 in Kraft getretenen Neuregelungen im Zuge des Steueränderungsgesetzes 2025 berücksichtigt. Die Schwerpunkte dieses Artikelgesetzes betreffen die Besteuerung von kommunalen Einrichtungen insbesondere Steuersatzsenkungen bei der Umsatzsteuer sowie Regelungen im Gemeinnützigkeitsrecht.

Die Struktur und der Aufbau dieses Werkes haben sich als Leitfaden für einen straffen Überblick zur Besteuerung von Einrichtungen der öffentlichen Hand bewährt. Mit dieser Neuauflage wird auch weiterhin das Ziel verfolgt, durch praxisorientierte Sachverhalte mit Lösungshinweisen die vordringlichsten Fragen zu beantworten.

Nordhausen, im Februar 2026 — Die Verfasserin

Vorwort zur 2. Auflage

Zentraler Adressat dieses Buches ist die Kommune im Kontext der öffentlichen Aufgabenerfüllung. Im Fokus stehen daneben Bund, Land, Gemeinde, Gemeindeverbände, Krankenkassen, Kreise, Kreisverbände, Zweckverbände, Hochschulen, Studentenwerke, Industrie- und Handelskammern, Handwerkskammern, Innungen, Anwalts-, Steuerberatungs-, Ärzte- und Landwirtschaftskammern, Landeszentral- und Bundesbank, Rundfunkanstalten, öffentlich-rechtliche Religionsgesellschaften.

Kommunale Einrichtungen und Unternehmen stehen seit längerem im Wandel und müssen sich zunehmend wirtschaftlichen Prinzipien und Zielrichtungen stellen. Nach der Privatisierungswelle und „Re-Kommunalisierung" wird auch von einem Corporate Government gesprochen. Für die öffentliche Aufgabenerfüllung sind handels- und steuerrechtliche Regelungen zu beachten. Hierzu gehören Ertragsteuerfragen zum hoheitlichen Bereich, zur Vermögensverwaltung, zu wirtschaftlichen Tätigkeiten sowie auch der steuerbegünstigte (gemeinnützige) Bereich. Eine besondere Rolle nimmt die Umsatzsteuerpflicht der Kommunen ein. Da die Umsatzsteuer die Leistung an sich betrifft, ist die Kommune als Unternehmerin zugleich auch Steuerschuldnerin dieser Verkehrs- und Verbrauchsteuer. Der Staat nimmt alle Unternehmer in die Pflicht, die Umsatzsteuer selbst zu ermitteln, richtig auszuweisen, einzubehalten und fristgerecht an die Finanzverwaltung abzuführen. Daher werden Kommunen oft vor ungeahnte Liquiditätsprobleme gestellt, wenn die Leistungen nicht oder nicht zutreffend mit der Umsatzsteuer ausgewiesen werden. Auch ist aktuell die Tendenz einer verstärkten Umsatzbesteuerung der öffentlichen Hand zu erkennen und insbesondere aus europäischen Gesichtspunkten von einer Neuregelung des Umsatzsteuerrechts für Kommunen auszugehen.

Die Struktur und der Aufbau dieses Werkes haben sich als Leitfaden für einen straffen Überblick bewährt; auch helfen übersichtliche und praxisorientierte Sachverhalte mit Lösungshinweisen die vordringlichsten Fragen zu beantworten. Daher wird an dieser Konstruktion auch in der zweiten Auflage festgehalten, wobei eine Erweiterung um aktuelle Aspekte erfolgte. Dazu gehören insbesondere der steuerliche Querverbund im Zusammenhang mit dauerhaft defizitären öffentlichen Bereichen, die Weitergabe von Gewinnen des Eigenbetriebes an den Trägerhaushalt und Gemeinnützigkeitsfragen nach den jüngsten Rechtsänderungen in der Abgabenordnung. Eine besondere Erweiterung wurde bei den Ausführungen zum Umsatzsteuerrecht vorgenommen, weil die Umsatzbesteuerung der öffentlichen Hand zunehmend ausgeweitet wird. Die zweite Auflage basiert auf dem Rechtsstand 1. Juli 2015.

Nordhausen, im Juli 2015 — Die Verfasserin

Vorwort zur 1. Auflage

Die Reform des kommunalen Haushaltsrechts, die Veränderung der steuer- und gesellschaftsrechtlichen Rahmenbedingungen beeinflussen die Pflichten, aber auch Rechte der Kommunen, ihre öffentlichen Aufgaben zu erfüllen. Diese reichen vom hoheitlichen Bereich (Abfallentsorgung), der bloßen Verwaltung von unbeweglichem Vermögen (verzinsliche Kapitalanlage) über die zahlreichen gemeinnützigen Aufgaben (Kindergärten, Altenheime, Theater, Museen, Schwimmbäder) bis zu erwerbswirtschaftlichen Tätigkeiten (Versorgungsunternehmen, öffentlicher Personen- und Nahverkehr). Dabei können die Kommunen weitgehend selbst entscheiden, ob diese Tätigkeiten im Rahmen eines Regiebetriebes, Eigenbetriebes, einer Anstalt des öffentlichen Rechts oder einer privatrechtlichen Rechtsform, wie Gesellschaft mit beschränkter Haftung, Aktiengesellschaft oder Stiftung ausgeübt werden. Die Kommunen nehmen mit ihren öffentlichen Betrieben partiell am Wirtschaftsleben teil und stehen im Wettbewerb mit privatwirtschaftlichen Unternehmen. Die Ergebnisse ihrer Aktivitäten unterliegen nach dem steuerlichen Gleichbehandlungsgebot der Besteuerung. Auch die Umstellung auf das doppische Rechnungswesen sowie die Einführung einer Kosten- und Leistungsrechnung lösen bilanzrechtliche Pflichten aus, die für die Besteuerung von Bedeutung sind. Darüber hinaus bewirken kommunale Entscheidungen haushaltspolitische, aber auch steuerrechtliche Konsequenzen, die in den Grundzügen dargelegt werden.

Im vorliegenden Werk steht die Kommune als Steueradressat im Vordergrund. Hiermit sind Gemeinden, Städte und Landkreise angesprochen; die Länder- und Bundesebene wurde bewusst ausgeklammert. Das Buch bietet eine straffe Gesamtdarstellung zur aktuellen Besteuerung von Kommunen mit ihren hoheitlichen, vermögensverwaltenden, steuerbegünstigten und wirtschaftlichen Tätigkeiten in Abhängigkeit von der jeweiligen Organisationsstruktur (Regiebetrieb, Eigenbetrieb) oder Rechtsform (GmbH). Der Rechtsstand basiert auf dem Steuerrecht 2008/2009. Die theoretischen Ausführungen zum Steuerrecht werden durch umfangreiche Praxisbeispiele und Grafiken veranschaulicht. Darüber hinaus kann die Anwendung des Steuerrechts anhand von 50 Sachverhalten, Berechnungsbeispielen oder Kontrollfragen zu jedem Kapitel geübt und vertieft werden. Hieran schließen sich ausführliche Lösungshinweise an.

Die Gesamtdarstellung zum Ertrag-, Grund-, Gemeinnützigkeits- und Umsatzsteuerrecht bietet den Kommunen einen umfassenden Einblick in die steuerrechtlichen Folgen der wirtschaftlichen Tätigkeiten oder kommunalen Entscheidungen. Das Buch kann den steuerlichen Berater nicht ersetzen, bietet aber im Vorfeld eine prägnante Einstiegs- und Überblicksinformation für die Kommunalverwaltung, für Dozenten und Teilnehmer der Verwaltungsakademien und Weiterbildungsveranstaltungen sowie für die Bachelor- und Masterstudiengänge der öffentlichen Betriebswirtschaftslehre/Public Management.

Nordhausen, im Juli 2008 — Die Verfasserin

Inhaltsverzeichnis

Abkürzungsverzeichnis

Abb.	Abbildung
ABMG	Autobahnmautgesetz
Abs.	Absatz
AEAO	Anwendungserlass zur Abgabenordnung
a. G.	auf Gegenseitigkeit (Versicherungsverein)
AG	Aktiengesellschaft
AktG	Aktiengesetz
AO	Abgabenordnung
BFH	Bundesfinanzhof
BgA	Betrieb gewerblicher Art
BGB	Bürgerliches Gesetzbuch
BMF	Bundesministerium der Finanzen
BStBl	Bundessteuerblatt
BZSt	Bundeszentralamt für Steuern
Buchst.	Buchstabe
bzw.	beziehungsweise
ELSTER	Elektronische Steuererklärung
EStG	Einkommensteuergesetz
EuGH	Europäischer Gerichtshof
e.V.	eingetragener Verein
ff.	fortfolgende
GewStG	Gewerbesteuergesetz
GG	Grundgesetz
GmbH	Gesellschaft mit beschränkter Haftung
GmbHG	GmbH-Gesetz
GrStG	Grundsteuergesetz
H	Einzelhinweis (Richtlinien)
HB	Hoheitsbetrieb
HGB	Handelsgesetzbuch
IAS	International Accounting Standard(s)
IFRS	International Financial Reporting Standard(s)
i. g.	innergemeinschaftlich
jPöR	juristische Person des öffentlichen Rechts
JStG	Jahressteuergesetz
KapESt	Kapitalertragsteuer
KG	Kommanditgesellschaft
KStG	Körperschaftsteuergesetz

KStR	Körperschaftsteuerrichtlinien
max.	maximal
Mio.	Million
ÖPNV	Öffentlicher Personen- und Nahverkehr
OHG	Offene Handelsgesellschaft
OLG	Oberlandesgericht
R	Richtlinie
Rn.	Randnummer
i.S.d.	im Sinne des
S.	Satz, Seite
SolZ	Solidaritätszuschlag
StVO	Straßenverkehrsordnung
ThürKO	Thüringer Kommunalordnung
u.a.	unter anderem
UG	Unternehmergesellschaft haftungsbeschränkt
US-GAAP	United States Generally Accepted Accounting Principles
USt-IdNr.	Umsatzsteuer-Identifikationsnummer
UStDV	Umsatzsteuerdurchführungsverordnung
UStG	Umsatzsteuergesetz
UStAE	Anwendungserlass zur Umsatzsteuer
vGA	verdeckte Gewinnausschüttung
vgl.	vergleiche
v. T.	von Tausend
VV	Vermögensverwaltung
wiGB	wirtschaftlicher Geschäftsbetrieb
z.B.	zum Beispiel
ZB	Zweckbetrieb
ZER	Zuwendungsempfängerregister

Tabellenverzeichnis

Literaturverzeichnis

Alber, Matthias: Gemeinnützigkeit im Ertragsteuerrecht. 2. Aufl., Stuttgart 2025.

BFH-Urteil vom 06.12.2023 – XI R 33/21 – mit Anmerkung von Thomas Küffner: Steuerbare Umsätze, Unternehmereigenschaft und Vorsteuerabzug einer Kurgemeinde, Gemeindewirtschaft 2024, Heft 06, S. 139 – 144.

BFH-Urteil vom 29.08.2024 – VR 43/21 – mit Anmerkung von Martin Kronawitter: Zusammenfassung von Betrieben gewerblicher Art (BgA) gemäß § 4 Abs. 6 Satz 1 des Körperschaftsteuergesetzes (KStG), Gemeindewirtschaft 2025, Heft 01, S. 16 – 20.

BMF-Schreiben vom 06.06.2025: Zusammenfassung von Betrieben gewerblicher Art (BgA) gemäß § 4 Abs. 6 S. 1 Nr. 1 bis 3 KStG; Veröffentlichung des BFH-Urteils vom 29. August 2024 – V R 43/21, BStBl 2025 I S. 1453.

BMF-Schreiben vom 14.11.2019: Zur gesonderten Prüfung möglicher größerer Wettbewerbsverzerrungen bei § 2b Abs. 3 Nr. 2 UStG, BStBl I 2019, S. 1140.

BMF-Schreiben vom 28.01.2019: Auslegungsfragen zu § 20 Abs. 1 Nr. 10 EStG: Betriebe gewerblicher Art als Schuldner der Kapitalerträge, BStBl I 2019, S. 111 – 119.

BMF-Schreiben vom 16.12.2016: Anwendung des § 2b UStG, BStBl I 2016, S. 1451.

Bott, Harald: Kapitalertragsteuer bei Leistungen eines Betriebs gewerblicher Art: Fiktiver Gewinntransfer i. S. d. § 20 Abs. 1 Nr. 10 Buchst. b EStG – Bestandsaufnahme und Ausblick, Gemeindewirtschaft 2023, Heft 03 und 04, S. 99 – 104.

Brünjes, Johann: Umsatzsteuergesetz, Kommentar, 23. Aufl., München 2024.

Buchna, Johannes/Leichinger, Carina/Seeger, Andreas/Brox, Wilhelm: Gemeinnützigkeit im Steuerrecht, 12. Aufl., Achim 2023.

Dautzenberg, Norbert: Betriebswirtschaftliche Steuerlehre, Stuttgart 2025.

Dötsch, Ewald/Pung, Alexandra/Möhlenbrock, Rolf: Die Körperschaftsteuer. Kommentar, Loseblattwerk, 115. Lfg., Stuttgart 2024.

Fiand, Andreas: Die Spartenrechnung nach § 8 Abs. 9 KStG im Lichte der Rechtsprechung, Gemeindewirtschaft 2025, Heft 01, S. 7 – 12.

Fiand, Andreas: Zusammenfassung von BgA im Lichte der jüngeren Rechtsprechung und veränderter Rahmenbedingungen, Gemeindewirtschaft 2024, Heft 06, S. 123 – 131.

Frotscher, Gerrit/Drüen, Klaus-Dieter: Kommentar zum Körperschaft-, Gewerbe- und Umwandlungssteuergesetz, Loseblattausgabe, 176. Aufl., Freiburg i. Br. 2024.

Gnädinger, Marc: Quo vadis Kommunalwirtschaft – Rekommunalisierung versus Privatisierung, Gemeindewirtschaft 2023, Heft 02, S. 51 – 59.

Gosch, Dietmar: Körperschaftsteuergesetz. Kommentar, 5. Aufl., München 2025.

Grootens, Mathias (Hrsg.): Grundsteuergesetz, Bewertungsgesetz Kommentar, 3. Aufl., Herne 2025.

Hartmann, Alfred/Metzenmacher, Wilhelm: Umsatzsteuergesetz, Kommentar, Loseblattwerk, Berlin 2024.

Hidien, Jürgen/Jürgens, Andreas: Die Besteuerung der öffentlichen Hand, 2. Aufl., München 2023.

Hüttemann, Rainer: Gemeinnützigkeitsrecht und Spendenrecht, 5. Aufl., Köln 2021.

Kramer, Philipp/Seibold-Freund, Sabine: Rechtsgrundlagen, Bewertungsverfahren und Wirkungen der neuen Grundsteuer 2025, Kommunale Steuerzeitschrift 2024, S. 1 – 14.

Kronawitter, Martin: Jahressteuergesetz 2024 – Wesentliche Änderungen aus Sicht der Kommunen und ihrer Betriebe, Gemeindewirtschaft 2024, S. 291 – 296.

Kronawitter, Martin: Die Körperschaftsteuer und Kapitalertragsteuer bei der öffentlichen Hand, München 2022.

Kronawitter, Martin: Umsatzsteuer-ABC für die öffentliche Hand und ihre Betriebe, Loseblattausgabe, München 2022.

Krumm, Marcel/Paeßens, Petra: Grundsteuergesetz: GStG Kommentar, 2. Aufl., München 2025.

Löblein, Werner/Pentenrieder, Johann: Die Mehrwertsteuer der Gemeinden und ihrer Betriebe, Loseblattausgabe, Band I und II, Stuttgart 2023.

Maier, Alexandra: Lehrbuch Umsatzsteuer, 19. Aufl., Herne 2022.

Meissner, Gabi/Neeser, Alexander: Umsatzsteuer, 27. Aufl., München 2023.

Mössner, Jörg-Manfred/Oellerich, Ingo/Valta, Matthias: Körperschaftsteuergesetz. Kommentar, 6. Aufl., Herne 2024.

Musil, Andreas/Küffner, Thomas: Besteuerung der öffentlichen Hand. 2. Aufl., Köln 2025.

Niemann, Walter/Dodos, Panagiotis: Tax Compliance Management System, Regelungen und Arbeitshilfen, 2. Aufl., München 2021.

Pieske-Kontny, Detlef: Die Umsatz- und Gewinngrenzen des § 20 Abs. 1 Nr. 10 Buchst. b EStG bei einem BgA, Gemeindewirtschaft 2026, Heft 01, S. 9 – 11.

Pieske-Kontny, Detlef: Förderung wohngemeinnütziger Zwecke gemäß § 52 Abs. 2 Satz 1 Nr. 27 AO, Gemeindewirtschaft 2025, Heft 04, S. 87 – 89.

Preißer, Michael/Bernhardt, Robert/Wind, Till Kristian: Reform der Grundsteuer und des Bewertungsrechts 2019, Weil im Schönbuch 2020.

Schauhoff, Stephan/Kirchhain, Christian: Handbuch der Gemeinnützigkeit, 4. Aufl., München 2023.

Schleder, Herbert: Steuerrecht der Vereine, 13. Aufl., Herne 2023.

Schmidt, Ludwig: Einkommensteuergesetz. Kommentar, 44. Aufl., München 2025.

Schmitz-Herscheidt, Fabian: Besteuerung der Körperschaften und ihrer Anteilseigner, München 2025.

Schwarting, Gunnar: Kommunale Steuern, 3. Aufl., Berlin 2022.

Schwarz, Bernhard/Widmann, Werner/Radeisen, Rolf-Rüdiger: Umsatzsteuergesetz. Kommentar, Loseblattausgabe, 244. Aufl., München 2024.

Seeger, Andreas/Kurz, Tilo/Grummann, Stephan/Roller, Frank/Imberg, Anna: Die Reform des Gemeinnützigkeitsrechts, Berlin 2022.

Seibold-Freund, Sabine: Umsatzsteuerliche Wirkungen des § 2b UStG im Kontext eines Tax Compliance Systems, Gemeindewirtschaft 2023, Heft 05, S. 123 – 130.

Seibold-Freund, Sabine/Jäger, Sebastian: Entwicklung eines Compliance Management Systems (CMS) unter besonderer Berücksichtigung umsatzsteuerlicher Verpflichtungen öffentlicher Unternehmen, Neue Erkenntnisse und Ansätze im Polizei-, Verwaltungs- und öffentlichen Finanzmanagement, hrsg. Von Jürgen Stember, Baden-Baden 2022.

Seibold-Freund, Sabine: Öffentliche Betriebe im Umsatzsteuerrecht, Berlin 2020.

Sölch/Ringleb: Umsatzsteuergesetz, Kommentar, Loseblattausgabe, 102. Aufl., München 2024.

Stellkens, Paul/Bonk, Heinz Joachim/Sachs, Michael: Verwaltungsverfahrensgesetz. Kommentar, 10. Aufl., München 2023, Rn. 117 – 122.

Stember, Jürgen (Hrsg.): Neue Erkenntnisse und Ansätze im Polizei-, Verwaltungs- und öffentlichen Finanzmanagement, Baden-Baden 2022.

Sterzinger, Christian: Kuchenverkauf in Schulen oder Kindertagesstätten vor dem Hintergrund des § 2b UStG, Gemeindewirtschaft 2024, Heft 11, S. 267 – 269.

Streck, Michael: Körperschaftsteuer, Kommentar, 10. Aufl., München 2022.

Walkenhorst, Ralf: Praktikerhandbuch Umsatzsteuer, 10. Aufl., Herne 2024.

Wallenhorst, Rolf/Halaczinsky, Raymond: Die Besteuerung gemeinnütziger Vereine, Stiftungen und der juristischen Personen des öffentlichen Rechts, 7. Aufl., München 2017.

Teil I Steuerliche Grundlagen, Organisations- und Rechtsformen

Inhaltsübersicht

1. Rechtfertigung der Besteuerung von Kommunen und steuerliche Anknüpfungspunkte bei wirtschaftlichen Aktivitäten

Die Erfüllung öffentlicher Aufgaben (Zwecke) ist eine komplexe Entscheidungsgröße, bei der haushaltsrechtliche und kommunalpolitische Vorschriften ebenso zu beachten sind wie handels- und steuerrechtliche Normen oder betriebswirtschaftliche Grundsätze. Dabei werden öffentliche Aufgaben nicht mehr nur als Verwaltungseinrichtung erfüllt, sondern zunehmend als wirtschaftliche Tätigkeit im Rahmen eines öffentlichen Unternehmens ausgeübt.

Das Recht der Kommunen auf eine wirtschaftliche Betätigung zur Erfüllung öffentlicher Aufgaben ist Teil der kommunalen Selbstverwaltungsgarantie (Art. 28 Abs. 2 GG). Sie kann in einer Errichtung, Übernahme oder Erweiterung wirtschaftlicher Unternehmen oder auch in der kommunalen Beteiligung an einem wirtschaftlichen Unternehmen bestehen. Hierdurch nimmt die Kommune am marktwirtschaftlichen Prozess teil und ist nach dem Gleichheitsgrundsatz (Art. 3 GG) privatwirtschaftlichen Unternehmen steuerlich gleichzustellen. Für die Besteuerung von kommunalen Tätigkeiten kommt es vor allem auf die Art der Tätigkeit an, die sich aus der öffentlichen Aufgabenerfüllung ableitet. Zusätzlich ist zu unterscheiden, in welcher Organisationsstruktur oder Rechtsform diese öffentliche Aufgabe erfüllt wird. Grundlegend ist zwischen der steuerpflichtigen wirtschaftlichen Betätigung und der steuerfreien nicht wirtschaftlichen (hoheitlichen) Aufgabenerfüllung zu unterscheiden.

In der gesellschafts- und steuerrechtlichen Terminologie wird die öffentliche Hand als „juristische Person des öffentlichen Rechts (jPöR)“ oder „Körperschaft des öffentlichen Rechts“ bezeichnet. Eine juristische Person des öffentlichen Rechts ist ein Verwaltungsträger, der selbständig ist und Hoheitsbefugnisse besitzt. Die wirtschaftliche Betätigung der Kommunen kann sowohl in einer öffentlich-rechtlichen als auch in einer privatrechtlichen Organisationsform erfolgen. Eine öffentlich-rechtliche Organisationsstruktur ohne eigene Rechtspersönlichkeit, z. B. Regie- oder Eigenbetrieb, wird ertragsteuerlich als Betrieb gewerblicher Art der juristischen Person des öffentlichen Rechts erfasst. Es kommt hierbei zusätzlich auf die Art der wirtschaftlichen Tätigkeit an. Dagegen führen wirtschaftliche Tätigkeiten im Rahmen einer privatrechtlichen Rechtsform, z. B. einer kommunalen GmbH, nach dem Körperschaft- und Gewerbesteuerrecht grundsätzlich zu einer eigenständigen Steuerpflicht. Ausnahmsweise kann eine GmbH auch von den Ertragsteuern befreit sein, zum Beispiel als steuerbegünstigte Körperschaft (gemeinnützige Krankenhaus-GmbH).

Nahezu alle Steuerarten können die kommunalen Tätigkeiten und die Art der öffentlichen Aufgabenerfüllung unmittelbar oder mittelbar tangieren. Im Fokus der Besteuerung von Kommunen stehen das Ertragsteuerrecht (Körperschaftsteuer, Solidaritätszuschlag, Gewerbesteuer) und vor allem das Umsatzsteuerrecht. Ergänzend kommen Fragen des Grundsteuerrechts hinzu. Obwohl nahezu alle

40 Steuerarten des deutschen Steuerrechts die kommunalen Entscheidungen beeinflussen können, liegt der Fokus bei der Besteuerung wirtschaftlicher Tätigkeiten der Kommune auf den Ertragsteuern und den Umsatzsteuern. Darüber hinaus ist auch die Art der Organisations- oder Rechtsform entscheidend für die Höhe der Steuerbelastung. Schließlich können kommunale Aufgaben, die steuerbegünstigte (gemeinnützige, mildtätige, kirchliche) Zwecke nach §§ 52 – 54 AO erfüllen, von den Ertragsteuern und der Grundsteuer befreit sein oder im Umsatzsteuerrecht begünstigt besteuert werden. Zur vereinfachten Darstellung der komplexen Steuerrechtsnormen für die Tätigkeiten der Kommunen wird auf die folgende Ermittlungsformel zurückgegriffen, die für alle Steuerarten anwendbar ist:

Bemessungsgrundlage × Steuertarif = Steuer

Da für jede Steuerart eine andere Bemessungsgrundlage und ein anderer Steuertarif gelten, geht aus der nachfolgenden Abbildung das Rechengerüst aller Steuerarten hervor, die bei kommunalen Entscheidungen von Bedeutung sind:

Tabelle 1: Rechengerüst der relevanten Steuerarten

Bemessungsgrundlage	**Steuersatz**	**Tarifverlauf**	**Steuerart**
Zu versteuerndes Einkommen	15 % (bis 2027)	Proportional	Körperschaftsteuer (KSt)
Zu versteuerndes Einkommen	25 %	Proportional	Kapitalertragsteuer (KapESt)
Festgesetzte Körperschaftsteuer	5,5 %	Proportional	Solidaritätszuschlag (SolZ)
Gewerbeertrag	3,5 % × Hebesatz	Proportional (Kapitalgesellschaft)	Gewerbesteuer (GewSt)
Inländischer Grundbesitz (Betriebsgrundstück)	0,31 Promille bzw. 0,34 Promille × Hebesatz	Proportional	Grundsteuer (GrSt)
Entgelt	19 % (7 % / 0 %)	Proportional	Umsatzsteuer (USt)

(Quelle: Eigene Darstellung)

Jede Steuerart bezieht sich auf einen wirtschaftlichen oder rechtlichen Tatbestand, z. B. gewerbliche Einkünfte (Gewinn, Körperschaftsteuer), den Ertrag eines Gewerbebetriebes (Gewinn, Gewerbesteuer), Einkünfte aus der Nutzung von bebauten oder unbebauten Grundstücken (Vermögen, Grundsteuer) oder die entgeltlichen Leistungen (Umsatz, Umsatzsteuer). Die steuerrechtliche Bemessungsgrundlage ist die Wert- oder Mengengröße, die den Umfang des Tatbestands oder Steuergegenstands quantifiziert. Die Bezeichnung der Bemessungsgrundlage ist allerdings stark juristisch geprägt (siehe Tabelle 1); die ökonomischen Ausgangsgrößen, wie Gewinn, Vermögen, Umsatz, werden steuerrechtlich modifiziert.

Der Steuertarif besteht aus den beiden Komponenten Steuersatz und Bemessungsgrundlage. Ein konstanter Steuersatz ist nicht von der Höhe der Bemessungsgrundlage abhängig. Unabhängig davon, ob bis 2027 der Gewinn einer Körperschaft 50.000 Euro oder 900.000 Euro beträgt, wird hierauf jeweils ein Körperschaftsteuersatz von 15 % erhoben. Der Steuersatz vermindert sich sukzessive bis 2031 auf 11 %. Ab 2032 beträgt er 10 %. Es kommt nicht auf die Höhe des Gewinns an. Damit ist der Tarifverlauf der Körperschaftssteuer proportional, weil er nicht von der Höhe der Bemessungsgrundlage abhängig ist. Die Gewerbesteuer und Grundsteuer haben die Besonderheit, dass sich der „Steuersatz“ aus der Steuermesszahl und dem Hebesatz der Gemeinde zusammensetzt. Für Kapitalgesellschaften beträgt die Gewerbesteuerbelastung bei einem kommunalen Hebesatz von 400 % und einer (bundeseinheitlichen) Steuermesszahl von 3,5 % (3,5 % × 400 % =) 14 %. Auch die Grundsteuer basiert auf einem kombinierten „Steuersatz“, bestehend aus Steuermesszahl (abhängig von der Art des Grundbesitzes) und dem kommunalen Hebesatz. Für die Umsatzsteuer gilt ein konstanter Regelsteuersatz von 19 %, der sich für bestimmte Umsätze auf 7 % bzw. 0 % (Photovoltaikanlagen) ermäßigt.

Die ertragsteuerlichen Besteuerungsprinzipien bei wirtschaftlichen Tätigkeiten der öffentlichen Hand gelten im Umsatzsteuerrecht nur bedingt. Die Umsatzsteuer erfasst als allgemeine Verkehrs- und Verbrauchsteuer alle Umsätze, die ein Unternehmer im Inland gegen Entgelt im Rahmen seines Unternehmens erbringt. Nach der Intention des Gesetzgebers soll der Endverbraucher die Umsatzsteuer wirtschaftlich tragen. Unternehmer sind daher verpflichtet, die Umsatzsteuer zu ermitteln, einzubehalten und fristgerecht an das Finanzamt abzuführen. Unternehmer können jedoch die aus Vorleistungen stammende Umsatzsteuer abziehen (Vorsteuerabzug). Die Umsatzsteuer knüpft an die Umsätze eines Unternehmers an und erfasst unter bestimmten Voraussetzungen auch den hoheitlichen Bereich einer jPöR, ihre Vermögensverwaltung sowie Umsätze von steuerbegünstigten (gemeinnützigen) Körperschaften. Allerdings kann eine steuerbare Leistung steuerfrei gestellt werden, eine steuerpflichtige Leistung dem ermäßigten Steuersatz unterliegen oder die Körperschaft als Kleinunternehmerin von den umsatzsteuerlichen Pflichten insgesamt ausgenommen werden, wenn bestimmte Jahresumsatzgrenzen nicht überschritten werden.

Die Kommune hat als „Steuerpflichtiger“ im Rahmen des Besteuerungsverfahrens eine Reihe von steuerrechtlichen Mitwirkungs- und Aufzeichnungspflichten gegenüber dem zuständigen Finanzamt zu erfüllen. Das gilt namentlich für die elektronische Übermittlung von Steuererklärungen mittels ELSTER. In den Steueranmeldungen (Umsatzsteuer-Voranmeldungen) muss die Kommune die Steuer selbst berechnen, einbehalten und an das Finanzamt abführen. Weiterhin bestehen Buchführungs- und Aufzeichnungspflichten, die der Abgabe ordnungsgemäßer Steuererklärungen dienen. Die Höhe der Steuerschuld wird durch einen Verwaltungsakt, den Steuerbescheid, festgesetzt. Der Bescheid ergeht in der Regel schriftlich unter Angabe der ermittelten Besteuerungsgrundlagen, Art und Höhe der festgesetzten Steuer, des Steuerschuldners und einer Rechtsbehelfsbelehrung. Der Steuerpflichtige (Kommune) kann außergerichtlich innerhalb von vier Wochen Einspruch gegen den Steuerbescheid einlegen. Über den Einspruch entscheidet die Finanzbehörde, die den angefochtenen Steuerbescheid erlassen hat und den Sachverhalt erneut prüft. Wird der Steuerbescheid nicht im Sinne des Steuerpflichtigen geändert, kann das gerichtliche Rechtsbehelfsverfahren durch Klage bei den Finanzgerichten, Revision und Beschwerde an den Bundesfinanzhof eine Überprüfung der Einspruchsentscheidung herbeiführen. Das Finanzgericht entscheidet über die Klage durch ein Urteil, gegen das Revision beim Bundesfinanzhof eingelegt werden kann.

Die Besteuerung der kommunalen Tätigkeiten bei der Erfüllung öffentlicher Aufgaben hängt einerseits von der Art des öffentlichen Auftrags ab; sie kann zu einer hoheitlichen, vermögensverwaltenden, gemeinnützigen oder wirtschaftlichen Tätigkeit der öffentlichen Hand führen. Andererseits kommt es darauf an, in welcher Organisations- oder Rechtsform die öffentlichen Aufgaben erfüllt werden, insbesondere durch eine öffentlich-rechtliche Organisationsform (Behörde, Sondervermögen, Regiebetrieb, Eigenbetrieb, Zweckverband oder Anstalt des öffentlichen Rechts). Die Tätigkeiten können aber auch auf privatrechtliche Rechtsformen, wie Gesellschaften mit beschränkter Haftung oder Aktiengesellschaften, übertragen werden, bei denen die öffentliche Hand entweder Alleingesellschafterin ist (Eigengesellschaften) oder zusammen mit einem fremden Dritten mehrheitlich beteiligt ist (Beteiligungsgesellschaften).

Kommunale Unternehmen werden vom statistischen Bundesamt als öffentliche Fonds, Einrichtungen und Unternehmen erfasst. Zwischen den Jahren 2018 und 2022 ist die Zahl der öffentlichen Unternehmen gestiegen. Tendenziell wird diese Zunahme als Indikator einer Rekommunalisierung verstanden. Zuvor privatisierte öffentliche Aufgaben werden wieder kommunal wahrgenommen, wie z.B. im kommunalen Wohnungsbau. Auch der Breitbandausbau erweitert das Spektrum der Daseinsvorsorge und zeigt einen Wandel politischer Präferenzen. Nach wie vor nimmt der Ver- und Entsorgungsbereich von Trinkwasser, Abwasser und Abfall (ohne Gas und Strom) den größten Anteil bei den kommunalen Unternehmen ein.

2. Öffentlich-rechtliche Organisationsformen ohne und mit eigener Rechtspersönlichkeit

2.1 Regiebetriebe

Der Regiebetrieb ist die Urform der Verwaltungsbetriebe. Er ist keine eigenständige Rechtsform, sondern ein rechtlich und wirtschaftlich unselbständiger Teil der Kommune. Regiebetriebe sind in personeller und organisatorischer Hinsicht vollständig in eine Gemeinde- oder Stadtverwaltung beziehungsweise Kreisverwaltung integriert. Der Regiebetrieb erscheint als Amt, Abteilung, Sachgebiet, Ressort oder Behörde und wird von der Trägerkörperschaft (z.B. Stadt Musterhausen) „geleitet". Er übernimmt Aufgaben der öffentlichen Daseinsvorsorge und ist je nach Aufgabenzuteilung Dienstleister innerhalb der Stadtverwaltung. Hierbei werden auch Dienste der Verwaltung zur Erfüllung der Aufgaben in Anspruch genommen. Der Regiebetrieb ist folglich Teil der Kommunalverwaltung und somit in das kommunale Haushalts-, Rechnungs- und Prüfungs- sowie Personalwesen eingegliedert. Hierdurch wird der eigene Handlungs- und Entscheidungsspielraum festgelegt, denn innerhalb der Verwaltung hat der Regiebetrieb gemäß den bestehenden Verwaltungsanordnungen zu agieren. Seine Einnahmen und Ausgaben werden im Haushaltsplan des Trägerhaushalts integriert. In der Tabelle 2 sind die wesentlichen Strukturmerkmale des Regiebetriebes im Überblick dargelegt:

Tabelle 2: Strukturmerkmale des Regiebetriebes

Öffentlich-rechtliche Organisationsform: Regiebetrieb	
Gesetzliche Grundlage	Gemeindeordnung, Haushaltssatzung
Rechtliche Selbständigkeit	Nicht-rechtsfähig
Leitungsbefugnis	Bürgermeisterin/Bürgermeister
Gremien/Organe	Gemeinderat, Gemeindeausschuss
Gewährträgerhaftung	Volle Haftung der Kommune
Jahresabschluss	Kameralistisches Rechnungswesen Bruttobetrieb und Teil des Trägerhaushalts
Ertragsteuerpflicht	Keine Steuerpflicht bei hoheitlicher Aufgabenerfüllung (Hoheitsbetrieb). Steuerpflicht bei wirtschaftlicher Aufgabenerfüllung im Rahmen eines Betriebes gewerblicher Art
Praxisbedeutung	Erfüllung hoheitlicher (öffentlicher) Aufgaben: Friedhofswesen, Straßenbeleuchtung, Straßenreinigung, Entsorgungsbetriebe

(Quelle: Eigene Darstellung)

Der Regiebetrieb ist haushaltstechnisch ein Bruttobetrieb, d.h. keine Saldierung der Einnahmen und Ausgaben im Haushaltsplan. Die erzielten Einnahmen stehen dem Trägerhaushalt zur Verfügung, sodass auch eine anderweitige Verwendung der Einnahmen möglich ist. Fehlende Mittel werden dagegen vom Trägerhaushalt zur Verfügung gestellt. Der Regiebetrieb hat weder eigene Organe noch eigenes Vermögen oder eigenes Rechnungswesen. Die Kommune kann unmittelbare Einflüsse auf die öffentliche Aufgabenerfüllung ausüben, denn der Regiebetrieb unterliegt der Kontrolle und Steuerung durch die kommunalen Gremien oder Kreisverwaltungen. Gesetzliche Vertreter von Regiebetrieben sind die

(Ober-)Bürgermeister beziehungsweise Landräte. Die Steuerung erfolgt im Wesentlichen durch die entsprechenden politischen Gremien (Stadtrat/Kreistag). Mit der Einbindung in die Kommunalverwaltung können allerdings längere Entscheidungswege verbunden sein.

Ertragsteuerrechtlich führt die hoheitliche Tätigkeit mittels Regiebetrieb zu einem Hoheitsbetrieb, der von den Ertragsteuern ausgenommen wird. Sollte die öffentliche Aufgabenerfüllung zu einer wirtschaftlichen Tätigkeit führen, entsteht eine Ertragsteuerpflicht im Rahmen eines Betriebes gewerblicher Art. In der Praxis erscheint der Regiebetrieb als „kommunaler Hilfsbetrieb" überwiegend bei hoheitlichen Aufgaben, insbesondere im Bereich des kommunalen Bestattungswesens, der Stadtreinigung und Straßenbeleuchtung oder bei der Abwasserentsorgung.

2.2 Eigenbetriebe

Eigenbetriebe gehören wie die Regiebetriebe zu den öffentlich-rechtlichen Organisationsformen ohne eigene Rechtsfähigkeit. Dennoch werden sie als „verselbständigte Regiebetriebe" bezeichnet, weil sie organisatorisch und haushaltsmäßig als selbständige Einrichtungen mit eigener Betriebssatzung agieren. Eigenbetriebe sind nach der jeweiligen landesrechtlichen Eigenbetriebsverordnung wirtschaftliche Unternehmen, die einem öffentlichen Zweck dienen; ein gewinnorientiertes Handeln ist möglich. Der Eigenbetrieb stellt keinen Haushaltsplan, sondern einen Wirtschaftsplan auf; sein abgegrenztes Vermögen ist als Sondervermögen vom übrigen Gemeindevermögen getrennt zu erfassen. Das saldierte Endergebnis des Eigenbetriebes in Form eines Jahresgewinns oder Jahresverlustes schlägt sich im Trägerhaushalt nieder. Der Eigenbetrieb wendet als Nettobetrieb seine eigene Buchführung auf der Basis des kaufmännischen Rechnungswesens an. Zu Beginn des Wirtschaftsjahres ist ein Wirtschaftsplan aufzustellen, der aus einem Ergebnis-, Vermögens- und Stellenplan besteht und dem Haushaltsplan der Kommune als Pflichtanlage beizufügen ist.

Der Eigenbetrieb ist organisatorisch selbständig. Das oberste Entscheidungsorgan ist im Regelfall der Gemeinderat oder die Bürgermeisterin bzw. der Bürgermeister, welche die betrieblichen Ziele vorgeben und Grundsatzentscheidungen treffen. Der Werkleitung obliegt die laufende Betriebsführung. Hierzu gehören alle wiederkehrenden Maßnahmen zur Aufrechterhaltung des Betriebes, wie z.B. Materialbeschaffung, Personaleinsatz oder die Anordnung von Instandhaltungs- und Wartungsarbeiten. Neben der Außenvertretung des Eigenbetriebes hat die Werkleitung auch die Beschlüsse des Werkausschusses vorzubereiten oder auszuführen. Die selbständige technische und betriebswirtschaftliche Leitung wird häufig auch von zwei Werkleitern ausgeübt. Sie können Beamte oder Angestellte der Kommune sein; es kann sich aber auch um Fremdwerkleiter handeln. Gemeindedirektoren (Bürgermeisterin/Bürgermeister) sind Dienstvorgesetzte der Eigenbetriebe mit Weisungsrecht. In einzelnen Bundesländern, z.B. im Saarland, können Bürgermeister auch selber Werkleiter sein. In Rheinland-Pfalz ist es dagegen verboten, dass Bürgermeister die Werkleitung übernehmen; mit dem Verbot soll eine politische Neutralität erreicht werden.

Der Werkausschuss ist ein besonderer Ratsausschuss, der sich nur mit den Angelegenheiten des Eigenbetriebs befasst. Er wird auch Betriebsausschuss oder Betriebskommission (Hessen) genannt. Seine Mitglieder werden nach den Vorschriften für die Besetzung von Ratsausschüssen nach Kommunalrecht gewählt. Daher wird der Werkausschuss auch „verlängerter Arm" der Bürgermeister oder des Gemeinderats genannt. Der Ausschuss ist ein Kontrollorgan, das die Werkleitung und die Einhaltung der Satzung überwacht. Darüber hinaus hat er beratende Funktionen über außerordentliche oder laufende wirtschaftliche Entscheidungen, wie z.B. Abschluss von Konzessionsverträgen, Festsetzung von Gebührentarifen oder Aufstellung des Wirtschaftsplans und Jahresabschlusses.

Der Eigenbetrieb ist der jeweiligen Kommune zugeordnet. Die Organe der Kommune können die Geschäftstätigkeit und die Ausrichtung des Eigenbetriebs maßgeblich direkt beeinflussen. Andererseits hat der Eigenbetrieb durch die Existenz einer Betriebsleitung die Möglichkeit, in festgelegten Grenzen unabhängig von der Verwaltungshierarchie zu agieren. Somit kommt dem Eigenbetrieb eine begrenzte Autonomie unter politischer Steuerung der Gemeinderäte oder (Ober-)Bürgermeister zu.

Steuerrechtlich führt eine hoheitliche Tätigkeit mittels Eigenbetrieb zu einem Hoheitsbetrieb, der keiner Ertragsteuerpflicht unterliegt. Da Eigenbetriebe aber vorrangig wirtschaftliche Tätigkeiten im Rahmen der öffentlichen Aufgabenerfüllung verfolgen, wird im Regelfall ein gewerbe- und körperschaftsteuerpflichtiger Betrieb gewerblicher Art begründet. In der nachfolgenden Tabelle sind die wesentlichen Strukturmerkmale des Eigenbetriebes im Überblick dargelegt:

Tabelle 3: Strukturmerkmale des Eigenbetriebes

Öffentlich-rechtliche Organisationsform: Eigenbetrieb	
Gesetzliche Grundlage	Gemeindeordnung, Haushaltssatzung, Eigenbetriebsverordnung
Rechtliche Selbständigkeit	Nicht-rechtsfähig
Leitungsbefugnis	Bürgermeister, Gemeinderat, Werkleitung
Gremien/Organe	Werkleitung, Werkausschuss
Gewährträgerhaftung	Volle Haftung der Kommune
Jahresabschluss	Kaufmännisches Rechnungswesen, Nettobetrieb und Anhang im Trägerhaushalt sowie Erstellung eines Jahresabschlusses (Bilanz, GuV, Anhang)

Öffentlich-rechtliche Organisationsform: Eigenbetrieb	
Ertragsteuerpflicht	Keine Steuerpflicht bei hoheitlicher Aufgabenerfüllung (Hoheitsbetrieb). Steuerpflicht bei wirtschaftlicher Aufgabenerfüllung im Rahmen eines Betriebes gewerblicher Art
Praxisbedeutung	Erfüllung wirtschaftlicher, kultureller, sozialer öffentlicher Aufgaben, Versorgungsbetriebe: Bauhöfe, Abwasserver- und -entsorgung, Abfallwirtschaft, Verkehrsbetriebe, Einrichtungen mit kulturellen Zwecken, Altenheime, Krankenhäuser

(Quelle: Eigene Darstellung)

In der Praxis erscheinen Eigenbetriebe häufig als Versorgungsbetriebe, Entsorgungsbetriebe, Verkehrsbetriebe, kulturelle Einrichtungen (Theater) oder im sozialen Bereich, z.B. als Altenheime und Krankenhäuser, die einen besonderen Typ des Eigenbetriebs darstellen. In Thüringen sind Versorgungs- und Verkehrsbetriebe obligatorisch zu einem Eigenbetrieb („Stadtwerke") zusammenzufassen. In der Praxis finden sich Eigenbetriebe z.B. als „Baubetriebshof" (Oestrich-Winkel), „Markthallen" (München), „Gürzenich-Orchester" (Köln), „Kreiswirtschaftsbetriebe" (Goslar), „Kreisabfallwirtschaft" (Sigmaringen), „Kommunalservice" (Jena), „Gebäudewirtschaft" (Mainz), „Tourismuszentrale" (Rostock & Warnemünde), „Kultur und Freizeit" sowie „soziale Dienste" (Oestrich-Winkel). Eigenbetriebe handeln in der Regel gewinnorientiert und können durch die organisatorische und wirtschaftliche Selbständigkeit flexibler wirtschaften als Regiebetriebe. Dennoch sind Eigenbetriebe auf Grund der fehlenden rechtlichen Selbständigkeit stark an das Kommunalrecht gebunden.

2.3 Kommunalunternehmen (Anstalten des öffentlichen Rechts)

Kommunalunternehmen, selbständige Kommunalanstalten oder kommunale Anstalten des öffentlichen Rechts (kAöR) sind rechtlich selbständig; eine Beteiligung von privaten Investoren ist aber nicht möglich. Diese besondere öffentlich-rechtliche Rechtsform hat sich nahezu in allen Bundesländern durchgesetzt. „Vorreiter" waren die Länder Bayern, Brandenburg, Niedersachsen, Nordrhein-Westfalen, Rheinland-Pfalz, Sachsen-Anhalt und Schleswig-Holstein. Die Anstalt kann eine eigene Dienstherreneigenschaft haben und in eigenem Namen Verträge abschließen. Darüber hinaus können der Anstalt hoheitliche Rechte, wie Anschluss- und Benutzungszwang, übertragen werden. Demzufolge ist auch die Erhebung von Gebühren möglich. Die Rechtsverhältnisse regelt die Unternehmenssatzung der Anstalt. Trotz der Rechtsfähigkeit übernimmt die Kommune (noch) die vollständige Haftung. Die Trägerkörperschaft wird aber auch von der Gewährträgerhaftung ausgeschlossen, z.B in Niedersachsen und Schleswig-Holstein. So hat die Kommune in Niedersachsen nur eine Unterstützungspflicht (z.B. Übernahme einer Ausfallbürgschaft), während die Anstalt mit dem eigenen Vermögen haftet. In Mecklenburg-Vorpommern haften Kommunen nur bis zur Höhe des einzuzahlenden Stammkapitals. Die Europakonformität der Gewährträgerhaftung bei kommunalen Anstalten ist umstritten.

Wie der Eigenbetrieb besitzt auch die Anstalt eine wirtschaftliche und organisatorische Selbständigkeit. Die Geschäftsführung obliegt dem Vorstand, der aus einer Person oder mehreren Personen bestehen kann und eigenverantwortlich das Kommunalunternehmen für den Zeitraum von maximal fünf Jahren leitet und nach außen vertritt. Die Unternehmenssatzung kann abweichende Regelungen vorsehen. Der Verwaltungsrat ist das Kontroll- und Überwachungsorgan; er besteht aus einem vorsitzenden Mitglied und den übrigen Mitgliedern, die für fünf Jahre bestellt werden. Den Vorsitz im Verwaltungsrat führt die Bürgermeisterin oder der Bürgermeister. Der Rat entscheidet über den Erlass von Satzungen der Anstalt, die Feststellung des Wirtschaftsplanes und Jahresabschlusses oder die Festsetzung von Tarifen und Entgelten für die Leistungsnehmer.

Für die kommunalen Anstalten ist das kaufmännische Rechnungswesen vorgeschrieben. Große Anstalten erstellen den Jahresabschluss, Lagebericht und die Buchführung nach den HGB-Vorschriften der großen Kapitalgesellschaften. Für kleinere Anstalten gelten die Vorschriften der Eigenbetriebsverordnung zwecks Prüfung rechtlich selbständiger privatrechtlicher Unternehmen. Steuerrechtlich führt eine hoheitliche Tätigkeit des Kommunalunternehmens trotz der rechtlichen Selbständigkeit zu einem Hoheitsbetrieb, der nicht ertragsteuerpflichtig ist. Die Ausübung wirtschaftlicher Tätigkeiten führt wie beim Regie- und Eigenbetrieb zu einem Betrieb gewerblicher Art, der gewerbe- und körperschaftsteuerpflichtig ist.

Die Anstalt des öffentlichen Rechts nimmt eine Zwischenstellung zwischen dem rechtlich unselbständigen Eigenbetrieb und der rechtlich selbständigen Kapitalgesellschaft (z.B. GmbH) ein. Die Kommunen haben mit dieser Organisationsform eine weitere rechtliche Möglichkeit der wirtschaftlichen Betätigung. Die (rechtlich unselbständige) Anstalt des öffentlichen Rechts kommt in den klassischen öffentlichen Aufgaben des Rundfunk- und Schulwesens oder als Justizvollzugsanstalt zum Einsatz; andererseits bietet sie sich als rechtlich selbständige Form aber auch für die medizinische Versorgung als Krankenhaus oder als Anstalt für Kultur oder Weiterbildung an. Das Kommunalunternehmen ist auch als Holding geeignet oder auf Landkreisebene, z.B. im öffentlichen Personen- und Nahverkehr, einsetzbar. Es bietet eine flexible Organisationsstruktur mit einer großen kommunalen Einflussnahme und Überwachung der öffentlichen Aufgabenerfüllung. In der nachfolgenden Tabelle sind die wesentlichen Strukturmerkmale der Anstalt des öffentlichen Rechts im Überblick dargelegt:

Tabelle 4: Strukturmerkmale der Anstalt öffentlichen Rechts

Öffentlich-rechtliche Organisationsform: Anstalt öffentlichen Rechts	
Gesetzliche Grundlage	Gemeindeordnung, Haushaltssatzung, Eigenbetriebsverordnung
Rechtliche Selbständigkeit	Rechtsfähig
Leitungsbefugnis	Vorstand
Gremien/Organe	Verwaltungsrat
Gewährträgerhaftung	Volle Haftung der Kommune
Jahresabschluss	Kaufmännisches Rechnungswesen und Erstellung eines Jahresabschlusses (Bilanz, GuV, Anhang)
Ertragsteuerpflicht	Keine Steuerpflicht bei hoheitlicher Aufgabenerfüllung (Hoheitsbetrieb) Steuerpflicht bei wirtschaftlicher Aufgabenerfüllung im Rahmen eines Betriebes gewerblicher Art
Praxisbedeutung	Erfüllung wirtschaftlicher, kultureller, sozialer öffentlicher Aufgaben: Abwasserentsorgung, Abfallwirtschaft, Krankenhäuser, Volkshochschulen, Musikschulen, Museen, Rundfunkanstalten

(Quelle: Eigene Darstellung)

Das Kommunalunternehmen kommt in der Praxis häufig in den Bereichen Wasser- und Fernwärmeversorgung, Abfallentsorgung, Abwasserbeseitigung, Friedhof- und Bestattungswesen, Gewässer- und Hochwasserschutz, Straßenbau- und Straßenunterhaltungsmaßnahmen, Grünflächen, Straßenbeleuchtung oder im Bereich des ÖPNV vor. Auch das „Jobcenter Wuppertal“ oder das „Schauspielhaus Bochum“ sind kommunale Anstalten des öffentlichen Rechts.

2.4 Zweckverbände

Der Zweckverband ist eine Körperschaft des öffentlichen Rechts mit eigener Rechtspersönlichkeit. Er verwaltet seine Angelegenheiten im Rahmen der Gesetze in eigener Verantwortung. Die einzelnen, den Verband tragenden Kommunen können auf die Politik und Ausrichtung des Zweckverbands nur über die Verbandsversammlung einwirken. Vertretungsorgane des Zweckverbandes sind die Verbandsversammlung und die Verbandsleitung.

Zur Bildung des Zweckverbandes vereinbaren die Beteiligten eine Verbandssatzung, in der die Rechtsverhältnisse des Zweckverbandes geregelt werden. Dabei kann die Verbandssatzung als weiteres Organ z.B. einen Verbandsausschuss oder einen Verwaltungsrat vorsehen. Die Verbandsversammlung entscheidet über alle Angelegenheiten des Zweckverbandes, soweit gesetzlich oder durch die Verbandssatzung keine anderen Regelungen festgelegt sind. Sie kann ihre Zuständigkeit in Einzelfällen oder für Gruppen von Angelegenheiten durch Beschluss auf die Verbandsleitung übertragen. Die Verbandsversammlung setzt sich aus den Vertretern der Verbandsmitglieder (Vertretungspersonen) zusammen. Die einzelnen Verbandsmitglieder haben gegebenenfalls mehrere Stimmen in der Verbandsversammlung; die Vertretungsperson gibt alle Stimmen des Verbandsmitgliedes einheitlich ab.

Die Verbandsleitung kann ehrenamtlich oder hauptamtlich tätig sein und wird durch die Verbandsversammlung gewählt. Ihr Handlungsspielraum ist in der Verbandssatzung definiert. Neben der Verbandssatzung und der dort enthaltenen Regelung zur Deckung des Finanzbedarfs können die Beteiligten schriftliche Vereinbarungen abschließen, z.B. Übertragung der für die Aufgabenerfüllung erforderlichen Vermögensgegenstände und die mit der Aufgabenerfüllung im Zusammenhang stehenden Verbindlichkeiten und Forderungen oder Ausgleich von Vorteilen und Nachteilen, die sich für sie aus der Bildung des Zweckverbandes ergeben. Eine Ausstattung mit Stammkapital ist nicht erforderlich. Der Zweckverband kann, sofern er sich nicht über Umlagen finanziert, eigenständig Kredite aufnehmen. Die Investitionen und deren Finanzierung sind im jährlich zu erstellenden Wirtschaftsplan darzustellen und durch die Verbandsversammlung vor Beginn des Wirtschaftsjahres zu beschließen. Der Kreditrahmen (Kreditermächtigung) ist zur Genehmigung der Rechtsaufsicht vorzulegen. Die Verbandsleitung ist verpflichtet, einmal jährlich einen Jahresabschluss und einen Lagebericht zu erstellen, prüfen zu lassen und der Verbandsversammlung zur Feststellung vorzulegen. Der Jahresabschluss eines Zweckverbandes besteht aus der Bilanz, der Gewinn- und Verlustrechnung sowie dem Anhang.

Steuerrechtlich gilt für den Zweckverband ertragsteuerlich weitgehend das Gleiche wie für die anderen öffentlich-rechtlichen Organisationsformen. Mit der Einführung des § 2b UStG ergeben sich jedoch Unterschiede im Bereich der Umsatzsteuer. Anders als z.B. die kAöR ist ein Zweckverband ein Zusammenschluss aus mehreren Kommunen. Damit können Zweckverbände grundsätzlich in den Anwendungsbereich des Art. 132.1 Buchst. f Mehrwertsteuersystemrichtlinie (MwStSystRL) als „Kostenteilungs-Gemeinschaften" fallen. Das hat positive Wirkungen z.B. für Zweckverbände der Entsorgungswirtschaft, die weiterhin umsatzsteuerbegünstigt bleiben.

Tabelle 5: Strukturmerkmale des Zweckverbandes

Öffentlich-rechtliche Organisationsform: Zweckverband	
Gesetzliche Grundlage	Öffentlich-rechtlicher Vertrag (Verbandssatzung) oder Gesetz (Landesgesetze)
Rechtliche Selbständigkeit	Eigene Rechtspersönlichkeit

Öffentlich-rechtliche Organisationsform: Zweckverband	
Leitungsbefugnis	Verbandsvorsteher (Verbandsgeschäftsführer)
Gremien/Organe	Zweckverbandsversammlung und Verbandsleitung
Gewährträgerhaftung	Im Außenverhältnis unbeschränkte Haftung des Zweckverbands gegenüber seinen Gläubigern. Im Innenverhältnis unbeschränkte Haftung der Verbandsmitglieder (Umlagen) für den Zweckverband.
Jahresabschluss	Kaufmännisches Rechnungswesen und Erstellung eines Jahresabschlusses (Bilanz, GuV, Anhang)
Ertragsteuerpflicht	Keine Steuerpflicht bei hoheitlicher Aufgabenerfüllung (Hoheitsbetrieb). Steuerpflicht bei wirtschaftlicher Aufgabenerfüllung im Rahmen eines Betriebes gewerblicher Art
Praxisbedeutung	Gemeinsame Erfüllung öffentlicher Aufgaben durch mindestens zwei Gemeinden in den Bereichen Abwasser und Trinkwasserversorgung, öffentlicher Personennahverkehr, Schulen, Tourismuswirtschaft, Verkehrsüberwachungen, Rettungsdienste und Feuerwehralarmierung sowie Sparkassen.

(Quelle: Eigene Darstellung)

Der Zweckverband stellt die häufigste Form interkommunaler Kooperation dar. Er wird im EU-Recht einheitlich als „LAU-Ebene“ definiert. Gerade kleinere Kommunen schließen sich mit benachbarten Gemeinden zusammen, um z.B. ein gemeinsames Wasserwerk oder andere Großanlagen zu errichten und zu betreiben. Auf diese Weise wird das Finanzierungs- und das Finanzrisiko einer Investition auf mehrere Gemeinden verteilt und gleichzeitig für die Einrichtungen (Wasserwerke) die Zahl der Nachfrager erhöht. Dieser Verbundeffekt sorgt für die Nutzung von Synergien und verschafft Kostenvorteile für die Kommunen und die Bürger. In der Praxis erscheinen Zweckverbände vor allem in der Abfallwirtschaft, Abwasserwirtschaft und Trinkwasserversorgung sowie im gemeinsamen Betrieb von Krankenhäusern. Ein „Zweckverband Breitbandversorgung“ ist für die Errichtung, den Ausbau und Betrieb von Glasfasernetzen zur Internetversorgung zuständig. Darüber hinaus werden Zweckverbände für Rechenzentren und Datenverarbeitung, Schulverbände oder Tourismusverbände gegründet.

3. Privatrechtliche Rechtsformen mit eigener Rechtspersönlichkeit

3.1 Gesellschaft mit beschränkter Haftung

Die Gesellschaft mit beschränkter Haftung (GmbH) wird auch als kommunale Eigengesellschaft bezeichnet. Sie ist eine organisatorisch, haushaltsmäßig und rechtlich verselbständigte Einrichtung einer Kommune, die als wirtschaftliches Unternehmen eine eigene Rechtspersönlichkeit besitzt und deren Anteile vollständig (zu 100 %) von der Kommune gehalten werden. Sind dagegen neben der Gemeinde auch noch Dritte an der Kapitalgesellschaft beteiligt, liegt eine so genannte Beteiligungsgesellschaft vor. Im Regelfall ist die öffentliche Hand mehrheitlich beteiligt, um eine größtmögliche Einflussnahme auf die öffentliche Aufgabenerfüllung zu gewährleisten.

Die Gesellschaft mit beschränkter Haftung besitzt als juristische Person des privaten Rechts eine eigene Rechtspersönlichkeit, kann in eigenem Namen Träger von Rechten und Pflichten sein und unterliegt den allgemeinen Vorschriften des Gesellschafts- und Handelsrechts. Maßgeblich für die Zuständigkeiten, Befugnisse oder die öffentliche Aufgabenerfüllung ist der GmbH-Gesellschaftsvertrag, an dessen Inhalte in einigen Bundesländern bestimmte Anforderungen gestellt werden. Für die Verbindlichkeiten der Gesellschaft steht das GmbH-Vermögen zur Verfügung; die Haftung der einzelnen Gesellschafter oder der Kommune ist auf ihre Kapitaleinlage beschränkt. Das Mindeststammkapital beträgt 25.000 Euro. Die GmbH ist nicht in den Trägerhaushalt eingebunden, sodass die kommunalrechtlichen, haushaltsrechtlichen oder dienstrechtlichen Bestimmungen weitgehend entfallen. In diesem Zusammenhang ergeben sich insbesondere Vorteile in der Vergabe von Aufträgen, weil das schwerfällige Vergabeverfahren der öffentlichen Ausschreibung entfällt. Außerdem bietet die flexiblere Kapitalbeschaffung Finanzierungsvorteile, da eine Genehmigung eines Kredits durch die Aufsichtsbehörde nicht erforderlich ist.

Die Organisationsstruktur besteht aus der Geschäftsführung, welche die laufenden Geschäfte übernimmt, sowie der Gesellschafterversammlung als Kontroll- und Überwachungsorgan. Die GmbH wird durch ihre Geschäftsführer gerichtlich und außergerichtlich vertreten. Darüber hinaus haben Geschäftsführer den Jahresabschluss und Lagebericht vorzubereiten und zu erstellen, steuerliche Erklärungs- und Aufzeichnungspflichten zu erfüllen, den laufenden Geschäftsverkehr zu leiten und die Buchführung zu überwachen. Fakultativ kann auch ein GmbH-Aufsichtsrat oder Beirat gebildet werden, dessen Vorsitz durch Bürgermeister oder leitende Verwaltungsbeamte geführt wird. Die Gesellschafterversammlung stellt den Jahresabschluss und die Verwendung seines Ergebnisses fest, entscheidet über die Bestellung oder Abberufung von GmbH-Geschäftsführern, legt Regeln zur Prüfung und Überwachung der Geschäftsführung fest oder bestellt den Jahresabschlussprüfer.

Die GmbH ist auf Grund der Rechtsfähigkeit ein eigenständiges Steuersubjekt der Körperschaftsteuer (KSt) einschließlich Solidaritätszuschlag (SolZ), Gewerbesteuer (GewSt), Grundsteuer (GrSt) sowie der Umsatzsteuer (USt). In der nachfolgenden Abbildung sind die wesentlichen Strukturmerkmale der GmbH im Überblick dargelegt:

Tabelle 6: Strukturmerkmale der GmbH

Privatrechtliche Rechtsform: GmbH	
Gesetzliche Grundlage	GmbH-Gesellschaftsvertrag
Rechtliche Selbständigkeit	Rechtsfähig
Leitungsbefugnis	GmbH-Geschäftsführer
Gremien/Organe	Gesellschafterversammlung
Gewährträgerhaftung	Begrenzte Haftung der Kommune, aber Mindestkapital in Höhe von 25.000 Euro
Jahresabschluss	Kaufmännisches Rechnungswesen nach HGB
Ertragsteuerpflicht	Eigenständiges Steuersubjekt für alle Steuerarten; Ertragsteuerbefreiung bei steuerbegünstigten Tätigkeiten (gemeinnützige GmbH)
Praxisbedeutung	Erfüllung wirtschaftlicher oder kultureller Aufgaben: Stadtwerke GmbH, Kurpark-GmbH

(Quelle: Eigene Darstellung)

Die GmbH dient in der Praxis dazu, die persönliche Haftung der Gesellschafter bzw. der Kommune als Alleingesellschafter auszuschließen und das Geschäftsrisiko auf das Stammkapital zu begrenzen. Bei einer wirtschaftlichen Betätigung bietet die GmbH gegenüber öffentlich-rechtlichen Organisationsformen eine höhere Unabhängigkeit von der Kommune und größere Attraktivität für Fachleute aus der Privatwirtschaft durch Leistungsentgelte außerhalb der öffentlich-rechtlichen Besoldungs- und Vergütungsregeln.

Die Übertragung hoheitlicher Aufgaben auf die GmbH kann strittig sein. Darüber hinaus kann die GmbH jedoch auch steuerbegünstigte (gemeinnützige, mildtätige und kirchliche) Zwecke verfolgen, womit Steuerbegünstigungen in den Einzelsteuergesetzen verbunden sind. Die „Unternehmergesellschaft haftungsbeschränkt (UG)" ist als Vorstufe der GmbH eine Alternative der kommunalen Betätigung, auch für steuerbegünstigte Zwecke. Die Gründung einer UG kann mit einem Stammkapital unter 25.000 Euro, z.B. 10.000 Euro erfolgen; zu beachten ist aber eine Ausschüttungssperre und Rücklagenbildung, bis das Mindestkapital von 25.000 Euro erreicht ist.

3.2 Aktiengesellschaft

Die Aktiengesellschaft (AG) ist eine privatrechtliche Rechtsform, eine Kapitalgesellschaft mit eigener Rechtspersönlichkeit. Die Aktionäre erwerben ihre Rechte von Anteilen des in Aktien aufgeteilten Grundkapitals mit einer Mindesthöhe von 50.000 Euro. Für Verbindlichkeiten der AG haften die Aktionäre durch die von ihnen gehaltenen Aktien über ihren Anteil am Grundkapital. Die Kommune kommt auch als alleiniger Aktionär in Betracht, wenn alle Anteile an der Aktiengesellschaft gehalten werden. In diesem Fall liegt eine „kleine Aktiengesellschaft" vor.

Die Organisationsstruktur besteht aus dem Vorstand, Aufsichtsrat und der Hauptversammlung. Der Vorstand leitet in eigener Verantwortung die AG, indem er die Geschäfte führt und die AG gerichtlich und außergerichtlich vertritt. Darüber hinaus bereitet er die Hauptversammlungsbeschlüsse vor, informiert den Aufsichtsrat über die Geschäftsführung und führt die erforderlichen Handelsbücher nach AktG, HGB oder auch IFRS. Der Aufsichtsrat ist Überwachungs- und Kontrollorgan des Vorstands, insbesondere sind die Kontrolle oder Feststellung des Jahresabschlusses, Geschäftsberichtes, der Gewinnverwendung, Kreditgewährung oder von Beschlussvorlagen vorzunehmen.

Die Hauptversammlung führt alle Aktionäre der Aktiengesellschaft zusammen. Sie hat im Vergleich zur GmbH-Mitgliederversammlung eine begrenzte Einflussmöglichkeit auf die Geschäftsführung, weil der Vorstand stärker verselbständigt ist als ein GmbH-Geschäftsführer. Die Hauptversammlung kann über Fragen der Geschäftsführung nur entscheiden, wenn der Vorstand dies ausdrücklich verlangt. Sie bestellt die Mitglieder des Aufsichtsrates, entscheidet über die Verwendung des Bilanzgewinns, entlastet den Vorstand und Aufsichtsrat, bestellt den Abschlussprüfer und entscheidet über Satzungsänderungen, über die Auflösung der AG, über eine Kapitalbeschaffung oder Kapitalherabsetzung. In der nachfolgenden Abbildung sind die wesentlichen Strukturmerkmale der AG im Überblick dargelegt:

Tabelle 7: Strukturmerkmale der AG

Privatrechtliche Rechtsform: AG	
Gesetzliche Grundlage	AG-Gesellschaftsvertrag
Rechtliche Selbständigkeit	Rechtsfähig
Leitungsbefugnis	Vorstand
Gremien/Organe	Aufsichtsrat, Hauptversammlung
Gewährträgerhaftung	Begrenzte Haftung der Kommune, aber Mindestkapital in Höhe von 50.000 Euro
Jahresabschluss	Kaufmännisches Rechnungswesen nach HGB
Ertragsteuerpflicht	Eigenständiges Steuersubjekt für alle Steuerarten

Privatrechtliche Rechtsform: AG	
Praxisbedeutung	Erfüllung wirtschaftlicher Aufgaben: Deutsche Post AG oder Deutsche Telekom AG

(Quelle: Eigene Darstellung)

Die AG ist als juristische Person rechtsfähig und damit ein eigenständiges Steuersubjekt der Körperschaftsteuer (KSt) einschließlich Solidaritätszuschlag (SolZ), Gewerbesteuer (GewSt), Grundsteuer (GrSt) sowie der Umsatzsteuer (USt). Die AG dient als börsenfähige Rechtsform vor allem Industrie-, Handels-, Energieversorgungs- und Verkehrsunternehmen mit großem Kapitalbedarf. Der Vorteil der Aktiengesellschaft liegt darin begründet, das Risiko auf viele Personen zu verteilen. Die Mitgliedschaft in der AG kann durch eine Anteilsveräußerung jederzeit wieder aufgehoben werden. Bei der kommunalen Rechtsformwahl spielt die Aktiengesellschaft nur eine untergeordnete Rolle.

4. Rechtsformalternativen zur Erfüllung steuerbegünstigter Zwecke

4.1 Gemeinwohlorientierte und gemeinnützige Zweckverfolgung

Kommunale Einrichtungen können ihre öffentlichen Aufgaben sowohl in einer privatrechtlichen als auch öffentlich-rechtlichen Rechtsform erfüllen. Alle öffentlichen Aufgaben dienen dem Wohl der Allgemeinheit; dabei kann die öffentliche Aufgabenerfüllung zu einer hoheitlichen (nicht wirtschaftlichen), aber auch zu einer wirtschaftlichen Tätigkeit der Kommune führen. Der Gesetzgeber hat bestimmte nicht wirtschaftliche Tätigkeiten, die dem Allgemeinwohl dienen, unter einen besonderen steuerlichen Schutz gestellt. Sie werden im allgemeinen Sprachgebrauch als gemeinnützige Zwecke bezeichnet. Im Steuerrecht (§§ 51 – 54 AO) wird von gemeinnützigen, mildtätigen oder kirchlichen Zwecke gesprochen; sie erscheinen unter dem Oberbegriff „steuerbegünstigte Zwecke“.

Die Gemeinnützigkeit dient der „selbstlosen Förderung der Allgemeinheit auf materiellem, geistigem oder sittlichem Gebiet“. In dem umfangreichen Katalog der gemeinnützigen Zwecke nach § 52 AO sind Einrichtungen zur Förderung von Wissenschaft, Erziehung, Bildung, Kunst und Kultur, Religion, Sport, Völkerverständigung, Entwicklungshilfe, Umwelt- und Klimaschutz, Tierschutz, Denkmalpflege, Jugend und Altenhilfe, Friedhofspflege, öffentliches Gesundheits- oder Wohlfahrtswesen aufgeführt.

Mit diesen steuerbegünstigten Zwecken werden gleichzeitig auch öffentliche Aufgaben angesprochen, die von anderen, auch nichtstaatlichen Einrichtungen (Non-Profit-Organisationen) erfüllt werden können. Diese Einrichtungen dienen selbstlos, unmittelbar und ausschließlich dem Wohl der Allgemeinheit. Sie verfolgen steuerbegünstigte Zwecke, weil sie selbstlos handeln und keine eigenwirtschaftlichen Interessen von einzelnen Personen bestehen. Der Steuergesetzgeber hat eine Reihe von Steuervergünstigungen in den einzelnen Steuergesetzen für gemeinnützige, kirchliche und mildtätige Zwecke vorgesehen.

4.2 Rechtsformalternativen für steuerbegünstigte Zwecke

Aus Steuergerechtigkeitsgründen dürfen Steuervergünstigungen nur gewährt werden, wenn selbstloses Handeln vorliegt und eigenwirtschaftliche Interessen grundsätzlich auszuschließen sind. Um eine unangemessene Inanspruchnahme zu verhindern, sind Einrichtungen, die steuerbegünstigte Zwecke verfolgen, grundsätzlich in der Rechtsform einer juristischen Person (Körperschaft) zu führen. Bei natürlichen Personen und Personengesellschaften ist ein wirtschaftliches Eigeninteresse nicht auszuschließen; daher sind diese Rechtsformen für steuerbegünstigte Zwecke nicht erlaubt. Sie können daher nur von einer juristischen Person erfüllt werden. Hierzu gehören rechtsfähige und nicht rechtsfähige Vereine, rechtsfähige und nicht rechtsfähige Stiftungen, eine (gemeinnützige) GmbH und Betriebe gewerblicher Art einer juristischen Person des öffentlichen Rechts.

Der (rechtsfähige) Verein ist eine Personenvereinigung von mindestens sieben Mitgliedern zur Erreichung eines gemeinsamen Zwecks. Die Personenvereinigung ist nach Maßgabe ihrer Satzung körperschaftlich organisiert. Hiermit sind die folgenden Merkmale angesprochen: Körperschaftliche Verfassung (Satzung, Organe, Vereinsname) sowie die Unabhängigkeit von der Einzelpersönlichkeit und damit vom Mitgliederwechsel. Das BGB unterscheidet zwischen dem ideellen und wirtschaftlichen Verein. Ausschlaggebend für die Annahme eines wirtschaftlichen oder nichtwirtschaftlichen Vereins ist der Zweck, den er verfolgt. Zum wirtschaftlichen Verein gehören Vereine, deren Zweck bestimmungsgemäß mittels eines wirtschaftlichen Geschäftsbetriebes auf Dauer erreicht werden soll (z.B. Gewinnsparvereine). Wirtschaftliche Vereine sind in der Regel als Kapitalgesellschaft oder als Genossenschaft organisiert. Sie erlangen ihre Rechtsfähigkeit kraft staatlicher Verleihung. Der ideelle Verein (Idealverein) verfolgt dagegen keine wirtschaftlichen Interessen, sondern nach der Satzung ideelle Zwecke. Dennoch kann auch ein wirtschaftlicher Geschäftsbetrieb unterhalten werden (Nebenzweck). Vereine erlangen ihre Rechtsfähigkeit kraft Eintragung in das Vereinsregister (e.V.). Bei einem nichtrechtsfähigen Verein fehlt die Rechtspersönlichkeit mangels Eintragung in das Vereinsregister; er wird zivilrechtlich als BGB-Gesellschaft behandelt.

Stiftungen sind bestimmte Vermögen, die vom Stifter mit Stiftungszweck, Stiftungsvermögen, einer Organisation ausgestattet sind und einer besonderen Kontrolle bedürfen. Neben dem dafür bestimmten Organ (Stiftungsrat) obliegt diese Aufgabe der zuständigen staatlichen Aufsichtsbehörde. Rechtsfähige Stiftungen basieren auf einem Stiftungsgeschäft in Form einer einseitigen, nicht empfangsberechtigten Willenserklärung als Rechtsgeschäft unter Lebenden oder als Verfügung von Todes wegen (Testament, Erbvertrag). Name und Zweck der Stiftung sind frei bestimmbar. Der Stiftungszweck muss erfüllbar sein und darf keine Gefahr für das Gemeinwohl darstellen. Die Stiftung handelt durch ihre Organe als natürliche Personen, bestehend aus Vorstand und Kuratorium oder Beirat. Für Kommunen ist die wirtschaftliche Betätigung in Form einer Stiftung des öffentlichen Rechts gegenwärtig weniger geeignet, weil sie einer gesetzlichen Ermächtigung bedarf. Dennoch kann sie im Einzelfall eine Alternative darstellen, um langfristig einen Teil des Kommunalvermögens zu einem bestimmten Zweck einzusetzen und zu erhalten.

Die gemeinnützige GmbH ist eine Kapitalgesellschaft mit eigener Rechtspersönlichkeit. Die übliche Kurzbezeichnung „gGmbH" betont den Gemeinnützigkeitscharakter der GmbH, inzwischen ein zulässiger gesellschaftsrechtlicher Vereinigungsformzusatz. Die Bedeutung der GmbH nimmt für gemeinnützige Aufgabenerfüllung zu, weil hauptamtlichen Geschäftsführern die Verantwortung und Haftung übertragen werden kann, die einem ehrenamtlichen Vereinsmitglied bei steigender Komplexität nicht mehr zuzumuten ist. Obwohl die GmbH nach der Intention des Gesetzgebers als Organisationsform für gewinnorientierte Unternehmen konzipiert wurde, ist nach dem Gesellschaftsrecht keine einschränkende Zwecksetzung vorgesehen. Sie kann sich als gemeinnützige GmbH auch ideellen Zwecken widmen und gemeinnützige, mildtätige oder kirchliche Zwecke verfolgen.

Schließlich können gemeinwohlorientierte Zwecke auch unmittelbar im Rahmen der kommunalen Regie- oder Eigenbetriebe verfolgt werden, die steuerrechtlich zu einem Betrieb gewerblicher Art führen. Dies wurde von der Rechtsprechung und Finanzverwaltung im Grundsatz anerkannt. Das gilt insbesondere für wirtschaftliche Tätigkeiten, die der Steuergesetzgeber als gemeinnützige, kirchliche oder mildtätige Zwecke ausdrücklich qualifiziert (§§ 52 – 54 AO), insbesondere z. B. kommunale Alten- und Pflegeheime, Büchereien und Bibliotheken, zoologische und botanische Gärten, Theater, Museen, Krankenhäuser, die steuerrechtlich als Zweckbetriebe weitgehend entlastet werden. Hierbei dient die wirtschaftliche Tätigkeit nicht der Einnahmenerzielung, sondern verfolgt primär die Realisierung der steuerbegünstigten Zwecke. Die Gemeinnützigkeit eines Betriebs gewerblicher Art erfordert eine Satzung nach §§ 60, 60a, 61 AO und die Beachtung bestimmter Restriktionen, wie z. B. der Grundsatz der zeitnahen Mittelverwendung.

Die nachfolgende Übersicht fasst die Unterschiede der in der Praxis wichtigsten Rechtsformen zur Erfüllung von steuerbegünstigten Zwecken zusammen. Gemeinsam ist bei allen Alternativen die weitgehende Entlastung von den Steuern. Daher üben außersteuerliche Faktoren den größten Einfluss auf die Rechtsformentscheidung aus. Die Stiftung ist auf Dauer angelegt. Eine Änderung des Stiftungszwecks ist nur unter bestimmten Voraussetzungen möglich, z. B. wenn der Stifter die Bedingungen in der Satzung festgelegt hat oder sich zu Lebzeiten eine Änderung des Stiftungszwecks vorbehält. Die Stiftung ist mitgliederlos und eine reine Verwaltungsorganisation. Es ist zwar gesetzlich kein bestimmtes Dotationskapital vorgeschrieben, aber die Genehmigung der Stiftung hängt oft davon ab, dass der Stiftungszweck langfristig erfüllt werden kann. In der Literatur wird ein Mindestkapital zwischen 50.000 Euro und 500.000 Euro empfohlen.

Tabelle 8: Rechtsformenvergleich für steuerbegünstigte Körperschaften

Merkmale	Rechtsfähige Stiftung	Gemeinnützige GmbH	Verein e.V.
Zweckbindung			
Zweckvorgabe	Stifter	Gründer und Gesellschafter	Gründer und Mitglieder
Umsetzungskontrolle	Finanzamt und Stiftungsaufsicht	Finanzamt und gestaltbare Gremien	
Zweckanpassung	Sehr begrenzt	Gestaltbar	
Organisation			
Gesetzliche Vorgaben	Zahlreich	Wenige	
Mitbestimmung der Förderer	Nur Gründungsstifter	Gestaltbar	
Verwaltungsaufwand	Hoch	Gestaltbar	
Ausstattung und Finanzierung			
Mindestkapital	50.000 Euro bis 500.000 Euro	25.000 Euro	—
Laufende Förderung	Zustiftungen	Gesellschafterzuschüsse	Mitgliederbeiträge

(Quelle: Eigene Darstellung)

Bei einem Verein ist dagegen kein Mindestkapital erforderlich; der Gründungsaufwand ist relativ gering. Auch kann die Struktur des Vereins neben der Mitgliederversammlung beliebig gestaltet werden (Vorstand, Beirat, Ausschuss, Aufsichtsrat, Kuratorium). Den größten Einfluss auf die Wahrnehmung und Erfüllung der öffentlichen und steuerbegünstigten Aufgaben kann eine Kommune im Rahmen einer gemeinnützigen GmbH ausüben. In der Satzung muss jedoch vermerkt sein, dass die Gesellschafter keine laufenden Erträge oder einen Anteil am Liquidationserlös erhalten (Grundsatz der Vermögensbindung). Da nur ein Gesellschafter erforderlich ist, könnte die Kommune eine gemeinnützige GmbH gründen, wäre aber verpflichtet, das Mindestkapital zu leisten.

5. Erfordernis und Zweck eines internen Steuerkontrollsystems (Tax Compliance Management System)

Vor dem Hintergrund einer zunehmend komplexeren Steuerrechtsmaterie mit umfassenden straf- und haftungsrechtlichen Risiken, zugleich aber auch einem potenziellen Haftungsschutz gegenüber der Finanzverwaltung werden Kommunen gefordert, sich mit steuerrechtlichen Fragen zu befassen, zuletzt im Zuge der umsatzsteuerlichen Neuregelung des § 2b UStG. In diesem Zusammenhang wird die Einführung eines internen Kontrollsystems oder Risikomanagementsystems für Steuern (Tax Compliance Management System) bei den kommunalen Verwaltungsspitzen und Kämmereien diskutiert. Als gesetzliche Vertreter der Kommunen sind (Ober-)Bürgermeister, bei Landkreisen die Landräte und vergleichbare Positionen in anderen Gebietskörperschaften insbesondere auch für die regelkonforme Erfüllung steuerlicher Verpflichtungen verantwortlich und damit Adressaten für straf- und bußgeldrechtliche Ermittlungen der Finanzbehörden. Die Finanzverwaltung begegnet Compliance-Verstößen auch im öffentlichen Bereich zunehmend restriktiver und hat die einschlägigen Regularien verschärft, z.B. durch die Einschränkung der Möglichkeit einer Selbstanzeige oder durch erweiterte Meldepflichten der Betriebsprüfung an die Buß- und Strafsachenstelle. Neben den straf- und bußgeldrechtlichen Vorschriften können zudem noch Schadenersatzansprüche auf den vorgenannten Personenkreis aus Compliance-Verstößen zukommen.

Aus § 153 AO wird die Verpflichtung abgeleitet, ein internes Kontrollsystem einzuführen, um steuerliche Pflichten ordnungsgemäß zu erfüllen und eine leichtfertige Steuerverkürzung zu verhindern. Da es weder Struktur noch formale Vorgabe des Gesetzgebers gibt, ist ein derartiges Kontrollsystem nach den innerbetrieblichen Verhältnissen für den Einzelfall zu entwickeln und anzuwenden. Ein Tax Compliance Management System kann ein Indiz dafür sein, dass nicht vorsätzlich oder leichtfertig gehandelt wurde. Der Nachweis eines angemessenen eingerichteten Kontrollsystems kann bewirken, dass materiell-rechtliche Steuerrisiken in Detailprüfungen der Finanzbehörde sowie straf- und bußgeldrechtliche Risiken bei der Berichtigung von Steuererklärungen reduziert werden. Gerade öffentliche Einrichtungen üben hier eine Vorbildfunktion als steuerehrliche Unternehmen aus und können ihr steuerkonformes Verhalten gegenüber dem Finanzamt mittels implementierten Kontrollsystems dokumentieren.

Neben den konkreten steuergesetzlichen Verpflichtungen erfordern weitere spezifische Rahmenbedingungen eine grundsätzlich nachhaltige steuerrechtliche Regelkonformität im Sinn eines Tax Compliance Management Systems für öffentliche Unternehmen. Bedeutend ist dabei die Rückführbarkeit unternehmerischer Aktivitäten auf das staatliche Handeln. Öffentliche Unternehmen sind bei der Erfüllung öffentlicher Aufgaben primär dem Allgemeinwohl verpflichtet. In Verbindung damit bestehen einerseits strafbegründende bzw. verschärfende Auswirkungen infolge der Amtsträgereigenschaft verantwortlicher Akteure in öffentlichen Unternehmen (§ 11 Abs. 1 Nr. 2 StGB). Andererseits unterliegen diese stets politischen Einflüssen. Hierzu zählen u.a. haushaltsrechtliche bzw. kommunalgesetzliche Bestimmungen. Aus der politisch exponierten Stellung und Rückführbarkeit auf staatliche Akteure lässt sich eine gesteigerte Erwartungshaltung bezüglich der Regelkonformität bei Aufgabenerfüllung durch öffentliche Unternehmen schließen. In Verbindung damit besteht eine besondere Verantwortung (Rechnungslegung, Kontrolle) in gesellschaftlich bedeutenden Bereichen der allgemeinen Daseinsvorsorge, wie Gas-, Wasser- und Elektrizitätsversorgung, Straßenreinigung, Müllentsorgung, (Personen-)Beförderungswesen, Krankenhäuser sowie Bildungs- und Kulturinstitutionen. Zusätzlich ist in öffentlichen Unternehmen der Public Corporate Governance Kodex zu beachten. Dieser definiert explizit die Geschäftsleitung als verantwortlichen Akteur für die Einhaltung gesetzlicher Bestimmungen sowie interner Richtlinien. Von dieser Compliance Verantwortung werden auch steuerliche Verpflichtungen erfasst.

Tax Compliance Management Systeme sollen eine unternehmensindividuelle, vollständige und fristgerechte Erfüllung aller relevanten steuerlichen Pflichten sicherstellen. Deren Nichteinhaltung aufgrund inadäquater Anwendung der komplexen Vorschriften umfasst u.a. fehlerhafte Würdigung von Sachverhalten, Missachtung von Aufzeichnungs-, Dokumentations- und Mitwirkungspflichten sowie versäumte Erklärungsfristen gegenüber Finanzverwaltungen. Derartigen Pflichtverletzungen entspringen potenzielle Haftungsrisiken, wobei eine bußgeldrechtliche Haftung des Unternehmens und steuerstrafrechtliche Haftung der Unternehmensleitung zu unterscheiden sind. Nach § 30 Abs. 1 Ordnungswidrigkeitengesetz drohen juristischen Personen und Personenvereinigungen Geldbußen für rechtswidrige und vorwerfbare betriebsbezogene Pflichtverletzungen (Straftaten bzw. Ordnungswidrigkeiten). Dies umfasst auch die spezifischen Pflichten der jeweiligen Steuergesetze. Bei Pflichtverletzungen kann das Bußgeld für fahrlässige bzw. vorsätzliche Straftaten bis zu 5 bzw. 10 Mio. Euro betragen. Auch ein vorsätzliches oder fahrlässiges Unterlassen erforderlicher Aufsichtsmaßnahmen kann zu diesen betriebsbezogenen Pflichtverletzungen führen, womit ein Bußgeld in Höhe bis zu zehn Millionen Euro verbunden ist. Daneben bestehen strafrechtliche Risiken für die gesetzlichen Vertretungen, wie geschäftsführende Personen und Leitungsorgane. Diese persönliche Haftung für steuerliche Pflichtverletzungen normiert § 69 AO. Davon erfasst sind verschuldete Pflichtverletzungen durch aktives Tun oder Unterlassen, wenn diese kausal mit einem Steuerausfall in Verbindung stehen. Zentraler Ansatzpunkt bei steuerlichen Unregelmäßigkeiten ist die Steuerhinterziehung nach § 370 AO, wenn infolge bestimmten pflichtwidrigen Verhaltens entweder Steuern verkürzt oder nicht gerechtfertigte Steuervorteile erlangt werden. Wenn Steuern überhaupt nicht, nicht in vollem Umfang oder nicht fristgerecht festgesetzt werden, liegt eine Steuerverkürzung vor. Bereits eine versuchte Steuerhinterziehung ist strafbar.

Mit dem Begriff „Compliance“ (englisch für Übereinstimmung bzw. Befolgung) wird die Einhaltung von Regeln beschrieben. Als Synonym für eine allgemeine organisationseigene Regelkonformität sind damit sowohl staatliche als auch nicht-staatliche Regularien (z.B. Selbstverpflichtungen und interne Richtlinien) erfasst. Diesem Grundgedanken folgend sind Maßnahmen der Organisationsleitung, die sich auf die Vermeidung oder Vorbeugung von regelwidrigem Verhalten richten, dem Compliance Management zuordnen. Als systematisches Instrument zur Gewährleistung und Dokumentation organisationaler Regelkonformität dient das Compliance Management System. In öffentlich-rechtlichen Strukturen besitzt die Regelkonformität einen besonderen Stellenwert und wird intern vorwiegend durch hierarchische Kontrollstrukturen (z.B. mittels Beanstandung, Weisung, Ersatzvornahme) gewährleistet. Steuerliches Fehlverhalten bewirkt sowohl für Unternehmen als auch für deren gesetzliche Vertretung nachhaltige Risiken, die zu vermeiden und weitestgehend zu reduzieren sind. Ein Tax Compliance System stellt eine Möglichkeit zur Entlastung von Vorsatz bzw. Fahrlässigkeit einer steuerlichen Pflichtverletzung dar und bietet damit auch einen Haftungsschutz für die Verantwortlichen. Ein internes steuerliches Kontrollsystem kann eine straffreie Korrektur von Steuererklärungen ermöglichen und darüber entscheiden, ob die aufgedeckte steuerliche Pflichtverletzung vorsätzlich oder fahrlässig begangen wurde. Der Anwendungserlass zu § 153 AO sieht in einem innerbetrieblichen Kontrollsystem zur Erfüllung steuerlicher Pflichten ein Indiz, das gegen das Vorliegen eines Vorsatzes oder der Leichtfertigkeit sprechen kann. Diese systematische Berücksichtigung der Finanzverwaltung eröffnet einem etablierten Tax Compliance Management System als spezifisches innerbetriebliches Kontrollsystem bei steuerlichem Fehlverhalten (selbst)entlastende bzw. schützende Potentiale. Hiermit können steuerliche Pflichten der öffentlichen Einrichtung erfüllt und potenzieller Haftungsschutz im Falle steuerlichen Fehlverhaltens geboten werden, sodass finanzielle und steuerstrafrechtliche Risiken insgesamt reduzierbar sind. Eine Mustervorlage zur Erstellung eines Tax Compliance Management Systems besteht nicht. Vielmehr wird auf den Einzelfall und die Gegebenheiten in der öffentlichen Einrichtung abgestellt. Dennoch können die Standardregeln zur Prüfung von Compliance Management Systemen vom Institut der Wirtschaftsprüfer in Deutschland (IDW) eine geeignete Vorlage sein, weil sie auf die Sicherstellung eines regelkonformen Verhaltens der gesetzlichen Vertreter und der Mitarbeiter des Unternehmens abzielen, d.h. auf die Einhaltung bestimmter Regeln und damit auf die Verhinderung von wesentlichen Verstößen.

Ausgewählte Literaturempfehlungen zu Teil I:

Gnädinger, Marc: Quo vadis Kommunalwirtschaft – Rekommunalisierung versus Privatisierung, Gemeindewirtschaft 2023, Heft 02, S. 51 – 59.

Musil, Andreas/Küffner, Thomas: Besteuerung der öffentlichen Hand, Köln 2022.

Niemann, Walter/Dodos, Panagiotis: Tax Compliance Management System. Regelungen und Arbeitshilfen, 2. Aufl., München 2021.

Seibold-Freund, Sabine/Jäger, Sebastian: Entwicklung eines Compliance Management Systems (CMS) unter besonderer Berücksichtigung umsatzsteuerlicher Verpflichtungen öffentlicher Unternehmen, in Stember, Jürgen (Hrsg.), Neue Erkenntnisse und Ansätze im Polizei-, Verwaltungs- und öffentlichen Finanzmanagement, Baden-Baden 2022.

Seibold-Freund, Sabine: Umsatzsteuerliche Wirkungen des § 2b UStG im Kontext eines Tax Compliance Systems, Gemeindewirtschaft 2023, Heft 05, S. 123 – 130.

Stellkens, Paul/ Bonk, Heinz Joachim/Sachs, Michael: Verwaltungsverfahrensgesetz. Kommentar, 10. Aufl. München 2023, Rn. 117 – 122.

Stember, Jürgen (Hrsg.): Neue Erkenntnisse und Ansätze im Polizei-, Verwaltungs- und öffentlichen Finanzmanagement, Baden-Baden 2022.

Kontrollfragen zu Teil I

1

Warum unterliegen kommunale Tätigkeiten der Besteuerung?

2

Welche ertragsteuerlichen Folgen ergeben sich aus der fehlenden Rechtsfähigkeit des Regie- und Eigenbetriebes? Wie wirkt sich die Rechtsfähigkeit der GmbH auf die Ertragsbesteuerung aus? Wie verhält es sich im Grundsteuer- und Umsatzsteuerrecht?

3

In welchen Fällen ist die Gesellschaft mit beschränkter Haftung von der Besteuerung befreit?

4

Was versteht das Kommunalrecht unter wirtschaftlichen und nichtwirtschaftlichen Unternehmen?

5

Was ist ein Zweckverband? Wo wird er eingesetzt?

6

Warum werden gemeinnützige Einrichtungen im Steuerrecht begünstigt?

7

Können gemeinnützige Einrichtungen auch steuerpflichtig werden?

8

Kann ein nicht-rechtsfähiger Verein die Gemeinnützigkeit beantragen?

9

Welche zusätzlichen Kosten und Vorschriften sind bei der Gründung einer kommunalen GmbH zu beachten? Welche Zeiträume bestehen in der Praxis bis zur Eintragung in das Handelsregister?

10

Kann eine Kommune eine „Mini-GmbH" (Unternehmergesellschaft haftungsbeschränkt) gründen?

Teil II Ertrag- und grundsteuerliche Folgen bei kommunalen Tätigkeiten mittels Regie- und Eigenbetrieben

Inhaltsübersicht

1. Die Kommune als Adressat im Ertragsteuerrecht

Die Körperschaftsteuer ist eine Personen- oder Subjektsteuer, die inländische Körperschaften, Vermögensmassen und Personenvereinigungen besteuert. Das Körperschaftsteuerrecht erfasst nach § 1 KStG unbeschränkt steuerpflichtige juristische Personen, deren kaufmännischer Ort der Geschäftsleitung oder rechtlicher Sitz im Inland liegt. Kommunen (juristische Personen des öffentlichen Rechts) fallen als solche gewöhnlich nicht unter die unbeschränkte Körperschaftsteuerpflicht des § 1 KStG. Die eigentliche Tätigkeit der Kommunen, wie Kernverwaltung (Polizeischutz, Schulwesen) oder Erfüllung anderer hoheitlicher Aufgaben (z. B. Straßenreinigung oder Entsorgungstätigkeiten), und die hieraus erzielten Einnahmen aus Gebühren, Beiträgen oder Steuern unterliegen nicht der Ertragsbesteuerung.

Das ändert sich bei öffentlichen Aufgaben, die zu einer wirtschaftlichen Tätigkeit der Kommune führen, etwa Angebote von Dienstleistungen (Energieberatung), Herstellung von Produkten (Ansichtskarten und Stadtführer) oder Verkäufe von Waren (Trinkwasserversorgung, Energieversorgung, Museumsshops). Hier werden Kommunen mit den Einnahmen aus wirtschaftlichen Tätigkeiten im Rahmen ihrer „Betriebe gewerblicher Art" körperschaftsteuerpflichtig (§ 1 Abs. 1 Nr. 6 KStG). Ein Betrieb gewerblicher Art ist eine steuerrechtliche Fiktion, um die Ertragsbesteuerung sicherzustellen und Kommunen im Wettbewerb mit privatwirtschaftlichen Unternehmen steuerrechtlich gleich zu stellen. Hierbei handelt es sich im Regelfall nicht um einen gewöhnlichen Geschäftsbetrieb mit eigenen Räumen und Personal. Vielmehr ergibt sich dieser Betrieb bereits aus der wirtschaftlichen Tätigkeit, z. B. von städtischen Angestellten der kommunalen Verwaltung, die mit der öffentlichen Aufgabe (und damit einem „Betrieb") „Marktveranstaltungen" betraut sind. Auch die „Stadtwerke Musterhausen" als städtisches Energieversorgungsunternehmen sind wirtschaftlich tätig und begründen einen Betrieb gewerblicher Art. Aufgrund der Vielfältigkeit öffentlicher (wirtschaftlicher) Aufgaben kann es mehrere Betriebe gewerblicher Art in einer Kommune geben.

Nach § 4 KStG liegt ein Betrieb gewerblicher Art regelmäßig bei einer wirtschaftlichen Tätigkeit in Form von Regie- oder Eigenbetrieben vor. Eine kommunale GmbH hingegen ist ein eigenständiges und rechtsfähiges Steuersubjekt, das nach § 1 Abs. 1 KStG unbeschränkt steuerpflichtig ist. Da es bei einem Betrieb gewerblicher Art keinen gesetzlich festgelegten Sitz gibt und in der Praxis häufig eine Sitzfestschreibung in der Satzung fehlt, richtet sich die Anknüpfung nach dem Ort der Geschäftsleitung, von dem aus der Regie- oder Eigenbetrieb tatsächlich geleitet wird. Der Ort befindet sich zwangsläufig bei den Gebietskörperschaften, also den Kommunen oder Landkreisen im Inland, sodass aufgrund der inländischen Geschäftsleitung regelmäßig eine unbeschränkte Körperschaftsteuerpflicht nach § 1 Abs. 1 Nr. 6 KStG vorliegt.

Der Steuergesetzgeber versteht unter den juristischen Personen des öffentlichen Rechts alle Körperschaften, die nach dem allgemeinen Staats- und Verwaltungsrecht ihre Rechtsfähigkeit aus dem öffentlichen Recht ableiten. Hierzu gehören Gebietskörperschaften (Bund, Länder, Kreise, Regierungsbezirke, Städte, Gemeinden, Gemeinde- und Zweckverbände), öffentlich-rechtliche Religionsgemeinschaften, Berufsverbände mit öffentlichem Charakter (Kammern, Innungen) sowie Rundfunkanstalten des öffentlichen Rechts. Darüber hinaus sind auch gesetzliche Träger der Sozialversicherungen (Ortskrankenkassen, Berufsgenossenschaften, Knappschaften, Landesversicherungsanstalten), öffentlich-rechtliche Bankanstalten (Deutsche Bundesbank), öffentlich-rechtliche Versicherungsunternehmen, Bausparkassen, Fachhochschulen und Universitäten einzubeziehen.

Nach Auffassung der Finanzverwaltung und der Rechtsprechung ist nicht der einzelne Betrieb gewerblicher Art, sondern die juristische Person des öffentlichen Rechts, also die Kommune, Steueradressat der Körperschaftsteuer. Dies wird damit begründet, dass die Organisationsstrukturen, die zu einem Betrieb gewerblicher Art führen, rechtlich unselbständig sind und damit keine Handlungsfähigkeit im Rechtsverkehr besitzen, sodass für das Besteuerungsverfahren auf die hinter dem (rechtlich unselbständigen) Betrieb stehende Kommune zurückgegriffen wird. Kommunen sind daher grundsätzlich für jeden ihrer einzelnen Betriebe gewerblicher Art steuerpflichtig.

Für bestimmte Körperschaften sind Befreiungen von der Körperschaftsteuer vorgesehen: Staatliche Monopolbetriebe, Kreditinstitute, soziale Einrichtungen oder steuerbegünstigte Körperschaften. Neben der Körperschaftsteuer ist der Solidaritätszuschlag als „Annexsteuer" oder Ergänzungsabgabe zur Körperschaftsteuer in Höhe von 5,5 % der festgesetzten Körperschaftsteuer zu beachten.

Die Gewerbesteuer ist eine Objektsteuer, die den Gewerbebetrieb im Inland besteuert, unabhängig von persönlichen Verhältnissen des Gewerbeinhabers, von den Eigentumsverhältnissen oder der Art der Finanzierung der eingesetzten Wirtschaftsgüter im Gewerbebetrieb. Steuerobjekt ist der im Inland stehende Gewerbebetrieb. Gewerbebetriebe werden angenommen, wenn gewerbliche Einkünfte erwirtschaftet werden (handwerkliches Einzelunternehmen), regelmäßig bei Kapitalgesellschaften, die auf Grund ihrer Rechtsform gewerbliche Einkünfte erzielen, bei wirtschaftlichen Geschäftsbetrieben einer steuerbegünstigten Körperschaft oder bei einem Betrieb gewerblicher Art, der mit Gewinnerzielungsabsicht handelt und am allgemeinen Verkehr teilnimmt. Für bestimmte Gewerbebetriebe sind Befreiungen von der Gewerbesteuer vorgesehen: Kreditinstitute, steuerbegünstigte Körperschaften, private Schulen, Krankenhäuser oder Altenheime.

2. Umfang der Steuerpflicht in Abhängigkeit von der kommunalen Tätigkeit

Kommunen, die ihre öffentlichen Aufgaben über einen rechtlich unselbständigen Regie- oder Eigenbetrieb ausüben, können einen Betrieb gewerblicher Art begründen, soweit die wirtschaftlichen Tätigkeiten den Voraussetzungen des § 4 KStG entsprechen. Handelt es sich bei der öffentlichen Aufgabe um eine hoheitliche Tätigkeit oder eine Vermögensverwaltung, entfällt im Regelfall eine Ertragsbesteuerung. Mit der Ausübung der öffentlichen Aufgabe durch eine kommunale GmbH (rechtlich selbständige Kapitalgesellschaft) wird die GmbH auf Grund der Rechtsfähigkeit selbst zum Steuersubjekt der Körperschaft- und Gewerbesteuer. Eine Befreiung von der Ertragsteuerpflicht ist für Körperschaften vorgesehen, die selbstlos und ausschließlich gemeinnützige, mildtätige oder kirchliche Zwecke verfolgen. Die Übersicht verdeutlicht die Besteuerungsfolgen in Abhängigkeit von der öffentlichen Aufgabe und der Organisations- oder Rechtsform (Tabelle 9).

Tabelle 9: Steuerfolgen in Abhängigkeit von der kommunalen Tätigkeit

Gesamtaktivitäten von juristischen Personen des öffentlichen Rechts		
Art der Tätigkeit	**Organisations- oder Rechtsform**	**Besteuerungsfolgen im KStG, SolZG, GewStG**
Wirtschaftliche Tätigkeit	Regiebetrieb Eigenbetrieb Kommunalunternehmen	Betrieb gewerblicher Art (§ 4 KStG) Kommune ist Steuersubjekt und unbeschränkt steuerpflichtig (§ 1 Abs. 1 Nr. 6 KStG)
	GmbH AG	Kapitalgesellschaft ist eigenständiges Steuersubjekt und unbeschränkt steuerpflichtig (§ 1 Abs. 1 Nr. 1 KStG)
Hoheitliche Tätigkeit	Regiebetrieb Eigenbetrieb Kommunalunternehmen	Hoheitsbetrieb (§ 4 Abs. 5 KStG) Nicht steuerbar
Vermögensverwaltende Tätigkeit	Regiebetrieb Eigenbetrieb Kommunalunternehmen	Vermögensverwaltung (§ 14 S. 3 AO) Nicht steuerbar Beschränkte Steuerpflicht bei inländischen Einkünften mit Steuerabzug (§ 2 Nr. 2 KStG)

Gesamtaktivitäten von juristischen Personen des öffentlichen Rechts		
Art der Tätigkeit	**Organisations- oder Rechtsform**	**Besteuerungsfolgen im KStG, SolZG, GewStG**
Steuerbegünstigte Tätigkeit	Regiebetrieb Eigenbetrieb Kommunalunternehmen GmbH AG Verein Stiftung	Ertragsteuerbefreiung für den ideellen Bereich, der Vermögensverwaltung und Zweckbetrieb (§ 5 KStG, § 3 GewStG) Steuerpflicht für wirtschaftlichen Geschäftsbetrieb (§ 64 AO) Umsatzsteuerpflicht, aber zahlreiche Vergünstigungen
Steuerbefreiung für bestimmte Wirtschaftszweige	Regiebetrieb Eigenbetrieb Kommunalunternehmen GmbH AG Verein Stiftung	Ertragsteuerbefreiung für Unternehmen bestimmter Wirtschaftszweige (§ 5 KStG, § 3 GewStG)

(Quelle: Eigene Darstellung)

Die Besteuerung von kommunalen Tätigkeiten, die sich aus der Erfüllung öffentlicher Aufgaben ergeben, hängt entscheidend von der Art der öffentlichen Aufgabe und damit von der Art der Tätigkeit ab. Handelt es sich um eine nichtwirtschaftliche Tätigkeit (hoheitlich oder vermögensverwaltend), wird keine Ertragsteuerpflicht ausgelöst. Liegt dagegen eine wirtschaftliche Tätigkeit vor, ist zu prüfen, ob die Kriterien eines Betriebes gewerblicher Art nach § 4 KStG vorliegen und damit zu einer Ertragsteuerpflicht führen.

Die Annahme eines Betriebes gewerblicher Art ist nicht mehr mit dem Umsatzsteuerrecht verknüpft und wurde aus gleichbehandlungs- und europarechtlichen Gründen aufgehoben. Vielmehr steht der Umsatzvorgang, also die steuerbare wirtschaftliche Tätigkeit der Kommune – analog zu den privaten Unternehmen – im Vordergrund. Der Unternehmensbegriff nach §§ 2 und 2b UStG hängt nicht mehr von der Annahme eines „Betriebs gewerblicher Art“ nach § 4 KStG ab.

3. Hoheitliche und vermögensverwaltende Tätigkeiten

Hoheitsbetriebe dienen der Ausübung der öffentlichen Gewalt und erfüllen spezifische öffentlich-rechtliche Aufgaben. In § 4 Abs. 5 KStG heißt es: *„Zu den Betrieben gewerblicher Art gehören nicht Betriebe, die überwiegend der Ausübung der öffentlichen Gewalt dienen (Hoheitsbetriebe). Für die Annahme eines Hoheitsbetriebs* *reichen Zwangs- oder Monopolrechte nicht aus"*. Hoheitliche Aufgaben können im Regelfall nur durch eine öffentlich-rechtliche Einrichtung ausgeübt werden, folglich durch einen Regie- oder Eigenbetrieb. Bei privatwirtschaftlichen Rechtsgebilden, wie z. B. einer GmbH, ist die Übertragung einer hoheitlichen Tätigkeit umstritten.

Der zentrale Begriff der Ausübung öffentlicher Gewalt ist nicht im KStG definiert. Nach der Rechtsprechung geht es um die Erfüllung öffentlich-rechtlicher Aufgaben, die aus der Staatsgewalt abgeleitet sind, staatlichen Zwecken dienen und für die öffentlich-rechtliche Körperschaft eigentümlich und vorbehalten sind. Der Vorbehalt kann auf einer gesetzlichen Vorschrift (Pflichtaufgabe per Gesetz oder Satzung) oder einer Verwaltungsanweisung beruhen. So ist eine gesetzliche Aufgabezuweisung durch Bundes- oder Landesrecht an die öffentliche Hand erforderlich. Aus Gründen der gleichmäßigen Besteuerung erfolgt die Beurteilung nach strengen Maßstäben. Wie der Gesetzeswortlaut erkennen lässt, reicht allein die Zuweisung der öffentlichen Aufgabe oder ein Anschluss- und Benutzungszwang der Abnehmer („Zwangs- und Monopolrechte") nicht für eine hoheitliche Aufgabenerfüllung aus. Deshalb muss als weitere Voraussetzung geprüft werden, ob eine Wettbewerbsneutralität vorliegt. Der Wettbewerb wird nicht beeinträchtigt, wenn die öffentliche Aufgabe nach dem jeweiligen Landesrecht nicht von Privaten ausgeübt werden darf, sondern eine Pflichtaufgabe der Kommune ist. In diesem Fall handelt es sich um eine hoheitliche Aufgabe. Zur Annahme eines Betriebes gewerblicher Art ist dagegen entscheidend, ob dieser in einem potenziellen, nicht aber unbedingt tatsächlichen Wettbewerb zu einem privatwirtschaftlichen Unternehmen steht. Zu den typischen Hoheitsbetrieben gehören die Finanzverwaltung und der Zoll, die Bundeswehr, das öffentliche Schulwesen, die Polizei und die Sozialfürsorge. Hoheitsbetriebe sind auch verpachtete Hoheitsbetriebe.

In einzelnen Hoheitsbetrieben können sich Abgrenzungsschwierigkeiten zum wirtschaftlichen Betrieb gewerblicher Art ergeben, wie z. B. bei der Abfallentsorgung. Sie umfasst neben der Hausmüllentsorgung, dem Betrieb einer Mülldeponie auch die Energie- und Stoffgewinnung aus Abfällen und ist dem hoheitlichen Bereich zuzuordnen. Das getrennte Einsammeln wiederverwertbarer Abfälle aus Bio- oder Papiertonnen gehört ebenfalls zum Hoheitsbetrieb. Darüber hinaus können die Kommunen die Entsorgungspflichten auf Dritte übertragen, wobei der Dritte nur ein Erfüllungsgehilfe ist. Die Entsorgungspflicht verbleibt grundsätzlich beim öffentlich-rechtlichen Entsorgungsträger (also der Kommune) und ist damit hoheitlich.

Weiterhin hoheitlich ist die Übertragung einer hoheitlichen Aufgabe von einer Kommune auf eine andere juristische Person des öffentlichen Rechts (Zweckverband oder Anstalt des öffentlichen Rechts).

Beispiel:
Die Kommunen Mustercity und Beispielrode gründen den Zweckverband „Hausmüllentsorgung“ und übertragen ihm die Hausmüllentsorgung als öffentliche Aufgabe.

Seit Inkrafttreten der Verordnung über die Vermeidung von Verpackungsabfällen ist die die Entsorgung von Transport-, Verkaufs- und Umverpackungen keine öffentliche Aufgabe mehr; dagegen sind die Hersteller und Vertreiber der Verpackungen zur Rücknahme verpflichtet. Sie sind jedoch von der Verpflichtung befreit, wenn sie sich an einem System beteiligen, das eine regelmäßige Abholung gebrauchter Verkaufspackungen gewährleistet. Träger dieses Systems ist „Der Grüne Punkt – Duales System Deutschland Gesellschaft für Abfallvermeidung und Sekundärstoffgewinnung mbH“ (DSD-GmbH), die sich der öffentlichen Hand zur Erfüllung ihrer Pflichten bedient. Die Kommunen übernehmen das operative Geschäft, indem sie die Verpackungen abholen, sortieren und der DSD-GmbH gegen Entgelt zur Verfügung stellen. Die Verantwortung für die Rücknahme und Wiederverwendung gebrauchter Verpackungen ging 1996 von der öffentlichen Hand per Gesetz auf die Privatwirtschaft über, sodass diese Tätigkeit nicht in Ausübung öffentlicher Gewalt erfolgen kann. Das Entgelt der Kommunen aufgrund vertraglicher Vereinbarungen mit dem privaten Entsorgungssystem (DSD-GmbH) bewirkt eine wirtschaftliche Tätigkeit, die einen Betrieb gewerblicher Art begründet.

Die Friedhofsverwaltung und der Friedhof als Einrichtung des Bestattungswesens gehören dem Hoheitsbetrieb an. Der Blumenverkauf einer städtischen Friedhofsgärtnerei, die Pflege privater Grabstätten und die Umrahmung privater Trauerfeiern gegen Entgelt stellen dagegen wirtschaftliche Tätigkeiten dar, die zu einem Betrieb gewerblicher Art führen, weil diese Leistungen auch von privatwirtschaftlichen Gärtnereien oder ähnlichen Betrieben ausgeführt werden (Wettbewerbsaspekt). Die Unterhaltung von Parkhäusern ist ein dem öffentlichen Verkehr dienender Betrieb gewerblicher Art. Dagegen führt der Betrieb von Parkuhren zu einem Hoheitsbetrieb, wenn die Parkuhren im Rahmen der Straßenverkehrsordnung funktionieren. Bei den Volkshochschulen kommt es insbesondere auf die angebotenen Leistungen an. So ist in Nordrhein-Westfalen die Errichtung und Unterhaltung von Weiterbildungseinrichtungen eine Pflichtaufgabe auf der Basis des Weiterbildungsgesetzes. Hierbei übt die Volkshochschule z. B. mit dem Nachholen von Schulabschlüssen eine hoheitliche Tätigkeit aus. Im Einzelfall (Leistungsangebote zur Freizeitgestaltung) kann sie aber auch nachhaltige wirtschaftliche Tätigkeiten erzielen und einen BgA begründen.

Die Einnahmen, insbesondere Zwangsabgaben in Form von Gebühren, Beiträgen oder Steuern aus einer nichtwirtschaftlichen, hoheitlichen Tätigkeit sind von der Ertragsbesteuerung ausgenommen. Hoheitliche Tätigkeiten sind ertragsteuerlich nicht relevant. In der Praxis dürfte die Steuerbefreiung jedoch nur eine untergeordnete Rolle spielen, weil diese Bereiche überwiegend kostendeckend oder defizitär arbeiten und kaum Gewinne erzielen. Nach Auffassung der Finanzverwaltung (vgl. R 4.4 und 4.5 KStR) und der Rechtsprechung ergeben sich die in der nachfolgenden Übersicht alphabetisch aufgeführten hoheitlichen Tätigkeiten (Tabelle 10).

Tabelle 10: ABC der Hoheitsbetriebe

Öffentliche Aufgaben als hoheitliche Tätigkeiten
– Abfallentsorgung aus privaten Haushalten (Hausmüllentsorgung)
– Abfallverbrennungsanlagen (Hausmüllverbrennung)
– Abwasserentsorgung
– Amtsblätter mit dienstlichen Veröffentlichungen (ohne Werbeanzeigen)
– An- und Verkauf von Grundstücken durch die Gemeinde
– Arbeitsbetriebe zur Beschäftigung von Strafvollzugshäftlingen
– Arbeitsbetriebe zur Beschäftigung von Untersuchungshäftlingen
– Asylbewerberheime (Unterbringung von Asylbewerbern und Flüchtlingen)
– Aus- und Fortbildung durch Handwerkskammern und Innungen
– Bauhöfe (Tätigkeiten im hoheitlichen Bereich, nicht dagegen Tätigkeiten für private Haushalte oder private Unternehmen)
– Bestattungswälder
– Bestattungswesen/Friedhofsverwaltungen
– Bußgelder
– Bundeswehr
– Erholungsparks (unentgeltlich)
– Erschließungstätigkeiten der Gemeinde (Anschluss von Grundstücken an das Straßen- und Versorgungsnetz)
– Ethikkommissionen zur Zustimmung klinischer Studien
– Feuerwehrwesen
– Finanzverwaltungen
– Forschungs- und Lehrtätigkeiten der Hochschulen
– Grundlagenforschung
– Handwerks- und Berufskammern, IHK
– Hausnummernverkäufe
– Hochschulen (Universitäten und Fachhochschulen)
– Hochwasserschutz
– Hundekotbeutel im Beutelspender (unentgeltlich)
– Katasterämter
– Kirchen, kirchliche Orden
– Kläranlagen, Klärwerke
– Kommunale Datenverarbeitungszentren
– Konzessionsabgaben
– Kopierkostenerstattungen an Schulen
– Krankenbeförderungen
– Lebensmitteluntersuchungsanstalten (R 4.4 Abs. 1 S. 2 KStR)

Öffentliche Aufgaben als hoheitliche Tätigkeiten
– Leichenverbrennungsanstalten, Krematorien (wenn nach Landesrecht der jPöR eigentümlich und vorbehalten)
– Müllverbrennungen als Teil der Müllbeseitigung
– Nahrungsmitteluntersuchungen
– Obdachlosenheime
– Parkanlagen (nicht dem Fremdenverkehr zugeordnet)
– Parkscheinautomaten, Parkuhren im Rahmen der StVO
– Polizeiwesen
– Prüfstellen der Röntgeneinrichtungen
– Psychiatrische Landeskrankenhäuser (Verwahr- und Pflegefälle)
– Rundfunkanstalten des öffentlichen Rechts, Rundfunksendungen
– Schlachthöfe (in Gemeinden mit Schlachtzwang)
– Schulen (öffentliche und Ersatzschulen), Schülerheime
– Sondernutzungsgebühren
– Sozialfürsorge, Sozialversicherungen
– Spazier- und Wanderwege (unentgeltlich, nicht dem Fremdenverkehr zugeordnet)
– Standesämter
– Strafvollzugsanstalten
– Straßenbaulasten, Straßenbenutzungsgebühren nach ABMG
– Straßenreinigungen
– Straßenbeleuchtungen (Errichtung und Unterhaltung)
– Strandpromenaden (sofern dem öffentlichen Verkehr gewidmet)
– Studentenwerke (sofern Anstalt des öffentlichen Rechts)
– Talsperren für Hochwasserschutz
– Tierkörperbeseitigungen (wenn Materialien der EG-VO Nr. 1069/2009)
– Toiletten (öffentlich, entgeltfrei)
– Unterbringungen von Aus- und Übersiedlern
– Unterbringungen von Bürgerkriegsflüchtlingen
– Wetterwarten
– Zollverwaltungen

(Quelle: Eigene Darstellung)

Zum nicht steuerbaren Bereich der juristischen Personen des öffentlichen Rechts gehört auch der Bereich der Vermögensverwaltung (§ 14 S. 3 AO). Eine Vermögensverwaltung liegt in der Regel vor, wenn das Vermögen genutzt wird, z. B. die verzinsliche Anlage von Kapitalvermögen oder die Vermietung und Verpachtung von unbeweglichem Vermögen, wie kommunale Grundstücke und Gebäude. Nach der Rechtsprechung gehören insbesondere Raum-, Haus-, Grund- und Bodenvermietung oder die Vermietung einer Blumenhalle ohne Inventar dazu. Auch Konzessionsabgaben gehören im Regelfall zur Vermögensverwaltung. Grundlage sind privatrechtliche Konzessionsverträge, die Strom-, Gasnetzbetreibern oder Wasserversorgern das Recht einräumen, für die Leitungen des Versorgungsnetzes die öffentlichen Straßen und Wege zu nutzen.

Beispiel:
Die Stadt Musterhausen vermietet die „Stadt- und Mehrzweckhalle" im Rahmen eines Regiebetriebes. Die (langfristige) Vermietungsleistung an einen Mieter ist grundsätzlich Vermögensverwaltung. Wird die Stadthalle allerdings an häufig wechselnde Mieter kurzfristig überlassen, begründen diese Tätigkeiten einen Betrieb gewerblicher Art. Zu einer steuerpflichtigen Tätigkeit führt die Vermietung von Sälen und Konferenzräumen einschließlich Inventar der Stadthalle an ein Unternehmen, eine Partei, einen Verein, einzelne Bürger oder an Bürgergruppen. Steuerpflichtig ist auch die Erbringung besonderer Leistungen im Rahmen der Vermietung (Herrichten der Räume für eine besondere Veranstaltung oder Reinigungsdienste).

Die Kommune unterliegt mit den Einnahmen aus der Vermögensverwaltung (Mieterträge, Pachterträge, Zinserträge) im Regelfall keiner Besteuerung. Kurzfristige Vermietungen und häufig wechselnde Mieter können allerdings im Einzelfall auch zu einem steuerpflichtigen Grundstückshandel oder zur steuerpflichtigen, wirtschaftlichen Tätigkeit (z.B. Messe- und Kongresshallennutzung) führen.

Kommunen finanzieren sich zunehmend auch über Beteiligungserträge anderer Gesellschaften. Die Verwaltung von Wertpapieren und Beteiligungen an anderen Kapitalgesellschaften (vgl. auch kommunale Beteiligungsberichte) führt im Regelfall zu einer Vermögensverwaltung. Eine Ausnahme besteht jedoch nach § 2 Nr. 2 KStG für bestimmte Einkünfte, die dem Steuerabzug unterliegen. Hierzu gehören z.B. Erträge aus der Beteiligung einer Kommune an einer anderen Kapitalgesellschaft mit Ort der Geschäftsleitung oder Sitz in Deutschland. Diese Beteiligungserträge (Gewinnausschüttungen oder Dividenden) begründen zwar keinen Betrieb gewerblicher Art, unterliegen aber dem Steuerabzug an der Quelle.

Beispiel:
Die Stadt Musterhausen ist an der Energieversorgungs-AG (ENVO-AG) mit Sitz in Erfurt zu 30 % beteiligt. Die Beteiligung wird im Hoheitsbereich gehalten. Aus dieser Beteiligung fließen der Stadt Musterhausen pro Jahr Beteiligungserträge in Höhe 300.000 Euro zu. Mit den Beteiligungserträgen ist die Stadt Musterhausen als Gläubiger nach § 2 Nr. 2 KStG beschränkt körperschaftsteuerpflichtig. Die ENVO-AG ist als ausschüttende Gesellschaft gesetzlich verpflichtet, auf die Gewinnausschüttung die Kapitalertragsteuer und den Solidaritätszuschlag zu ermitteln, einzubehalten und an das Finanzamt abzuführen. Die Kapitalertragsteuer auf Gewinnausschüttungen beträgt 25 % (§ 43a Abs. 1 S. 1 Nr. 1 EStG). Der Steuerabzug ist allerdings nur zu 3/5 vorzunehmen (§ 44a Abs. 8 S. 1 EStG). Die Dividende in Höhe von 300.000 Euro führt zu einer Kapitalertragsteuer von 75.000 Euro (300.000 Euro × 25 %), die sich um 3/5 reduziert auf: 45.000 Euro

(75.000 Euro × 3/5) zuzüglich Solidaritätszuschlag in Höhe von 2.475 Euro (45.000 Euro × 5,5 %). Die Stadt Musterhausen erhält einen (netto) Auszahlungsbetrag in Höhe von 252.525 Euro (300.000 Euro abzgl. 47.475 Euro).

Beteiligungen der Kommune an einer anderen Kapitalgesellschaft führen bei einer Gewinnausschüttung zu einer Kapitalertragsteuerpflicht von 25 %. In diesem Fall wird die Kommune mit den Beteiligungserträgen (Gewinnausschüttungen, Dividenden) einer GmbH beschränkt steuerpflichtig. Mit dem Kapitalertragsteuerabzug durch die ausschüttende Gesellschaft ist die Ertragsteuer bereits abgegolten. Daher wird die Kapitalertragsteuer umgangssprachlich auch als Abgeltungsteuer bezeichnet. Beteiligt sich die Kommune an einer inländischen Personengesellschaft, wie eine atypisch stille Gesellschaft, OHG oder KG, deren Geschäftsbereich und Gegenstand bei der Kommune zu einem Betrieb gewerblicher Art führen würde, ist diese Beteiligung als BgA zu qualifizieren.

4. Betriebe gewerblicher Art im Körperschaftsteuerrecht

4.1 Definition Betrieb gewerblicher Art

Die wirtschaftliche Tätigkeit der Kommunen, die im Zusammenhang mit der Erfüllung öffentlicher Aufgaben im Rahmen eines Regie- oder Eigenbetriebes entsteht, begründet einen Betrieb gewerblicher Art (BgA), sofern die gesetzlichen Tatbestandsmerkmale des § 4 KStG erfüllt sind: *„Betriebe gewerblicher Art von juristischen Personen des öffentlichen Rechts sind alle Einrichtungen, die einer nachhaltigen wirtschaftlichen Tätigkeit zur Erzielung von Einnahmen außerhalb der Land- und Forstwirtschaft dienen und die sich innerhalb der Gesamtbetätigung der juristischen Person wirtschaftlich herausheben. Die Absicht, Gewinn zu erzielen, und die Beteiligung am allgemeinen wirtschaftlichen Verkehr sind nicht erforderlich. Zu den Betrieben gewerblicher Art gehören auch Betriebe, die der Versorgung der Bevölkerung mit Wasser, Gas, Elektrizität oder Wärme, dem öffentlichen Verkehr oder dem Hafenbetrieb dienen. Als Betrieb gewerblicher Art gehört auch die Verpachtung eines solchen Betriebs"*. Nachfolgend werden die einzelnen Tatbestandsmerkmale des § 4 KStG erörtert. Sie sind aus der Sicht der Finanzverwaltung als bedeutsame Indizien zu bewerten; es ist aber jeweils vom Einzelfall auszugehen, ob ein Betrieb gewerblicher Art anzunehmen ist oder nicht.

a) Einrichtung: Eine außerhalb des Hoheitsbetriebes liegende wirtschaftliche Tätigkeit muss eine gewisse wirtschaftliche oder organisatorische Selbständigkeit aufweisen. Diese Selbständigkeit wird durch organisatorische Merkmale erfüllt, z.B. in einer besonderen Leitung, in einem geschlossenen Geschäftskreis, in der Buchführung oder in einer getrennten Aufzeichnung der Entgelte. Nicht erforderlich ist die Annahme einer vollständig verselbständigten organisatorischen Einheit. Daher kann die gewerbliche Tätigkeit auch innerhalb der für andere Aufgaben der Kommune eingerichteten Organisation erledigt werden. Eine Einrichtung liegt auch vor, wenn Betriebsmittel (Arbeitsgeräte oder Maschinen) oder Personal sowohl im hoheitlichen als auch im wirtschaftlichen Bereich eingesetzt werden. Hier muss eine zeitliche Abgrenzung möglich sein. Zum anderen kann ein bestimmter Jahresumsatz (130.000 Euro gem. R 4.1 Abs. 4 S. 2 KStR) Merkmal für die wirtschaftliche Selbständigkeit und damit für die Annahme einer Einrichtung sein. Eine eigene Buchführung oder eigenes Personal ist dagegen nicht zwingend erforderlich.

b) Nachhaltige wirtschaftliche Tätigkeit: Eine Tätigkeit ist nachhaltig, wenn sie mit der Absicht verfolgt wird, sie zu wiederholen und daraus eine ständige Erwerbsquelle zu machen. Die Wiederholungsabsicht ist dabei das zentrale Merkmal; es muss von vornherein die Absicht der Wiederholung bestehen, gleichartige Handlungen bei sich bietender Gelegenheit wieder durchzuführen. Im Extremfall reicht dann auch ein einmaliges Tätigwerden aus. Hiervon sind auszuschließen unentgeltlich ausgeübte Leistungen, reine Vermögensverwaltungen oder Tätigkeiten einer juristischen Person des öffentlichen Rechts, die eine Land- oder Forstwirtschaft unterhält. Der einmalige Verkauf von Anlagevermögen (z.B. Fahrzeuge oder Büroeinrichtungen) erfüllt nicht das Nachhaltigkeitskriterium und ist als Hilfsgeschäft dem Hoheitsbereich zuzuordnen (vgl. R 4.4 Abs. 2 KStR).

c) Einnahmenerzielungsabsicht: Die Einnahmen müssen durch eine wirtschaftliche Tätigkeit erzielt werden. Zu den Einnahmen gehören auch Gebühren und Beiträge. Ein Betrieb gewerblicher Art wird immer angenommen, wenn die Tätigkeiten entgeltlich erbracht wurden. Daher können auch kostendeckende Einrichtungen, Selbstversorgungsbetriebe oder Dauerverlustbetriebe der Kommunen als Betrieb gewerblicher Art qualifiziert werden. Außerdem muss es sich um Einnahmen (Gebühren, Entgelte) von Dritten handeln; interne Verrechnungen gehören nicht dazu. Eine Gewinnerzielungsabsicht ist nach § 4 Abs. 1 S. 2 KStG nicht erforderlich.

d) Wirtschaftliche Bedeutung der Tätigkeit: Das Kriterium der Gewichtigkeit steht im Zusammenhang mit der gleichmäßigen Besteuerung, d.h. die öffentliche Hand wird dann besteuert, wenn sie eine Wettbewerbsbeeinträchtigung zu Privatpersonen schafft. Dagegen liegt eine Wettbewerbsneutralität vor, wenn die öffentliche Hand außerhalb ihres Hoheitsbereiches nur in geringem Umfang tätig wird und lediglich kleine Gewinne erzielt. Die Finanzverwaltung setzt als Indiz Mindesteinnahmen voraus (Umsatz-Untergrenze). So liegt nach R 4.1 Abs. 5 KStR bereits bei einem Jahresumsatz über 45.000 Euro eine wirtschaftliche Bedeutung im Einzelfall vor. Liegt der Jahresumsatz unterhalb dieser Grenze, wird aus Vereinfachungsgründen in der Verwaltungspraxis überwiegend kein Betrieb gewerblicher Art angenommen. Diese Grenze ist jedoch nur ein Indiz dafür, dass sich die wirtschaftliche Tätigkeit innerhalb der Gesamttätigkeit einer Kommune hervorhebt. Nach R 4.1 Abs. 5 S. 4 und 5 KStR kann das Kriterium auch unterhalb der Umsatzgrenze von 45.000 Euro angenommen werden, wenn „besondere Gründe“ vorliegen; z.B. wenn die Kommune in Wettbewerb zu privatwirtschaftlichen Unternehmen tritt. Hierfür reicht es bereits aus, dass ein potenzieller, aber kein tatsächlicher Wettbewerb vorliegt und privatwirtschaftliche Unternehmen die öffentliche Aufgabe erfüllen könnten. Eine einheitliche und systematische Vorgehensweise ist aus den einzelnen Ansätzen von Rechtsprechung, Finanzverwaltung und Schrifttum jedoch nicht abzuleiten. Im Zuge der Steuerrechtsänderungen 2026 ergibt sich das Problem, dass die Körperschaftsteuerrichtlinien 2022 noch nicht aktualisiert sind und sich an der Indizgrenze von 45.000 Euro orientieren. Es ist zu erwarten, dass diese Grenze auf 50.000 Euro (analog zu § 64 Abs. 3 AO) angehoben wird.

Zu den Betrieben gewerblicher Art zählen grundsätzlich die Versorgungsbetriebe nach § 4 Abs. 3 KStG. Hierbei handelt es sich um Regie- oder vornehmlich Eigenbetriebe, die öffentliche Aufgaben der Daseinsvorsorge erfüllen. Energieversorgungs- und Verkehrsbetriebe sollen die Grundbedürfnisse der Bevölkerung zu tragbaren Bedingungen erfüllen. Da sie einem gemeinschaftlichen Versorgungszweck dienen, können sie zu einem einheitlichen Betrieb gewerblicher Art zusammengefasst werden. Zu den Versorgungsbetrieben gehört auch der Betrieb von Photovoltaikanlagen.

Einrichtungen der Land- und Forstwirtschaft sind dagegen ausdrücklich keine Betriebe gewerblicher Art. Allerdings sind land- und forstwirtschaftliche Einkünfte im Rahmen eines BgA steuerpflichtig; daher sollten die Tätigkeiten vom wirtschaftlichen Bereich organisatorisch getrennt werden. Die Teilnahme am allgemeinen wirtschaftlichen Verkehr ist nicht erforderlich, sodass auch Bauhöfe einen BgA begründen können. Auch Eigen- und Selbstversorgungsbetriebe der öffentlichen Hand, wie Gärtnereien oder Tischlereien, nehmen nicht am allgemeinen wirtschaftlichen Verkehr teil, können aber durchaus zu einem BgA führen. Hier könnten auch die Innenumsätze als Indiz für eine Tätigkeit von einigem Gewicht einbezogen werden.

Die Einkünfte aus einem Betrieb gewerblicher Art sind als Einkünfte aus Gewerbebetrieb zu behandeln. Sie sind demnach körperschaftsteuerpflichtig und bei Gewinnerzielungsabsicht auch gewerbesteuerpflichtig. Das zu versteuernde Einkommen ist als Bemessungsgrundlage der Körperschaftsteuer für jeden Betrieb getrennt zu ermitteln. Eine Zusammenfassung ist nur unter besonderen Voraussetzungen möglich. Für Zwecke der Einkommensermittlung wird der Betrieb gewerblicher Art verselbständigt. Für jeden Betrieb gewerblicher Art ist der steuerpflichtige Gewinn getrennt zu ermitteln („virtuelle Körperschaft").

In Tabelle 11 sind die wichtigsten Beispiele für einen Betrieb gewerblicher Art (BgA) seitens der Finanzverwaltung und der Rechtsprechung aufgeführt. Tendenziell ist nur der Kernbereich des reinen Hoheitsbetriebs von der Besteuerung ausgenommen; im Regelfall löst eine wirtschaftliche Betätigung der Kommune bei der Erfüllung öffentlicher Aufgaben immer eine Steuerpflicht aus.

Tabelle 11: ABC der Betriebe gewerblicher Art

Öffentliche Aufgaben als wirtschaftliche Tätigkeiten[1]
– Abfallberatungen – Abfallentsorgungen im Dualen System – Alten- und Pflegeheime* – Anschlagstellen auf öffentlichen Plätzen und Wegen – Apothekenbetriebe, arbeitsmedizinische Zentren und Dienste – Auftragsforschungen* – Ausbildungsveranstaltungen gegen Entgelt – Automaten in Behörden – Basare und Flohmärkte – Bauämter (Betreuung nichtstaatlicher Bauten) – Beratungstätigkeiten – Beregnungsverbände (Lieferung von Beregnungswasser) – Benefizveranstaltungen – Bergbahnen, Ski- und Sessellifte – Beschaffungsstellen – Besichtigungsbetriebe (Schlösser), Führungen und Besichtigungen – Bibliotheken, Büchereien* – Biogasanlagen (eines Abwasserverbandes) – Blutalkohol- und Bodenuntersuchungsstellen – Börsen (Getreidebörse) – Botanische und zoologische Gärten* – Café- oder Cafeteriabetriebe – Datenverarbeitungszentren (für private Dritte tätig) – Eichämter, Vermessungen – Eishallen und Eislaufbahnen – Energie- und Wärmeverkäufe aus der Müllverbrennung – Erholungsparks (dem Fremdenverkehr zugeordnet) – Fachausstellungen und Fachmessen – Fahrdienste für den ärztlichen Notfalldienst – Familienbildungsstätten, Jugend- und Erholungsstätten* – Faschingsbälle, Hochschulbälle – Ferienfreizeiten, Ferienerholungseinrichtungen* – Festspielhäuser, Kulturzentren, Theater, Museen* – Feuerwehrfeste, Flugtage – Fort- und Weiterbildungsveranstaltungen – Freizeitparks, Kegelbahnen, Pfarrfeste, Volksfeste – Fremdenverkehrsverbände, Tourismuszentren

1 Hinweis: Die gekennzeichneten wirtschaftlichen Tätigkeiten (*) entsprechen den gemeinnützigen, kirchlichen oder mildtätigen Zwecken der §§ 52–54 AO.

Öffentliche Aufgaben als wirtschaftliche Tätigkeiten
– Friedhofsgärtnereien und Grabpflege – Gaststätten, Kantinen, Gemeinschaftshäuser einer Gemeinde – Gutachterausschüsse (nach Bundesbaugesetz) – Hafenbetriebe (Hafenbauten, Kaianlagen, Schleusen, Schiffsanlegestellen) – Jugendheime und Jugendbildungsstätten* – Kiesgruben (selbst betrieben) – Kindergärten, Kinderhorte, Kindertagesstätten* – Kirchturmbesichtigungen und -besteigungen* – Klöster*, Andenkengeschäfte – Kongresshallen – Kraftfahrzeugkennzeichenverkäufe – Krankenhäuser*, Hochschulkliniken* – Kur- und Bäderverwaltungen, Kurtaxen, Kurbetriebe – Lagerhäuser (Versorgungsbetrieb) – Leihanstalten – Mahlzeitendienste, Schulspeisungen* – Marktämter, Märkte (Wochen-, Kram-, Weihnachts-, Vieh-, Jahrmärkte) – Materialprüfungsanstalten (entgeltliche Untersuchung und Beratung) – Mehrzweckhallen, Markthallen (Betrieb und Vermietung) – Messehallen – Mineralwasserbetriebe – Museumsbetriebe*, Museumsshops – Netzbetriebe (Versorgungsbetrieb) – Parkplätze (bewacht) und Parkhäuser außerhalb der StVO (Verkehrsbetriebe) – Personalgestellungen (entgeltlich an einen Dritten) – Photovoltaikanlagen (Versorgungsbetrieb) – Psychiatrische Landeskrankenhäuser (Behandlungsfälle) – Reklameämter – Schwimmbäder, Spaßbäder, Sportkurse*, Sportparks* – Sparkassen – Sponsoring, Werbung, Werbesendungen, City-Light-Poster – Sozialstationen* – Stadthallen, Stadtmarketing – Strandpromenaden, Strandkorbvermietungen – Talsperren (Wasserversorgung) – Technologiezentren – Telekommunikationsbetriebe – Theater* – Tierheime* – Umweltschutzberatungen – Volksfeste

Öffentliche Aufgaben als wirtschaftliche Tätigkeiten
– Volkshochschulen (ohne gesetzliche Verpflichtung) – Wasserversorgungsbetriebe, Wasserversorgungswerke – Weiterbildungs-, Erwachsenenbildungseinrichtungen – Wohnungs-, Zimmervermittlungen, Wohnheime, Aussiedlerwohnheime – Zoobetriebe

(Quelle: Eigene Darstellung)

4.2 Verlustverrechnung und Zusammenfassung von Betrieben gewerblicher Art

Die wirtschaftlichen Tätigkeiten der öffentlichen Hand mittels Regie- oder Eigenbetrieb können sowohl gewinnorientiert als auch verlustbringend erfolgen. Unabhängig von kommunal- und haushaltsrechtlichen Vorschriften werden negative Einkünfte bzw. steuerlich auftretende Verluste nach § 8 KStG i.V.m. § 10d EStG gesondert festgestellt. Der Verlustabzug unterscheidet einen Verlustrücktrag und Verlustvortrag. Verluste eines Betriebs gewerblicher Art können gem. § 10d EStG bis zu 1 Mio. Euro ein Jahr zurückgetragen werden. Hierbei sind die unterschiedlichen Maximalbeträge in den einzelnen Pandemiejahren bis zum Veranlagungszeitraum 2023 zu beachten. Nicht nach § 10d Abs. 1 EStG ausgeglichene Verluste können darüber hinaus zeitlich unbegrenzt, aber betragsmäßig begrenzt vorgetragen werden. Der Verlustvortrag sieht einen Sockelbetrag bis 1 Mio. Euro vor sowie und max. 70 % des 1 Mio. Euro übersteigenden Gesamtbetrags der Einkünfte.

Beispiel:
Das städtische Verkehrsunternehmen wird als Eigenbetrieb der Stadt Beispielrode geführt und ist ein Betrieb gewerblicher Art, der im Jahr 2025 einen Gewinn von + 1.200.000 Euro erwirtschaftet. Der Betrieb erzielt 2026 einen Verlust von – 4.000.000 Euro. Im Jahr 2027 erzielt der Betrieb einen Gewinn von + 1.600.000 Euro.

Verlustrücktrag in 2025: Im Rahmen des Verlustabzugs nach § 10d EStG kann der Betrieb einen Verlustrücktrag in das Jahr 2025 in Höhe von 1.000.000 Euro vornehmen, sodass nach dem Abzug für 2025 ein steuerpflichtiger Gewinn von 200.000 Euro verbleibt. Vom Verlustbetrag 2026 in Höhe von –4.000.00 Euro verbleiben hiernach –3.000.000 Euro.

Verlustvortrag in 2027: Der verbleibende Verlust von – 3.000.000 Euro kann nun in das Jahr 2027 vorgetragen werden. Allerdings ist hier eine Begrenzung vorgesehen. Zunächst kann ein Sockelbetrag von 1.000.000 Euro verrechnet werden, der mit positiven Einkünften (1.600.000 Euro) verrechnet wird. In diesem Fall vermindert sich der Gewinn 2027 zunächst auf 600.000 Euro. Nun sind für eine weitere Verlustverrechnung noch 70 % des verbleibenden positiven Ergebnisses (600.000 Euro) möglich; demzufolge können maximal (600.000 Euro × 70 % =)

420.000 Euro in den Verlustvortrag fließen. Für das Jahr 2027 verbleibt ein steuerpflichtiger Gewinn von 180.000 Euro. Die Ertragsteuern auf diesen Gewinn werden auch als „Mindeststeuern" bezeichnet.

Ergebnis: Der Verlust von – 4.000.000 Euro wurde durch Verlustrücktrag in das Jahr 2025 (1.000.000 Euro) und Verlustvortrag in das Jahr 2027 (1.420.000 Euro) verrechnet. Es verbleiben – 1.580.000 Euro, die auf die Jahre ab 2028 vorgetragen werden können.

Hoheitliche Tätigkeiten begründen keinen Betrieb gewerblicher Art; Verluste sind demnach steuerlich irrelevant.

Beispiel:
Die Stadt Beispielrieth betreibt das Ausflugslokal „Bergblick" als Regiebetrieb. Der BgA „Bergblick" arbeitet seit seiner Gründung vor acht Jahren mit Verlusten. Für das abgelaufene Wirtschaftsjahr wurde ein Verlust von – 150.000 Euro festgestellt. Die Stadt gleicht diesen Verlust als Trägerkörperschaft unmittelbar aus. Aus steuerrechtlicher Sicht liegt eine dauerhaft defizitäre wirtschaftliche Tätigkeit vor, die als Gaststätte nicht nach § 8 KStG begünstigt ist.

Rechtsfolge: Die Finanzverwaltung kann für das Wirtschaftsjahr eine verdeckte Gewinnausschüttung in Höhe der Verlustübernahme von 150.000 Euro annehmen, die zu den steuerpflichtigen Einkünften nach § 20 Abs. 1 Nr. 10b EStG und § 43 Abs. 1 S. 1 Nr. 7c EStG gehört und einer Kapitalertragsteuer von 15 % unterliegt. Die Stadt Beispielrieth würde infolge der Gewährträgerhaftung eine Steuerbelastung von 22.500 Euro (150.000 Euro × 15 %) zuzüglich Solidaritätszuschlag in Höhe von 1.237,50 Euro (22.500 Euro × 5,5 %) tragen.

Gestaltungsvorschlag: Mit Hilfe eines steuerlichen Einlagekontos nach § 27 KStG werden Zugänge durch nicht in das Nennkapital geleistete Einlagen *(= tatsächliche Ressourcenausstattung des BgA oder Verlustausgleich durch die Trägerkörperschaft)* sowie Minderungen *(=Leistungen des BgA an die Trägerkörperschaft in Form von „ausschüttbaren" oder verdeckten Gewinnen)* erfasst. Hierzu besteht ein gesondertes Steuerformular (KSt 1 Fa und Anlage WA). Über die Minderung des Einlagekontos ist eine Steuerbescheinigung auszustellen (vgl. Muster im BMF-Schreiben vom 20.12.2012, BStBl I 2013, S. 36). Aufgrund der „Verrechnung" der verdeckten Gewinnausschüttung an den Trägerhaushalt (Abgang von 150.000 Euro) einerseits und der Neurücklage aus der Verlustübernahme durch den Trägerhaushalt (Zugang von 150.000 Euro) andererseits neutralisieren sich die beiden Beträge, sodass mangels positiver Einkünfte (Ergebnis von Null) eine Kapitalertragsbesteuerung unterbleibt.

Für jeden BgA wird das Einkommen gesondert ermittelt und der Ertragsbesteuerung unterworfen. Demzufolge können Verluste eines Theater-BgA nicht mit den Gewinnen eines anderen BgA (z. B. Wasserversorgungsbetrieb) verrechnet werden. Unter bestimmten Voraussetzungen ist allerdings eine Zusammenfassung von mehreren Betrieben gewerblicher Art möglich, sodass gewinnbringende Tätigkeiten mit nachhaltig defizitären kommunalen Tätigkeiten verrechnet werden können und die Ertragsteuerbelastung vermindert wird (kommunaler oder steuerlicher Querverbund). Gesetzlich geregelt ist das Wahlrecht für die Zusammenfassung von wirtschaftlichen Tätigkeiten im §4 Abs.6 KStG. Demnach ist eine Zusammenfassung von gleichartigen Betrieben gewerblicher Art nach §4 Abs.6 S.2 Nr.1 KStG möglich. Gleichartige Tätigkeiten werden z.B. im gleichen Gewerbezweig ausgeübt oder es besteht ein wirtschaftlicher, finanzieller oder organisatorischer innerlicher Zusammenhang zwischen den Betrieben. So können der BgA „Freibad" und der BgA „Hallenbad" zusammengefasst werden, weil sie einen gleichartigen Nutzen erbringen. Gleichartig und zusammenfassbar sind stets Versorgerbetriebe nach §4 Abs.3 KStG (§4 Abs.6 S.2 Nr.3 KStG), z.B. Versorgungs-, Verkehrs-, Hafen- und Flughafenbetriebe.

Beispiel:
Das städtische Verkehrsunternehmen wird als Eigenbetrieb der Stadt Beispielrode geführt und ist als „Versorger" nach §4 Abs.3 KStG ein Betrieb gewerblicher Art. Es kann mit dem Eigenbetrieb „Stromversorgung" der Stadt zu einem einzigen Betrieb gewerblicher Art zusammengefasst werden. Der Freibetrag von 5.000 Euro (§24 KStG und §11 GewStG) kommt jedoch nur einmal zum Abzug; dagegen können sich Gewinne und Verluste im steuerlichen Querverbund ausgleichen.

Gleichartige „Gewinnbetriebe" können stets zusammengefasst werden. Die steuerliche Anerkennung einer Zusammenfassung von ungleichartigen Betrieben gewerblicher Art hängt vom Einzelfall ab. Im Regelfall ist die Zusammenfassung von Betrieben mit ungleichen Tätigkeiten ausgeschlossen. So ist etwa eine Zusammenfassung der Betriebe „Marktveranstaltung" und „Gastwirtschaft" steuerlich unzulässig. Nach dem BFH-Urteil vom 15.03.2023 wurde die Zusammenfassbarkeit eines BgA "Glühweinstand" mit dem einem BgA "Kurbetriebe" abgelehnt, da es auf die gewerbliche Tätigkeit selbst und auf das äußere Erscheinungsbild des jeweiligen BgA (Verkauf von Getränken und Touristenmanagement) ankommt, nicht aber auf übergeordnete Betriebszwecke der Trägerkörperschaft (Kurbetrieb und Touristenwerbung).

Beispiel:
Das städtische Verkehrsunternehmen wird als Eigenbetrieb der Stadt Beispielrode geführt und ist als „Versorger" nach §4 Abs.3 KStG ein Betrieb gewerblicher Art. Es kann nicht mit dem als Regiebetrieb geführten Betrieb gewerblicher Art „Wochenmarkt" zu einem einzigen Betrieb gewerblicher Art zusammengefasst werden, weil die beiden BgA keine gleichartigen Tätigkeiten ausüben.

Schließlich ist eine Zusammenfassung von Betrieben gewerblicher Art nach §4 Abs.6 S. 2 Nr.2 KStG zulässig, z.B. wenn zwischen ihnen nach dem Gesamtbild der tatsächlichen Verhältnisse objektiv eine enge wechselseitige technisch-wirtschaftliche Verflechtung von einigem Gewicht vorliegt. Eine derartige Verflechtung zwischen zwei Betrieben gewerblicher Art wird angenommen, wenn sich aus der Belieferung des einen Betriebes mit einem Hauptstoff gleichzeitig auch Vorteile für den liefernden Betrieb ergeben, die durch einen chemischen oder physikalischen Vorgang zwangsläufig entstehen. Die Verflechtung muss gegenseitig sein, sodass beide Betriebe zwingend aufeinander angewiesen sind. In der Praxis sind Blockkraftheizwerke geeignet, die technische Verflechtung z.B. zwischen einem Bäderbetrieb und einem Wasserwerk herzustellen.

Die wechselseitige technisch-wirtschaftliche Verflechtung wird von der Finanzverwaltung aber nur in begründeten Einzelfällen steuerlich anerkannt. Allgemeingültige Regeln lassen sich dagegen nicht aufstellen. Auch in der umfangreichen Rechtsprechung zum steuerlichen Querverbund gibt es sowohl zulässige als auch unzulässige Verflechtungen. So besteht keine Verbindung zwischen einem Technologiezentrum und den Stadtwerken, zwischen der Verpachtung von Gaststätten und der Vermietung von Marktstandplätzen oder zwischen einem verpachteten Restaurationsbetrieb und einer Kur- und Verkehrsverwaltung.

Beispiel:
Die Stadt Beispielrode errichtet die beiden Eigenbetriebe „Blockheizkraftwerk" und „Hallenbad". Der vom BgA „Heizwerk" erzeugte Strom wird in das örtliche Versorgungsnetz eingespeist. Die bei der Stromerzeugung entstandene Abwärme beheizt das städtische Hallenbad. Gleichzeitig dient das Beckenwasser des BgA „Hallenbad" als Wärmespeicher, der eine Anpassung an den Wärme- und Strombedarf ermöglicht und eine Stromversorgung ermöglicht. Die bei der Stromerzeugung entstehende Wärme wird wieder im Beckenwasser gespeichert. Eine wechselseitige technisch-wirtschaftliche Verflechtung liegt allerdings erst vor, wenn das Heizwerk wirtschaftlich nur im Zusammenhang mit dem Hallenbad betrieben werden kann. Hingegen fehlt die wechselseitige wirtschaftliche und technische Verflechtung, wenn ein Fremdenverkehrsbetrieb (Kurverwaltung) mit einem städtischen Hallenbad zusammengefasst wird. Neue Ansätze im Bereich der technisch-wirtschaftlichen Verflechtung bei Schwimmbädern ergeben sich durch den Einsatz von Wärmepumpen und einer gezielten Steuerung des Badewassers sowie gezielten Planung der Wärmeerzeugung über ein Fernwärmenetz.

Die Zusammenfassung nach § 4 Abs. 3 KStG erfasst Wasser-, Energie- oder Wärmetätigkeiten durch kommunale Versorgungsunternehmen, die bis zur Übergabe an den Endkunden anfallen. Nachfolgende Tätigkeiten durch die Verwendung des Wassers, der Energie oder der Wärme beim Endkunden werden dagegen nicht erfasst. Hierunter fallen Dienstleistungen im Bereich der Wartung von Kundenanlagen, des Betriebs einer Anlage beim Kunden (Contracting) oder der Energieberatung. Diese Dienstleistungen führen zu einem gesonderten Betrieb gewerblicher Art. Mit dieser zusätzlichen Trennung des primären Versorgungsauftrags und den nachfolgenden Dienstleistungen (Kundenservice, Beratungsleistungen) werden Versorgungsunternehmen vor neue Herausforderungen gestellt. Der Energieversorger übernimmt in der Regel die Investition in neue Anlagen beim Kunden und liefert dann die Primärenergie (Strom, Gas) oder Nutzenergie (Wärme, Licht). In diesem Contractingmodell wird auch die Wartung der Heizungs- oder Beleuchtungsanlage übernommen sowie eine Energieberatung als weitere Serviceaufgabe.

Mit der Zusammenfassung von mehreren gleichartigen Betrieben gewerblicher Art können Verluste aus der Unterhaltung von dauerdefizitären Hafenbetrieben mit Gewinnen aus anderen Versorgungsbetrieben (Energie-Stadtwerkebetriebe) ausgeglichen werden, sodass steuerliche Entlastungen möglich sind. Allerdings kann im Einzelfall die Finanzverwaltung einen Gestaltungsmissbrauch annehmen, der eine Verrechnung von Gewinnen und Verlusten verhindert. Eine Zusammenfassung von Hoheitsbetrieben (z.B. Straßenreinigung) und Betrieben gewerblicher Art (z.B. Energieversorgung) ist grundsätzlich ausgeschlossen (§4 Abs.6 S.2 KStG). Eine Zusammenfassung von einem Betrieb gewerblicher Art und einer Eigengesellschaft in Form einer Kapitalgesellschaft scheidet gleichfalls aus.

Eine Pflicht zur Zusammenfassung von BgA besteht nicht. Zusammengefasste Betriebe können auch wieder getrennt werden. Das Wahlrecht steht jeder jPöR für jeden Veranlagungszeitraum zu. Für die Verlustverrechnung im Rahmen von zusammengefassten BgA ist §8 Abs.7 und 8 KStG zu beachten. Demnach können nicht ausgeglichene Verluste aus der Zeit vor der Zusammenfassung der BgA nicht bei einem zusammengefassten BgA verrechnet werden. Der Verlust wird „eingefroren" und kann erst verrechnet werden, wenn der zusammengefasste BgA wieder getrennt wird. Von dieser Einschränkung sind zusammengefasste, gleichartige BgA jedoch ausgenommen (§8 Abs.8 S. 5 KStG).

Beispiel:
Das städtische Verkehrsunternehmen und der städtische Hafenbetrieb der Stadt Musterhausen sind als Betrieb gewerblicher Art „ÖPNV und Hafen" zusammengefasst. Der BgA arbeitet kostendeckend (Jahresüberschuss: +50.000 Euro). Zu Beginn des Jahres wurde folgende Veränderung innerhalb des Tätigkeitsbereich ÖPNV vorgenommen: Erweiterung der Straßenbahnversorgung durch den Einsatz von Elektrobussen. Diese Veränderung führt steuerlich nicht zu einem neuen BgA. Die Stadt Musterhausen unterhält einen weiteren wirtschaftlichen Tätigkeitsbereich „Wasserversorgung", der seit Jahren dauerhaft defizitär arbeitet (Jahresfehlbetrag: – 800.000 Euro). Sollte der wirtschaftliche Bereich „Wasserversorgung" in den bestehenden BgA „ÖPNV und Hafen" eingegliedert werden, geht der Verlustvortrag von –800.000 Euro verloren. Es entsteht ein neuer BgA „ÖPNV/Hafen/Wasser", der über keinen Verlustvortrag verfügt. Dieser Verlustvortrag ist erst dann nutzbar, wenn die Stadt Musterhausen die Wasserversorgung wieder als einzelnen BgA (also wie vor der Zusammenfassung) unterhält. Diese Regelung (vgl. BMF-Schreiben vom 12.11.2009, BStBl I 2009, S.1303) wird sich auf

die Organisationsentscheidungen der Kommunen nachhaltig auswirken. In der kommunalen Praxis spielt die Kettenzusammenfassung im steuerlichen Querverbund eine bedeutende Rolle, die durch das BFH-Urteil vom 29.08.2024 als unzulässig angesehen wurde. Mit dem Nichtanwendungserlass im BMF-Schreiben vom 06.06.2025 ist vorerst die Bildung eines BgA möglich, der eine Ergebnisverrechnung von Energie- und Wasserversorgung, dem öffentlichen Verkehr und einem kommunalen Schwimmbad ermöglicht.

4.3 Ermittlung der Bemessungsgrundlage und Berechnung der Körperschaftsteuer

Die Bemessungsgrundlage der Körperschaftsteuer ist das zu versteuernde Einkommen, also das Jahresergebnis des Regie- oder Eigenbetriebes. Für Zwecke der Gewinnermittlung wird der Betrieb gewerblicher Art verselbständigt. Der Gewinn oder Verlust des Betriebes kann auf der Basis einer steuerbilanziellen (§ 4 Abs. 1 und § 5 EStG) oder vereinfachten pagatorischen Gewinnermittlung („Kassenrechnung" nach § 4 Abs. 3 EStG)) festgestellt werden. Die Art der Gewinnermittlung im Steuerrecht hängt von der Buchführungspflicht des BgA ab. Unterliegt der Betrieb gewerblicher Art nach außersteuerlichen Vorschriften gem. § 140 AO einer Buchführungspflicht, ist eine steuerbilanzielle Gewinnermittlung gem. § 5 EStG i. V. m. § 8 KStG vorzunehmen. Demzufolge gelten die Regelungen des Steuerbilanzrechts nach Einkommen- und Körperschaftsteuergesetz. Hiervon sind Betriebe gewerblicher Art betroffen, die ohne eigene Rechtspersönlichkeit als Eigenbetriebe geführt werden, größere Regiebetriebe und mit eigener Rechtspersönlichkeit geführte Kommunalunternehmen. Sie sind nach dem Eigenbetriebsgesetz, der Eigenbetriebs- oder der Kommunalunternehmensverordnung verpflichtet, ein kaufmännisches Rechnungswesen mit doppelter Buchführung anzuwenden und den Jahresabschluss nach den Bestimmungen der §§ 238 ff. HGB und §§ 264 ff. HGB aufzustellen.

Ergibt sich die Buchführungspflicht nicht aus anderen Gesetzen gem. § 140 AO, sind die Einkünfte des Betriebs gewerblicher Art nach den originären steuerlichen Bestimmungen des § 141 AO zu ermitteln. Das gilt für Betriebe gewerblicher Art, die ohne eigene Rechtspersönlichkeit als Regiebetrieb geführt werden, und deren Jahresgewinn größer als 80.000 Euro ist oder deren Jahresumsätze mehr als 800.000 Euro betragen. Sofern eine der beiden Größen überschritten wird, ist der Betrieb gewerblicher Art ebenfalls zur steuerbilanziellen Gewinnermittlung nach § 4 Abs. 1 EStG unter Beachtung der handelsrechtlichen Vorschriften der §§ 238 ff. HGB verpflichtet. Die Finanzverwaltung kann jedoch Regiebetriebe nach § 148 AO von der steuerlichen Buchführungspflicht befreien und damit eine Erleichterung für die kommunale Gewinnermittlung erreichen, wenn die Aufzeichnungen nach Gemeinderecht ausreichen. Sofern Betriebe gewerblicher Art zur Buchführungspflicht weder gesetzlich verpflichtet sind, noch freiwillig entsprechende Bücher führen, kann der Gewinn vereinfacht durch eine Gegenüberstellung von Betriebseinnahmen und Betriebsausgaben nach § 4 Abs. 3 EStG ermittelt werden (pagatorische Gewinnermittlung). Ergibt die Einkommensermittlung, dass der Betrieb gewerblicher Art einen Verlust erwirtschaftet hat, können die nicht innerhalb eines Veranlagungszeitraums ausgeglichenen Verlustbeträge bis zu 1 Mio. Euro ein Jahr zurück (Verlustrücktrag) oder zeitlich unbegrenzt und betragsmäßig begrenzt vorgetragen werden (Verlustvortrag). Dieser Verlustabzug nach § 10d EStG ist für Betriebe gewerblicher Art der Regelfall, weil sie ausschließlich Einkünfte aus Gewerbebetrieb erzielen.

Ausgangsgröße des zu versteuernden Einkommens ist der handels- oder steuerrechtliche Gewinn, modifiziert um besondere Vorschriften, z.B. das Abzugsverbot für bestimmte Aufwendungen oder eine Steuerbefreiung für bestimmte Erträge. Schwierigkeiten können allerdings bei der Abgrenzung der Vermögenssphären auftreten, weil der Betrieb gewerblicher Art wie ein selbständiges Steuerrechtssubjekt behandelt wird und somit von der Trägerkörperschaft zu trennen ist (Fiktion der Selbständigkeit). Der BgA wird zur „virtuellen Körperschaft". Aus kommunalrechtlicher Sicht sind neben internen schuldrechtlichen Vereinbarungen zwischen der Trägerkörperschaft und dem BgA vor allem Konzessionsabgaben zu beachten. Es handelt sich dabei um Entgelte, die an eine Kommune für die Einräumung von Rechten zur Energieversorgung oder Benutzung öffentlicher Verkehrswege (Gemeindeflächennutzung) gezahlt werden. Konzessionsabgaben sind für den BgA im Regelfall Betriebsausgaben.

Ausgaben, die sowohl den hoheitlichen als auch wirtschaftlichen Bereich betreffen, sind aufzuteilen. Allerdings sind hierfür keine Sonderregelungen vorgesehen. Darüber hinaus können *ohne* vorherige vertragliche Vereinbarung bestimmte Aufwendungen der Kommune für die Aufrechterhaltung und Führung des BgA beim Betrieb gewerblicher Art als Betriebsausgabe abgezogen werden. Hierzu gehören BgA-Aufwendungen für gesetzlich vorgesehene Rechnungs- und Kassenprüfungen durch das Rechnungsprüfungsamt der Trägerkörperschaft. Außerdem können Spenden (Zuwednungen) des Betriebes an seine Trägerkörperschaft im Rahmen der Grenzen des § 9 Abs. 1 Nr. 2 KStG als Betriebsausgabe angesetzt werden. Maßstab für die Spendenhöhe ist ein Durchschnittswert, der sich an den Zuwendungen des Wirtschaftsjahres und der beiden vorangegangenen Jahre vom BgA an fremde Dritte orientiert. Vertragliche Vereinbarungen zwischen der Trägerkörperschaft und dem Betrieb gewerblicher Art werden bei der Gewinnermittlung anerkannt, wenn sie den angemessenen Bedingungen entsprechen, die auch eine Kapitalgesellschaft mit ihrem beherrschenden Gesellschafter vereinbart hätte.

Betriebe gewerblicher Art können nach § 5 KStG von der Körperschaftsteuer befreit werden. Die Befreiung gilt in der Praxis vor allem für steuerbegünstigte (gemeinnützige) Betriebe gewerblicher Art. Sie bewirken einerseits steuerpflichtige wirtschaftliche Tätigkeiten; anderseits können sie nach den Vorschriften der §§ 51 ff. AO steuerbegünstigte Zwecke darstellen und von den Ertragsteuern befreit werden. Hiervon sind vorrangig wissenschaftliche, kulturelle, umweltpolitische, gesundheitspolitische, sportliche oder soziale Bereiche betroffen, wie z.B. Theater, Museen, Alten- und Pflegeheime, Kindergärten, Tierheime oder Sozialstationen.

Darüber hinaus besteht für jeden Betrieb gewerblicher Art nach § 24 KStG ein Freibetrag in Höhe von 5.000 Euro, der das zu versteuernde Einkommen mindert. Weil die Kommune Steuersubjekt für jeden einzelnen Betrieb gewerblicher Art der Körperschaftsteuer ist, wird auch der Freibetrag mehrmals – also für jeden einzelnen Betrieb – gewährt. Lediglich bei einer Zusammenfassung von Betrieben gewerblicher Art kommt er nur einmal zur Anwendung. Von einer Anhebung des Freibetrags (zuletzt im Kontext des Jahressteuergesetzes 2024 um 50 % auf 7.500 Euro) wurde bislang abgesehen.

Gewerblicher Gewinn des Betriebs gewerblicher Art	§ 8 KStG
+ Modifikationen nach EStG, KStG	§§ 4 ff. EStG; §§ 7 ff. KStG
– Freibetrag für jPöR: 5.000 Euro	§ 24 KStG
= zu versteuerndes Einkommen	
× Körperschaftsteuersatz: 15 %	§ 23 KStG
= Körperschaftsteuer	
× Solidaritätszuschlagsatz: 5,5 %	§§ 1–4 SolZG
= Solidaritätszuschlag	

Das zu versteuernde Einkommen des Betriebs gewerblicher Art unterliegt einem Körperschaftsteuersatz in Höhe von 15 %, der von der Bemessungsgrundlage unabhängig ist. Auf die festgesetzte Körperschaftsteuer wird grundsätzlich ein Solidaritätszuschlag in Höhe von 5,5 % erhoben. Der Steuersatz sinkt schrittweise ab 2028 auf 14 %, 2029 auf 13 %, 2030 auf 12 %, 2031 auf 11 % und ab 2032 auf 10 % (§ 23 KStG).

Die Körperschaftsteuer ist eine Jahressteuer und für das jeweilige Kalenderjahr zu ermitteln. Außerdem ist sie eine Veranlagungssteuer (Abgabe einer Steuererklärung und Erlass eines Steuerbescheids). Die Körperschaftsteuer entsteht grundsätzlich mit Ablauf des Kalenderjahrs; allerdings wird die Körperschaftsteuer aus steuertechnischen Gründen in vierteljährlichen Vorauszahlungen (10.03., 10.06., 10.09., 10.12.) auf die voraussichtliche Steuerschuld geleistet, wobei die entrichteten oder einbehaltenen Beträge auf die festgesetzte Körperschaftsteuer angerechnet werden.

4.4 Schuldrechtliche Beziehungen zwischen Trägerkörperschaft und Betrieb gewerblicher Art im Kontext verdeckter Gewinnausschüttungen

Interne schuldrechtliche Vereinbarungen zwischen der Trägerkörperschaft und dem Betrieb gewerblicher Art werden steuerlich auf Grund der engen Beziehung mit den Leistungen zwischen einer Kapitalgesellschaft und ihrem Alleingesellschafter verglichen. Der Betrieb gewerblicher Art wird steuerlich als selbständiges Steuersubjekt in der Rechtsform einer Kapitalgesellschaft fingiert. Die Trägerkörperschaft gilt als Alleingesellschafterin des Betriebs gewerblicher Art. Infolgedessen werden interne Vereinbarungen zwischen Trägerkörperschaft und BgA ertragsteuerlich analog zu den Kapitalgesellschaften und ihren beherrschenden Gesellschaftern behandelt.

Beispiel:
Das städtische Verkehrsunternehmen wird als Eigenbetrieb der Stadt Beispielrode geführt und ist als „Versorger" nach § 4 Abs. 3 KStG ein Betrieb gewerblicher Art. Es überlässt der Stadt (Trägerkörperschaft) ohne weitere Gegenleistung ein Fahrzeug, das künftig für Bestattungszwecke auf dem städtischen Friedhof eingesetzt werden soll. Das Fahrzeug wird ohne Gegenleistung vom Betriebsvermögen in den Hoheitsbereich „Bestattungswesen" überführt, mindert das Betriebsvermögen des BgA „Verkehrsunternehmen" und stellt steuerlich eine verdeckte Gewinnausschüttung dar.

Die Trägerkörperschaft erzielt einen Vermögensvorteil, der einem fremden Dritten nicht gewährt worden wäre. Die Vermögensminderung beim Betrieb gewerblicher Art wird bei der Gewinnermittlung wie eine verdeckte Gewinnausschüttung behandelt. Verdeckte Gewinnausschüttungen dürfen nach § 8 Abs. 3 KStG das Einkommen nicht mindern und sind dem Gewinn des Betriebes gewerblicher Art wieder hinzuzurechnen. Zuwendungen (Spenden) des BgA an seine Trägerkörperschaft kann der Betrieb gewerblicher Art nur dann gewinnmindernd berücksichtigen, wenn er die Zuwendung nicht allein aufgrund der engen trägerschaftlichen Beziehung vornimmt. Andernfalls kommt es zu einer verdeckten Gewinnausschüttung, z. B. erhöhte Spende einer Sparkasse an ihren Gewährträger.

Für die Trägerkörperschaft unterliegen die verdeckten Gewinnausschüttungen wie alle anderen Ausschüttungen auch als Einkünfte aus Kapitalvermögen (§ 20 Abs. 1 Nr. 10 EStG) der Kapitalertragsteuer. Auch (offene) Gewinnabführungen des BgA an seine Trägerkörperschaft als „Alleingesellschafterin" mindern den gewerblichen Gewinn nicht. Vielmehr werden weitergeleitete Gewinne des BgA als Kapitaleinkünfte nach § 20 Abs. 1 Nr. 10b EStG der Trägerkörperschaft betrachtet, die der Kapitalertragsteuer unterliegen (§ 43 Abs. 1 Nr. 7c und § 43a Abs. 1 Nr. 2 EStG). Eine steuerpflichtige „Ausschüttung" wird auch angenommen, wenn Gegenstände des Betriebsvermögens ohne Gegenleistung vom BgA in den Hoheitsbereich der Trägerkörperschaft überführt werden. In diesem Fall ist eine verdeckte Gewinnausschüttung beim abgebenden BgA und parallel hierzu eine verdeckte Einlage bei der aufnehmenden Trägerkörperschaft anzunehmen. Typische verdeckte Gewinnausschüttungen liegen außerdem vor, wenn der Betrieb gewerblicher Art Leistungen außerhalb seines betrieblichen Bereichs unentgeltlich erbringt oder wenn der BgA Aufwendungen der Trägerkörperschaft übernimmt.

Schuldrechtliche interne Vereinbarungen zwischen der Kommune und dem Betrieb gewerblicher Art werden steuerlich anerkannt, wenn sie den Bedingungen entsprechen, die fremde Dritte miteinander vereinbart hätten (Fremdvergleich). Sie sollten eindeutig und klar im Voraus getroffen werden; rückwirkende Vereinbarungen sind steuerlich unwirksam. Auch eine langjährige Handhabung ersetzt die Vereinbarung nicht. Ebenso reicht der Ausweis im Haushaltsplan der Trägerkörperschaft nicht aus.

Zu den typischen Vereinbarungen zwischen BgA und Trägerkörperschaft gehören: Konzessionsabgaben, Miet- und Pachtverträge, Verpachtung von Reklameflächen, Darlehensverträge sowie die Überlassung von Hebe- oder Messdaten zwecks Gebühreneinzug. Halten diese vertraglichen Vereinbarungen einem Fremdvergleich nicht stand, wird in Höhe des unangemessenen Teils eine verdeckte Gewinnausschüttung angenommen. Sie kommen in der Praxis vor allem für Leistungen des BgA an die Kommune in Betracht, für die kein übliches Entgelt verrechnet wird.

Beispiel:
Das städtische Verkehrsunternehmen wird als Eigenbetrieb der Stadt Beispielrode geführt und ist als „Versorger" nach § 4 Abs. 3 KStG ein Betrieb gewerblicher Art. Zu Beginn des Jahres wird eine Darlehensvereinbarung zwischen der Kommune (Stadt Beispielrode) und dem Betrieb gewerblicher Art getroffen. Steuerlich wird angenommen, dass der Darlehensvertrag wie zwischen einer Kapitalgesellschaft (BgA) und ihrem beherrschenden Gesellschafter (Stadt Beispielrode) vereinbart wurde. Diese internen Vereinbarungen müssen klar und eindeutig sowie für die Zukunft getroffen werden. So hat die Stadt Beispielrode zu Beginn des Vertrages Regelungen über die Laufzeit, Verzinsung und Rückzahlung des Darlehens zu treffen. Eine marktübliche Verzinsung entspricht Bedingungen, die wie zwischen fremden Dritten vereinbart worden wären. Die an die Stadt gezahlten (angemessenen) Zinsaufwendungen sind als Betriebsausgaben bei der bilanziellen Gewinnermittlung des BgA abzugsfähig (§ 4 Abs. 4 EStG und § 8 Abs. 1 KStG).

Darüber hinaus sind bei Miet- und Pachtverträgen sowie bei Darlehensverträgen zwischen der Trägerkörperschaft und dem Betrieb gewerblicher Art besondere Vorschriften zu beachten. Miet- und Pachtverträge zwischen dem Betrieb gewerblicher Art und der Trägerkörperschaft werden steuerlich nicht anerkannt, wenn der Vermietungsgegenstand eine wesentliche Betriebsgrundlage darstellt. Mietverträge, deren Gegenstand eine wesentliche Betriebsgrundlage ist, werden nach den Grundsätzen der Betriebsaufspaltung behandelt. Wesentliche Betriebsgrundlagen sind Wirtschaftsgüter, die für die Betriebsführung von besonderem Gewicht sind (funktionale Bedeutung), z. B. weil mit diesen Wirtschaftsgütern höhere Umsätze erzielt werden. Grundstücke und Bürogebäude sind stets wesentliche Betriebsgrundlagen. Auch die dem Hoheitsbereich gewidmeten Wirtschaftsgüter, wie Straßenflächen oder Marktplätze, die von der Trägerkörperschaft einem BgA „Marktbetrieb" überlassen werden, sind wesentliche Betriebsgrundlagen. Sie können aber kein Betriebsvermögen des BgA sein.

Beispiel:
Das städtische Verkehrsunternehmen wird als Eigenbetrieb der Stadt Beispielrode geführt und ist als „Versorger" nach § 4 Abs. 3 KStG ein Betrieb gewerblicher Art. Die Stadt (Trägerkörperschaft) vermietet auf der Basis eines Mietvertrages ein bebautes Grundstück für eine Jahresmiete in Höhe von 20.000 Euro an den BgA, das als Bürogebäude und Hauptverwaltungssitz genutzt wird. Die Miete ist angemessen. Bei einer steuerlichen Anerkennung des Mietvertrages würden bei der Stadt Beispielrode die Mieteinnahmen in Höhe von 20.000 Euro der steuerfreien Vermögensverwaltung zufließen. Gleichzeitig könnte der BgA die Mietzahlungen als Betriebsausgabe gewinnmindernd berücksichtigen. Da jedoch das bebaute Grundstück für die Betriebsführung des BgA von großer Bedeutung ist, liegt eine wesentliche Betriebsgrundlage vor. Der Gegenstand des Mietvertrages über ein wesentliches Wirtschaftsgut bewirkt, dass der schuldrechtliche Vertrag steuerlich nicht anerkannt wird mit der Folge, dass die Mieteinnahmen bei der Stadt steuerpflichtig sind und der BgA die Mietaufwendungen nicht abziehen kann (Versagung des Betriebsausgabenabzugs).

Obwohl die Miet- und Pachtverträge nach Auffassung der Literatur steuerlich nicht anerkannt werden, kann ihre steuerliche Behandlung in der Praxis dennoch unterschiedlich sein. Nach der Rechtsprechung des BFH sind die Grundsätze der Betriebsaufspaltung zwischen Trägerkörperschaft und Betrieb gewerblicher Art nicht anzuwenden, weil sie zu einer „unnötigen Verkomplizierung" des Steuerrechts führen. Demnach wären die Mieteinnahmen bei der Trägerkörperschaft der steuerfreien Vermögensverwaltung zuzuordnen; die Mietaufwendungen könnten gewinnmindernd als Betriebsausgabe beim BgA berücksichtigt werden. Dennoch kann im Einzelfall eine Steuerpflicht nicht ausgeschlossen werden.

Vermietet die Trägerkörperschaft eine wesentliche Betriebsgrundlage an einen Dritten, etwa an ein privatwirtschaftliches Unternehmen, wird der Mietvertrag steuerlich anerkannt. Das gilt auch in den Fällen, in denen Gegenstände von der Trägerkörperschaft an den Betrieb gewerblicher Art vermietet werden, die keine wesentlichen Betriebsgrundlagen darstellen, etwa Fahrzeuge.

Beispiel:
Die Stadt (Trägerkörperschaft) vermietet auf der Basis eines Mietvertrages ein bebautes Grundstück für eine Jahresmiete in Höhe von 20.000 Euro an das privatwirtschaftliche Einzelunternehmen Müller, der es als Bürogebäude und Hauptverwaltungssitz nutzt. Die Miete ist angemessen; der Mietvertrag wird steuerlich anerkannt. Bei der Stadt Beispielrode fließen die Mieteinnahmen in Höhe von 20.000 Euro der steuerfreien Vermögensverwaltung zu; gleichzeitig ist die Mietzahlung bei dem Unternehmer Müller als Betriebsausgabe gewinnmindernd zu berücksichtigen.

Auch für den Bereich der Darlehensverträge zwischen der Trägerkörperschaft und dem Betrieb gewerblicher Art sind steuerliche Sonderregelungen zu beachten. Die Verträge werden steuerlich nur anerkannt, wenn der Betrieb gewerblicher Art mit ausreichendem Eigenkapital oder Widmungskapital ausgestattet ist. Das Eigenkapital kann dem BgA „offen" von der Kommune gewidmet werden. Bei einem unverzinslichen Darlehen der Trägerkörperschaft an den BgA wird von einem „verdeckten" Eigenkapital ausgegangen.

Als Beurteilungsmaßstab für den Fremdvergleich dient die Kapitalausstattung vergleichbarerer privatwirtschaftlicher Betriebe (Vergleichsmaßstab: Branche, Betriebsgröße, Unternehmensstandort, Produkte oder Dienstleistungen). Die Finanzverwaltung nimmt eine ausreichende Eigenkapitalausstattung an, wenn das Eigenkapital des BgA 30 % seines Aktivvermögens entspricht; bei Versorgungsbetrieben wird eine angemessene Kapitalausstattung von 40 % angenommen. Das Eigenkapital setzt sich zusammen aus den Buchwerten der Eröffnungsbilanz des Wirtschaftsjahres und der von der Trägerkörperschaft gewährten unverzinslichen Darlehen. Baukostenzuschüsse und passive Wertberichtigungsposten gehören nicht dazu. Unterschreitet das hiernach berechnete Eigenkapital die geforderte Grenze, kann der BgA eine angemessene Kapitalausstattung nur durch einen Fremdvergleich mit privatwirtschaftlichen Unternehmen nachweisen. Gelingt der Drittvergleich nicht, ist das Darlehen der Trägerkörperschaft als Eigenkapital des Betriebes gewerblicher Art zu qualifizieren; die auf das Darlehen entrichteten Zinsen werden als verdeckte Gewinnausschüttungen umqualifiziert, die der Kapitalertragsteuer unterliegen. Zu beachten ist außerdem, dass die Angemessenheit des Eigenkapitals für jeden Veranlagungszeitraum erneut zu prüfen ist.

4.5 Weitergabe von BgA-Gewinnen an den Trägerhaushalt und Kapitalertragsteuer

Die Verwendung der mit dem Betrieb gewerblicher Art erwirtschafteten „Gewinne" fließt kommunalrechtlich in den Haushalt der Trägerkörperschaft. Als Bruttobetrieb werden die Einnahmen und Ausgaben von Regiebetrieben unsaldiert im Trägerhaushalt erfasst. Kommunale Eigenbetriebe hingegen erstellen einen handelsrechtlichen Jahresabschluss; das Jahresergebnis wird für jeden einzelnen Betrieb gesondert festgestellt und als Saldo im Trägerhaushalt ausgewiesen. Bei diesen Nettobetrieben stellt das Ergebnis der wirtschaftlichen Tätigkeit kommunalrechtliches Sondervermögen dar.

Unabhängig von der kommunalrechtlichen Behandlung bei Regie- und Eigenbetrieben geht das Ertragsteuerrecht einen anderen Weg, indem es an die Art der wirtschaftlichen Tätigkeiten anknüpft und die rechtliche Form der Betätigung zunächst vernachlässigt. Die Weitergabe von „Gewinnen" eines Regie- oder Eigenbetriebes an die Trägerkörperschaft wird steuerrechtlich wie eine (fiktive) Gewinnausschüttung behandelt. Auch verdeckte Gewinnausschüttungen sind hiervon betroffen. Die weitergeleiteten Einnahmen eines Betriebs gewerblicher Art unterliegen der Kapitalertragsteuer, vergleichbar mit der Besteuerung von ausgeschütteten Gewinnen einer rechtlich selbständigen Kapitalgesellschaft an ihre Gesellschafter.

Ziel dieser Kapitalsteuerpflicht ist die steuerliche Gleichstellung der wirtschaftlichen Vorgänge mit den Gewinnausschüttungen von Kapitalgesellschaften an ihre Gesellschafter (natürliche Personen), die im Ausschüttungsfall stets von der Kapitalertragsteuer betroffen sind. Ohne vergleichbare Regelungen wäre ein Betrieb gewerblicher Art steuerlich bessergestellt als eine Kapitalgesellschaft, weil er aufgrund seiner rechtlichen Unselbständigkeit die Ergebnisse nicht ausschütten kann. Damit wird die wirtschaftliche Betätigung einer Kommune unabhängig davon besteuert, ob sie im Rahmen eines Betriebs gewerblicher Art oder aber mittels Eigengesellschaft ausgeübt wird.

Die Kommune unterliegt mit den Tatbeständen der beschränkten Steuerpflicht nach § 2 Nr. 2 KStG mit einer Kapitalertragsteuer in Höhe von 15 % nach § 43 Abs. 1 S. 1 Nr. 7b und 7c EStG. Von der Kapitalertragsteuerpflicht sind einer Ausschüttung vergleichbare Leistungen der steuerpflichtigen Betriebe gewerblicher Art an ihre Trägerkörperschaften betroffen, wenn es sich um Kommunalunternehmen, Regie- oder Eigenbetriebe handelt. Betriebe gewerblicher Art werden nach dem Gesetz in Betriebe mit und ohne eigene Rechtspersönlichkeit unterschieden.

Zu den Betrieben mit eigener Rechtspersönlichkeit zählen Zweckverbände oder Anstalten des öffentlichen Rechts, die der Versorgung der Bevölkerung mit Wasser, Gas, Elektrizität oder Wärme, dem öffentlichen Verkehr oder einem Hafenbetrieb dienen.

Beispiel:
Ein Zweckverband dient der Trinkwasserversorgung (BgA) und der Abwasserentsorgung (Hoheitsbetrieb). Nach Beschluss wird aus dem laufenden Gewinn des BgA einen Beitrag von 6.500 Euro für die Leistungen an die Mitgliedsgemeinden des Verbandes verwendet. Dieser Beitrag ist eine kapitalertragsteuerpflichtige Leistung nach § 20 Abs. 1 Nr. 10a EStG.

Außerdem gehören die als rechtsfähige Anstalten betriebenen Sparkassen, Landesbanken und Versicherungen als rechtsfähige Anstalten dazu, wenn sie nicht von der Körperschaftsteuer befreit sind.

Beispiel:
Die städtische Sparkasse führt die Hälfte des Jahresüberschusses an die Stadt als Gewährträger ab. Es liegt eine der Gewinnausschüttung vergleichbare und steuerpflichtige Leistung nach § 20 Abs. 1 Nr. 10a EStG vor, die kapitalertragsteuerpflichtig ist.

Für Betriebe gewerblicher Art ohne eigene Rechtspersönlichkeit wird zusätzlich nach der Art der Gewinnermittlung unterschieden. Führt der BgA eine handels- und steuerbilanzielle Gewinnermittlung (doppelte Buchführung, Erstellung einer Handels- und Steuerbilanz) freiwillig oder aufgrund einer rechtlichen Verpflichtung durch, wie z. B. bei Eigenbetrieben, ist der bilanziell ermittelte Gewinn bei der Trägerkörperschaft kapitalertragsteuerpflichtig. Eigenbetriebe sind zwar rechtlich unselbständige Teile der Kommune, aber sie stellen finanzwirtschaftliches Sondervermögen im haushaltsrechtlichen Sinne dar. Dabei kann es durchaus Abweichungen zwischen dem Sondervermögen Eigenbetrieb und dem steuerlichen Betrieb gewerblicher Art geben.

Beispiel:
Der städtische Eigenbetrieb „Wasserwirtschaft" umfasst die Trinkwasserversorgung und die Abwasserentsorgung. Der steuerpflichtige Betrieb gewerblicher Art „Wasserwirtschaft" umfasst nur den Bereich der Trinkwasserversorgung. Er ist vom nicht steuerpflichtigen Hoheitsbetrieb „Abwasserentsorgung" zu trennen.

Erfolgt dagegen eine vereinfachte Gewinnermittlung gem. § 4 Abs. 3 EStG, z. B. bei Regiebetrieben, die noch auf dem kameralistischen Rechnungswesen basieren, gilt ebenfalls eine Kapitalertragsteuerpflicht, wenn bestimmte steuerliche Grenzen überschritten werden. So lösen nach § 20 EStG Jahresumsätze von mehr als 350.000 Euro oder Gewinne von mehr als 30.000 Euro im Wirtschaftsjahr eine Kapitalertragsteuer aus. Mit diesen Grenzen sollen Betriebe erfasst werden, die zwar steuerliche Buchführungspflichten nach § 141 AO erfüllen müssen, aber nach landesrechtlichen Vorschriften von der Buchführungspflicht befreit sind.

Darüber hinaus gehören Betriebe ohne eigene Rechtspersönlichkeit und unabhängig von der Art der Gewinnermittlung dazu, die im Rahmen von öffentlich-rechtlichen Rundfunkanstalten einen BgA „Veranstaltung von Werbesendungen" unterhalten. Der steuerpflichtige Kapitalertrag beträgt 75 % des Einkommens.

Die nachfolgende Übersicht fasst die Zusammenhänge noch einmal zusammen (Tabelle 12).

Tabelle 12: Kapitalertragsteuerpflicht im BgA

Adressat	Einkünftequalifikation	Kapitalertragsteuer
Körperschaften (§ 1 Abs. 1 Nr. 3–5 KStG); Bsp.: Vereine, Stiftungen des privaten Rechts	Einkünfte aus Kapitalvermögen § 20 Abs. 1 Nr. 9 und § 43 Abs. 1 Nr. 7a EStG	Kapitalertragsteuer: 25 % § 43a EStG
Leistungen eines BgA *mit* eigener Rechtspersönlichkeit (§ 1 Abs. 1 Nr. 6 KStG); Bsp.: Sparkassen, Anstalten des öffentlichen Rechts	Einkünfte aus Kapitalvermögen § 20 Abs. 1 Nr. 10a und § 43 Abs. 1 Nr. 7b EStG	Kapitalertragsteuer: 15 % § 43a EStG
Leistungen eines BgA *ohne* eigener Rechtspersönlichkeit (§ 1 Abs. 1 Nr. 6 KStG); Bsp.: Regie- und Eigenbetriebe	Einkünfte aus Kapitalvermögen § 20 Abs. 1 Nr. 10b und § 43 Abs. 1 Nr. 7c EStG	Kapitalertragsteuer: 15 % § 43a EStG

(Quelle: Eigene Darstellung)

Von der Kapitalertragsteuerpflicht wird nur abgesehen, wenn der Gewinn den Rücklagen des Betriebes gewerblicher Art, nicht jedoch den Rücklagen der Trägerkörperschaft zugeführt wird. Eine Rücklagenzuführung ist jedes „Stehenlassen" von Gewinnen beim BgA in Form eines Gewinnvortrags, einer Gewinnrücklage oder einer anderen Bilanzposition des „Eigenkapitals" im Jahresabschluss. Die erwirtschafteten Mittel werden für bestimmte Investitionsvorhaben des Betriebes gewerblicher Art zurückbehalten. Keine Rücklagenbildung ist dagegen die Zurechnung des BgA-Gewinns bei der Trägerkörperschaft. Werden die Gewinne buchungstechnisch nicht im Eigenkapital erfasst, sind sie als Einlage des BgA kapitalertragsteuerpflichtig. Auch eine Verwendung der BgA-Rücklagen für Zwecke außerhalb des Betriebes gewerblicher Art (z.B. als Verlustausgleich für Hoheitsbetriebe) löst eine Kapitalertragsteuerpflicht aus. Bei dem Gewinnverwendungsbeschluss von Eigenbetrieben ist in der Praxis darauf zu achten, ob die Gewinne kapitalertragsteuerfrei zur Tilgung von BgA-Verlustvorträgen in die Eigenbetriebsrücklagen oder als Gewinnvortrag verwendet werden; andererseits löst der Beschluss zur Abführung des Gewinns an den Haushalt der Kommune eine Kapitalertragsteuerpflicht aus.

Schwieriger wird die Rücklagenbildung für Regiebetriebe, weil sie über kein eigenes Vermögen im zivil- oder handelsrechtlichen Sinne verfügen. Demnach muss ein Überschuss zwangsläufig zu einer Kapitalertragsteuerpflicht führen. Über die Gewinne des Regiebetriebes kann die Trägerkörperschaft unmittelbar verfügen. Aus kommunalrechtlicher Sicht ist eine Rücklagenbildung nicht vorgesehen. Dennoch ist für steuerliche Zwecke nach § 20 Abs. 1 Nr. 10b EStG die Rücklagenbildung anzuerkennen, wenn die Zwecke des Betriebs ohne diese Mittel nicht erfüllt werden können. Da dem BgA ohne Rechtspersönlichkeit eine fiktive Selbständigkeit im Steuerrecht zugesprochen wird („virtuelle Körperschaft"), sind klare, vorherige, schriftliche und angemessene Vereinbarungen über die Gewinnverwendung der Trägerkörperschaft beim BgA steuerlich anzuerkennen, soweit die Verwendung des wirtschaftlichen Ergebnisses aus der Gewinnermittlung ersichtlich ist und die Mittel tatsächlich vom Betrieb gewerblicher Art verwendet werden.

Die Kapitalertragsteuer entsteht in dem Zeitpunkt, in dem die Leistungen (Kapitalerträge) dem Gläubiger zufließen. Gläubiger ist die Trägerkörperschaft des Betriebs gewerblicher Art (Kommune als juristische Person des öffentlichen Rechts); Schuldner der Kapitalerträge ist der BgA selber. Die Kapitalertragsteuer beträgt 15 %, wenn die Trägerkörperschaft als Gläubiger die Steuer trägt.

Nach § 44a EStG gibt es unter bestimmten Voraussetzungen eine Erstattung der Kapitalertragsteuer oder eine „Abstandnahme vom Steuerabzug", d.h., der Abzug entfällt von vornherein für juristische Personen des öffentlichen Rechts, steuerbefreite Körperschaften oder steuerbegünstigte Stiftungen. Ein Kapitalertragsteuerabzug unterbleibt, wenn der Gläubiger der Kapitalerträge eine steuerbegünstigte (gemeinnützige) und nach § 5 Abs. 1 Nr. 9 KStG steuerbefreite Körperschaft ist (§ 44a Abs. 7 Nr. 1 EStG). So wäre ein als gemeinnützig anerkanntes städtisches

Krankenhaus von der Kapitalertragsteuer befreit. Der Nachweis der Steuerbefreiung durch eine Nichtveranlagungs-(NV)-Bescheinigung des Finanzamtes ist ausreichend. Nach § 44a Abs. 8 EStG reduziert sich die Kapitalertragsteuer um 3/5 für Kommunen, die Gläubiger von bestimmten Kapitalerträgen (§ 43 Abs. 1 S. 1 Nr. 1, 2, 3, 7a EStG) sind. Hierzu gehören Beteiligungserträge, die eine Kommune aus der Beteiligung an einer inländischen Kapitalgesellschaft erzielt.

5. Betriebe gewerblicher Art im Realsteuerrecht

5.1 Voraussetzungen für die Gewerbesteuerpflicht

Die Gewerbesteuer ist eine Objektsteuer; sie knüpft an den inländischen Gewerbebetrieb an und besteuert seine „objektivierte Ertragskraft", unabhängig von persönlichen Verhältnissen des Gewerbeinhabers, von den Eigentumsverhältnissen oder der Art der Finanzierung der eingesetzten Wirtschaftsgüter im Gewerbebetrieb. Die Gewerbesteuer ist außerdem eine Gemeindesteuer, weil ihr Aufkommen überwiegend den Gemeinden zufließt und damit eine wichtige Einnahmequelle der Kommunen darstellt (vgl. aber Gewerbesteuer-Umlage und Beteiligung der Gemeinden am Einkommensteuer- sowie Umsatzsteueraufkommen, Art. 28 GG und Art. 106 Abs. 6 GG).

Betriebe gewerblicher Art unterliegen im Regelfall sowohl der Körperschaft- als auch der Gewerbesteuer, wenn sie neben der Selbständigkeit und Nachhaltigkeit gem. § 4 KStG auch noch zwei weitere Bedingungen erfüllen: Wirtschaftliches Handeln mit Gewinnerzielungsabsicht und die Teilnahme am allgemeinen Verkehr. Die Erweiterung der Voraussetzungen für einen steuerpflichtigen Betrieb gewerblicher Art im Gewerbesteuerrecht liegt darin begründet, dass das Gewerbesteuerrecht auf die Merkmale eines Gewerbebetriebes nach § 15 Abs. 2 EStG zurückgreift. Hiernach reicht eine Kostendeckung oder Verlusterzielung im Sinne der Einnahmenerzielungsabsicht nicht aus. Vielmehr muss sich das betriebliche Vermögen vermehren und dauerhaft ein Gewinn als Differenz zwischen betrieblichen Einnahmen und Ausgaben entstehen. Zu den positiven Merkmalen des Gewerbebetriebes gehören die folgenden Kriterien, die sich zum Teil mit den Merkmalen des BgA im Körperschaftsteuerrecht überschneiden:

Selbständigkeit: Handeln auf eigene Rechnung und eigene Verantwortung. Der Erfolg oder Misserfolg trifft den selbständig Tätigen direkt. Unterliegt eine Person hinsichtlich der Zeit, des Ortes, der Art und Weise der Tätigkeit den Weisungen eines anderen oder ist sie in eine Betriebsorganisation eingegliedert (z.B. bei einer Arbeitnehmereigenschaft), liegt keine Selbständigkeit vor. Selbständigkeit erfordert die Übernahme von Unternehmerrisiko und das Entfalten von Unternehmerinitiative.

Nachhaltigkeit: Berufsmäßige oder länger dauernde, fortgesetzte gewerbliche Tätigkeit mit Wiederholungsabsicht, sie als ständige Einkunftsquelle zu nutzen. Ist eine Wiederholungsabsicht erkennbar, kann auch bei einer einmaligen Tätigkeit das Merkmal der Nachhaltigkeit erfüllt sein; es sollte also mindestens eine Wiederholungsabsicht vorliegen. Diese liegt nicht vor, wenn Anlagevermögen der Stadtverwaltung einmalig veräußert wird. So führt ein einmaliger Büromöbelverkauf zu einem Hilfsgeschäft.

Gewinnerzielungsabsicht: Positive Differenz zwischen Erträgen und Aufwendungen (keine Steuerersparnis) in der Totalperiode (gesamter Zeitraum der wirtschaftlichen Betätigung von der Aufnahme bis zur Beendigung). Dauerhafte Verlusterzielung oder eine Kostendeckung reichen nicht aus.

Teilnahme am allgemeinen wirtschaftlichen Verkehr: Betriebliche Leistungen müssen der Allgemeinheit (unbestimmte Anzahl von Personen) gegen Entgelt angeboten werden. Das ist nicht bei Selbstversorgungsbetrieben der öffentlichen Hand gegeben.

Zum anderen darf es sich nicht um eine vermögensverwaltende, land- und forstwirtschaftliche Tätigkeit oder um eine selbständige, freiberufliche Tätigkeit handeln. Der Betrieb gewerblicher Art, z.B. die städtische Bücherei, muss am allgemeinen Verkehr teilnehmen und mit Gewinnerzielungsabsicht arbeiten. Insoweit scheiden alle Betriebe gewerblicher Art aus, die dauerhaft Verluste erwirtschaften oder nur kostendeckend arbeiten. Außerdem sind Selbstversorgungsbetriebe der öffentlichen Hand (Bauhöfe, Friedhofsgärtnereien) auszuschließen, weil sie nicht am allgemeinen wirtschaftlichen Verkehr teilnehmen. Das gilt auch für Kantinen, die nur für die Angehörigen eines kommunalen Betriebes eingerichtet und zugänglich sind. Betriebe der öffentlichen Hand, die überwiegend der Ausübung der öffentlichen Gewalt dienen (Hoheitsbetriebe), sind mit Ausnahme der Versorgungsbetriebe ebenfalls keine Gewerbebetriebe.

Darüber hinaus kann der steuerpflichtige Betrieb gewerblicher Art von der Gewerbesteuer befreit sein. In der nachfolgenden Übersicht sind die befreiten Gewerbebetriebe aufgeführt (Tabelle 13).

Tabelle 13: Katalog der Steuerbefreiungen nach § 3 GewStG

§ 3 GewStG	**Inhalt der Gewerbesteuerbefreiung**
Nr. 1	Bundeseisenbahnvermögen, staatliche Lotterien, öffentliche Spielbanken und der Erdölbevorratungsverband
Nr. 2, 3	Deutsche Bundesbank, andere Kreditinstitute der Länder, Bundesanstalt für vereinigungsbedingte Sonderaufgaben
Nr. 5	Hauberg-, Wald-, Forst- und Laubgenossenschaften (Realgemeinden außerhalb eines Gewerbebetriebes)
Nr. 6	Körperschaften, die gemeinnützigen, mildtätigen und kirchlichen Zwecken dienen *(aber partielle Steuerpflicht bei wirtschaftlichem Geschäftsbetrieb)*

§ 3 GewStG	Inhalt der Gewerbesteuerbefreiung
Nr. 7	Hochsee- und Küstenfischerei *(weniger als sieben Arbeitnehmer oder Triebkraft unter 100 PS)*
Nr. 8, 14	(Landwirtschaftliche) Erwerbs- und Wirtschaftsgenossenschaften und Vereine gem. § 5 Abs. 1 Nr. 14 KStG
Nr. 9	Rechtsfähige Pensions-, Sterbe-, Kranken- und Unterstützungskassen (§ 5 Abs. 1 Nr. 3 KStG)
Nr. 10	Vermögensverwaltung für nichtrechtsfähigen Berufsverband (§ 5 Abs. 1 Nr. 5 KStG)
Nr. 11	Öffentlich-rechtliche Versicherungs- und Versorgungseinrichtungen von Berufsgruppen
Nr. 12	Personengesellschaften und Genossenschaften mit gemeinschaftlicher Tierhaltung
Nr. 13	Private Schulen, allgemeinbildende Einrichtungen
Nr. 15	Vermietungsgenossenschaften und –vereine, soweit nach § 5 Abs. 1 Nr. 10 KStG steuerbefreit
Nr. 17	Gemeinnützige Siedlungsunternehmen
Nr. 19	Pensions-Sicherungs-Vereine (Versicherungsverein a. G.)
Nr. 20	Krankenhäuser, Altenheime, Pflegeheime
Nr. 21	Sicherungseinrichtungen der Kreditinstitute (§ 5 Abs. 1 Nr. 16 KStG)
Nr. 22	Bürgschaftsbanken, soweit körperschaftsteuerbefreit
Nr. 23	Unternehmensbeteiligungsgesellschaften
Nr. 24	Kapitalbeteiligungsgesellschaften für die mittelständische Wirtschaft
Nr. 25	Wirtschaftsförderungsgesellschaften, soweit körperschaftsteuerbefreit
Nr. 26	Gesamthafenbetriebe
Nr. 27	Zusammenschlüsse zu Zwecken des Ausgleichs von Versorgungslasten
Nr. 28	Arbeitsgemeinschaften Medizinischer Dienst
Nr. 29	Gemeinsame Einrichtungen der Tarifvertragsparteien
Nr. 30	Auftragsforschung bei öffentlich-rechtlichen Wissenschafts- und Forschungseinrichtungen
Nr. 31	Global Legal Entity Identifier Stiftung
Nr. 32	Gewerbebetriebe von Anlagenbetreibern gemäß § 3 Nr. 2 des Erneuerbare-Energien-Gesetzes

(Quelle: Eigene Darstellung)

Somit ist jeder Betrieb gewerblicher Art körperschaftsteuerpflichtig, aber nicht immer gleichzeitig auch gewerbesteuerpflichtig. Beispielsweise ist die Verpachtung eines Gewerbebetriebs zwar ein Betrieb gewerblicher Art, aber kein Gewerbebetrieb i. S. d. GewStG. Vielmehr gehört die Verpachtung hier zur gewerbesteuerfreien Vermögensverwaltung. Betriebe der öffentlichen Hand sind somit nur dann gewerbesteuerpflichtig, wenn sie die Voraussetzungen eines Betriebes gewerblicher Art nach § 4 KStG und die Kriterien eines Gewerbebetriebes nach § 15 Abs. 2 EStG erfüllen.

5.2 Bemessungsgrundlage und Besteuerungsverfahren der Gewerbesteuer

Ausgangsgröße der Gewerbesteuer ist der Gewinn aus Gewerbebetrieb (§ 7 GewStG), der nach den Vorschriften des KStG und EStG ermittelt wurde (Gewerbeertrag) und um Hinzurechnungen und Kürzungen (z. B. Anteile am Gewinn einer in- oder ausländischen Personen- oder Kapitalgesellschaft) modifiziert wird. Zweck dieser Modifikationen ist die Verwirklichung des Objektsteuercharakters bei der Gewerbesteuer, Vermeidung der Doppelbelastung mit Grundsteuer oder mit Gewerbesteuer sowie die Gewährleistung des Inlandscharakters. Bei gewerbesteuerpflichtigen Betrieben gewerblicher Art ist der nach dem KStG festgestellte Gewinn auch die Ausgangsgröße für die Gewerbesteuer. Zusätzlich wird juristischen Personen des öffentlichen Rechts (aber nur für Regie- und Eigenbetriebe) ein besonderer Freibetrag von 5.000 Euro gewährt. Von einer Erhöhung des Freibetrags wurde bislang abgesehen.

Gewerblicher Gewinn des Betriebs gewerblicher Art	§ 7 GewStG
+ Hinzurechnungen	§ 8 GewStG
– Kürzungen	§ 9 GewStG
= Gewerbeertrag vor Rundung und Freibetrag	
– Rundung auf volle 100 Euro	§ 11 GewStG
– Freibetrag für jPöR: 5.000 Euro	§ 11 GewStG
= Bereinigter Gewerbeertrag	
× Steuermesszahl (3,5 %)	§ 11 GewStG
= Steuermessbetrag	§ 14 GewStG
× Hebesatz der Gemeinde (mindestens 200 %)	§ 16 GewStG
= Gewerbesteuer	

Die gewerbesteuerlichen Korrekturen in Form von Hinzurechnungen und Kürzungen erfüllen unterschiedliche Funktionen. Sie sollen vorrangig die ertragsteuerliche Bemessungsgrundlage „Gewinn“ objektivieren, indem bestimmte Aufwendungen, die den körperschaftsteuerlichen Gewinn gemindert haben, bei der gewerbesteuerlichen Ausgangsgröße wieder hinzugerechnet werden. Aus kommunaler Sicht sind vor allem *Fremdfinanzierungsaufwendungen* (Zinsen, Mieten, Pachten, Leasingraten) von Bedeutung, soweit ein Viertel der Gesamtsumme den Freibetrag von 200.000 Euro übersteigt (§ 8 Nr. 1 GewStG). Der Freibetrag ist von der ermittelten Summe der Finanzierungsaufwendungen abzuziehen. Der danach übersteigende Betrag ist in Höhe von 25 % dem gewerblichen Gewinn wieder hinzuzurechnen.

Mit den „Entgelten für Schulden" sind Zinsaufwendungen für kurzfristige und langfristige Darlehen angesprochen. Zu den Miet- und Pachtzinsen gehören auch Leasingraten für die Benutzung beweglicher Wirtschaftsgüter (z. B. Kopiergeräte oder Fahrzeuge). In kalkulatorischer Sicht bestehen Mieten und Leasingraten aus einem Zins- und einem Tilgungsanteil. Der Zinsanteil entspricht dem Entgelt für die vom Vermieter übernommene Finanzierungsfunktion. Dieser Zinsanteil wird pauschalierend auf 20 % (bei beweglichen Wirtschaftsgütern) und 50 % (bei unbeweglichen Wirtschaftsgütern wie Grundstücken) festgesetzt. Bei der zeitlich befristeten Überlassung von Rechten (Lizenzen, Konzessionen) beträgt der Zinsanteil 25 %.

Beispiel:
Die Stadt Musterhausen betreibt einen Eigenbetrieb „Betrieb gewerblicher Art: Wasserversorgung". Der Eigenbetrieb erwirtschaftet im Jahr t_1 einen gewerblichen Gewinn in Höhe von 500.000 Euro. In der handels- und steuerrechtlichen Gewinn- und Verlustrechnung haben sich Finanzierungsaufwendungen in Höhe von 370.000 Euro bereits mindernd auf diesen Gewinn ausgewirkt. Die Fremdkapitalzinsen stammen von einem langfristigen Darlehen des Eigenbetriebes bei der Sparkasse Beispielrode. Der gewerbliche Gewinn in Höhe von 500.000 Euro bildet die Ausgangsgröße für die Gewerbesteuer. 25 % der Summe der Fremdkapitalzinsen, soweit sie den Freibetrag von 200.000 Euro übersteigen, ist dem gewerblichen Gewinn wieder hinzuzurechnen (§ 8 Nr. 1 GewStG). Demnach ergibt sich eine Summe von 170.000 Euro (Zinsaufwendungen in Höhe von 370.000 Euro abzüglich des Freibetrages von 200.000 Euro) und ein Hinzurechnungsbetrag von 42.500 Euro (25 % der Summe von 170.000 Euro). Im Ergebnis erhöht sich der Gewerbeertrag auf 542.500 Euro.

Eine weitere Funktion der gewerbesteuerlichen Modifikationen sind Kürzungen nach § 9 GewStG. Die Kürzungen sind von der Summe aus Gewinn und Hinzurechnungen vorzunehmen. Die Hinzurechnungen haben vor den Kürzungen zu erfolgen. Eine bestimmte Reihenfolge ist bei den vorzunehmenden Kürzungen nicht vorgeschrieben. Sie führen zu einer Minderung des Gewerbeertrags. Um eine Doppelbelastung zu vermeiden, werden Grundstückserträge in pauschalierter Form aus der gewerbesteuerlichen Bemessungsgrundlage herausgenommen. § 9 Nr. 1 GewStG dient der *Vermeidung der doppelten Belastung* mit der Grundsteuer, die zusammen mit der Gewerbesteuer zu den Realsteuern gehört. Im Regelfall ist jedoch der öffentliche Grundbesitz von der Grundsteuer befreit, z. B. öffentliche Straßen und Wege. Daher ist diese Kürzungsvorschrift aus kommunaler Sicht eher von untergeordneter Bedeutung.

Die Kommunen können nach Art. 28 GG die Höhe der Hebesätze selbst bestimmen und festlegen. Aus diesem verfassungsmäßigen Recht resultiert ein nationales Standort- oder Hebesatzgefälle. Der Mindesthebesatz beträgt 200 %; die Gemeinden können einen höheren Hebesatz bestimmen. Der gewogene Gewerbesteuerhebesatz lag im Jahr 2024 im Bundesdurchschnitt für die rund 710 Gemeinden ab 20.000 Einwohnern bei 437 %. Rund 15 % der Kommunen, insbesondere kleinere, haben den Hebesatz erhöht. Die Spannbreite der Hebesätze ist nach wie vor groß und liegt zwischen 580 % (Oberhausen), 565 % (Erftstadt), 515 % (Duisburg), 490 % (München), 470 % (Hamburg, Erfurt), 460 % (Bremen, Frankfurt a. M.), 450 % (Halle, Potsdam, Saarbrücken), 440 % (Mainz), 430 % (Kiel) und 420 % (Stuttgart, Freiburg i. Br.). Niedrigere Hebesätze ergeben sich in Leverkusen und Monheim (250 %), Zossen (270 %) und Unterhaching (295 %).

2024 ist durch die Vielzahl an Erhöhungen in den Flächenländern Baden-Württemberg, Bayern, Hessen, Niedersachsen, Nordrhein-Westfalen, Rheinland-Pfalz, Sachsen und Schleswig-Holstein der gewogene Landesdurchschnitt des Gewerbesteuerhebesatzes gestiegen. Bundesweit haben Brandenburg und Rheinland-Pfalz die durchschnittlich niedrigsten Hebesätze (bei Gemeinden ab 20.000 Einwohnern). Über oder auf dem Niveau des Bundesdurchschnitts von 437 % liegen Thüringen (437 %), Mecklenburg-Vorpommern und Sachsen (442 %), das Saarland (461 %) und Nordrhein-Westfalen (472 %) sowie Bremen (460 %) und Hamburg (470 %) mit ihren seit vielen Jahren unveränderten Hebesätzen.

Auf der Grundlage der Gewerbesteuererklärung für den Gewerbebetrieb nimmt das zuständige Finanzamt die Ermittlung des Steuermessbetrages vor und erlässt den Gewerbesteuermessbescheid (Gewerbeertrag × Steuermesszahl = Gewerbesteuermessbetrag als Basis des Gewerbesteuermessbescheides). Dieser Messbescheid ergeht an die Gemeinde und an den Steuerpflichtigen. Er enthält die Angaben zur Steuerpflicht und die Höhe der Bemessungsgrundlage. Zahlungsverpflichtungen ergeben sich hingegen aus dem Messbescheid nicht. Sie werden erst im Gewerbesteuerbescheid festgelegt, nachdem die Gemeinde ihren Hebesatz auf den Gewerbesteuermessbetrag erhoben hat (Messbetrag × Hebesatz = Gewerbesteuer). Für die Kommunen ist diese Funktionsteilung im Besteuerungsverfahren von großem Vorteil, weil die Prüfung und Ermittlung der gewerbesteuerlichen Bemessungsgrundlage eine kommunale Steuerverwaltung erfordern würde.

Steuerschuldnerin der Gewerbesteuer für den Betrieb gewerblicher Art ist die juristische Person des öffentlichen Rechts; sie zahlt die Gewerbesteuer in vier Jahresraten (15.02., 15.05., 15.08. und 15.11.).

5.3 Grundsteuerreform, Grundsteuerarten und Steuerbefreiungen

Die Grundsteuer ist wie die Gewerbesteuer eine Objektsteuer (Realsteuer). Als Gemeindesteuer ist sie mit rund 15 Mrd. Euro nach der Gewerbesteuer und dem Einkommensteueranteil die drittgrößte Einnahmequelle der kommunalen Haushalte. Realsteuern beziehen sich stets auf einen Steuergegenstand, ohne Rücksicht auf die persönlichen Verhältnisse und persönliche Leistungsfähigkeit des Eigentümers. Somit erfasst die Grundsteuer den inländischen Grundbesitz und damit einen Gegenstand (Steuerobjekt). Auch die Art der Finanzierung und die Form der Nutzung sollen sich nicht auf die Bemessungsgrundlage auswirken. Zum inländischen Grundbesitz gehören land- und forstwirtschaftliche Betriebe, Grundstücke des Grundvermögens (Privatgrundstücke) sowie Betriebsgrundstücke. Steuerschuldner ist derjenige, dem der Grundbesitz zugerechnet wird, z.B. ist eine Kommune Eigentümerin des Grundstücks (§ 10 Abs. 1 GrStG).

Die Bemessungsgrundlage der bis zum 31.12.2024 geltenden Grundsteuer beruhte auf Einheitswerten von 1964 (alte Bundesländer) bzw. 1935 (neue Bundesländer) mit der Folge einer Unterbewertung von unbebauten und bebauten Grundstücken in Deutschland. Nach dem BVerfG-Urteil vom 10.04.2018 wurden Teile der Einheitsbewertung für nicht vereinbar mit Art. 3 Grundgesetz (GG) und damit für verfassungswidrig erklärt. Die Lagefinanzämter forderten die Grundbesitzeigentümer auf, eine Feststellungserklärung für die rund 36 Millionen neu zu bewertenden Grundstücke mittels ELSTER elektronisch einzureichen. Auf dieser Basis erfolgte die Neuberechnung der Grundsteuer zum 01.01.2025. Die neuen Grundsteuerwerte lösen die Einheitswerte ab und werden in den Grundsteuerfeststellungen ab 2025 zugrunde gelegt.

Das Bundesministerium der Finanzen und die Bundesländer Berlin, Brandenburg, Bremen, Mecklenburg-Vorpommern, Nordrhein-Westfalen, Rheinland-Pfalz, Sachsen-Anhalt, Schleswig-Holstein und Thüringen haben sich auf ein Bundesmodell als systematische Basis verständigt. Zugleich wurde Ländern, die sich diesem Modell nicht anschließen wollten, aufgrund einer entsprechenden Grundgesetzänderung die Möglichkeit gegeben, ein eigenes Grundsteuermodell oder punktuell vom Bundesmodell abweichende landesgesetzliche Regelungen einzuführen („Öffnungsklausel"). Die Öffnungsklausel nach Art. 72 Abs. 3 GG ermöglicht eine optionale Abweichungsgesetzgebung in den einzelnen Bundesländern. Dadurch können sich Abweichungen in der Berechnung der Grundsteuer und der Belastungshöhe in den einzelnen Bundesländern ergeben. In diesem Zusammenhang sind Anpassungen im Hinblick auf die Höhe der Steuermesszahlen und der Hebesätze zu erwarten.

Grundbesitz, der für das Gemeinwohl oder für steuerbegünstigte Zwecke genutzt wird, ist von der Grundsteuer befreit. Neben diesen persönlichen Steuerbefreiungen gibt es auch eine Reihe sachlicher Befreiungen, wie aus der nachfolgenden Übersicht hervorgeht (Tabelle 14). In allen Befreiungen ist erforderlich (§§ 7 und 8 GrStG), dass der Grundbesitz direkt zu steuerbegünstigten Zwecken genutzt wird. Erfolgt eine Nutzung zu land- und forstwirtschaftlichen Zwecken oder zu Wohnzwecken, entfällt die Grundsteuerbefreiung. Die persönliche Grundsteuerbefreiung spricht bestimmte Eigentümer des Grundbesitzes an. Steuerbefreit ist der Grundbesitz einer Körperschaft des öffentlichen Rechts, der dem öffentlichen Dienst oder Gebrauch dient. Die Benutzung durch die Öffentlichkeit muss durch eine Satzung oder Widmung festgelegt sein.

Tabelle 14: Steuerbefreiungen im GrStG

§ 3 GrStG	**Steuerbefreiung für Grundbesitz bestimmter Rechtsträger**
Nr. 1	Grundbesitz für den öffentlichen Dienst oder Gebrauch
Nr. 2	Grundbesitz für die Verwaltung des Bundeseisenbahnvermögens
Nr. 3	Grundbesitz einer juristischen Person des öffentlichen Rechts oder Körperschaft für gemeinnützige oder mildtätige Zwecke
Nr. 4, 6	Grundbesitz einer Religionsgemeinschaft
Nr. 5	Dienstwohnungen der Geistlichen und Kirchendiener
§ 4 GrStG	**Sonstige Steuerbefreiungen**
Nr. 1	Grundbesitz, der dem Gottesdienst gewidmet ist
Nr. 2	Bestattungsplätze
Nr. 3	Grundbesitz, der dem öffentlichen Verkehr dient (Straßen, Wege, Plätze, Wasserstraßen, Häfen, Schienenwege)
Nr. 4	Grundbesitz der öffentlich-rechtlichen Boden- und Wasserverbände
Nr. 5	Grundbesitz für Zwecke der Wissenschaft, des Unterrichts oder der Erziehung
Nr. 6	Grundbesitz für Zwecke eines Krankenhauses

(Quelle: Eigene Darstellung)

Typischerweise ist eine Grundsteuerbefreiung bei Grundbesitz inländischer Hoheitsbetriebe gegeben. Die Abfallentsorgung stellt z.B. eine hoheitliche Tätigkeit dar. Daher sind auch Mülldeponien im Rahmen der Grundsteuer befreit. Von dieser Steuerbefreiung sind jedoch Teile der Abfallverwertung (Kompostierung) ausgenommen. Die Versagung der Steuerbefreiung gilt auch für Grundstücke, die zur Erfüllung der Entsorgungsaufgabe privaten Betreibern überlassen werden. In diesen Fällen der Abfallverwertung fehlt es an der hoheitlichen Aufgabe.

Grundstücke und Gebäude, die einem Betrieb gewerblicher Art zugeordnet sind, unterliegen im Regelfall der Grundsteuer. Dagegen ist der Wohnraum in Schülerheimen, Ausbildungs- und Erziehungsheimen grundsteuerfrei, wenn die Unterbringung von Jugendlichen für Zwecke des Unterrichts, der Ausbildung oder Erziehung erforderlich ist. Neben den juristischen Personen des öffentlichen Rechts sind auch Wasser- und Bodenverbände, Berufsverbände und Religionsgemeinschaften des öffentlichen Rechts steuerbefreit. Die sachliche Befreiung hängt vom Zweck und der objektiven Benutzung ab. Demnach sind Grundstücke und Gebäude für die Wissenschaft, Erziehung und den Unterricht, von Krankenhäusern, für den öffentlichen Verkehr und Friedhöfe einschließlich Kapellen, Leichenhallen und Krematorien nicht steuerpflichtig. In Einzelfällen kann die Grundsteuer für den Grundbesitz, dessen Erhaltung im öffentlichen Interesse liegt (Parkanlagen, Naturschutzgebiete, Museen, Sammlungen, Bibliotheken, Grünanlagen, Sport- und Spielplätze), erlassen werden.

5.4 Ermittlung der Bemessungsgrundlage der Grundsteuer

Der Grundsteuer unterliegt der gesamte inländische Grundbesitz: Land- und forstwirtschaftliche Betriebe, Grundstücke des Grundvermögens sowie Betriebsgrundstücke. Das Grundsteuergesetz unterscheidet drei Grundsteuerarten: Die Grundsteuer A („agrarisch") dient der Steuererhebung für land- und forstwirtschaftliche Betriebe. Zu deren Vermögen gehören gemäß § 33 BewG alle Wirtschaftsgüter, die dem Betrieb dauerhaft dienen. Ein Betrieb der Land- und Forstwirtschaft erstreckt sich nach den wirtschaftlichen Eigentumsverhältnissen am Grund und Boden. Dabei wird nicht auf das erwirtschaftete Betriebsergebnis, sondern auf den Sollertrag abgestellt. Für Betriebe der Land- und Forstwirtschaft ist ein Ertragswert zu ermitteln, der im Schwerpunkt eine standardisierte Bewertung der Flächen mit einem typisierten Ertragswert vornimmt. Den land- und forstwirtschaftlichen Nutzungsformen werden Bewertungsfaktoren zugeordnet, die nach der Multiplikation der Grundstücksfläche mit dem Bewertungsfaktor den durchschnittlichen Reinertrag je Flächeneinheit widerspiegeln. Die kapitalisierte Summe der Reinerträge führt zum Grundsteuerwert.

Die Grundsteuer B („baulich") erfasst das Grundvermögen, das zwischen unbebauten (§ 246 BewG) und bebauten Grundstücken (§ 248 BewG) unterscheidet. Zu den bebauten Grundstücken zählen Ein- und Zweifamilienhäuser, Eigentumswohnungen, Teileigentum, Geschäfts- und Mietwohngrundstücke. Auf unbebauten Grundstücken befinden sich keine benutzbaren Gebäude. Der Grundsteuerwert ergibt sich nach § 247 BewG aus der Multiplikation der Grundstücksfläche mit dem jeweiligen Bodenrichtwert, die von den Gutachterausschüssen ermittelt werden. Bebaute Grundstücke werden in Abhängigkeit von der Grundstücksart gem. §§ 249 und 250 BewG mit dem Ertrags- oder Sachwertverfahren bewertet. Der Ertragswert stellt auf einen erzielbaren, typisierten Reinertrag ab. Sachwertverfahren basieren auf den Normalherstellungskosten des Gebäudes, wenn sich keine Miete ermitteln lässt. Damit gleicht sich die Neubewertung der Grundsteuer strukturell den Bewertungsvorschriften für Zwecke der Erbschaft- und Schenkungsteuer an.

Die Grundsteuerreform bietet für Gemeinden mit einem großen Bedarf an neuen Wohnungen die Möglichkeit, einen höheren Hebesatz für baureife Grundstücke festzusetzen (§ 25 Abs. 5 GrStG). Demnach gelten Grundstücke als baureif, die nach Lage, Form und Größe und ihrem sonstigen tatsächlichen Zustand sowie nach öffentlich-rechtlichen Vorschriften sofort bebaut werden können. Zur Baulandmobilisierung kann die Gemeinde aus städtebaulichen Gründen, z. B. bei Bedarf an Wohn- und Arbeitsstätten, Grundschulen, Kindertagesstätten oder Forschungseinrichtungen, baureife Grundstücke als besondere Grundstücksgruppe der baureifen Grundstücke bestimmen und mit einem besonderen Hebesatz (Grundsteuer C) festsetzen. Historisches Vorbild war die von 1961 bis 1962 eingeführte Baulandsteuer als steuerliches Anreizinstrument. Mit ihrer Erhebung waren allerdings verfassungsrechtliche Zweifel und eine hohe Streitanfälligkeit verbunden. Ihre fiskalische Bedeutung war eher gering. Die Grundsteuer C soll den finanziellen Nutzen, welcher aus einem unbebauten Grundstück als Spekulationsobjekt gezogen werden kann, verringern. Das wiederum soll dazu beitragen, dass baureife Grundstücke nicht absichtlich unbebaut bleiben, sondern sinnvoll genutzt werden.

Nach dem Bundesmodell wird die Grundsteuer in einem dreistufigen Verfahren ermittelt (vgl. Tabelle 15):

1) Ermittlung des Grundsteuerwerts,
2) Anwendung der Steuermesszahl und Berechnung des Steuermessbetrags,
3) Anwendung des kommunalen Hebesatzes.

Die wesentliche Neuerung der Reform ist die veränderte Bemessungsgrundlage mit der Bezeichnung Grundsteuerwert.

Tabelle 15: Rechengerüst der Grundsteuer

Rechengerüst der Grundsteuer
Steuergegenstand: Grundbesitz im Inland
Bemessungsgrundlage: Grundsteuerwert des Grundbesitzes
× Steuermesszahl (§§ 14 und 15 GrStG) für Betriebe der Land- und Forstwirtschaft: 0,55 Promille für bebaute Grundstücke gem. § 249 Abs. 1 Nr. 1-4 BewG: 0,31 Promille für unbebaute Grundstücke und bebaute Grundstücke gem. § 249 Abs. 1 Nr. 5 – 8 BewG: 0,34 Promille
= Steuermessbetrag der Grundsteuer × Grundsteuer-Hebesatz (A/B/C)
= Grundsteuer

(Quelle: Eigene Darstellung)

Für unbebaute Grundstücke errechnet sich der Grundsteuerwert aus der Multiplikation der Grundstücksfläche mit dem jeweiligen Bodenrichtwert (§ 247 Abs. 1 BewG). Gemäß § 246 BewG ist ein Grundstück als unbebaut anzusehen, wenn sich darauf keine benutzbaren Gebäude befinden. Die Berechnung des Grundsteuerwertes setzt sich demnach bei einem 1.000 qm großen Grundstück wie folgt zusammen:

Fläche des Grundstückes	*1.000 qm*
× *Bodenrichtwert*	*350 Euro/qm*
= *Grundsteuerwert*	*350.000 Euro*

Grundstücke gelten gem. § 248 BewG als bebaut, wenn sich auf ihnen benutzbare Gebäude befinden. Der Bodenrichtwert kann online unter dem Bodenwert-

Informationssystem (BORIS) länderspezifisch abgerufen werden. Mit BORIS-TH werden die von den Gutachterausschüssen für Grundstückswerte ermittelten Bodenrichtwerte am Beispiel Thüringen veröffentlicht. BORIS-TH ist Teil der Geodateninfrastruktur Thüringen (GDITh) und dient zur Bereitstellung aller im amtlichen digitalen Führungssystem verfügbaren Bodenrichtwerte im Internet. Bebaute Grundstücke werden in acht Grundstücksarten eingestuft und nach zwei unterschiedlichen Verfahren bewertet (§§ 249, 250 BewG), dem Ertrags- und Sachwertverfahren.

Nach dem Ertragswertverfahren wird der Grundsteuerwert aus der Summe des kapitalisierten Reinertrags und des abgezinsten Bodenwertes berechnet (§ 252 BewG). Der Reinertrag berechnet sich aus der Nettokaltmiete, der Restnutzungsdauer des Gebäudes, einem Vervielfältiger und dem Liegenschaftszins. Für Grundstücke und Gebäude, für die sich keine übliche Miete ermitteln lässt, erfolgt die Berechnung des Grundsteuerwertes nach dem Sachwertverfahren (§ 258 BewG). Mögliche Gebäudearten, für die das Sachwertverfahren infrage kommt, sind Geschäftsgrundstücke, Teileigentum oder gemischt genutzte Grundstücke, insbesondere Bürogebäude, Verwaltungsgebäude, Gemeindezentren, Vereinsheime, Banken, Veranstaltungsgebäude, Saalbauten, Kindergärten, Schulen, Wohnheime, Altenheime, Krankenhäuser, Beherbergungsbetriebe, Sporthallen, Tennishallen, Freizeitbäder, Verbrauchermärkte, Warenhäuser, Autohäuser, Garagen, Betriebs- und Werkstätten, industrielle Produktionsgebäude, Lagergebäude, Museen, Theater, Sakralbauten, Friedhofsgebäude, Reithallen, ehemalige landwirtschaftliche Mehrzweckhallen (Scheunen).

Die Steuermesszahl ist zusammen mit dem kommunalen Hebesatz Teil des kombinierten Steuersatzes zur Berechnung der Grundsteuer. Bis 2024 war die Messzahl von der Art des Grundbesitzes abhängig. Seit 2025 beträgt die Steuermesszahl für Betriebe der Land- und Forstwirtschaft 0,55 Promille, für unbebaute Grundstücke sowie für bebaute Grundstücke nach § 249 Abs. 1 Nr. 5–8 BewG (Teileigentum, Geschäftsgrundstücke, gemischt genutzte Grundstücke, sonstige bebaute Grundstücke) 0,34 Promille. Für bebaute Grundstücke gem. § 249 Abs. 1 Nr. 1 – 4 BewG (Ein-, Zweifamilienhäuser, Mietwohngrundstücke, Wohnungseigentum) ergibt sich eine Steuermesszahl von 0,31 Promille. Es ist davon auszugehen, dass zu einem späteren Zeitpunkt eine Differenzierung vorgenommen wird, um dadurch auf die veränderten Steuermessbeträge zu reagieren. Neu ist die Möglichkeit, dass die Steuermesszahl um bis zu 25 % ermäßigt wird, beispielsweise wenn eine Förderzusage nach § 13 Wohnraumförderungsgesetz vorliegt. Da in den Ballungszentren zum Teil erheblicher Wohnbedarf besteht, soll diese Verschonungsregel einen Investitionsanreiz für die Bau- und Wohnungswirtschaft setzen. Die Steuermessbeträge werden auf den Hauptfeststellungszeitpunkt (Hauptveranlagung) allgemein festgesetzt. Der Grundsteuerwert wird zur Hauptfeststellung am 01.01.2022 durch das zuständige Finanzamt in einem Zeitabstand von sieben Jahren (vor der Reform alle sechs Jahre) allgemein festgestellt. Bei der Ermittlung des Grundsteuerwertes ist das zuständige Finanzamt auf die Mitwirkungspflicht der Grundstückseigentümer angewiesen, die eine Feststellungserklärung abgeben. Daraufhin erstellt das Finanzamt einen Feststellungsbescheid, welcher den Grundsteuerwert und Grundsteuermessbetrag des Grundstückes enthält.

Gemäß § 25 GrStG bestimmt die jeweilige Gemeinde, mit welchem Hundertsatz des Steuermessbetrags oder des Zerlegungsanteils die Grundsteuer zu entrichten ist. Grundsätzlich muss der Hebesatz der Gemeinde für Betriebe der Forst- und Landwirtschaft sowie für die in einer Gemeinde liegenden Grundstücke einheitlich sein (§ 25 Abs. 4 GrStG). Ab 2025 können Kommunen für baureife Grundstücke aus städtebaulichen Gründen einen gesonderten Hebesatz festlegen. Einer landesrechtlichen Regelung bleibt es vorbehalten, in welchem Verhältnis die Hebesätze für die Grundsteuer A, Grundsteuer B und die Gewerbesteuer zueinanderstehen. Weiterhin behält sich diese Regelung das Festlegen etwaiger Höchsthebesätze vor (§ 26 GrStG). In diesem Zusammenhang war geplant, den Gemeinden ein Optionsrecht für einen höheren Hebesatz (Grundsteuer W) zu ermöglichen. Nach dem Gesetz zur Umsetzung des Klimaschutzprogramms 2030 könnte ein erhöhter Hebesatz für einen Interessenausgleich sorgen, um den Ausbau erneuerbarer Energien (Energieerzeugung aus Windkraft) zu fördern.

Die Gemeinden werden durch Art. 106 Abs. 6 GG dazu berechtigt, die Hebesätze der Realsteuern jährlich neu festzusetzen. Die Erhebung der Grundsteuer erfolgt auf der Basis der Grundsteuerwerte, welche die Finanzämter feststellen, und dem von der Gemeinde festgelegten Hebesatz. Laut dem Bundesfinanzministerium soll der Hebesatz der Gemeinde ab 2025 so angepasst werden, dass eine Aufkommensneutralität für die Gemeinde besteht und keinesfalls Einnahmen infolge der Rechtsänderungen aus der Grundsteuerreform verloren gehen.

Der durchschnittliche Hebesatz für land- und forstwirtschaftliche Betriebe (Grundsteuer-Hebesatz A) im Ländervergleich des Jahres 2020 ist in Hessen mit 420 % am höchsten, gefolgt von Niedersachsen (391 %), Baden-Wüttemberg (363 %) und Bayern (350 %). In Nordrhein-Westfalen liegt er bei 292 %. Bei der Grundsteuer B lag der durchschnittliche gewogene Hebesatz bei 568 % (2024). 160 der rund 710 Kommunen haben den Hebesatz der Grundsteuer B angehoben. Besonders hohe Hebesätze ergeben sich z. B. in Niederkassel (1.100 %) und Rheinberg (920 %). In 46 Städten mit mehr als 20.000 Einwohnern besteht ein Hebesatz von 800 % und mehr, unter anderem Xanten (995 %), Alfter (995 %) oder Gladbeck (950 %). Nur drei Gemeinden haben 2024 ihren Hebesatz der Grundsteuer B gesenkt. Dies sind Herne, Magdeburg und Büren. Den niedrigsten Hebesatz weist seit vielen Jahren Ingelheim mit 80 % auf.

Andererseits sind Städte und Gemeinden selbst auch Steuerschuldner und Steuerzahler der Grundsteuer als Grundstücksbesitzer. Demzufolge sind sie verpflichtet, für jedes ihnen gehörende Grundstück eine Erklärung zur Ermittlung des Grundsteuerwertes abzugeben. Die Einreichung erfolgt online über das ELSTER Portal. Hierbei benötigt nicht jede Gemeinde ein eigenes Benutzerkonto. Verwaltungsgemeinschaften können eine Gemeinde bestimmen, welche die Übermittlung stellvertretend durchführt. Allerdings sind die von der Finanzverwaltung stammenden Daten aufzuarbeiten, weil sie weder als PDF noch als Klartext zur Verfügung gestellt werden. Städte und Gemeinden sollten über die steuerrechtlichen Neuerungen informiert sein, da sie für ihre Bürger oft die erste Anlaufstelle sind und diese sich kompetente Beratung wünschen. Hier ist eine enge Zusammenarbeit zwischen Finanzämtern und Gemeinden ratsam, sei es für die Ermittlung von Adressdaten, tatsächlichen Eigentumsverhältnissen oder den Aufbau gemeinsamer Informationsportale für die Bürger.

Betriebswirtschaftlich spielt die Grundsteuer im Gegensatz zur Gewerbesteuer nur eine untergeordnete Rolle, weil sie als Betriebsausgabe sowohl bei der Körperschaftsteuer als auch bei der Gewerbesteuer abzugsfähig ist (§8 Abs.1 KStG, §4 Abs.4 EStG und §7 GewStG). Zusätzlich vermindert sie nach der Kürzungsvorschrift (§9 Nr.1 GewStG) die Höhe des Gewerbeertrages. Die Grundsteuer ist in vier Jahresraten (15.02., 15.05., 15.08., 15.11.) zu entrichten. Solange die Jahressteuer unbekannt ist, sind Vorauszahlungen zu entrichten; nach Bekanntgabe des Steuerbescheids erfolgt eine Abrechnung in Form einer Erstattung oder Abschlusszahlung.

Ausgewählte Literaturempfehlungen zu Teil II

BFH-Urteil vom 29.08.2024 – VR 43/21 – mit Anmerkung von Martin Kronawitter: Zusammenfassung von Betrieben gewerblicher Art (BgA) gemäß §4 Abs. 6 Satz 1 des Körperschaftsteuergesetzes (KStG), Gemeindewirtschaft 2025, Heft 01, S. 16–20.

Bott, Harald: Kapitalertragsteuer bei Leistungen eines Betriebs gewerblicher Art: Fiktiver Gewinntransfer i. S. d. §20 Abs. 1 Nr. 10 Buchst. b EStG – Bestandsaufnahme und Ausblick, Gemeindewirtschaft 2023, Heft 03 und 04, S. 99–104.

BMF-Schreiben vom 28.01.2019: Auslegungsfragen zu §20 Abs. 1 Nr. 10 EStG: Betriebe gewerblicher Art als Schuldner der Kapitalerträge, BStBl I 2019, S. 111–119.

BMF-Schreiben vom 06.06.2025: Zusammenfassung von Betrieben gewerblicher Art (BgA) gemäß §4 Abs. 6 Satz 1 Nr. 1 bis 3 KStG; Veröffentlichung des BFH-Urteils vom 29. August 2024 - V R 43/21, BStBl I 2025 S. 1453.

Fiand, Andreas: Zusammenfassung von BgA im Lichte der jüngeren Rechtsprechung und veränderter Rahmenbedingungen, Gemeindewirtschaft 2024, Heft 06, S. 123–131.

Frotscher, Gerrit/Drüen, Klaus-Dieter: Kommentar zum Körperschaft-, Gewerbe- und Umwandlungssteuergesetz, Loseblattausgabe, 176. Aufl., Freiburg i. Br. 2024.

Grootens, Mathias (Hrsg.): Grundsteuergesetz, Bewertungsgesetz. Kommentar, 3. Aufl., Herne 2025.

Gosch, Dietmar: Körperschaftsteuergesetz. Kommentar, 5. Aufl., München 2025.

Hidien, Jürgen/Jürgens, Andreas: Die Besteuerung der öffentlichen Hand, 2. Aufl., München 2023.

Kramer, Philipp/Seibold-Freund, Sabine: Rechtsgrundlagen, Bewertungsverfahren und Wirkungen der neuen Grundsteuer 2025, Kommunale Steuerzeitschrift 2024, S. 1–14.

Kronawitter, Martin: Jahressteuergesetz 2024 – Wesentliche Änderungen aus Sicht der Kommunen und ihrer Betriebe, Gemeindewirtschaft 2024, S. 291–296.

Kronawitter, Martin: Die Körperschaftsteuer und Kapitalertragsteuer bei der öffentlichen Hand, München 2022.

Krumm, Marcel/Paeßens, Petra: Grundsteuergesetz: GStG Kommentar, 2. Aufl., München 2025.

Musil, Andreas/Küffner, Thomas: Besteuerung der öffentlichen Hand, 2. Aufl., Köln 2025.

Pieske-Kontny, Detlef: Die Umsatz- und Gewinngrenzen des §20 Abs. 1 Nr. 10 Buchst. b EStG bei einem BgA, Gemeindewirtschaft 2026, Heft 01, S. 9–11.

Preißer, Michael/Bernhardt, Robert/Wind, Till Kristian: Reform der Grundsteuer und des Bewertungsrechts 2019, Weil im Schönbuch 2020.

Schmidt, Ludwig: Einkommensteuergesetz. Kommentar, 44. Aufl., München 2025.

Schwarting, Gunnar: Kommunale Steuern, 3. Aufl., Berlin 2022.

Streck, Michael: Körperschaftsteuergesetz KStG, 10. Aufl., München 2022.

Anwendungsbezogene Sachverhalte und Berechnungsbeispiele zu Teil II

1

Mit welcher Begründung nimmt der Steuergesetzgeber Gebietskörperschaften in die Steuerpflicht?

2

Welche steuerrechtlichen Begriffe werden synonym für die Tätigkeit der öffentlichen Hand in Verbindung gebracht?

3

Sachverhalt: Die Stadt Musterhausen verpachtet 200 Grundstücke an Privatpersonen. Einnahmen in t_1 hieraus: 300.000 Euro (keine Ausgaben). Außerdem wird aus Finanzierungsgründen der gebrauchte Dienstwagen des Bürgermeisters (zwei Jahre alt) für 50.000 Euro im Jahr t_1 an einen deutschen Unternehmer veräußert. Die komplette Büroeinrichtung des Amtsleiters der Kämmerei wird in dessen Urlaubszeit einmalig veräußert. Einnahmen hieraus t_1: 20.000 Euro (keine Ausgaben).

Frage: Liegt ein Betrieb gewerblicher Art vor?

4

Die Unterscheidung zwischen dem nichtwirtschaftlichen (hoheitlichen) Bereich und der wirtschaftlichen Tätigkeit (Betrieb gewerblicher Art) basiert vorrangig auf der Rechtsprechung.

Aufgabe: Nennen Sie zehn Beispiele kommunaler Tätigkeiten, die grundsätzlich zum hoheitlichen Bereich bzw. Hoheitsbetrieb gehören!

5

Sachverhalt: Die städtische Angestellte Schmidt arbeitet in der Kämmerei Musterhausen. Neben ihren Aufgaben zur Ermittlung der Gebühren gehört auch die Verwaltung und Organisation des Wochenmarktes, der im gesamten Jahr zweimal wöchentlich angeboten wird. Im Mai t_1 ergeben sich Einnahmen aus der Standmiete an regionale Händler in Höhe von 85.000 Euro; Ausgaben für Energie, Straßenreinigung und Sicherheitsdienst betragen 38.000 Euro.

Frage: Sind die Kriterien des Betriebs gewerblicher Art erfüllt?

6

Sachverhalt: Die Stadt Musterhausen hat am großen Gondelteich im Stadtpark einen Futterautomaten aufgestellt, der seit acht Jahren Enten- und Fischfutter ganzjährig anbietet. Die Einnahmen hieraus betragen im Jahr t_1: 4.500 Euro und decken gerade die Aufwendungen des Automatenbetriebes. Weitere Anbieter bestehen nicht.

Frage: Sind die Kriterien des Betriebs gewerblicher Art erfüllt?

7

Sachverhalt: Der kommunale Steinbruch der Stadt Bad Hausen führt im Jahr t_1 zu Einnahmen in Höhe von 31.400 Euro; die Ausgaben betragen 54.000 Euro.

Frage: Sind die Kriterien des Betriebs gewerblicher Art erfüllt?

8

Sachverhalt: Die Stadt Musterhausen ist zu 25 % an der inländischen Energie-AG beteiligt. Ihr fließen aus dieser Beteiligung im Jahr t_1 Beteiligungserträge in Höhe von 50.000 Euro zu.

Frage: Sind die Kriterien des Betriebs gewerblicher Art erfüllt? Ist die Dividende ertragsteuerfrei?

9

Sachverhalt: Die Gemeinde Beispielrode verkauft seit vier Jahren in der Grundschule Heißgetränke und belegte Brötchen. Jahreseinnahmen hieraus: 49.000 Euro; Ausgaben: 38.000 Euro.

Frage: Sind die Kriterien des Betriebs gewerblicher Art erfüllt?

10

Sachverhalt: Die Stadt Mustercity plant die folgenden Zusammenschlüsse unterschiedlicher städtischer Aktivitäten.

Frage: Prüfen Sie, ob eine Zusammenfassung möglich ist!

a) Zusammenschluss von Hallenbad und Freibad

b) Zusammenschluss von Wochenmarkt und Weihnachtsmarkt

c) Zusammenschluss von Wochenmarkt und Weihnachtsmarkt in einer städtischen Markt-GmbH (Hinweis: Beide erzielen regelmäßig Gewinne)

d) Zusammenschluss von Straßenreinigung und öffentlichen Personennahverkehr

e) Zusammenschluss von Hafenbetrieb und öffentlichen Personennahverkehr

11

Sachverhalt: Der Landkreis Musterau stellt seine Haushaltsrechnung auf EDV um. Hierzu bedient er sich dem Zweckverband Musterau für kommunale Datenverarbeitung. Der Zweckverband erzielt als juristische Person des öffentlichen Rechts aus diesem Auftrag Einnahmen in Höhe von 750.000 Euro. Außerdem erzielt der Zweckverband 250.000 Euro aus einem Auftrag an die privatwirtschaftliche CHRISTO-Verpackungsgesellschaft mbH.

Frage: Liegt ein Betrieb gewerblicher Art vor?

12

Handelt es sich bei den aufgeführten Einrichtungen um Betriebe gewerblicher Art, Hoheitsbetriebe oder um eine Vermögensverwaltung?

Sachverhalt: Die Stadt Musterhausen übt die folgenden wirtschaftlichen Tätigkeiten aus:

a) Sie ist alleinige Gesellschafterin der inländischen Schlachtvieh-GmbH Musterhausen.

b) Sie führt ein Krankenhaus in der Organisationsform des Eigenbetriebes.

c) Sie führt eine forstwirtschaftliche Domäne (Sägewerk).

d) Sie führt einen städtischen Verkehrsbetrieb (Eigenbetrieb).

e) Sie erzielt Einnahmen aus Parkuhren im Rahmen der StVO: 70.000 Euro; Einnahmen aus dem Betrieb von Parkhäusern und öffentlichen Parkplätzen außerhalb der StVO: 60.000 Euro; Einnahmen aus der Parkraumüberlassung an die Bediensteten der Stadt Musterhausen: 80.000 Euro.

f) Müllabfuhr mit Anschluss- und Benutzungszwang, aus der ein Gewinn von 10.000 Euro aus der städtischen Abfallentsorgung erwirtschaftet wird

g) Entgeltliche Besichtigung eines städtischen Aussichtsturms (Einnahmen: 5.000 Euro; Ausgaben: 4.000 Euro)

h) Sie verpachtet den vollständig eingerichteten Ratskeller (Restaurationsbetrieb mit Inventar) an den Unternehmer Müller.

i) Sie verpachtet nur die Räume des ehemaligen Ratskellers (ohne Inventar) an den Unternehmer Müller.

13

Die Stadt Musterhausen erfüllt die folgenden öffentlichen Aufgaben:

Sachverhalt: Die Stadt Musterhausen betreibt den BgA „Weihnachtsmarkt", der jährlich stattfindet. Die Einnahmen aus der Standmiete betragen 69.000 Euro. Ausgaben: Stromkosten: 25.000 Euro; Sicherheitsdienst: 8.000 Euro.

Aufgabe: Berechnen Sie die Gewerbesteuer (Hebesatz: 440 %) und die Körperschaftsteuer einschließlich Solidaritätszuschlag für den Veranlagungszeitraum t_1.

a) *Sachverhalt*: Die Stadt Musterhausen verpachtet den städtischen Ratskeller (BgA) samt Inventar an einen regionalen Unternehmer. Die jährlichen Pachteinnahmen betragen 72.000 Euro. Gebühren und Steuern: 7.000 Euro.

Aufgabe: Berechnen Sie die Gewerbesteuer (Hebesatz: 380 %) und die Körperschaftsteuer einschließlich Solidaritätszuschlag für den Veranlagungszeitraum t_1.

b) *Sachverhalt*: Die Stadt Musterhausen betreibt den BgA „städtische Bücherei". Einnahmen aus Nutzungsentgelten: 5.000 Euro. Ausgaben für Personal: 30.000 Euro; Kauf von Büromaterial: 2.000 Euro; Miete, Heizung und Strom: 10.000 Euro.

Aufgabe: Welche ertragsteuerlichen Folgen ergeben sich aus der Bücherei für den Veranlagungszeitraum t_1?

14a

Sachverhalt: Datensatz zum Zeitpunkt der Hauptfeststellung:

- Art des Gebäudes: Mehrfamilienhaus Thüringen
- Baujahr 1978
- Grundstücksfläche: 4.500 qm
- Wohnfläche: 1.800 qm (20 Wohneinheiten)
- Mietniveaustufe 2: - 10 % Abschlag gem. Anlage 39 II BewG
- Bodenrichtwert: 140 Euro/qm
- Gesamtnutzungsdauer (Anlage 38): 80 Jahre
- Hebesatz: 420 %

Aufgabe: Ermitteln Sie den Grundstückswert nach dem Ertragswertverfahren (§ 250 Abs. 2 Nr. 3 BewG) zum 01.10.2025: Mietwohngrundstück einer Thüringer Kommune (Bundesmodell).

14b

Sachverhalt: Datensatz zum Zeitpunkt der Hauptfeststellung:

- Art des Gebäudes: Büro-/Verwaltungsgebäude
- Gebäudeart 3 Anlage 42 BewG
- Baujahr 2002
- Grundstücksfläche: 5.000 qm
- Bodenrichtwert: 80 Euro/qm
- Bruttogrundfläche: 2.000 qm
- Gesamtnutzungsdauer (Anlage 38): 60 Jahre
- Baupreisindex zum 01.01.2025: 183,3 %

Aufgabe: Ermitteln Sie den Grundstückswert nach dem Sachwertverfahren (§ 250 Abs. 3 Nr. 4 BewG) zum 01.10.2025: Büro- und Verwaltungsgebäude einer Thüringer Kommune (Bundesmodell).

15

Aufgabe: Nennen Sie Beispiele aus der Praxis, in denen eine Verpachtung von Betrieben gewerblicher Art weiterhin eine ertragsteuerpflichtige wirtschaftliche Tätigkeit und keine steuerfreie Vermögensverwaltung darstellt. Wie verhält es sich bei Zelt- und Campingplätzen? Ist die Verpachtung von Hoheitsbetrieben, Land- und Forstwirtschaften steuerpflichtig?

16

Wie ist ein Eigenbetrieb steuerlich zu beurteilen, der sowohl die Wasserversorgung als auch die Wasserbeschaffung bewirtschaftet?

17

Kann eine Forstwirtschaft steuerpflichtig werden?

18

Sachverhalt: Die Stadt Musterhausen verkauft neben der Hausmüllentsorgung zusätzlich Müllsäcke an die Bevölkerung, die im Rahmen der Entsorgung mitgenommen werden. Die Einnahmen aus dem Verkauf der Müllsäcke decken gerade die Kosten.

Frage: Liegt eine steuerpflichtige Tätigkeit vor?

19

Sachverhalt: Die Stadt Musterhausen führt den öffentlichen Personen- und Nahverkehr im Eigenbetrieb „Verkehrsbetrieb Musterhausen" aus, der einen Betrieb gewerblicher Art darstellt. An den Eigenbetrieb hat die Stadt ein Grundstück mit Gebäude für jährlich 24.000 Euro vermietet (Mietvertrag mit angemessenen Bedingungen liegt vor), das von den Verkehrsbetrieben als Bürogebäude genutzt wird. Die Stadt Musterhausen verbucht die Mieteinnahmen als steuerfreie Vermögensverwaltung, sodass keine steuerlichen Folgen aus der Vermietung für die Trägerkörperschaft verbunden sind. Andererseits mindert der Mietaufwand den steuerpflichtigen Gewinn des Eigenbetriebes.

Frage: Ist diese steuerliche Behandlung zutreffend?

20

Sachverhalt: Die Stadt Musterhausen unterhält einen Stadtwerke-Eigenbetrieb. Der Jahresumsatz des Betriebes weist in den letzten drei Jahren eine Höhe von mindestens 480.000 Euro auf. Der handelsrechtliche Jahresabschluss des Eigenbetriebs weist zum 31.12.t_1 folgende Positionen auf: Jahresüberschuss 700.000 Euro; steuerlicher Verlustvortrag: 400.000 Euro. Im Jahr t_2 beschließt der Stadtrat, dass ein Teil des Eigenbetriebsgewinns aus dem Jahr t_1 in Höhe von 200.000 Euro für eine Reparatur des Stromleistungsnetzes der Stadt verwendet werden soll (Einstellung in eine Rücklage für bestimmte Investitionen).

Frage: Welche Kapitalertragsteuerpflicht entsteht mit der Weiterleitung des restlichen Gewinns an die Stadt Musterhausen?

21

Sachverhalt: Die Stadt Mustercity unterhält den BgA „öPNV" und den BgA „Energieversorger". Folgende Ergebnisse der Jahresrechnung beider BgA liegen in Euro vor:

	t_1	t_2
BgA öPNV	–3.000.000	–4.000.000
BgA Energieversorgung	+9.000.000	+10.000.000

Der Stadtrat beschließt eine Zusammenfassung der beiden BgA zum 1.1.t_2.

Frage: Welche Steuerwirkungen ergeben sich hieraus? Gehen Sie vereinfachend davon aus, dass der kombinierte Ertragsteuersatz (KSt, GewSt, SolZ) für jeden BgA 30 % beträgt.

22

Sachverhalt: Die Stadt Mustercity unterhält den BgA „Hallenbad" und den BgA „Freibad". Folgende Ergebnisse der Jahresrechnung beider BgA liegen in Euro vor:

	t_1	t_2
BgA Hallenbad	–3.000.000	–4.000.000
BgA Freibad	+9.000.000	+10.000.000

Der Stadtrat beschließt eine Zusammenfassung der beiden BgA zum 1.1.t_2.

Frage: Welche Steuerwirkungen ergeben sich hieraus? Welcher Unterschied besteht zum Fall 21? Gehen Sie vereinfachend davon aus, dass der kombinierte Ertragsteuersatz (KSt, GewSt, SolZ) für jeden BgA 30 % beträgt.

Teil III Ertrag- und grundsteuerliche Folgen bei kommunalen Tätigkeiten mittels Eigengesellschaften

Inhaltsübersicht

1. Die kommunale GmbH im Körperschaftsteuerrecht

1.1 Adressaten der Körperschaftsteuer

Kommunen können sich bei der öffentlichen Aufgabenerfüllung einer inländischen Kapitalgesellschaft bedienen. Dies geschieht im Regelfall bei nicht defizitären, wirtschaftlichen Tätigkeiten in Form einer Gesellschaft mit beschränkter Haftung (GmbH), an der die Kommune zu 100 % beteiligt ist. Ausnahmsweise können auch hoheitliche Tätigkeiten (Abfallbeseitigung) auf eine GmbH übertragen werden, wenn für diese Rechtsform ein wirtschaftlicher Grund nachgewiesen werden kann. Beteiligt sich eine Kommune über eine Kapitalbeteiligung an der GmbH, ist die Gesellschaft aufgrund ihrer Rechtsfähigkeit ein eigenständiges Steuersubjekt, das in vollem Umfang der Ertragsbesteuerung unterliegt. Die Kommune wird dagegen nur partiell mit den Gewinnausschüttungen der GmbH, steuerpflichtig. Der Umfang dieser partiellen (beschränkten) Steuerpflicht nach § 2 Nr. 2 KStG hängt allerdings von der Rechtsform und der Vermögenszuordnung der Beteiligung bei der Kommune ab.

Die GmbH ist rechtlich selbständig und besitzt nach Handelsrecht als Kaufmann kraft Eintragung grundsätzlich die Kaufmannseigenschaft (§ 2 HGB). Ertragsteuerlich werden sämtliche Einkünfte einer unbeschränkt steuerpflichtigen Kapitalgesellschaft – unabhängig von der unternehmerischen Betätigung – als Einkünfte aus Gewerbebetrieb qualifiziert (§ 8 Abs. 2 KStG, strenges Subsidiaritätsprinzip). Demzufolge gilt die GmbH auch im Gewerbesteuerrecht als Gewerbebetrieb kraft Rechtsform (§ 2 Abs. 2 GewStG).

Eine Kapitalgesellschaft kann als juristische Person keine private oder außerbetriebliche Sphäre besitzen. Daher stellen alle Vermögensmehrungen oder Vermögensminderungen steuerlich zu berücksichtigende Einkünfte dar (betriebliche Sphäre, Einkommenserzielung). Nicht betrieblich veranlasste Vorgänge haben ihre Ursache im gesellschaftsrechtlichen Bereich und sind nach den Grundsätzen der verdeckten Gewinnausschüttung oder verdeckten Einlage zu korrigieren. Der gesellschaftsrechtliche Bereich betrifft die Einkommensverwendung, nicht aber die Einkommenserzielung. Aufgrund des Trennungsprinzips sind die Kapitalgesellschaft und ihre Gesellschafter jeweils Steuersubjekte der Ertragsteuern. Je nach Umfang der Integration von Körperschaftsteuer der Kapitalgesellschaft in die Einkommensteuer des Gesellschafters kann die aus dem Trennungsprinzip resultierende (wirtschaftliche) Doppelbesteuerung der erwirtschafteten Gewinne vermieden oder gemildert werden. Juristische Personen sind nicht kirchensteuerpflichtig; auf die festgesetzte Körperschaftsteuer wird ein Solidaritätszuschlag erhoben.

Die kommunale GmbH unterliegt der unbeschränkten Körperschaftsteuerpflicht nach § 1 Abs. 1 Nr. 1 KStG, wenn ihre Geschäftsleitung oder ihr Sitz im Inland liegt. Der Ort der Geschäftsleitung ist nach § 10 AO Mittelpunkt der geschäftlichen Oberleitung bzw. ein Ort, an dem die maßgebliche Geschäftsführung erfolgt oder Entscheidungen der Geschäftsführung getroffen werden. Der Sitz ist gem. § 11 AO der rechtliche Ort, welcher per Gesellschaftsvertrag, durch Gesetz, Satzung oder Stiftungsgeschäft bestimmt ist. Der Sitz ist im Handelsregister oder Vereinsregister einzutragen. Die GmbH ist eine juristische Person des Privatrechts, die auf Grund bestehender Gesetze die Fähigkeit besitzt, Träger von Rechten und Pflichten zu sein. Diese werden von ihren gesetzlichen Vertretern (Organe der GmbH) wahrgenommen.

Die Körperschaftsteuerpflicht entsteht mit der Eintragung in das Handelsregister (Kapitalgesellschaft), in das Genossenschaftsregister (Genossenschaft e. G.) oder in das Vereinsregister (Verein e. V.).

Tabelle 16: Katalog der Steuerbefreiungen nach § 5 KStG

§ 5 Abs. 1 KStG	**Inhalt der Körperschaftsteuerbefreiung**
Nr. 1	Staatsbetriebe *(staatliche Lotterien, sofern nicht in der Rechtsform der Kapitalgesellschaft geführt)*, Monopolverwaltungen des Bundes und der Erdölbevorratungsverband
Nr. 2, 2a	Deutsche Bundesbank, andere Kreditinstitute der Länder, Bundesanstalt für vereinigungsbedingte Sonderaufgaben
Nr. 3	Rechtsfähige Pensions-, Sterbe-, Kranken- und Unterstützungskassen *(Förderung der betrieblichen Altersversorgung)*
Nr. 4	Kleinere Versicherungsvereine auf Gegenseitigkeit
Nr. 5	Berufsverbände und kommunale Spitzenverbände (Bund und Länder)
Nr. 6	Vermögensverwaltung für nichtrechtsfähige Berufsverbände
Nr. 7	Politische Parteien und kommunale Wählervereinigungen *(aber partielle Steuerpflicht bei wirtschaftlichem Geschäftsbetrieb)*
Nr. 8	Öffentlich-rechtliche Versicherungs- und Versorgungseinrichtungen von Berufsgruppen *(gesetzliche Zwangsmitgliedschaft bei z. B. Ärzten, Notaren, Rechtsanwälten)*
Nr. 9	Körperschaften, die gemeinnützigen, mildtätigen und kirchlichen Zwecken dienen *(aber partielle Steuerpflicht bei wirtschaftlichem Geschäftsbetrieb)*
Nr. 10	Vermietungsgenossenschaften und -vereine
Nr. 12	Gemeinnützige Siedlungsunternehmen
Nr. 14	Landwirtschaftliche Erwerbs- und Wirtschaftsgenossenschaften und Vereine

§ 5 Abs. 1 KStG	Inhalt der Körperschaftsteuerbefreiung
Nr. 15	Pensions-Sicherungsvereine (Versicherungsvereine a. G.)
Nr. 16	Sicherungseinrichtungen der Kreditinstitute
Nr. 17	Bürgschaftsbanken (Kreditgarantiegemeinschaften)
Nr. 18	Wirtschaftsförderungsgesellschaften
Nr. 19	Gesamthafenbetriebe
Nr. 20	Zusammenschlüsse zu Zwecken des Ausgleichs von Versorgungslasten
Nr. 21	Arbeitsgemeinschaft „Medizinischer Dienst“
Nr. 22	Gemeinsame Einrichtungen der Tarifvertragsparteien
Nr. 23	Auftragsforschung bei öffentlich-rechtlichen Wissenschafts- und Forschungseinrichtungen *(nicht befreit, sondern Betriebe gewerblicher Art: Grundlage gesicherter wissenschaftlicher Erkenntnisse; Projektträgerschaften; wissenschaftliche Tätigkeiten ohne Forschungsbezug)*
Nr. 24	Global Legal Entity Identifier Stiftung

(Quelle: Eigene Darstellung)

Wirtschaftliche Tätigkeiten einer Kommune mittels privatrechtlicher Rechtsform (GmbH oder AG) werden nicht nach den Vorschriften des Betriebs gewerblicher Art (§ 1 Abs. 1 Nr. 6 und § 4 KStG), sondern nach den allgemeinen Vorschriften des Körperschaftsteuergesetzes besteuert. Die wirtschaftlichen Tätigkeiten der GmbH sind steuerbar, sie können aber nach § 5 KStG von der Körperschaftsteuer (und dem Solidaritätszuschlag) befreit sein. In § 5 KStG nimmt der Steuergesetzgeber ausdrücklich bestimmte Körperschaften aus der Körperschaftsteuerpflicht heraus. Hierzu gehören u. a. die Deutsche Bundesbahn, Berufsverbände ohne öffentlich-rechtlichen Charakter sowie kommunale Spitzenverbände auf Bundes- und Landesebene, politische Parteien, Bürgschaftsbanken und gemeinnützige Körperschaften außerhalb des wirtschaftlichen Geschäftsbetriebes (siehe Tabelle 16). Der umfangreiche Katalog erfasst im Kern die juristischen Personen des öffentlichen Rechts, die mit ihren Hoheitsbetrieben im Regelfall nicht der Besteuerung unterliegen. Da die aufgeführten Betriebe wegen ihres Monopolcharakters (noch) nicht mit steuerpflichtigen Betrieben im Wettbewerb stehen, ist ihre Steuerbefreiung gerechtfertigt. Für Körperschaften, deren Hauptzweck keine wirtschaftliche Tätigkeit ist, wirkt sich die Steuerbefreiung nur auf die Erträge aus der vermögensverwaltenden Tätigkeit aus. Bei anderen Tätigkeiten (Gemeinnützigkeit) gilt die Steuerbefreiung nur außerhalb eines steuerpflichtigen wirtschaftlichen Geschäftsbetriebes (§ 64 AO) oder eines Betriebes gewerblicher Art (§ 4 KStG). Darüber hinaus gelten die Befreiungen nicht für inländische Einkünfte, die dem Steuerabzug vollständig oder teilweise unterliegen (§ 5 Abs. 2 Nr. 1 KStG).

1.2 Einkommensermittlung im Rahmen der sachlichen Steuerpflicht

Bemessungsgrundlage der Körperschaftsteuer ist das zu versteuerndes Einkommen. Es basiert auf dem handelsrechtlichen Gewinn, der um Regelungen des Einkommensteuerrechts (vor allem bilanzsteuerrechtliche Vorschriften, Regelungen zu steuerfreien Betriebseinnahmen und nicht abziehbaren Betriebsausgaben) und des Körperschaftsteuerrechts (verdeckte Gewinnausschüttungen und Einlagen, nicht abziehbare Aufwendungen, Steuerbefreiungen und Verlustabzug) modifiziert wird. Weil Kapitalgesellschaften nach dem Handelsgesetzbuch als „Kaufleute kraft Eintragung" gelten, sind sie nach dem HGB zur Buchführung verpflichtet. Über § 140 AO gilt diese Pflicht auch für das Steuerrecht, sodass die Besteuerungsgrundlage für die Körperschaft- und Gewerbesteuer im Regelfall auf der Basis einer Steuerbilanz ermittelt wird (sogenannter derivativer Betriebsvermögensvergleich nach § 5 Abs. 1 EStG).

Im Rahmen der Ertragsteuern sind aufgrund des Trennungsprinzips (Trennung zwischen der Ebene der Gesellschaft und der Ebene der Gesellschafter) die Kapitalgesellschaft und ihre Gesellschafter jeweils Steuersubjekte der Ertragsteuern. So ist der Jahresüberschuss einer kommunalen Muster-GmbH mit Sitz in Beispielscity unbeschränkt ertragsteuerpflichtig. Darüber hinaus unterliegen Gewinnausschüttungen an den Gesellschafter, z. B. an die Stadt Musterhausen als Alleingesellschafterin der Muster-GmbH, zusätzlich der Ertragsbesteuerung. Betriebswirtschaftlich betrachtet liegt eine doppelte Besteuerung des erwirtschafteten GmbH-Ergebnisses vor. Aus juristischer Sicht werden zwei eigenständige (getrennte) Steuersubjekte (Muster-GmbH und Alleingesellschafterin) erfasst und besteuert.

Das Trennungsprinzip bewirkt, dass schuldrechtlich angemessene Vertragsbeziehungen steuerlich anerkannt werden, wenn Vereinbarungen wie zwischen fremden Dritten getroffen wurden (Fremdvergleichs- oder Drittvergleichsgrundsatz). Vermietet die Stadt Musterhausen ein unbebautes Grundstück an die Muster-GmbH, hat der Mietvertrag den marktüblichen Bedingungen (wie zwischen fremden Dritten) zu entsprechen. In diesem Fall mindern die Mietaufwendungen das steuerpflichtige GmbH-Ergebnis. Der schuldrechtliche Vertrag (Mietvertrag) wird steuerlich anerkannt. Diese steuerliche Anerkennung zeigt sich im gewinnmindernden Abzug der Mietaufwendungen auf der Ebene der Muster-GmbH. Die von der Kapitalgesellschaft gezahlten Vergütungen mindern das steuerliche Ergebnis. Die Entgelte für Leistungen an einen Gesellschafter werden im Rahmen der sieben Einkunftsarten des Einkommensteuergesetzes (Gesellschafter ist natürliche Person) oder als gewerbliche Einkünfte im Rahmen des Körperschaftsteuerrechts (Gesellschafter ist juristische Person) steuerpflichtig.

Nur betrieblich veranlasste Vorgänge beeinflussen den Gewinn einer juristischen Person. Vom Einkommen können abziehbare Aufwendungen, wie Zuwendungen (Spenden und Mitgliedsbeiträge), berücksichtigt werden. Zu den nichtabziehbaren Aufwendungen nach § 10 KStG gehören Aufwendungen zur Erfüllung von Satzungszwecken bei Stiftungen und anderen Zweckvermögen; sie gehören zur Einkommensverwendung und sind daher nicht als Betriebsausgabe abzugsfähig.

Beispiel:
Die Satzung einer gemeinnützigen GmbH sieht vor, einen bestimmten Teil des Gewinns (10.000 Euro) einem anderen gemeinnützigen Zweck (städtischer Kindergarten) zuzuführen. Der Betrag von 10.000 Euro kann nach § 10 KStG nicht als Betriebsausgabe bei der GmbH geltend gemacht werden.

Außerdem dürfen bestimmte Steuerzahlungen das Einkommen nicht mindern und müssen dem Gewinn wieder hinzugerechnet werden. Hierzu gehören Steuern vom Einkommen, sonstige Personensteuern und die Umsatzsteuer auf nicht unternehmerisch veranlasste Wertabgaben. In einem Strafverfahren festgesetzte Geldstrafen und Leistungen zur Erfüllung von Auflagen sind ebenfalls nicht abzugsfähig. Auch die Hälfte der Aufsichtsratsvergütungen oder vergleichbare Vergütungen für die Überwachung der Geschäftsführung sind nicht als Betriebsausgabe abzugsfähig. Hiervon sind der Ersatz von Auslagen z. B. für Reisekosten und Sonderleistungen (z. B. für eine betriebswirtschaftliche Beratung) ausgenommen.

Die Körperschaftsteuer berechnet sich vereinfachend nach dem folgenden Schema. Einen Freibetrag gibt es für Eigengesellschaften nicht. Er wird nur bei Betrieben gewerblicher Art, bei Regiebetrieben, Eigenbetrieben oder Kommunalunternehmen, gewährt.

	Gewerblicher Gewinn der GmbH	§ 8 KStG
+	Modifikationen nach EStG, KStG	§§ 4 ff. EStG; §§ 7 ff. KStG
=	zu versteuerndes Einkommen	
×	Körperschaftsteuersatz: 15 %	§ 23 KStG
=	Körperschaftsteuer	
×	Solidaritätszuschlagsatz: 5,5 %	§§ 1, 3, 4 SolZ
=	Solidaritätszuschlag	

Das zu versteuernde Einkommen der Eigengesellschaft unterliegt bis 2027 einem Körperschaftsteuersatz in Höhe von 15 %, der von der Bemessungsgrundlage unabhängig ist. Der Steuersatz wird schrittweise bis 2032 auf 10 % gesenkt (vgl. hierzu Punkt 4.3 auf Seite 63). Auf die festgesetzte Körperschaftsteuer wird grundsätzlich ein Solidaritätszuschlag in Höhe von 5,5 % erhoben. Die Verlustverrechnung in einer GmbH erfolgt analog zum Betrieb gewerblicher Art mittels Verlustrücktrag bzw. Verlustvortrag nach § 10d EStG und § 8 Abs. 1 KStG (vgl. hierzu die Ausführungen zum Verlustabzug im Teil II und Aufgabe 8 im Teil III).

1.3 Verdeckte Gewinnausschüttungen und verdeckte Einlagen

Zur Ermittlung des körperschaftsteuerlichen Einkommens ist zwischen dem betrieblichen und gesellschaftsrechtlichen Bereich einer Kapitalgesellschaft zu unterscheiden. Verdeckte Gewinnausschüttungen und verdeckte Einlagen bewirken eine Erfassung des am Markt erzielten Einkommens einer Kapitalgesellschaft. Daher dürfen nur betrieblich veranlasste Vorgänge den Gewinn eines Unternehmens erhöhen. (Offene) Gewinnausschüttungen auf der Basis eines Gesellschafterbeschlusses gehören zur Einkommensverwendung; sie mindern nicht die ertragsteuerliche Bemessungsgrundlage. Dieser Grundsatz wird auch auf verdeckte Gewinnausschüttungen übertragen. Schuldrechtliche Vertragsbeziehungen zwischen Gesellschaft und Gesellschaftern werden zivilrechtlich und steuerlich anerkannt, soweit sie den Vereinbarungen entsprechen, die fremde Dritte miteinander vereinbart hätten (Fremdvergleichsgrundsatz). Körperschaftsteuerpflichtig ist allein die Einkommenserzielung; nicht dagegen die Einkommensverwendung (Gewinnverteilung); sie darf die steuerpflichtige Bemessungsgrundlage nicht mindern. Die Angemessenheitsprüfung stellt darauf ab, ob die schuldrechtlichen Vertragsbeziehungen ihre Ursache im gesellschaftsrechtlichen oder im betrieblichen Bereich haben. Angemessene Verträge gehören zum betrieblichen Bereich und sind Bestandteil der Gewinnermittlung (Einkommenserzielung). Unangemessene Vertragsbeziehungen gelten als gesellschaftsrechtlich verursacht und werden als Einkommensverwendung angesehen. Sie werden steuerlich nicht anerkannt und erhöhen als verdeckte Gewinnausschüttung das Einkommen der Kapitalgesellschaft.

Der Begriff der verdeckten Gewinnausschüttung ist gesetzlich nicht geregelt, sondern geht aus der Rechtsprechung (BFH-Urteil vom 22.02.1989 – I R 44/85, BStBl II 1989, S.475) und den Verwaltungsanweisungen hervor (vgl. R 8.5 KStR). Hiernach handelt es sich um eine Vermögensminderung oder verhinderte Vermögensmehrung auf Ebene der Kapitalgesellschaft, die durch das Gesellschaftsverhältnis veranlasst ist (1), sich auf die Höhe des Einkommens auswirkt (2) und in keinem Zusammenhang mit einer offenen Ausschüttung steht (3). Als Beurteilungsmaßstab gilt das Verhalten eines ordentlichen und gewissenhaften Geschäftsleiters (§93 Abs.1 S. 1 AktG und §43 Abs.1 GmbHG), d.h., Veranlassung durch das Gesellschaftsverhältnis liegt vor, wenn unter sonst gleichen Umständen einer Person, die nicht Gesellschafter (fremder Dritter) ist, der Vermögensvorteil nicht gewährt worden wäre. Die Angemessenheitsprüfung nach dem Fremdvergleichsgrundsatz erstreckt sich auf die Beurteilung der Höhe des vereinbarten Entgelts.

Die Rechtsfolge auf Gesellschaftsebene bewirkt eine Hinzurechnung der Erfolgsminderung beim Gewinn der Kapitalgesellschaft. Verdeckte Gewinnausschüttungen dürfen das Einkommen nicht mindern (vgl. §8 Abs.3 S. 2 KStG). Verdeckte Gewinnausschüttungen werden wie offene Gewinnausschüttungen behandelt; sie unterliegen der Körperschaft- und Kapitalertragsteuer sowie dem Solidaritätszuschlag.

Beispiel:
Die kommunale Muster-GmbH zahlt ihrem Fremdgeschäftsführer ein Jahresgrundgehalt in Höhe von 100.000 Euro. Branchenüblich und angemessen ist ein Geschäftsführergehalt von 80.000 Euro. Es liegt eine verdeckte Gewinnausschüttung in Höhe des unangemessenen Teils (20.000 Euro) vor. Im Bereich der Körperschaftsteuer einschließlich Solidaritätszuschlag ergeben sich die nachfolgenden Steuerwirkungen. Die Gewerbesteuer wird aus Vereinfachungsgründen vernachlässigt.

Voraussetzungen:

Merkmale der vGA	Beispiel:
Zuwendung eines Vorteils der GmbH an den Gesellschafter oder eine ihm nahestehende Person	Unangemessen höheres Gehalt als das branchenübliche Gehalt
Vermögensschmälerung bei GmbH (Vermögensminderung oder verhinderte Vermögensmehrung)	Gewinnminderung durch höhere Aufwandsverbuchung (+ 20.000 Euro)
Außerhalb der gesellschaftsrechtlichen Gewinnverteilung	Steht nicht im Zusammenhang mit einer offenen Gewinnausschüttung
Ursache im Gesellschaftsverhältnis	*Angemessener Teil: 80.000 Euro* – Betrieblich veranlasst – Einkommenserzielung *Unangemessener Teil: 20.000 Euro* – Gesellschaftsrechtlich veranlasst – Einkommensverwendung

Rechtsfolgen bei der kommunalen GmbH:
- Angemessener Teil = Personalaufwand (Betriebsausgabe): 80.000 Euro
- Unangemessener Teil = verdeckte Gewinnausschüttung: 20.000 Euro
- Erhöhung des zu versteuernden Einkommens um 20.000 Euro außerhalb der Steuerbilanz
- Körperschaftsteuerbelastung: 20.000 Euro × 15 % = 3.000 Euro
- Belastung mit Solidaritätszuschlag 3.000 Euro × 5,5 % = 165 Euro

Rechtsfolgen beim GmbH-Geschäftsführer:
- Angemessener Teil = Einkünfte aus nichtselbständiger Arbeit: 80.000 Euro
- Unangemessener Teil = Einkünfte aus Kapitalvermögen in Höhe der verdeckten Gewinnausschüttung (20.000 Euro abzüglich KSt und SolZ): 16.835 Euro
- Belastung mit Kapitalertragsteuer: 16.835 Euro × 25 % = 4.208,75 Euro und Solidaritätszuschlag: 4.208,75 × 5,5 % = 231,48 Euro

- Hinweis: Die Einkommensteuer ist mit der Kapitalertragsteuer abgegolten (daher auch die Bezeichnung „Abgeltungsteuer"). Eine weitere Anrechnung ist für Beteiligungen im Privatvermögen nicht möglich. Ist aber die Beteiligung Teil des Betriebsvermögens (Einzelunternehmen), sind 40 % steuerbefreit (§ 3 Nr. 40 EStG, Teileinkünfteverfahren). 60 % der Ausschüttung unterliegen der Einkommensteuer unter Anrechnung der Kapitalertragsteuer.

Neben den verdeckten Gewinnausschüttungen kann es auch zu verdeckten Einlagen kommen. Eine verdeckte Einlage liegt nach § 8 Abs. 3 S. 3 KStG vor, wenn ein Gesellschafter oder eine ihm nahestehende Person der Körperschaft außerhalb der gesellschaftsrechtlichen Einlagen einen einlagefähigen Vermögensvorteil zuwendet und diese Zuwendung durch das Gesellschaftsverhältnis veranlasst ist. Verdeckte Gewinnausschüttungen und verdeckte Einlagen haben den übereinstimmenden Zweck, den gesellschaftsrechtlichen Bereich vom betrieblichen Bereich zu trennen. Allerdings unterscheiden sie sich im Anwendungsbereich. Verdeckte Gewinnausschüttungen erfassen alle Zuwendungen von Vermögensvorteilen der Gesellschaft an ihre *Gesellschafter*; verdeckte Einlagen erfassen die Zuwendung von (bilanzierungsfähigen) Vermögensvorteilen der Gesellschafter an ihre *Gesellschaft*.

Verdeckte Einlagen dürfen sich nicht auf die Höhe des Einkommens der Empfängerkörperschaft auswirken. Hierdurch soll verhindert werden, dass gesellschaftsrechtlich veranlasste Mehrungen des Betriebsvermögens den Gewinn der Kapitalgesellschaft erhöhen. Der Begriff der verdeckten Einlage ist gesetzlich nicht geregelt. Sie ist nach R 8.9 KStR anzunehmen, wenn ein Gesellschafter (oder eine ihm nahestehende Person) der Kapitalgesellschaft außerhalb der gesellschaftsrechtlichen Einlagen einen einlagefähigen Vermögensvorteil zuwendet und diese Zuwendung durch das Gesellschaftsverhältnis veranlasst ist. Wurde der Steuerbilanzgewinn der Gesellschaft durch eine verdeckte Einlage erhöht, ist sie außerbilanziell bei der Ermittlung des Einkommens abzuziehen. Auf Ebene des Gesellschafters führt die verdeckte Einlage zu nachträglichen Anschaffungskosten auf die Beteiligung an dieser Gesellschaft.

Voraussetzung für die Annahme einer verdeckten Einlage ist, dass die Zuwendung des Gesellschafters an die Gesellschaft durch das Gesellschaftsverhältnis veranlasst ist. Gegenstand einer verdeckten Einlage kann stets nur ein aus Sicht der Gesellschaft bilanzierungsfähiger Vermögensvorteil sein; demnach muss er zu einer Erhöhung eines Aktivpostens oder Verminderung (Wegfall) eines Passivpostens geführt haben. Die verdeckte Einlage wird mit dem Teilwert bewertet. Dagegen kann die Überlassung von Wirtschaftsgütern zum Gebrauch oder zur Nutzung nicht zu einer verdeckten Einlage führen, weil Nutzungsvorteile nicht bilanzierungsfähig sind. Zu den nicht einlagefähigen Nutzungsvorteilen gehören z. B. die Erbringung einer ganz oder teilweise unentgeltlichen Dienstleistung des Gesellschafters gegenüber der Gesellschaft sowie die unentgeltliche oder verbilligte Gebrauchs- oder Nutzungsüberlassung eines Wirtschaftsgutes.

Beispiel:
Die Stadt Musterhausen ist Alleingesellschafterin der Stadtwerke-GmbH und veräußert der GmbH einen neuen PKW zum Vorzugspreis von 5.000 Euro. Der PKW wurde bisher im hoheitlichen Bereich der Stadtreinigung eingesetzt und in der Haushaltsrechnung mit einem Buchwert von 10.000 Euro erfasst. Das Fahrzeug hat einen aktuellen Marktwert (Teilwert) von 8.000 Euro. Das Wirtschaftsgut ist ein einlagefähiger Vorteil und erhöht das Aktivvermögen der GmbH. Ursächlich für die Vermögensmehrung ist das Gesellschaftsverhältnis zwischen der Stadt und der GmbH. Ein Nichtgesellschafter hätte bei Anwendung der Sorgfalt eines ordentlichen Kaufmanns der GmbH diesen Vermögensvorteil nicht eingeräumt. Weil die Stadt als Gesellschafterin das Fahrzeug unter dem Teilwert an die GmbH veräußert, liegt eine verdeckte Einlage vor. Diese Grundsätze gelten auch im Verhältnis der Stadt zu ihren Betrieben gewerblicher Art. Demnach wäre eine verdeckte Einlage anzunehmen, wenn die Stadt den PKW unter dem Teilwert an ihren Betrieb gewerblicher Art „Stadtwerke“ veräußert hätte.

Eine Einlage liegt u.a. vor, wenn ein Wirtschaftsgut aus dem nichtbetrieblichen Bereich in den betrieblichen Bereich desselben Steuerpflichtigen überführt wird. Sie kann bei einer juristischen Person des öffentlichen Rechts aber auch bei ideellen Vereinen vorliegen.

1.4 Spartenrechnung und Dauerverlustgeschäfte

Neben den unangemessen vereinbarten, schuldrechtlichen Verträgen kann auch die Zusammenfassung von positiven und negativen Einkünften einer Eigengesellschaft zu einer verdeckten Gewinnausschüttung führen, z.B. bei einem dauerhaft defizitären Verkehrs- oder Bäderbetrieb in der Rechtsform einer kommunalen GmbH ohne Verlustausgleich und ohne einen angemessenen Gewinnaufschlag durch die Trägerkörperschaft als Alleingesellschafterin.

In Ausnahmefällen ist es zulässig, defizitäre Tätigkeiten im Rahmen einer kommunalen GmbH auszuüben und/oder die Ergebnisse aus defizitären Bereichen mit gewinnträchtigen Bereichen innerhalb der GmbH zu verrechnen, ohne dass es zu einer verdeckten Gewinnausschüttung kommt. Das gilt für den sogenannten „steuerlichen Querverbund“ im Zusammenhang mit Dauerverlustgeschäften gem. § 8 Abs. 7 und 9 KStG. In der Praxis erfolgen kommunale, wirtschaftliche Tätigkeiten oft nur kostendeckend oder führen dauerhaft zu einem Verlust. Daher ist die Ausnahmeregelung sinnvoll und verhindert, dass defizitäre Tätigkeiten, die im Rahmen einer GmbH ausgeübt werden, zu einer verdeckten Gewinnausschüttung und damit zu einer höheren Ertragsteuerbelastung führen.

Für eine kommunale GmbH mit mehreren wirtschaftlichen Tätigkeiten, die sowohl gewinn- als auch verlustorientiert erfolgen, ist eine Spartentrennungsrechnung bzw. Spartenrechnung durchzuführen (vgl. Schaukasten 1). Die Spartentrennung ist mit einem nicht unerheblichen verwaltungstechnischen Aufwand verbunden. Hierdurch ergeben sich neue Regeln für die Zusammenfassung von wirtschaftlichen Tätigkeiten und für die Verrechnung von Verlusten der GmbH. Die Spartenrechnung unterscheidet drei wesentliche Gruppen von Dauerverlustgeschäften: a) Hoheitliche Dauerverluste; b) Dauerverluste aus zusammenfassbaren Tätigkeiten sowie begünstigte, aber nicht zusammenfassbare Dauerverlustgeschäfte und nicht begünstigte Dauerverlustgeschäfte sowie c) übrige Tätigkeiten außerhalb des Dauerverlustbereichs, die im Ergebnis zu einem Gewinn führen. Innerhalb der einzelnen Sparten ist ein Verlustabzug möglich; eine spartenübergreifende Verlustverrechnung ist jedoch ausgeschlossen.

Schaukasten 1: Muster der Spartenrechnung nach § 8 Abs. 9 KStG

Sparte 1: Hoheitsbetriebe mit Dauerverlustgeschäften
Hierzu gehören ausschließlich Dauerverlustgeschäfte, die sich aus defizitären hoheitlichen Tätigkeiten ergeben. In dieser Sparte werden ausschließlich Tätigkeiten erfasst, die bei einer jPöR zu hoheitlichen Tätigkeiten gehören.

Sparte 2: Dauerverlustgeschäfte
2a) Zusammenfassbare Tätigkeiten nach § 4 Abs. 6 KStG
Hierzu gehören:
Zusammenfassbare, gleichartige Betriebe (§ 4 Abs. 6 S. 1 Nr. KStG)
Enge wechselseitige technisch-wirtschaftliche Verflechtungen (§ 4 Abs. 6 S. 1 Nr. 2 KStG)
Zusammenfassbare Versorger-Tätigkeiten (§ 4 Abs. 6 S. 1 Nr. 3 KStG)
2b) Begünstigte Dauerverlustgeschäfte
Steuerlich begünstigte, defizitäre Tätigkeiten aus verkehrs-, umwelt-, sozial-, kultur- bildungs- oder gesundheitspolitischen Gründen. Ein begünstigtes Dauerverlustgeschäft liegt vor, soweit aus den genannten politischen Gründen eine wirtschaftliche Betätigung ohne kostendeckendes Entgelt unterhalten wird und dauerhaft defizitär tätig ist.
2c) Nicht begünstigte Dauerverlustgeschäfte
Verlustgeschäfte, die überwiegend aus touristischen Gründen betrieben werden (z. B. Freizeitparks). Nicht begünstigte Dauerverlustgeschäfte (Verluste) werden zu einer verdeckten Gewinnausausschüttung umqualifiziert (§ 8 Abs. 3 KStG).

Sparte 3: Alle übrigen Tätigkeiten außerhalb eines Dauerverlustgeschäftes
Hierzu gehören ausschließlich Gewinntätigkeiten (auch aus hoheitlichen Tätigkeiten).

Ergebnis: Steuerpflichtiger Gewinn der GmbH

(Quelle: Eigene Darstellung)

Im Kern geht es um Dauerverlustgeschäfte. Hierbei handelt es sich um eine wirtschaftliche Tätigkeit bei der öffentlichen Aufgabenerfüllung, die aus verkehrs-, umwelt-, sozial-, kultur-, bildungs- oder gesundheitspolitischen Gründen ohne kostendeckendes Entgelt angeboten wird oder zu einem Hoheitsbetrieb der öffentlichen Hand gehört. Gewinne, die aus einer Betriebsaufgabe oder Veräußerung stammen, sind bei der Beurteilung als Dauerverlustgeschäft nicht einzubeziehen. Nach §8 Abs. 7 S. 2 KStG sind folgende wirtschaftlich-defizitäre Spartenbereiche (Dauerverlustgeschäfte) steuerlich begünstigt:

- *Verkehrssparte:* Flughäfen, Hafenbetriebe, Fährbetriebe, öffentlicher Personennahverkehr sowie Schienen- und Güterverkehr, Parkhäuser, Tiefgaragen
- *Umweltsparte:* Abfall- und Gewerbemüllentsorger, Mülldeponien, Abwasserbeseitigung, Photovoltaikanlagen
- *Sozialsparte:* Kindergärten, Kindertageseinrichtungen, Jugend- und Erwachsenenhilfen, Senioreneinrichtungen, Begegnungsstätten, Frauenhäuser
- *Kultursparte:* Bibliotheken, Büchereien, Archive, Kinos, Opernhäuser, Theater, Museen, Tierparks, Zoologische Gärten, kulturelle Ausstellungen
- *Bildungsparte:* Schulen, Volkshochschulen
- *Gesundheitsparte:* Krankenhäuser, Kurbetriebe, Schwimmbäder, Sportanlagen

Die Aufzählung ist beispielhaft und führt zu Interpretationsspielräumen. Offen bleibt, ob Pausenverkaufsstellen in Schulen, Tierheime, Krematorien, Gartenschauen, Messen, Märkte oder Baudenkmäler dazu gehören. Nicht eindeutig geregelt ist die Zuordnung von Stadthallen, Mehrzweckhallen, Gemeinschafts- und Bürgerhäusern sowie Technologiezentren. Von der Begünstigung ausgeschlossen sind die Überlassung von Multifunktionshallen, der Bereich des Beherbergungs-, Hotel- und Gaststättengewerbes sowie die Wirtschaftsförderung.

Die Grundsätze der verdeckten Gewinnausschüttung werden auch auf die Betriebe gewerblicher Art übertragen, weil sie steuerlich als selbständige Kapitalgesellschaften (Fiktion, „virtuelle Körperschaften") gelten. Die steuerliche Behandlung dauerdefizitärer Betriebe gewerblicher Art wurde nach einem Urteil des Bundesfinanzhofes (BFH-Urteil vom 22.08.2007 – I R 32/06, BStBl II 2007, S. 961) in Frage gestellt. Demnach wären zusammengefasste Betriebe gewerblicher Art, die Gewinne und Verluste erwirtschaften, steuerlich wirkungslos, weil die verdeckte Gewinnausschüttung außerbilanziell dem Ergebnis hinzugerechnet wird und zu einer steuerlichen (Mehr-)Belastung führen kann. Dieser „steuerliche Querverbund" ist in der Praxis vor allem bei der Zusammenfassung von Bädern (Hallenschwimmbad und Freibad) oder Kindergärten üblich. Die Umqualifizierung der erlittenen Verluste in eine verdeckte Gewinnausschüttung bewirkt, dass die Kommune trotz Verlusterzielung eine Ertragsteuer zu zahlen ist, (sogenannte „Bädersteuer" oder „Kindergartensteuer"). Daher hat der Gesetzgeber für bestimmte Verlustbetriebe eine Ausnahmeregelung in §8 Abs. 8 KStG für BgA geschaffen, die analog zur Spartenrechnung einer kommunalen GmbH erfolgt (§8 Abs. 9 KStG). Sollte die Finanzverwaltung für die nicht begünstigten Verlustbereiche eines Betriebs gewerblicher Art doch eine verdeckte Gewinnausschüttung annehmen, ist die Führung eines steuerlichen Einlagekontos nach §27 KStG als steuerliches Gestaltungsinstrument ratsam, um steuerliche Mehrbelastungen infolge der verdeckten Gewinnausschüttung zu vermeiden.

1.5 Beschränkung der Fremdfinanzierungsaufwendungen

Kapitalgesellschaften werden mit Eigen- und Fremdkapital ausgestattet. Hierbei ist zu beachten, dass der Abzug von Fremdkapitalzinsen eines Betriebes nach § 4h EStG beschränkt ist. Im Zuge der sogenannten Zinsschranke wird angestrebt, Gestaltungen, die eine hohe Fremdkapitalquote aus Steuerersparnisgründen aufweisen, und Gewinnverlagerungen in niedrig besteuerte Gebiete zu verhindern. Von dieser Regelung sind auch kommunale Gesellschaften betroffen, sofern sie mit Fremdkapital finanziert werden und der Zinsaufwand des jeweiligen Betriebes nach Abzug der Zinserträge die Freigrenze von 3 Mio. Euro übersteigt.

Ausgangsgröße für die Berechnung der Zinsschranke ist der steuerpflichtige Gewinn vor Abzug der Zinsaufwendungen und Abschreibungen einschließlich der Aufwandsverrechnung für geringwertige Wirtschaftsgüter (auch steuerliches „EBITDA" genannt), der sich wie folgt ermittelt:

Steuerpflichtiger Gewinn vor Abzug der Ertragsteuern
\+ (Zinsaufwendungen – Zinserträge)
\+ planmäßige Abschreibungen
\+ Aufwendungen für geringwertige Wirtschaftsgüter

= EBITDA
(**E**arnings **B**efore **I**nterests, **T**axes, **D**epreciation and **A**mortisation)

Der nicht abzugsfähige Zinsaufwand kann als Zinsvortrag in die Folgejahre übertragen werden.

Beispiel:
An der unbeschränkt steuerpflichtigen Stadtwerke-GmbH ist die Stadt Mustercity zu 100 % beteiligt. Die GmbH erzielt im Wirtschaftsjahr t_1 Umsatzerlöse in Höhe von 28 Mio. Euro. Aus der handelsrechtlichen Gewinn- und Verlustrechnung ergeben sich folgende Aufwandspositionen:

- Material- und Personalaufwendungen: 15 Mio. Euro
- Planmäßige Abschreibungen: 8 Mio. Euro
- Zinsaufwendungen aus einer Darlehensaufnahme bei der städtischen Sparkasse: 7 Mio. Euro.

Außerdem erzielt die GmbH aus einer Kapitalanlage Zinserträge in Höhe von 2 Mio. Euro. Der Jahresüberschuss weist einen Betrag von 0 Euro auf. Geringwertige Wirtschaftsgüter liegen nicht vor. Die Ausnahmeregelungen des § 4h Abs. 2 S. 1 Buchst. b und c EStG sind aus Vereinfachungsgründen nicht anzuwenden.

Bei der Untersuchung der Auswirkungen der Zinsschranke auf die Stadtwerke-GmbH ergeben sich folgende Fragen: In welchem Umfang kann die GmbH von den ausgewiesenen Zinsaufwendungen in Höhe von 7 Mio. Euro einen steuerlichen Betriebsausgabenabzug vornehmen? Welche Folgen ergeben sich für den steuerpflichtigen Gewinn im Jahr t_1? Der Gewerbesteuerhebesatz beträgt 400 %.

1. Im vorliegenden Grundfall ist zunächst der steuerpflichtige Gewinn (EBITDA) zu ermitteln:

Steuerpflichtiger Gewinn vor Abzug der Ertragsteuern: 0 Euro

+ (Zinsaufwendungen: 7 Mio. Euro – Zinserträge: 2 Mio. Euro =) 5 Mio. Euro
+ planmäßige Abschreibungen: 8 Mio. Euro
+ Aufwendungen für geringwertige Wirtschaftsgüter: 0 Euro

= **EBITDA: 13 Mio. Euro**

Die Freigrenze in Höhe von 3 Mio. Euro bewirkt, dass die Regelungen der Zinsschranke nicht angewandt werden. In diesem Fall ist die Ausnahmeregelung gem. § 4h Abs. 2 S. 1 Buchst. a EStG nicht anzuwenden, weil der Zinssaldo (Zinsaufwand abzüglich Zinsertrag) in Höhe von 5 Mio. Euro die Freigrenze überschreitet und dadurch die Zinsschranke nach § 4h EStG angewandt wird.

Der für die Berechnung der Zinsschranke maßgebliche Gewinn (EBITDA) beträgt laut Berechnungsschema 13 Mio. Euro. Hiervon kann das Unternehmen maximal 30 % als Zinsaufwand verrechnen (30 % × EBITDA; Zinsschranke).

Der verrechenbare Zinsaufwand beträgt (30 % × 13 Mio. Euro =) 3,9 Mio. Euro zuzüglich der tatsächlichen Zinserträge in Höhe von 2 Mio. Euro. Der maximale und steuerlich zulässige Zinsabzug beträgt demnach insgesamt 5,9 Mio. Euro. Er setzt sich zusammen aus dem verrechenbaren Zinsaufwand (3,9 Mio. Euro) und den tatsächlichen Zinserträgen (2 Mio. Euro).

Ergebnis: Die Stadtwerke-GmbH kann im Jahr t_1 im Bereich der Fremdkapitalzinsen einen Betriebsausgabenabzug in Höhe von **5,9 Mio. Euro** vornehmen. Die nicht abziehbaren Zinsaufwendungen in Höhe von 1,1 Mio. Euro (Differenz zwischen 7 Mio. Euro und 5,9 Mio. Euro) können auf die zukünftigen Wirtschaftsjahre vorgetragen werden.

2. Die Anwendung der Zinsschranke hat auch Auswirkungen auf die Gewinnermittlung und Besteuerung der Kapitalgesellschaft. Es ist aufgrund der Begrenzung der Fremdkapitalaufwendungen ein „modifizierter" steuerpflichtiger Gewinn zu ermitteln:

Umsatzerlöse: 28 Mio. Euro

– Material- und Personalaufwand: 15 Mio. Euro
– planmäßige Abschreibungen: 8 Mio. Euro
– Zinsaufwendungen: 5,9 Mio. Euro
+ Zinserträge: 2 Mio. Euro

= steuerpflichtiger Gewinn t_1: 1,1 Mio. Euro

Obwohl die GmbH auf Grund des tatsächlichen Gewinnausweises von 0 Euro nicht mit Ertragsteuern belastet wäre, löst die Zinsschranke einen „neuen" steuerpflichtigen Gewinn aus, der eine Gewerbesteuerbelastung von 154.000 Euro (1,1 Mio. Euro × 3,5 % × 400 %), eine Körperschaftsteuerbelastung von 165.000 Euro (1,1 Mio. Euro × 15 %) und einen Solidaritätszuschlag von 9.075 Euro (165.000 Euro × 5,5 %) bewirkt. Insgesamt wird die GmbH mit 328.075 Euro belastet.

Die Zinsschranke ist nicht anwendbar, wenn ein Betrieb nicht oder nur anteilsmäßig zu einem Konzern gehört („Konzernklausel", § 4h Abs. 2 S. 1 Buchst. b EStG). Die Konzernzugehörigkeit liegt vor, wenn ein Betrieb nach den IFRS, HGB oder US-GAAP mit einem oder mehreren Betrieben konsolidiert wird oder konsolidiert werden könnte (erweiterter Konzernbegriff) oder wenn die Finanz- und Geschäftspolitik eines Konzerns mit einem oder mehreren Betrieben einheitlich bestimmt wird. Anteilsmäßig bedeutet eine gesellschaftsrechtliche Beteiligung, die sich betragsmäßig an die Vorgaben der Konzernrechnungslegung für die Vollkonsolidierung oder Quotenkonsolidierung anlehnt. Organgesellschaft und Organträger werden als ein Betrieb i. S. d. § 4h EStG gewertet. Juristische Personen des öffentlichen Rechts bilden mit ihren Betrieben gewerblicher Art und ihren Beteiligungen zu anderen Unternehmen keinen Gleichordnungskonzern. Die Zinsschranke ist nicht anwendbar, wenn die Eigenkapitalquote des Betriebs am Schluss des vorangegangenen Wirtschaftsjahres gleich hoch oder höher war als die des Konzerns (Nachweis über konzerntypische Finanzierungsstruktur, „Escape-Klausel" gemäß § 4h Abs. 2 S. 1 Buchst. c EStG).

1.6 Körperschaftsteuersystem und Gewinnverwendung

Bei der Besteuerung einer GmbH, an der die Kommune zu 100 % beteiligt ist, sind zwei steuerpflichtige Ebenen nach dem Trennungsprinzip zu unterscheiden: Die Ebene der Gesellschaft und die Ebene der Gesellschafter. Die Gesellschaft wird als eigenständiges Steuersubjekt der Körperschaftsteuer, dem Solidaritätszuschlag und der Gewerbesteuer unterworfen. Diese Ertragsteuerbelastung kann nicht angerechnet werden und ist nach steuerrechtlichem Verständnis „definitiv". Nach Abzug der Ertragsteuern kann der erwirtschaftete (Netto-)Gewinn auf Beschluss der Gesellschafterversammlung einbehalten (thesauriert) oder ausgeschüttet werden. Im Thesaurierungsfall bleibt es bei der Steuerbelastung auf Gesellschaftsebene. Im Ausschüttungsfall muss die GmbH auf Rechnung des Gesellschafters eine Kapitalertragsteuer zuzüglich des Solidaritätszuschlags ermitteln, einbehalten und an das Finanzamt abführen. Sie kann jedoch für Betriebsvermögensanteile auf die Körperschaft- oder Einkommensteuer des Gesellschafters angerechnet werden. Im Ausschüttungsfall ergibt sich die Steuerbelastung für Beteiligungserträge (Dividenden) in Abhängigkeit von der Person des Gesellschafters (natürliche oder juristische Person) und der Zuordnung der Beteiligung zum Betriebsvermögen oder Privatvermögen.

Das deutsche Körperschaftsteuersystem ist als Shareholder-Relief-System ausgestaltet. Weil mit der Besteuerung der Dividende beim Gesellschafter das wirtschaftliche Ergebnis der GmbH noch einmal besteuert wird, erfolgt eine Milderung der Doppelbelastung auf Gesellschafterebene (vgl. Tabelle 17).

Tabelle 17: Abmilderung der Doppelbesteuerung im Ausschüttungsfall

Gesellschafter	Zuordnung	Steuerfolgen
Juristische Person (X-GmbH)	**Betriebsvermögen**	Freistellung der Dividende zu **95 %** und **5 %** steuerpflichtige Einkünfte aus Gewerbebetrieb (§ 8b Abs. 1 und 5 KStG), wenn die Beteiligungsquote mindestens 10 % beträgt (§ 8b Abs. 4 KStG). Anrechnung der Kapitalertragsteuer auf die Körperschaftsteuer (§ 36 Abs. 2 EStG)
Natürliche Person (Einzelunternehmer)	**Betriebsvermögen**	Freistellung der Dividende zu **40 %** (§ 3 Nr. 40 EStG) und **60 %** steuerpflichtige Einkünfte aus Gewerbebetrieb. Anrechnung der Kapitalertragsteuer auf die Einkommensteuer (§ 36 Abs. 2 EStG)
Natürliche Person (Privatperson)	**Privatvermögen**	**100 %** steuerpflichtige Einkünfte aus Kapitalvermögen und Erhebung der Kapitalertragsteuer auf Dividende in Höhe von 25 % (ohne weitere Anrechnungsmöglichkeit)

(Quelle: Eigene Darstellung)

Für Beteiligungserträge im Betriebsvermögen einer natürlichen Person gilt das Teileinkünfteverfahren, das zu einer Abmilderung der Doppelbesteuerung führt, weil 40 % der Beteiligungserträge von der Besteuerung ausgenommen sind. Im Ergebnis werden Teile der betrieblichen Bemessungsgrundlage freigestellt (bei juristischen Personen 95 %, bei natürlichen Personen 40 %); außerdem kann die von der Gesellschaft im Namen des Gesellschafters abgeführte Kapitalertragsteuer (Abgeltungsteuer) nach § 36 Abs. 2 Nr. 2 EStG auf die Einkommen- oder Körperschaftsteuer des Gesellschafters angerechnet werden, wenn die Beteiligung dem Betriebsvermögen zugeordnet wurde.

Für Ausschüttungen an Kommunen als Gesellschafter der GmbH sind Sonderregelungen vorgesehen. Es kommt jedoch für die Steuerbelastung darauf an, ob die Beteiligung im hoheitlichen Bereich, im Rahmen eines Betriebs gewerblicher Art oder aber von einer anderen kommunalen Eigengesellschaft gehalten wird. Das Halten einer GmbH-Beteiligung wird der Vermögensverwaltung nach § 14 AO zugeordnet, wenn die Beteiligung nur als Kapitalanlage dient und die Kommune keinen wesentlichen Einfluss auf die Geschäftsführung ausübt. Diese Voraussetzung kann im Regelfall nur bei einer Beteiligungsgesellschaft vorliegen, wenn sich die Kommune zu einem geringeren Anteil an der Gesellschaft beteiligt. Allerdings unterliegen die Gewinnausschüttungen der GmbH an die Kommune als Gesellschafterin dem Kapitalertragsteuerabzug in Höhe von 15 %, auch wenn die Beteiligung im Hoheitsbereich gehalten wird. Stellt dagegen die Beteiligung selbst einen Betrieb gewerblicher Art dar, weil die Kommune über die Beteiligungsquote einen wesentlichen Einfluss auf die Geschäftsführung der GmbH ausübt oder wird die Beteiligung im Rahmen eines Betriebs gewerblicher Art ohne eigene Rechtspersönlichkeit gehalten, führen die Beteiligungserträge (Dividenden) zu steuerpflichtigen Einkünften.

Wird die Beteiligung von einer anderen kommunalen Eigengesellschaft gehalten, sind Beteiligungserträge als Einkünfte aus Gewerbebetrieb zunächst nach § 8b Abs. 1 KStG zu 100 % steuerbefreit, werden aber in Höhe von 5 % der steuerfreien Dividende als nicht abzugsfähige Betriebsausgaben umqualifiziert (§ 8b Abs. 5 KStG). Die Vergünstigung („Schachtelprivileg") gilt nur für Beteiligungsquoten von mindestens 10 % an der Kapitalgesellschaft (§ 8b Abs. 4 KStG). Darüber hinaus können jedoch Refinanzierungskosten, die mit dem Erwerb oder der Unterhaltung der Beteiligung in einem wirtschaftlichen Zusammenhang stehen, als Betriebsausgaben abgezogen werden.

Die nachfolgende Berechnung verdeutlicht noch einmal die Zusammenhänge der beiden Ebenen für einen Gewinn in Höhe von 60.000 Euro (Gewerbesteuerhebesatz 400 %). An der X-GmbH mit Sitz in Hannover ist die kommunale Eigengesellschaft (E-AG) zu 100 % beteiligt (Vollausschüttungsfall):

1. Ebene der Kapitalgesellschaft (X-GmbH):

	Steuerpflichtiger Gewinn	60.000,00
–	Gewerbesteuer (14 % des Gewinns)	8.400,00
–	Körperschaftsteuer (15 % des Gewinns)	9.000,00
–	Solidaritätszuschlag (5,5 % der Körperschaftsteuer)	495,00
=	verwendbarer Gewinn nach Steuern	42.105,00
=	Ausschüttungsbetrag (Bruttobardividende)	42.105,00
–	Kapitalertragsteuer (25 % der Bruttobardividende)	10.526,25
–	Solidaritätszuschlag (5,5 % der Kapitalertragsteuer)	578,94
=	Auszahlungsbetrag (Nettobardividende)	30.999,81

2. Ebene der Gesellschafter (E-AG):

Bruttobardividende	42.105,00
Davon steuerfrei (100 %; § 8b Abs. 1 KStG)	42.105,00
Davon 5 % Umqualifikation (§ 8b Abs. 5 KStG)	2.105,25
= steuerpflichtige Dividende	2.105,25
Gewerbesteuer (14 % der Dividende)	294,74
Körperschaftsteuer (15 % der Dividende)	315,78
Solidaritätszuschlag (5,5 % der Körperschaftsteuer)	17,37
= *Summe* der Ertragsteuern auf Dividende:	= 627,89
– anrechenbare Kapitalertragsteuer (§ 36 Abs. 2 EStG)	10.526,25
– anrechenbarer Solidaritätszuschlag	578,94
= Steuererstattung	= – 10.447,30

Die X-GmbH unterliegt mit ihrem Gewinn einer Ertragsteuerbelastung von insgesamt *17.895 Euro* (8.400 Euro + 9.000 Euro + 495 Euro). Damit ergibt sich eine Durchschnittsbelastung für die Kapitalgesellschaft in Höhe von 29,825 % (Summe Ertragsteuern / Bemessungsgrundlage × 100 = 17.895 Euro / 60.000 Euro × 100). Diese Steuerbelastung ergibt sich, wenn der Gewinn einbehalten wird (sog. Thesaurierungsbelastung).

Der Ausschüttungsbeschluss der Gesellschafterversammlung löst eine Kapitalertragsteuerpflicht aus. Die X-GmbH ist verpflichtet, im Namen und auf Rechnung der Gesellschafter (hier: E-AG) diese Steuer zu ermitteln, einzubehalten und abzuführen. Auf den X-GmbH-Gewinn nach Steuern (42.105 Euro) wird eine Kapitalertragsteuer (10.526,25 Euro) zuzüglich Solidaritätszuschlag (578,94 Euro) ermittelt. Der sich hieraus ergebende Gesamtbetrag von *11.105,19 Euro* wird auch als Sicherungssteuer bezeichnet, weil unabhängig von der Gesellschafterstruktur (ausländische Gesellschafter) der Fiskus die Steuereinnahmen erhält.

Bei Gesellschaftern als juristische Person wird die Gewinnausschüttung bei der kommunalen E-AG zu 95 % von den Ertragsteuern freigestellt (§ 8b Abs. 1 und 5 KStG sowie § 8 Nr. 5 und § 9 Nr. 2a GewStG). Die 95 %ige Körperschaftsteuerfreistellung (auch Schachtelprivileg genannt) erfolgt allerdings nur, wenn die E-AG unmittelbar mindestens zu 10 % am Grund- oder Stammkapital der X-GmbH beteiligt ist (§ 8b Abs. 4 KStG); für die Gewerbesteuerfreistellung ist eine Beteiligungsquote von mindestens 15 % zu beachten (§ 9 Nr. 2a GewStG). Auf den verbleibenden, steuerpflichtigen Dividendenanteil (2.105,25 Euro) wird eine Ertragsteuerbelastung von *627,89 Euro* erhoben. Da die Beteiligung im Betriebsvermögen gehalten wird, kann die zuvor erhobene Kapitalertragsteuer zzgl. Solidaritätszuschlag angerechnet werden, sodass es zu einer Erstattung der Steuer in

Höhe von *10.447,30 Euro* kommt (§ 44b EStG). In der Praxis verbleibt der Steuerabzug an der Quelle nach den Bedingungen des § 44a Abs. 4 EStG nach Vorlage einer Bescheinigung des Sitzfinanzamtes über die juristische Person des öffentlichen Rechts an die ausschüttende Gesellschaft.

2. Gewerbe- und Grundsteuerpflicht einer GmbH

Kapitalgesellschaften unterhalten unabhängig von der Art der Betätigung einen Gewerbebetrieb (Gewerbebetrieb kraft Rechtsform; § 2 Abs. 2 GewStG). Die GmbH ist als Kaufmann kraft Eintragung stets ein Gewerbebetrieb und damit grundsätzlich auch gewerbesteuerpflichtig. Zur Berechnung des Gewerbeertrages der Kapitalgesellschaft ist die Ausgangsgröße „körperschaftsteuerliches Einkommen" durch die gewerbesteuerlichen Modifikationen zu korrigieren. Angemessene schuldrechtliche Vertragsbeziehungen zwischen Kapitalgesellschaft und Gesellschaftern werden auf Grund des Trennungsprinzips steuerlich anerkannt und können die Ausgangsgröße für Zwecke der Körperschaftsteuer, aber auch für die Gewerbesteuer vermindern. Im Übrigen sind die gewerbesteuerlichen Vorschriften zum Betrieb gewerblicher Art auch für die GmbH anzuwenden (vgl. Ausführungen zur Gewerbesteuer im Teil II). Das nachfolgende Schema zeigt die Ermittlung der Gewerbesteuer in stark vereinfachender Form.

Gewerblicher Gewinn nach KStG	§ 7 GewStG
+ Hinzurechnungen	§ 8 GewStG
– Kürzungen	§ 9 GewStG
= Gewerbeertrag vor Rundung	
Rundung auf volle 100 Euro	§ 11 GewStG
= Bereinigter Gewerbeertrag	
× Steuermesszahl (3,5 %)	§ 11 GewStG
= Steuermessbetrag	§ 14 GewStG
× Hebesatz der Gemeinde	§ 16 GewStG
= Gewerbesteuer	

Es entspricht der Vorgehensweise wie auch bei einer wirtschaftlichen Tätigkeit in der Rechtsform eines Regie- oder Eigenbetriebes. Allerdings entfällt der Freibetrag von 5.000 Euro für Eigengesellschaften (vgl. § 11 Abs. 1 S. 3 Nr. 2 GewStG mit Hinweis auf Gewerbebetriebe gem. § 2 Abs. 3 GewStG).

Kapitalgesellschaften, die zivilrechtlicher Eigentümer eines inländischen Grundbesitzes sind, unterliegen der Grundsteuerpflicht. Zum Grundbesitz einer kommunalen GmbH können sowohl Betriebe der Land- und Forstwirtschaft als auch Betriebsgrundstücke gehören. Darüber hinaus kann der Grundbesitz auch von der Grundsteuer befreit sein, insbesondere dem öffentlichen Verkehr dienende Straßen, Wege und Plätze oder der zu wissenschaftlichen, unterrichtenden oder erziehenden Zwecken genutzte Grundbesitz. Bemessungsgrundlage der Grundsteuer ist der Grundsteuerwert des Grundbesitzes. Der Steuersatz der Grundsteuer besteht aus einer Kombination aus Steuermesszahl und Hebesatz. Die Grundsteuer ist als Betriebsausgabe sowohl bei der Körperschaftsteuer als auch bei der Gewerbesteuer abzugsfähig (§ 8 Abs. 1 KStG, § 4 Abs. 4 EStG und § 7 GewStG). Im Übrigen sind die grundsteuerlichen Vorschriften zum Betrieb gewerblicher Art auch für die GmbH anzuwenden (vgl. Ausführungen zur Grundsteuer in Teil II).

3. Gestaltungsalternativen in Verbindung mit Eigengesellschaften

3.1 Kommunale Betriebsaufspaltung

Im Einzelfall kann es im Rahmen einer Vermietung und Verpachtung von unbeweglichem Vermögen auch zu einer „Betriebsaufspaltung" (Doppelgesellschaft) kommen. Hierbei liegt keine eigenständige Rechtsform vor, sondern eine nicht kodifizierte steuerliche Konstruktion bei der Trennung des laufenden Betriebes von der Verwaltung des betriebsnotwendigen Vermögens. Die Steuergesetze enthalten weder eine Legaldefinition, noch gibt es gesonderte Regelungen zur Betriebsaufspaltung. Vielmehr ging dieses Rechtsinstitut aus der Rechtsprechung hervor. Die typische Betriebsaufspaltung entsteht, indem aus einer bestehenden Besitzgesellschaft wesentliche Betriebsgrundlagen (vor allem Grundstücke und Bürogebäude) mittels Miet- oder Pachtvertrag auf eine (neue) Betriebsgesellschaft übertragen werden, die der Besitzgesellschaft ein Entgelt für die Vermietung oder Verpachtung zahlt. Rechtlicher Eigentümer der Betriebsgrundlagen bleibt aber weiterhin die Besitzgesellschaft. Darüber hinaus erhält die Betriebsgesellschaft häufig das Umlaufvermögen durch ein Sachwertdarlehen, eine Sacheinlage oder durch Kauf.

Die größte praktische Bedeutung erlangt die klassische Betriebsaufspaltung als Kombination zwischen Besitzpersonen- und Betriebskapitalgesellschaft. Übertragen auf den kommunalen Bereich wird eine Betriebsaufspaltung angenommen, wenn eine juristische Person des öffentlichen Rechts (Stadt Musterhausen) als Besitzgesellschaft und eine Eigengesellschaft (X-GmbH) als Betriebskapitalgesellschaft vorliegen. Für das Vorliegen der Betriebsaufspaltung müssen die beiden Gesellschaften sachlich und personell verflochten sein. Eine sachliche Verflechtung liegt vor, wenn die im Rahmen des Miet- oder Pachtvertrages überlassenen Wirtschaftsgüter eine „wesentliche Betriebsgrundlage" bei der Betriebsgesellschaft darstellen. Das ist der Fall bei allen Wirtschaftsgütern, die zur Erreichung des Betriebszwecks erforderlich sind und für die Betriebsführung eine besondere Bedeutung haben, z. B. Grundstücke, Büro- und Verwaltungsgebäude, die für die Bedürfnisse der Betriebsgesellschaft besonders gestaltet wurden oder den Mittelpunkt der Geschäftstätigkeit des Betriebsunternehmens bilden. Gebäude stellen regelmäßig eine räumliche und funktionale Grundlage der Geschäftstätigkeit einer Kapitalgesellschaft dar.

Kann das Besitzunternehmen (zumindest im Bereich der Vermietung und Verpachtung) seinen Willen auch in der Betriebsgesellschaft durchsetzen, wird eine personelle Verflechtung angenommen. Im Regelfall ist dies anzunehmen, wenn die an beiden Unternehmen beteiligten Personen oder Gesellschafter einen einheitlichen Geschäftswillen haben. Eine Beherrschungsidentität ist ausreichend (Stadt Musterhausen ist zu 100 % an der X-GmbH beteiligt). Sind beide Kriterien erfüllt, wird eine Betriebsaufspaltung begründet, d.h., es kommt nicht zur Aufgabe der gewerblichen Tätigkeit bei der Besitzpersonengesellschaft (keine Auflösung stiller Reserven). Die Tätigkeit der Besitzgesellschaft wird jedoch nicht der steuerfreien Vermögensverwaltung zugeordnet, sondern als steuerpflichtige gewerbliche Tätigkeit qualifiziert.

Beispiel:
Die Stadt Mustercity ist zu 100 % an der Mustercity-Spaßbad-GmbH beteiligt. Die Funktion (öffentliche Aufgabe) des Freizeitbades und das Schwimmen für den öffentlichen Badeverkehr wurde auf die Betriebsgesellschaft „Spaßbad-GmbH" übertragen. Außerdem ist die Stadt im Besitz eines bebauten Grundstücks, das an die kommunale GmbH vermietet ist und als Schwimm- und Freizeitbad sowie als Parkplatz genutzt wird. Die Stadt Mustercity ist juristische Person des öffentlichen Rechts und als Besitzgesellschaft zu qualifizieren. Das Grundstück stellt eine wesentliche Betriebsgrundlage der Betriebsgesellschaft dar, weil die GmbH ohne dieses Vermögen ihren Betrieb nicht führen könnte. Damit ist eine sachliche Verflechtung anzunehmen. Außerdem kann die Stadt als Alleingesellschafterin ihren geschäftlichen Willen sowohl in der Besitzgesellschaft (Trägerkörperschaft) als auch in der Betriebsgesellschaft (GmbH) durchsetzen, sodass eine personelle Verflechtung anzunehmen ist. Damit liegt eine Betriebsaufspaltung vor, die dazu führt, dass die Vermietungseinnahmen bei der Stadt Mustercity nicht zur steuerfreien Vermögensverwaltung zählen, sondern zu steuerpflichtigen gewerblichen Einnahmen im Rahmen eines Betriebs gewerblicher Art führen.

Bei Netzbetriebsunternehmen kann eine Betriebsaufspaltung entstehen, auch wenn nur Teile eines Leitungsnetzes überlassen werden. Liegen die Voraussetzungen der personellen und sachlichen Verflechtung vor, kann auch bei einem Netzbetrieb-BgA (Besitzbetrieb) und einem Netzverpachtungs-BgA eine Betriebsaufspaltung angenommen werden. Dabei ist strittig, ob nur die überlassenen Teile des Leitungsnetzes oder das gesamte Leitungsnetz das Betriebsvermögen des Besitzbetriebes bilden.

Die Betriebskapitalgesellschaft ist als juristische Person eigenständiges Steuersubjekt. Die erwirtschafteten Gewinne unterliegen der Gewerbe- und Körperschaftsteuer auf Ebene der Kapitalgesellschaft. Die Gesellschafter erzielen mit den Dividenden erst im Ausschüttungsfall steuerpflichtige Einkünfte aus Kapitalvermögen (Gesellschafter ist eine natürliche Person und hält die Anteile im Privatvermögen) oder Einkünfte aus Gewerbebetrieb (Gesellschafter ist eine juristische Person oder eine natürliche Person mit Anteilsbesitz im Betriebsvermögen). Das Vorliegen der Betriebsaufspaltung hat keinen Einfluss auf die selbständige Körperschaftsteuerpflicht der Betriebskapitalgesellschaft. Innerhalb der Betriebsaufspaltung kann es dagegen zu Mehrfachbelastungen mit Gewerbesteuer kommen. Eine Hinzurechnung der Fremdkapitalzinsen bei der Betriebsgesellschaft ergibt sich, wenn Darlehensverträge zwischen beiden Gesellschaften bestehen.

Die Besitzgesellschaft erzielt aus der Vermietung oder Verpachtung Einkünfte aus Gewerbebetrieb kraft gewerblicher Betätigung. Als Begründung für die gewerbliche Tätigkeit wird von der Finanzverwaltung der einheitliche geschäftliche Betätigungswille herangezogen. Damit wird nicht die Tätigkeit der Besitzgesellschaft berücksichtigt, sondern auf die gleichzeitige Beteiligung der Gesellschafter des Besitzunternehmens an der Betriebskapitalgesellschaft abgestellt. Die wirtschaftlichen Verhältnisse spielen somit eine größere Rolle als die zivilrechtliche Vertragsgestaltung. Hält die Besitzgesellschaft Anteile an der Betriebsgesellschaft, erhöhen die Gewinnausschüttungen der Kapitalgesellschaft den Gewinn des Besitzunternehmens, die entsprechend des Gewinn- und Verlustverteilungsschlüssels auf die Gesellschafter des Besitzunternehmens verteilt werden. Gewinnausschüttungen werden als Einkünfte aus Gewerbebetrieb qualifiziert, sie unterliegen dem Teileinkünfteverfahren (§ 3 Nr. 40 EStG).

Im Regelfall führt die Auslagerung von steuerpflichtigen wirtschaftlichen Tätigkeiten aus dem hoheitlichen Bereich in eine kommunale „Service"-GmbH zu einer Betriebsaufspaltung, wenn Grundstücke und Gebäude im Besitz der Trägerkörperschaft von der GmbH genutzt werden. Dennoch kann die Anwendung der Betriebsaufspaltungsgrundsätze auf kommunale Gestaltungen im Einzelfall strittig sein.

3.2 Gemeinnützige Betriebsaufspaltung

Mit der gemeinnützigen Betriebsaufspaltung ist eine Sonderform der Betriebsaufspaltung angesprochen, wobei entweder die Besitzgesellschaft oder die Betriebsgesellschaft eine Körperschaft ist, die steuerbegünstigte Zwecke nach §§ 52 bis 54 AO verfolgt und die Bedingungen der sachlichen und personellen Verflechtung erfüllt. Soweit das Betriebsunternehmen steuerbegünstigte Zwecke verfolgt, muss es einen Gewerbebetrieb unterhalten, der regelmäßig bei einer GmbH kraft Rechtsform gegeben ist. Das gilt auch für eine gemeinnützige GmbH, die nach § 5 KStG steuerbefreit ist. Die Grundsätze der Betriebsaufspaltung sind dagegen nicht anwendbar, wenn sowohl die Eigengesellschaft (Betriebskapitalgesellschaft, GmbH) als auch die Besitzgesellschaft steuerbegünstigte Körperschaften sind (vgl. hierzu Nr. 3 zu § 64 Abs. 1 AEAO).

Voraussetzung der gemeinnützigen Betriebsaufspaltung ist eine sachliche und personelle Verflechtung zwischen beiden Gesellschaften. Überlässt das Besitzunternehmen dem Betriebsunternehmen Grundstücke, Gebäude oder immaterielle Wirtschaftsgüter (Werberechte, Lizenzen, Vermarktungs- oder Veranstaltungsrechte), die eine wesentliche Betriebsgrundlage darstellen, wird von einer sachlichen Verflechtung ausgegangen. Nach der Rechtsprechung (BFH-Urteil vom 21.05.1997 – I R 164/94) wird eine personelle Verflechtung angenommen, wenn die steuerbegünstigte Besitzgesellschaft in der Gesellschafterversammlung der Betriebsgesellschaft in Form von Beschlüssen mit einfacher Stimmenmehrheit dem Geschäftsführer Einzelweisungen in allen Fragen der Geschäftsführung erteilen kann. Eine Personenidentität zwischen beiden Gesellschaften ist dagegen nicht erforderlich.

Die steuerlichen Folgen einer gemeinnützigen Betriebsaufspaltung bedeuten für die steuerbegünstigte Besitzkörperschaft, dass alle Einnahmen aus der Überlassung von Wirtschaftsgütern an die Betriebskörperschaft zu steuerpflichtigen Einnahmen im Rahmen eines wirtschaftlichen Geschäftsbetriebes führen, wenn die Besteuerungsgrenze nach § 64 Abs. 3 AO überschritten wird.

Die nachfolgende Synopsis verdeutlicht die Grundfälle der kommunalen und gemeinnützigen Betriebsaufspaltung (Tabelle 18):

Tabelle 18: Grundfälle der Betriebsaufspaltung

Besitzgesellschaft	**Betriebsgesellschaft**	**Steuerfolgen**
Körperschaft (Stadt Mustercity)	Körperschaft (kommunale GmbH)	Steuerfreie Vermögensverwaltung, wenn keine sachliche und personelle Verflechtung
Körperschaft (Stadt Mustercity)	Körperschaft (kommunale GmbH)	BgA, wenn sachliche und personelle Verflechtung (Betriebsaufspaltung)
Körperschaft (gemeinnütziger BgA)	Körperschaft (kommunale GmbH)	Steuerfreie Vermögensverwaltung, wenn keine sachliche und personelle Verflechtung
Körperschaft (gemeinnütziger BgA)	Körperschaft (kommunale GmbH)	Wirtschaftlicher Geschäftsbetrieb, wenn sachliche und personelle Verflechtung (Betriebsaufspaltung)
Körperschaft (gemeinnütziger BgA)	Körperschaft (gemeinnützige GmbH)	Steuerfreie Vermögensverwaltung, unabhängig ob sachliche und personelle Verflechtung

(Quelle: Eigene Darstellung)

3.3 Körperschaft- und gewerbesteuerliche Organschaft

Die Anknüpfung des deutschen Ertragsteuerrechts an das Zivilrecht bewirkt, dass eine Kapitalgesellschaft selbst dann ein eigenständiges Steuersubjekt darstellt, wenn sie zusammen mit anderen Unternehmen eine wirtschaftliche Einheit im Konzern bildet. Ein reines Konzernsteuerrecht gibt es nicht; allerdings wird der wirtschaftlichen Einheit von Konzernunternehmen mit der sogenannten „Organschaft" Rechnung getragen (§§ 14 – 19 KStG). Hierdurch soll unter formaler Aufrechterhaltung der subjektiven Steuerpflicht der einzelnen Konzernunternehmen im Ergebnis eine Besteuerung erreicht werden, die der eines einheitlichen Unternehmens entspricht.

Aus diesem Grund werden die Gewinne oder Verluste der untergeordneten Kapitalgesellschaft (Organgesellschaft) dem übergeordneten gewerblichen Unternehmen (Organträger) zugerechnet und mit den eigenen Einkünften des Organträgers versteuert. Mit der Zurechnungstheorie wird verhindert, dass Einkommensteile der Unternehmen im Organkreis mehrfach besteuert werden. Als Organträger kommt jedes gewerbliche Unternehmen im Inland in Betracht. Die Rechtsform ist grundsätzlich unbedeutend. Organträger können demnach alle gewerblichen Einzelunternehmen, Personengesellschaften, Kapitalgesellschaften, wirtschaftlichen Geschäftsbetriebe oder Betriebe gewerblicher Art einer juristischen Person des öffentlichen Rechts sein. Bei dem Organträger muss es sich um ein unbeschränkt steuerpflichtiges gewerbliches Unternehmen im Inland handeln. Eine Organgesellschaft kann hingegen nur eine inländische Kapitalgesellschaft mit Ort der Geschäftsleitung in Deutschland und Sitz in einem Mitgliedstaat der Europäischen Union oder im EWR sein.

Beispiel:
Der Betrieb gewerblicher Art „Ratskeller" ist ein inländisches gewerbliches Unternehmen, das als Organträger in Betracht kommt. Ist der BgA an einer inländischen Kapitalgesellschaft (Organgesellschaft) zu 100 % beteiligt, liegt eine finanzielle Eingliederung vor. Verpflichtet sich die Kapitalgesellschaft vertraglich, ihren gesamten Gewinn an den BgA (Organträger) abzuführen, liegen die Voraussetzungen einer Organschaft vor. Die Einkünfte der Kapitalgesellschaft werden dem BgA zugerechnet und bei diesem versteuert.

Die wesentlichen Voraussetzungen der Organschaft im Körperschaft- und Gewerbesteuergesetz sind die finanzielle Eingliederung der Organgesellschaft in den Organträger und die Verpflichtung der Organgesellschaft, den gesamten Gewinn an den Organträger abzuführen. Dies geschieht durch den Abschluss eines Gewinnabführungsvertrages oder Ergebnisabführungsvertrages. Die finanzielle Eingliederung ist gegeben, wenn dem Organträger die Mehrheit der Stimmrechte zusteht. Der Gewinnabführungsvertrag muss für mindestens fünf Jahre abgeschlossen sein. Die Gewinnabführung umfasst grundsätzlich den gesamten Gewinn. In diesem Vertrag muss aber auch geregelt sein, dass der Organträger mögliche Verluste der Organgesellschaft ausgleicht. Außerdem ist zu prüfen, ob die kommunalrechtlichen Vorschriften dem Abschluss eines Gewinnabführungsvertrages widersprechen.

Die gewerbesteuerliche Organschaft knüpft unmittelbar an das Bestehen einer körperschaftsteuerlichen Organschaft an (§2 Abs. 2 GewStG). Sofern beide Voraussetzungen erfüllt sind, liegt zwingend auch eine Organschaft in der Gewerbesteuer vor. Die steuerliche Organschaft dient der Verlagerung von Einkünften im „Konzern Kommune", indem die Einkünfte der Organgesellschaften insgesamt dem Organträger zugerechnet und von diesem versteuert werden. Die Vorteile der Organschaft liegen in der sofortigen Verlustverrechnung während eines Veranlagungszeitraums, ohne dass die Gewinne zuvor versteuert werden.

Im Umsatzsteuerrecht gelten andere Voraussetzungen für die Annahme einer Organschaft. Neben der finanziellen Eingliederung der Organgesellschaft in den Organträger ist kein Gewinnabführungsvertrag erforderlich. Vielmehr muss die Organgesellschaft wirtschaftlich und organisatorisch in den Organträger eingebunden sein. Umsatzsteuerliche Vorteile bestehen in der Verwaltungsvereinfachung. Innenumsätze im Organkreis sind grundsätzlich nicht steuerbar. In der Praxis spielt die umsatzsteuerliche Organschaft eine untergeordnete Rolle.

Ausgewählte Literaturempfehlungen zu Teil III

Dautzenberg, Norbert: Betriebswirtschaftliche Steuerlehre, Stuttgart 2025.

Dötsch, Ewald/Pung, Alexandra/ Möhlenbrock, Rolf: Die Körperschaftsteuer. Kommentar, Loseblattwerk, 115. Aufl., Stuttgart 2024.

Fiand, Andreas: Die Spartenrechnung nach § 8 Abs. 9 KStG im Lichte der Rechtsprechung, Gemeindewirtschaft 2025, Heft 01, S. 7 – 12.

Gosch, Dietmar: Körperschaftsteuergesetz. Kommentar, 5. Aufl., München 2025.

Kronawitter, Martin: Die Körperschaftsteuer und Kapitalertragsteuer bei der öffentlichen Hand, München 2022.

Mössner, Jörg-Manfred/Oellerich, Ingo/Valta, Matthias: Körperschaftsteuergesetz. Kommentar, 6. Aufl., Herne 2024.

Schmitz-Herscheidt, Fabian: Besteuerung der Körperschaften und ihrer Anteilseigner, München 2025.

Streck, Michael: Körperschaftsteuer, Kommentar, 10. Aufl., München 2022.

Anwendungsbezogene Sachverhalte und Berechnungsbeispiele zu Teil III

1

Sachverhalt: Die Stadt Musterhausen plant, die Energieversorgung auf ein anderes Unternehmen auszulagern. Hierfür kommt ein von der Stadt geführter Eigenbetrieb in Betracht sowie die Neugründung einer kommunalen GmbH, an der die Stadt Musterhausen zu 100 % beteiligt werden soll. Die bisher in der Behörde verwaltete Energieversorgung erbrachte einen durchschnittlichen Jahresgewinn von 50.000 Euro.

Aufgabe: Ermitteln Sie auf der Basis der nachfolgenden vereinfachten Übersicht die Gesamtbelastung eines Eigenbetriebes und einer Eigengesellschaft für den Thesaurierungsfall der beiden Alternativen.

		Eigenbetrieb	**Eigengesellschaft**
Gewinn nach HGB		**50.000 Euro**	**50.000 Euro**
a) Gewerbesteuer			
Gewerbeertrag			
–	Freibetrag § 11 GewStG		
=	vorläufiger Gewerbeertrag		
×	3,5 % Steuermesszahl		
=	Gewerbesteuermessbetrag		
×	Hebesatz (400 %)		
=	Gewerbesteuer		
b) Körperschaftsteuer			
Steuerpflichtiges Einkommen			
–	Freibetrag § 24 KStG		
=	zu versteuerndes Einkommen		
×	15 % KSt-Satz		
=	Körperschaftsteuer		
c) Solidaritätszuschlag			
Festgesetzte Körperschaftsteuer			
×	5,5 % SolZ-Satz		
=	Solidaritätszuschlag		
d) Gesamtbelastung (Thesaurierung)			

2

Sachverhalt: Die Stadt Musterhausen möchte wissen, welche Steuerbelastungen bei der Eigengesellschaft im Falle einer vollständigen Ausschüttung des Gewinns nach Abzug der Steuern auf Gesellschaftsebene aus dem Sachverhalt 1 entstehen. Die Anteile an der GmbH werden im Hoheitsbereich der Stadt gehalten.

Aufgabe: Ermitteln Sie die Kapitalertragsteuerbelastung für das Jahr t_1, wenn die Eigengesellschaft ihren Gewinn an die Stadt Musterhausen vollständig ausschüttet. Welche Gesamtsteuerbelastung der GmbH ergibt sich im Thesaurierungs- und Ausschüttungsfall an die Stadt Musterhausen?

3

Sachverhalt: Die Stadt Musterhausen möchte wissen, welche Steuerbelastungen beim Eigenbetrieb im Falle einer vollständigen Weitergabe des Gewinns nach Abzug der Steuern des BgA aus dem Sachverhalt 1 entstehen.

Aufgabe: Ermitteln Sie die Kapitalertragsteuerbelastung für das Jahr t_1, wenn der Eigenbetrieb seinen gesamten Gewinn an die Stadt Musterhausen weiterleitet. Welche Gesamtsteuerbelastung ergibt sich im Thesaurierungsfall und bei der Weiterleitung von Gewinnen des BgA an die Stadt Musterhausen?

4

Sachverhalt: Die Stadt Musterhausen ist an der Eigengesellschaft „Gasversorgung-GmbH" zu 100 % beteiligt. Die GmbH zahlt der Stadt eine Konzessionsabgabe für die Erlaubnis zur Verlegung von Versorgungsleitungen und für die Erlaubnis zur ausschließlichen Versorgung der Bevölkerung mit Gas in Höhe von 50.000 Euro. Nach der geltenden Konzessionsabgabeverordnung (KAV) hätte die GmbH lediglich 10.000 Euro zahlen müssen. Die Gasversorgungs-GmbH erwirtschaftet im Jahr t_1 einen handelsrechtlichen Gewinn von 100.000 Euro. Die Konzessionsabgabe von 50.000 Euro hat sich als Betriebsausgabe bereits mindernd auf den handelsrechtlichen Gewinn ausgewirkt.

Frage: Welche steuerlichen Folgen ergeben sich für die GmbH?

5

Sachverhalt: Die Stadt Musterhausen vermietet ihrer Eigengesellschaft „Stadtwerke-GmbH" ein kleines, unbebautes Grundstück zu einer außergewöhnlich hohen Jahresmiete von 100.000 Euro. Die marktübliche und angemessene Jahresmiete beträgt dagegen 20.000 Euro. Die GmbH erwirtschaftet im Jahr t_1 einen handelsrechtlichen Gewinn von 400.000 Euro. Die Jahresmiete von 100.000 Euro hat sich als Betriebsausgabe bereits mindernd auf den handelsrechtlichen Gewinn ausgewirkt.

Frage: Welche steuerlichen Folgen ergeben sich aus der Vermietung für die GmbH?

6

Sachverhalt: Die Stadt Musterhausen ist Alleingesellschafterin der Eigengesellschaft „Stadtwerke-GmbH". Die GmbH überlässt der Stadt unentgeltlich Hebedaten über den Wasserverbrauch der Privatkunden. Auf dieser Datenbasis erhebt die Stadt ihre Abwassergebühren. Einem privatwirtschaftlichen Unternehmen hätte die GmbH für die Datenbasis einen Betrag von 25.000 Euro in Rechnung gestellt.

Frage: Welche steuerlichen Folgen ergeben sich aus der Vermietung für die GmbH?

7

Die Stadt Beispielrode ist an der unbeschränkt steuerpflichtigen Bäder-GmbH zu 100 % beteiligt. Die GmbH erzielt im Wirtschaftsjahr t_1 Umsatzerlöse in Höhe von 6.420.000 Euro. Aus der handelsrechtlichen Gewinn- und Verlust-Rechnung ergeben sich folgende Aufwands- und Ertragspositionen:

- Personalaufwendungen: 920.000 Euro
- Energiekosten: 2.500.000 Euro
- Planmäßige Abschreibungen: 250.000 Euro
- Zinsaufwendungen aus einer Darlehensaufnahme bei der städtischen Sparkasse: 3.400.000 Euro
- Miet- und Pachterträge: 600.000 Euro
- Zinserträge aus verzinslicher Kapitalanlage: 50.000 Euro

Der Jahresüberschuss des Jahres t_1 beträgt 0 Euro. Geringwertige Wirtschaftsgüter liegen nicht vor. Die Ausnahmeregelungen des § 4h Abs. 2 S. 1 Buchst. b und c EStG sind aus Vereinfachungsgründen nicht anzuwenden.

Frage: In welcher Höhe kann die Stadt Beispielrode Zinsaufwendungen gewinnmindernd abziehen? Welche steuerlichen Mehrbelastungen ergeben sich aus der „Zinsschranke" im Jahr t_1, wenn der Gewerbesteuerhebesatz 400 % beträgt?

8

Sachverhalt: Die Verkehrsbetriebe-GmbH ist eine Eigengesellschaft der Stadt Mustercity. Sie erzielt im Jahr t_0 einen handels- und steuerrechtlichen Gewinn in Höhe von + 1.200.000 Euro (gleichzeitig auch Gesamtbetrag der Einkünfte). Im Jahr t_1 wird ein Verlust in Höhe von – 4.500.000 Euro festgestellt.

Frage: Welche Möglichkeiten der Verlustverrechnung kann die GmbH steuerlich im Jahr t_1 vornehmen? Wie erfolgt der Verlustvortrag, wenn die GmbH im Jahr t_2 einen Gewinn (gleichzeitig auch Gesamtbetrag der Einkünfte) in Höhe von + 2.800.000 Euro erzielt?

9

Sachverhalt: Die kommunale Gasversorgungs-GmbH, an der die Stadt Musterhausen und die inländische Energie-AG jeweils zu 50 % beteiligt sind, erwirtschaftet im Jahr t_1 einen handelsrechtlichen Gewinn vor Steuern in Höhe von 900.000 Euro. Auf diesen Gewinn haben sich die folgenden Sachverhalte noch *nicht* ausgewirkt: (1) Mietaufwand für ein als Kundenparkplatz genutztes, angemietetes Grundstück der Immobilien-AG mit Sitz in Mustercity in Höhe von 12.000 Euro und (2) angemessene Fremdkapitalzinsen (Zinsaufwand) aus einem langfristigen Darlehen in Höhe von 250.000 Euro, das die GmbH bei der städtischen Sparkasse aufgenommen hat.

Aufgabe: Ermitteln Sie die Grund-, Gewerbe-, und Körperschaftsteuerbelastung einschließlich Solidaritätszuschlag für das Jahr t_1. Der GewSt-Hebesatz beträgt 450 %. Welche Einkommen- oder Körperschaftsteuerbelastung t_1 entsteht im Vollausschüttungsfall auf Ebene der Gesellschafter? Die Stadt Musterhausen hält die Beteiligung im Hoheitsbereich. Vernachlässigen Sie den Solidaritätszuschlag und die Gewerbesteuer im Ausschüttungsfall.

10

Sachverhalt: Die Muster-GmbH ist eine kommunale Gesellschaft, an der die Stadt Mustercity zu 100 % beteiligt ist. Für das Jahr t_1 ergeben sich nachfolgende Ergebnisse aus der handelsrechtlichen Jahresabschlussrechnung:

- Junges Theater: Verlust von – 50.000 Euro
- Stadtmuseum: Verlust von – 30.000 Euro
- Feuerwehr/Brandschutz: Verlust von – 100.000 Euro
- Bestattungswesen: Verlust von – 75.000 Euro
- Abfallentsorgung: Gewinn von + 40.000 Euro
- Schulsporthalle im Stadtteil A: Verlust von – 250.000 Euro
- EDV-Servicetätigkeiten: Gewinn von + 15.000 Euro
- Verkehrsbetriebe: Verlust von – 90.000 Euro
- Trinkwasserversorgung: Gewinn von + 50.000 Euro

Frage: Wie ist eine Spartentrennung bei der Muster-GmbH vorzunehmen? Stellen Sie die gesonderte Einkünfteermittlung nach § 8 Abs. 9 KStG für jede Sparte dar! Gehen Sie davon aus, dass es sich bei den Verlusten um Dauerverlustgeschäfte i. S. d. § 8 KStG handelt. Welches Ergebnis ist bei der Einkommensermittlung der Muster-GmbH für das Jahr t_1 zu berücksichtigen?

Welche Veränderungen ergeben sich für die Einkommensermittlung im Jahr t_2, wenn die Muster-GmbH zum 01.01. t_2 ein neues Naturkundemuseum betreibt und einen Gewinn von + 50.000 Euro erwirtschaftet (aus Vereinfachungsgründen wird das Ergebnis aus dem Jahr t_1 für alle anderen Sparten in identischer Höhe fortgeschrieben).

Im Jahr t_2 wird zusätzlich die Gasversorgung von der Muster-GmbH aufgenommen. Sie führt in t_2 zu einem positiven Ergebnis von +90.000 Euro. Welche Verlustverrechnung ist für diese Sparte möglich? Gehen Sie davon aus, dass das Vorjahresergebnis (– 40.000 Euro) für den zusammengefassten Versorgungsbereich „ÖPNV und Wasserversorgung“ erneut erzielt wird.

Teil IV Steuerfolgen bei gemeinnützigen kommunalen Einrichtungen

Inhaltsübersicht

1. Verfolgung steuerbegünstigter Zwecke

1.1 Gemeinnützige, mildtätige und kirchliche Zwecke

Eine Vielzahl wirtschaftlicher Tätigkeiten der öffentlichen Hand, die bei der Erfüllung öffentlicher Aufgaben zu steuerpflichtigen Einnahmen von Betrieben gewerblicher Art oder Eigengesellschaften führen, können gleichzeitig auch gemeinnützige, mildtätige oder kirchliche Zwecke im Sinne der Abgabenordnung sein. Mit der Gemeinnützigkeit ist keine allgemeine Steuerbefreiung verbunden; dennoch sind unterschiedliche steuerliche Erleichterungen in den einzelnen Steuerarten vorgesehen. Daher sollte bei der Erfüllung öffentlicher Aufgaben von der Kommune genau geprüft werden, ob die wirtschaftliche Tätigkeit gleichzeitig auch einen steuerbegünstigten Zweck darstellt.

Das Gemeinnützigkeitsrecht ist ein unbestimmter Wertbegriff, der nach § 52 Abs. 1 AO mit der „selbstlosen Förderung der Allgemeinheit auf materiellem, geistigem oder sittlichem Gebiet" umschrieben wird. Demzufolge sind alle Aktivitäten, die nicht selbstlos erfolgen (also eigenwirtschaftlich) oder gegen das Grundgesetz verstoßen, keine steuerbegünstigten Zwecke und somit nicht gemeinnützig. In der Abgabenordnung sind neben den gemeinnützigen auch mildtätige und kirchliche Zwecke vorgesehen; sie werden unter dem Oberbegriff „steuerbegünstigte Zwecke" (§ 51 AO) zusammengeführt. In der Praxis haben sich dagegen die Begriffe „gemeinnütziger Zweck", „gemeinnützige Einrichtung" oder „Gemeinnützigkeitsrecht" durchgesetzt.

Kommunale Entscheidungen sind auch von politischen Einflüssen geprägt. Hiervon abzugrenzen sind politische Zwecke (Beeinflussung der politischen Meinungsbildung oder Förderung politischer Parteien), die nicht zu den gemeinnützigen Zwecken zählen. Enthält die Satzung einer gemeinnützigen Einrichtung ausschließlich einen politischen Zweck, ist die Gemeinnützigkeit ausgeschlossen. Andererseits sind aber viele gemeinnützige Zwecke nach § 52 AO auch politisch motiviert, sodass die politische Meinungsbildung zumindest indirekt beeinflusst werden kann.

Aus der nachfolgenden Übersicht gehen die gemeinnützigen Zwecke des § 52 Abs. 2 S. 1 Nr. 1 – 26 AO hervor. Anhand der ergänzten Beispiele ist erkennbar, wo sich Parallelen zwischen dem steuerpflichtigen wirtschaftlichen Tätigkeitsbereich und einem steuerbegünstigten, „gemeinnützigen" Bereich ergeben.

Tabelle 19: Übersicht und Beispiele gemeinnütziger Zwecke

§ 52 Abs. 2 AO	**Zweck und Beispiele kommunaler Einrichtungen**
Nr. 1	**Wissenschaft und Forschung** Beispiele der kommunalen Tätigkeit: Universitäten, Fachhochschulen, wissenschaftliche Sammlungen und Bibliotheken, Forschungseinrichtungen
Nr. 2	**Religion** Beispiel der kommunalen Tätigkeit: Meditationsgemeinschaften
Nr. 3	**Öffentliches Gesundheitswesen und Gesundheitspflege** Beispiele der kommunalen Tätigkeit: Kommunale Gesundheits- und Krankenpflege, Krankenhäuser, Sanatorien, Pflegeheime, Erholungsheime (Gesundheitspflege), Einrichtungen zur Bekämpfung der Trunk- oder Drogensucht, Seuchenbekämpfung (auch bei Tieren), vorbeugende Gesundheitshilfe (Jugendzahnpflege, Krebs, Aids); Kurmittel-, Kneipp- oder Naturvereine
Nr. 4	**Jugend- und Altenhilfe** Beispiele der kommunalen Tätigkeit: Kommunale Kindergärten, -horte, -heime, Schullandheime, Jugendherbergen, Bildungsstätten, Altenheime, Altenwohnheime, Altenpflegeheime, Schülerbetreuung nach dem Unterricht
Nr. 5	**Kunst und Kultur** Beispiele der kommunalen Tätigkeit: Theater, Museen, Konzerte, Ausstellungen, Orchester, Chöre, Musik- und Spielmannszüge, Musikschulen, Filmkunst, Malerei, Bildhauerei, Literatur
Nr. 6	**Denkmalschutz und Denkmalpflege** Beispiele der kommunalen Tätigkeit: Kommunale Bau- und Bodendenkmäler (Gebäude, Gebäudegruppen, Straßenzüge, Plätze, Burgen, Schlösser), Bürgerhäuser, Ruinen, Stadtbefestigungen, technische Denkmäler, Naturdenkmäler
Nr. 7	**Erziehung, Volks- und Berufsbildung** Beispiele der kommunalen Tätigkeit: Grund-, Gesamtschulen, weiterführende Schulen, Musik-, Kunst-, Sonderschulen, Volkshochschulen, soziale Bildungsstätten, Freiwilligenagenturen zwecks Qualifizierung und Vermittlung von Personen; Bürgernetz- oder Internetvereine zwecks Schulung im Umgang mit dem Internet, Waldorf-, Haushalts-, Blinden- und Gehörlosenschulen

§52 Abs.2 AO	Zweck und Beispiele kommunaler Einrichtungen
Nr. 8	**Naturschutz und Landschaftspflege, Klimaschutz** Beispiele der kommunalen Tätigkeit: Abfallbeseitigung, Einrichtungen oder Maßnahmen zur Reinerhaltung von Luft und Wasser, Lärmschutz und Lärmbekämpfung, Strahlenschutz, Küsten- und Hochwasserschutz, Klimaschutz
Nr. 9	**Wohlfahrtswesen** Beispiele der kommunalen Tätigkeit: Erziehungsheime, Reha-Zentren
Nr. 10	**Hilfe für politisch, rassistisch und religiös Verfolgte, für Flüchtlinge, Vertriebene, Aussiedler, Spätaussiedler, Kriegsopfer; Förderung der Hilfe für Menschen, die auf Grund ihrer geschlechtlichen Identität oder ihrer geschlechtlichen Orientierung diskriminiert werden**
Nr. 11	**Rettung aus Lebensgefahr** Beispiele der kommunalen Tätigkeit: Bergwacht, Wasserwacht, Flugrettungsdienste; oft auch durch Dritte (Feuerwehr, THW, DLRG)
Nr. 12	**Feuer-, Arbeits-, Katastrophen-, Zivilschutz, Unfallverhütung** Beispiele der kommunalen Tätigkeit: Kommunale Einrichtungen zur Unfallverhütung im Straßenverkehr, Arbeitsschutz, Lärmbekämpfung, Feuerwehr, Verkehrssicherheitsmaßnahmen
Nr. 13	**Völkerverständigung**
Nr. 14	**Tierschutz** Beispiele der kommunalen Tätigkeit: Tierparks, Tierheime
Nr. 15	**Entwicklungszusammenarbeit**
Nr. 16	**Verbraucherberatung und Verbraucherschutz** Beispiele der kommunalen Tätigkeit: Auskunftserteilung bei unübersichtlichen Angebotsmärkten und komplexen Marktbedingungen
Nr. 17	**Fürsorge für Strafgefangene**
Nr. 18	**Gleichberechtigung von Mann und Frau**
Nr. 19	**Schutz von Ehe und Familie**
Nr. 20	**Kriminalprävention** Beispiele der kommunalen Tätigkeit: Programme und Maßnahmen zur Vermeidung der Kriminalität, kommunale Präventionsprojekte zur Suchtvorbeugung, Sicherung des Eigentums, Vermeidung von Ausländerhass oder von sexuellem Missbrauch
Nr. 21	**Sport** Beispiele der kommunalen Tätigkeit: Kommunale Sporteinrichtungen i.V.m. Schießen, Segelfliegen, Tennis, Kegeln, Fußball, Handball, Volleyball, Schwimmen; Kolpingvereine, E-Sport

§ 52 Abs. 2 AO	Zweck und Beispiele kommunaler Einrichtungen
Nr. 22	**Heimatpflege, Heimatkunde und Ortsverschönerung** Beispiele der kommunalen Tätigkeit: Historische Landesforschung; regionale Sprache (Mundart), Musik und Kleidung, Heimatmuseen; Förderung von Schulen im Fach Heimatkunde, Herausgabe von Chroniken und landschaftsbezogener Fachliteratur
Nr. 23	**Tier-, Pflanzenzucht, Kleingärtnerei, traditionelles Brauchtum, Soldaten- und Reservistenbetreuung, Amateurfunk, Freifunk, Modellflug und Hundesport**
Nr. 24	**Allgemeine Förderung des demokratischen Staatswesens** Beispiele der kommunalen Tätigkeit: Einrichtungen, die dem allgemeinen Demokratieverständnis des Grundgesetzes dienen; nicht aber Wählervereinigungen, die sich auf den kommunalpolitischen Bereich beschränken
Nr. 25	**Bürgerschaftliches Engagement zugunsten steuerbegünstigter Zwecke** Beispiele der kommunalen Tätigkeit: Freiwilligenagenturen, Einrichtungen zur Förderung bestimmter Bereiche des Ehrenamts (Stiftungswesen)
Nr. 26	**Unterhaltung und Pflege von Friedhöfen und Unterhaltung von Gedenkstätten für nichtbestattungspflichtige Kinder und Föten**
Nr. 27	**Vergünstigte Wohnraumüberlassung an hilfebedürftige Personen**

(Quelle: Eigene Darstellung)

Zum 01.01.2026 wird E-Sport zu den gemeinnützigen Sportarten nach § 52 Abs. 2 S. 1 Nr. 21 AO gezählt. Bei diesem „elektronischen Sport" handelt es sich um einen sportlichen, digitalen Wettkampf, bei dem Menschen mit Hilfe physischer Kontrollelemente, wie Controller oder Tastaturen, Videospiele am Computer oder an einer Spielkonsole gegeneinander spielen. Die motorischen Fähigkeiten der spielenden Personen müssen einen maßgeblichen Einfluss auf den Spielerfolg haben. Die Förderung der Allgemeinheit muss dabei besonders beachtet werden. So ist eine USK-Alterskennzeichnung erforderlich und es darf sich nicht um Gewaltspiele handeln oder um Spiele, die die Menschenwürde verletzen. Auch Online-Glücksspiele verstoßen gegen die Gemeinnützigkeit.

Größere Relevanz aus kommunaler Sicht besitzt die Verfolgung mildtätiger Zwecke (§ 53 AO). Hierbei handelt es sich um eine selbstlose Förderung von Personen, die infolge ihrer persönlichen Lage (körperlicher, geistiger oder seelischer Zustand) oder infolge ihrer wirtschaftlichen Lage auf die Hilfe anderer angewiesen sind. Angesprochen sind insbesondere kommunale Alten- und Pflegeheime, Seniorenhilfevereine, Krankenpflegevereine, Tafeln, Krankenanstalten, Einrichtungen der Telefonseelsorge, Frauenhäuser, „Essen auf Rädern", Behindertenfahrdienste, die Betreuung krebskranker oder aidskranker Personen sowie Blaukreuzvereine (BKD). In der Praxis werden mildtätige Zwecke vor allem von den Verbänden der freien Wohlfahrtspflege und den angeschlossenen Organisationen übernommen. Der Gesetzgeber hat folgende Verbände der freien Wohlfahrtspflege amtlich anerkannt: Arbeiterwohlfahrt (AWO), Deutscher Caritasverband (DCV), Der Paritätische Gesamtverband, Deutsches Rotes Kreuz (DRK), Diakonie Deutschland, Zentralwohlfahrtsstelle der Juden in Deutschland, Sozialverband (VdK), Arbeiter-Samariter-Bund Deutschland, Bundesarbeitsgemeinschaft Sehhilfe für Menschen mit Behinderung und chronischer Erkrankung und ihren Angehörigen, Verband deutscher Wohltätigkeitsstiftungen, Bund der Kriegsblinden Deutschlands sowie Deutscher Blinden- und Sehbehindertenverband. Mit dem JStG 2024 wurde die Wohngemeinnützigkeit als Förderzweck gem. § 52 Abs. 2 S. 1 Nr. 27 AO (wieder) eingeführt, um bezahlbaren Wohnraum für hilfebedürftige Personen mit geringem Einkommen zu schaffen. Aus kommunaler Sicht bietet die neue Steuervergünstigung einen Anreiz für die Gründung eigener Wohnungsbaugesellschaften oder die Unterstützung von gemeinnützigen Wohnungsbauunternehmen anderer Träger.

Kirchliche Zwecke (§ 54 AO) werden bei einer selbstlosen Förderung von Religionsgemeinschaften als Körperschaft des öffentlichen Rechts verfolgt, z.B. die Ausschmückung von Kirchen, Abhaltung von Gottesdiensten oder die Erteilung von Religionsunterricht sowie Pfarrbüchereien. Auch Vereine, die eine Jugendweihe durchführen, können gemeinnützig sein. Seit 2017 sind die Zeugen Jehovas als Religionsgemeinschaft des öffentlichen Rechts anerkannt. Abgrenzungsschwierigkeiten bestehen zu § 52 Abs. 2 S. 1 Nr. 2 AO für Sekten, Jugendreligionen und Weltanschauungsgemeinschaften, wie die Universale Kirche oder Scientology-Church. Diese Religionsgemeinschaften des öffentlichen Rechts spielen für den kommunalen Bereich nur eine untergeordnete Rolle.

Nach der umfangreichen Rechtsprechung wurde u.a. bei folgenden Einrichtungen und Zwecken keine Gemeinnützigkeit anerkannt: Bootsverleih, Campingplatzbetriebe, Carsharing, Design-Zentren, Existenzgründungen, Freimaurerlogen, Fremdenverkehrsvereine, Gerechtigkeitskomitees, Minigolfanlagen, Nachbarschaftshilfevereine, Notfallambulanzen, Paintball- und Gotchavereine, Regionalflughäfen, Reiki und andere esoterische Heilslehren, Tischfußball und Tippkickspiele, Versorgungs- und Verkehrsbetriebe sowie Wählergemeinschaften.

1.2 Voraussetzungen der steuerbegünstigten Zwecke

Seit 1812 bestehen steuerliche Erleichterungen für Einrichtungen, die im Dienst der Allgemeinheit tätig werden, sofern diese ausschließlich, unmittelbar selbstlos handeln und eigenwirtschaftliche Interessen auszuschließen sind. Um diese Anforderungen zu gewährleisten und eine unangemessene Inanspruchnahme der Privilegien auszuschließen, gelten die nachfolgend aufgeführten Voraussetzungen, Aufzeichnungs- und Informationspflichten, die zu einem erhöhten bürokratischen Aufwand für die steuerbegünstigte Körperschaft führen können.

Erfüllung von satzungsmäßigen Voraussetzungen (§§ 59 – 60 und §§ 60a – 60b AO):
1. Art des Gesellschafts- und Satzungszwecks der Körperschaft
2. Der Zweck muss selbstlos, ausschließlich und unmittelbar verfolgt werden
3. Gesonderte Feststellung der satzungsmäßigen Voraussetzungen auf Antrag oder von Amts wegen bei der Veranlagung der Körperschaftsteuer

Neben der Satzung sind zu erfüllen:
4. Grundsatz der satzungsmäßigen Vermögensbindung (§§ 61 und 62 AO)
5. Tatsächliche Geschäftsführung muss den Satzungszwecken entsprechen

Anforderungen an die tatsächliche Geschäftsführung (§ 63 AO):
6. Satzung und Geschäftsführung müssen einander entsprechen (Bindung an Satzungszwecke)
7. Erfüllung von Nachweis- und Aufzeichnungspflichten
   - zur Vorlage an das Finanzamt
   - Auskunft- und Rechenschaftspflicht gegenüber den Vereinsmitgliedern in der Mitgliederversammlung
   - Erstellung von Jahresabschlüssen nach AktG oder GmbHG bei gemeinnützigen Kapitalgesellschaften und deren Offenlegung nach PublG
   - Verpflichtung zur Erstellung einer Bilanz/GuV/Anhang nach den Vorgaben der Krankenhaus- bzw. Pflege-Buchführungsverordnung
8. Vorlage einer Mittelverwendungsrechnung (Nr. 27 zu § 55 Abs. 1 Nr. 5 AEAO)
9. Beachtung der handelsrechtlichen Grundsätze ordnungsmäßiger Buchführung:
   - Richtigkeit und Willkürfreiheit
   - Klarheit und Übersichtlichkeit
   - Vollständigkeit und Saldierungsverbot
   - Einzelbewertung von Vermögensgegenständen und Schuldposten
   - Vollständige Vorlage der Belege

Steuerbegünstigte Zwecke dürfen ausschließlich in der Rechtsform einer inländischen Körperschaft, Personenvereinigung oder Vermögensmasse i. S. d. § 1 KStG ausgeübt werden. Damit sind insbesondere Vereine, Stiftungen und gemeinnützige Gesellschaften mit beschränkter Haftung (gemeinnützige GmbH) angesprochen. Auch Betriebe gewerblicher Art von juristischen Personen des öffentlichen Rechts können steuerbegünstigte Zwecke erfüllen und die Steuervergünstigungen in Anspruch nehmen. Allerdings ist für jeden einzelnen Betrieb gewerblicher Art gesondert zu prüfen, ob er nach Satzung, Grundordnung und tatsächlicher Geschäftsführung steuerbegünstigte Zwecke unmittelbar und selbstlos verfolgt.

Die Finanzverwaltung hat hierzu eine Mustersatzung für Betriebe gewerblicher Art veröffentlicht (siehe Anlage 1 zu § 60 AO). Die Gemeinnützigkeit ist für jeden Betrieb gewerblicher Art gesondert zu beantragen. Zu beachten ist die satzungsmäßige Vermögensbindung des Betriebs gewerblicher Art (BgA). Wird ein gemeinnütziger BgA aufgelöst, weil z.B. die Satzung aufgehoben oder sein Zweck erfüllt wird, ist das in dieser Zeit gebildete Vermögen einer anderen steuerbegünstigten Körperschaft oder der Kommune als Trägerkörperschaft zu übertragen.

Beispiel:
Die Stadt Beispielrode betreibt eine Kindertagesstätte (gemeinnütziger Betrieb gewerblicher Art), die zum Jahresende geschlossen wird. In der Kindertagesstätte hat sich seit der Eröffnung ein Bankguthaben von 20.000 Euro gebildet. Laut Satzung der Kindertagesstätte fällt das Vermögen im Auflösungsfall an die Stadt zurück. Der Betrag von 20.000 Euro muss allerdings für steuerbegünstigte Zwecke verwendet werden, z.B. Spende an das städtische Tierheim von 20.000 Euro.

Die Grenze zwischen dem Zweck des Gemeinwohls, der vor allem von öffentlichen Unternehmen verfolgt wird, und der Gemeinnützigkeit ist nicht überschneidungsfrei. Mit dem Wohl der Allgemeinheit und der Gemeinnützigkeit werden öffentliche Aufgaben erfüllt, die sowohl von staatlicher Seite aber auch von Dritten, somit also auch nichtstaatlichen Einrichtungen verfolgt werden können. Personengesellschaften oder Einzelunternehmen scheiden dagegen für diese Zwecke aus, weil eigenwirtschaftliche Interessen aufgrund der engeren Personenbezogenheit nicht auszuschließen sind. Zum anderen ist eine formelle und materielle Satzungsmäßigkeit einzuhalten. Zu diesem Zweck hat die Finanzverwaltung Mustersatzungen erlassen, aus denen die erforderlichen Satzungsbestimmungen hervorgehen. Darüber hinaus müssen bestimmte verfahrensmäßige Voraussetzungen erfüllt werden, um die steuerlichen Erleichterungen über einen Freistellungsbescheid zu erhalten oder dauerhaft zu sichern.

Im Zusammenhang mit Zuwendungen (Spenden) ist das Zuwendungsempfängerregister (ZER) gemäß § 60b AO von Bedeutung. Dieses bundesweit zentrale Register umfasst Organisationen, die berechtigt sind, Zuwendungsbestätigungen (Spendenquittungen) auszustellen. Das beim Bundeszentralamt für Steuern (BZSt) geführte Register erfasst alle steuerbegünstigten Körperschaften, Personenvereinigungen und Vermögensmassen mit folgenden Daten: Wirtschafts-Identifikationsnummer, Name, Anschrift, steuerbegünstigte Zwecke, zuständiges Finanzamt, Bankverbindung sowie das Datum der Erteilung des letzten Freistellungsbescheides oder Feststellungsbescheides nach § 60a AO. Ein Tätigwerden der betroffenen Einrichtung ist nicht erforderlich, weil die Daten der steuerbegünstigten Körperschaften dem BZSt von den zuständigen Finanzämtern gemeldet werden. Das ZER ist öffentlich einsehbar, sodass geprüft werden kann, ob die deutsche Finanzverwaltung den Spendenabzug für die steuerbegünstigte Körperschaft anerkennt. Das Zuwendungsempfängerregister bildet die Grundlage für ein digitales Spendenverfahren, wodurch das Ausstellen von Zuwendungsbestätigungen durch Online-Meldungen an das BZSt zukünftig ersetzt werden soll.

1.3 Grundsatz der Selbstlosigkeit, Ausschließlichkeit und Unmittelbarkeit

Selbstlosigkeit (Uneigennützigkeit) ist die Voraussetzung für alle Arten der steuerbegünstigten Zwecke (§ 55 AO) und zeichnet sich durch fünf Bedingungen aus:

1. Die Mittelverwendung der Körperschaft erfolgt nur für satzungsmäßige Zwecke.
2. Bei Ausscheiden der Mitglieder oder Aufhebung/Auflösung der Körperschaft dürfen die Mitglieder nur die eingezahlten Anteile und den gemeinen Wert ihrer geleisteten Sacheinlagen zurückerhalten.
3. Die Körperschaft darf keine Person durch Ausgaben für satzungsfremde Zwecke oder unverhältnismäßig hohe Vergütungen begünstigen.
4. Grundsatz der Vermögensbindung: Bei Auflösung/Aufhebung der Körperschaft oder bei Wegfall ihres bisherigen Zwecks darf das Vermögen nur für steuerbegünstigte Zwecke verwendet werden.
5. Zeitnahe Mittelverwendung: Die Mittel müssen spätestens in den auf den Zufluss folgenden zwei Kalenderjahren verwendet werden. Eine Ausnahme hiervon besteht für Körperschaften, deren Jahreseinnahmen 100.000 Euro nicht überschreiten.

Für die Praxis von hoher Bedeutung ist die Rücklagenbildung (§ 62 AO) und zugleich eine Ausnahmeregelung zur zeitnahen Mittelverwendung. Hiernach können steuerbegünstigte Körperschaften die Mittel ganz oder teilweise in eine Rücklage zuführen, um den satzungsmäßigen Zweck langfristig erfüllen zu können.

Beispiel:
Der kommunale Kindergarten (gemeinnütziger Betrieb gewerblicher Art) legt finanzielle Mittel für regelmäßig wiederkehrende Ausgaben des nachfolgenden Geschäftsjahres (z.B. laufende Verpflichtungen gegenüber Dritten, wie Löhne und Gehälter, Mieten) in eine Rücklage.

Ohne diese Ausnahmeregelung würde sich zum Ende der Verwendungsfrist eine Mittelverwendung ergeben, die einer nachhaltigen Geschäftsführung widerspricht. Außerdem kann eine Rücklage für Wiederbeschaffung von Wirtschaftsgütern gebildet werden, die zur Verwirklichung der Satzungszwecke erforderlich sind (z.B. Erwerb eines Rettungswagens eines Notfallrettungsdienstes).

Beispiel:
Der kommunale Kindergarten (gemeinnütziger Betrieb gewerblicher Art) plant den Erwerb eines neuen Spielgerätes und bildet hierfür eine Rücklage, um den Erwerb zu finanzieren.

Im Rahmen einer „freien Rücklage“ können bestimmte Überschüsse der zeitnahen Verwendung entzogen werden. Die Herkunft der Mittel muss aus 1/3 des Überschusses der Einnahmen über die Ausgaben aus der Vermögensverwaltung innerhalb eines Jahres und 10 % der sonstigen zeitnah zu verwendenden Mittel gemäß § 55 Abs. 1 Nr. 5 AO (Spenden, Mitgliedsbeiträge, Gewinne aus Zweckbetrieben, Gewinne aus wirtschaftlichen Geschäftsbetrieben) stammen. Die in der freien Rücklage angesammelten Mittel können verzinslich angelegt werden. Die Mittel aus der freien Rücklage sind für steuerbegünstigte Zwecke der Körperschaft oder einer anderen steuerbegünstigten Körperschaft zu verwenden. Eine Verwendung der Mittel zum Ausgleich von Verlusten eines wirtschaftlichen Geschäftsbetriebes ist nicht erlaubt. Eine Rücklage zum Erwerb von Gesellschaftsrechten (Kapitalbeteiligungsrücklage) sieht vor, dass die Mittelansammlung oder Mittelverwendung zum Erwerb von Gesellschaftsrechten erfolgt, um eine prozentuale Beteiligung an Kapitalgesellschaften aufrecht zu erhalten, sofern in absehbarer Zeit eine Kapitalerhöhung bei der Kapitalgesellschaft ansteht. Die Herkunft der Mittel ist unerheblich.

Neben der Rücklagenbildung besteht mit § 62 Abs. 3 AO eine weitere Ausnahme von der zeitnahen Mittelverwendung. So sind bestimmte Mittelzuführungen von vornherein aus der Verwendungsvorschrift des § 55 Abs. 1 Nr. 5 AO ausgenommen. Demnach sind Erbschaften ohne Verwendungsvorschrift, Zuwendungen zwecks Vermögensausstattung einer Körperschaft (z.B. Ausstattung einer Stiftung mit dem Grundstockvermögen), Spendenaufrufe zur Aufstockung und Sachzuwendungen (z.B. Überlassung eines Grundstücks) vom Grundsatz der zeitnahen Mittelverwendung ausgeschlossen.

Die Ausschließlichkeit (§ 56 AO) fordert, dass sowohl nach der Satzung als auch nach der tatsächlichen Geschäftsführung nur steuerbegünstigte Zwecke verfolgt werden. Eine Körperschaft darf mehrere steuerbegünstigte Zwecke nebeneinander verfolgen, die jedoch alle satzungsmäßige Zwecke erfüllen müssen.

Beispiel:
Das gemeinnützige Krankenhaus der Musterstadt fördert laut Satzung das öffentliche Gesundheitswesen. Es werden medizinisch-indizierte Operationen durchgeführt; auch betreibt das Krankenhaus eine stationäre Pflegeeinrichtung. Das Krankenhaus verfolgt mehrere steuerbegünstigte Zwecke.

Verfolgt eine Körperschaft neben den begünstigten Zwecken auch nicht begünstigte Zwecke, so ist sie nicht ausschließlich gemeinnützig tätig. Daneben sind ausnahmsweise Tätigkeiten zulässig, die als notwendiges Mittel zur Erreichung des satzungsmäßigen Zwecks angesehen werden: Steuerunschädliche Betätigungen (§ 58 AO), Zweckbetriebe (§ 65 AO), Wohlfahrtspflege (§ 66 AO), Krankenhäuser (§ 67 AO), sportliche Veranstaltungen (§ 67a AO) und besondere Zweckbetriebe (§ 68 AO).

Die steuerbegünstigten Zwecke müssen von der Körperschaft unmittelbar verwirklicht werden (§ 57 AO). Das ist gegeben, wenn die Körperschaft einen oder mehrere steuerbegünstigte satzungsmäßige Zwecke selbst verwirklicht. Im Umkehrschluss bedeutet dies, dass eine mittelbare Zweckerfüllung nicht ausreicht.

Beispiel:
Der Wohlfahrtsverband Caritas sammelt Spenden für eine Wasserversorgung in einem Erdbebengebiet. Mithilfe der Mittel werden die technischen Anlagen von einer Organisation vor Ort aufgebaut. Nach dem Grundsatz der Unmittelbarkeit ist es zulässig, dass der Wohlfahrtsverband die Zwecke auch durch eine Hilfsperson verwirklicht. Die Organisation muss aber den Weisungen der Caritas folgen und ist der „verlängerte Arm" des Wohlfahrtsverbands.

Die Verwirklichung des gemeinnützigen Zwecks kann auch auf Hilfspersonen (natürliche Personen und Körperschaften) übertragen werden, sofern die Körperschaft diese Tätigkeiten nicht selbst ausüben kann. Die Hilfsperson dient als „verlängerter Arm" der gemeinnützigen Körperschaft. Darüber hinaus ist zu gewährleisten, dass die Körperschaft unmittelbar durch Weisungs- und Kontrollrecht auf die Hilfsperson einwirken kann.

1.4 Ausnahmeregelungen für besondere Tätigkeiten

In § 58 AO sind Ausnahmeregelungen zur Selbstlosigkeit, Ausschließlichkeit und Unmittelbarkeit geregelt, die bestimmte gemeinnützige Einrichtungen (Sportvereine oder Stiftungen) betreffen, die Nutzung von Sachmittel oder Personalgestellung regeln, ohne dass die Gemeinnützigkeit gefährdet wird. Hiervon sind für den kommunalen Bereich nachfolgende Ausnahmen von Bedeutung:

a) Fördervereine und Spendensammelvereine: Diese Einrichtungen beschaffen finanzielle Mittel, die für steuerbegünstigte Zwecke durch andere (auch nicht steuerbegünstigte) Körperschaften (Kommunen) verwendet werden. Die Mittelbeschaffung muss Satzungszweck sein; ebenso ist zu dokumentieren, welche Körperschaft die Mittel erhält und für welchen steuerbegünstigten Zweck sie verwendet werden. Auch wenn das Kriterium der Unmittelbarkeit verletzt wird, ist der Förder- und Spendensammelverein auf Grund der Ausnahmeregelung des § 58 Nr. 1 AO steuerbegünstigt. Beispiele in der Praxis: Fördervereine für Schulen, Schwimmbäder, Sporthallen, Theaterneubauten, Bibliotheken, Kirchenneubauten oder Feuerwehrfördervereine.
b) Weitergabe von Überschüssen und Gewinnen: Eine gemeinnützige Körperschaft kann die Überschüsse aus der Vermögensverwaltung, Gewinne aus den wirtschaftlichen Geschäftsbetrieben ganz oder teilweise sowie maximal 15 % der sonstigen, zeitnah zu verwendenden Mittel einer anderen gemeinnützigen Körperschaft oder einer juristischen Person des öffentlichen Rechts zur Vermögensausstattung überlassen.
c) Überlassung von Arbeitskräften und Arbeitsmitteln: Überlassung von Arbeitskräften (z.B. Dozenten, Krankenschwestern) oder Arbeitsmitteln (z.B. Krankenwagen) an andere (auch nicht steuerbegünstigte) Personen, Einrichtungen oder Unternehmen. Der Einsatz der Arbeitskräfte und Arbeitsmittel muss allerdings für steuerbegünstigte Zwecke erfolgen. In der Praxis ist diese Ausnahmeregelung vor allem für die Personalgestellung an Krankenhäusern und Schulen

von Bedeutung. Auch wenn die Empfängerkörperschaft selbst nicht steuerbegünstigt sein muss, so ist doch wichtig, dass sie steuerbegünstigte Tätigkeiten ausübt. Arbeitskräfte können entgeltlich, unentgeltlich oder gegen ein angemessenes Entgelt den Kommunen überlassen werden, wenn sie gemeinnützige, mildtätige oder kirchliche Zwecke mit ihren Tätigkeiten verfolgen.

d) Überlassung von Räumen: Überlassung von Räumen, Sportstätten, Sportanlagen, Schwimmbäder einer steuerbegünstigten Körperschaft an eine andere steuerbegünstigte Körperschaft. Der Begriff „Räume" ist weit gefasst und schließt auch Sportstätten oder Freibäder mit ein. Wichtig ist auch hierbei, dass die Räume von der Empfängerkörperschaft für steuerbegünstigte Zwecke genutzt werden. Die verbilligte oder unentgeltliche Nutzungsüberlassung kann auch an Körperschaften des öffentlichen Rechts, also an Kommunen, erfolgen, sofern steuerbegünstigte Zwecke erfüllt werden. Hierdurch kann die öffentliche Aufgabenerfüllung vor allem im Bereich Sport und Freizeit finanziell entlastet werden.

e) Zuschüsse an Wirtschaftsunternehmen: Stiftungen, die von einer juristischen Person des öffentlichen Rechts mit dem Zweck gegründet wurden, Zuschüsse an Wirtschaftsunternehmen zu vergeben, verletzten nicht die zentralen Grundsätze der Selbstlosigkeit, Ausschließlichkeit und Unmittelbarkeit.

f) Mittelverwendung für die Errichtung und den Betrieb von Photovoltaikanlagen und anderen Anlagen nach dem Erneuerbare-Energien-Gesetz (sofern nicht Hauptzweck der Körperschaft).

2. Steuerliche Folgen der Gemeinnützigkeit

2.1 Einteilung der Tätigkeiten in vier Sphären

Obwohl gemeinwohlorientierte Einrichtungen vorrangig keine eigenwirtschaftlichen Interessen anstreben, ist es dennoch nicht auszuschließen, dass sie sich am allgemeinen Wirtschaftsleben beteiligen und in Konkurrenz zu privatwirtschaftlichen Unternehmen treten. Da die steuerbegünstigte Körperschaft bei wirtschaftlichen Tätigkeiten Wettbewerbsvorteile infolge der Steuerbefreiungen hätte, wäre ein privatwirtschaftlich geführtes Unternehmen benachteiligt. Somit gilt eine partielle Steuerpflicht für die wirtschaftlichen Betätigungen von steuerbegünstigten Körperschaften in Form eines wirtschaftlichen Geschäftsbetriebes. Die einzelnen Steuergesetze schließen demzufolge Steuererleichterungen aus, wenn ein wirtschaftlicher Geschäftsbetrieb gem. § 14 und § 64 AO vorliegt. Hierdurch soll eine Wettbewerbsgleichheit der wirtschaftlichen Tätigkeit von „normal" besteuerten Unternehmen und gemeinwohlorientierten Einrichtungen angestrebt werden. Folglich müssen alle Einnahmen (und die damit im Zusammenhang stehenden Ausgaben) einer steuerbegünstigten Körperschaft (z.B. Altenheim, Museum, Kindergarten, Grundschule, Sozialstation) aus steuerlicher Sicht in vier Bereiche eingeteilt werden, die sich aus der nachfolgenden Übersicht ergeben (Tabelle 20). Ab 2026 entfällt eine Sphären-Einteilung, wenn die Bruttoeinnahmen aus wirtschaftlichen Tätigkeiten die Grenze von 50.000 Euro nicht überschreiten (§ 64 Abs. 3 Satz 2 AO).

Tabelle 20: Vier Sphären einer steuerbegünstigten Einrichtung

Steuerlich relevante Bereiche			
Ideeller Bereich	**Vermögensverwaltung**	**Zweckbetrieb**	**Wirtschaftlicher Geschäftsbetrieb**
Beispiele:			
Mitgliederbeiträge Spenden Zuschüsse Erbschaften Schenkungen	Erträge aus Kapitalanlagen, aus Vermietung und Verpachtung unbeweglichen Vermögens oder aus Beteiligungen an einer Kapitalgesellschaft	Einnahmen aus Behindertenwerkstätten, Altenheimen, Kindergärten, Museen, Theater, Konzerte, Ausstellungen, Volkshochschulen	Bewirtungserlöse beim Verkauf von Speisen und Getränken; Eintrittsgelder aus Denkmalbesichtigung; Verkaufserlöse aus Flohmärkten oder Basaren
Besteuerungsfolgen:			
Steuerbefreiung bei der Körperschaft-, Grund-, Gewerbesteuer	Steuerbefreiung bei der Körperschaft-, Grund-, Gewerbesteuer	Steuerbefreiung bei der Körperschaft-, Grund-, Gewerbesteuer	Steuerpflicht bei der Körperschaft-, Grund- und Gewerbesteuer
Nicht steuerbar bei der Umsatzsteuer (Ausnahme in § 2b UStG)	Steuerbefreiung oder Steuerpflicht bei der Umsatzsteuer (7 %)	Steuerbefreiung oder Steuerpflicht bei der Umsatzsteuer (7 %)	Steuerbefreiung oder Steuerpflicht bei der Umsatzsteuer (7 % oder 19 %)

(Quelle: Eigene Darstellung)

Die Einnahmen der vier Sphären werden in den Steuergesetzen unterschiedlich behandelt. So sind die Überschüsse im *ideellen (hoheitlichen) Bereich* in nahezu allen Steuerarten (vgl. aber § 2b UStG) steuerlich irrelevant. Eine *Vermögensverwaltung* liegt in der Regel vor, wenn Vermögen genutzt, zum Beispiel Kapitalvermögen verzinslich angelegt oder unbewegliches Vermögen vermietet oder verpachtet wird (§ 14 S. 3 AO). Nach dem Umsatzsteuergesetz kann eine Steuerbefreiung nach § 4 UStG vorliegen oder aber eine Steuersatzermäßigung von 7 % (§ 12 UStG). Einige Umsatzsteuerbefreiungen setzen die Gemeinnützigkeit voraus, insbesondere für Leistungen bestimmter Krankenhäuser, Wohlfahrtspflegeverbände und Vorträge, Kurse und andere Veranstaltungen wissenschaftlicher oder belehrender Art.

Wirtschaftliche Tätigkeiten, die im Rahmen eines *wirtschaftlichen Geschäftsbetriebes* erfolgen, unterliegen der Besteuerung (Körperschaftsteuer, Solidaritätszuschlag, Gewerbesteuer, Umsatzsteuer). Der *Zweckbetrieb* stellt einen Sonderfall des wirtschaftlichen Geschäftsbetriebes dar. Er ist zumindest außerhalb des Umsatzsteuergesetzes steuerlich nicht relevant. Umsätze eines Zweckbetriebs werden mit dem ermäßigten Umsatzsteuersatz besteuert.

2.2 Partielle Steuerpflicht für wirtschaftliche Geschäftsbetriebe

Ein wirtschaftlicher Geschäftsbetrieb resultiert aus einer selbständigen nachhaltigen Tätigkeit einer Körperschaft, durch die Einnahmen oder andere wirtschaftliche Vorteile erzielt werden und die über den Rahmen einer Vermögensverwaltung hinausgeht (§ 14 AO und § 64 AO). Die Absicht, Gewinn zu erzielen, ist nicht erforderlich. Vielmehr soll eine Förderung satzungsmäßiger gemeinnütziger Zwecke mit erzielten Überschüssen des wirtschaftlichen Geschäftsbetriebes erreicht werden. Die Steuerpflicht für den wirtschaftlichen Geschäftsbetrieb bedeutet auch eine Durchbrechung des Ausschließlichkeitsgrundsatzes (§ 56 AO). Obwohl die Voraussetzungen (und Steuerwirkungen) eines wirtschaftlichen Geschäftsbetriebs nach § 14 S. 1 und 2 AO und § 64 AO weitgehend den Voraussetzungen des Betriebs gewerblicher Art nach § 4 Abs. 1 KStG entsprechen, ist der BgA kein wirtschaftlicher Geschäftsbetrieb.

Zu den typischen wirtschaftlichen Geschäftsbetrieben gehören u.a.: Abfallverwertung (Verwertung oder Verkauf von Altmaterial, Überlassung von Stellplätzen für Altmaterialcontainer), Ansichtskartenverkauf, entgeltliche Besichtigung von Türmen, Schlössern, Kirchen, Durchführung von Basaren, Flohmärkten und Straßenfesten, Durchführung von Benefizveranstaltungen, Kirmesveranstaltungen, Bewirtung/Restauration (Betrieb einer allgemein zugänglichen Cafeteria eines Seniorenheims, Betrieb von Kantinen, Verkauf von Speisen und Getränken bei sportlichen Veranstaltungen, auch wenn ausschließlich Sportler oder Kampfrichter beköstigt werden), öffentliche Tanzveranstaltungen, Druckereibetriebe, Unterhaltung eines Erholungsheims, Betrieb einer Vereinsgaststätte, Einnahmen aus geselligen Veranstaltungen, Vermietung von Zimmern an Dritte in Krankenhäusern und Altenheimen, Verwaltung von fremdem Grundbesitz, Einsatz eines Fahrzeugs mit Werbeaufschriften („Werbebus").

Beispiel:
Die Kindertagesstätte „Zwergenland" (gemeinnützige Einrichtung) veranstaltet einmal jährlich einen Tag der offenen Tür. Bei dieser Veranstaltung kommt es durch den Verkauf von Bratwürstchen, Kuchen und Getränken zu Einnahmen in Höhe von 25.000 Euro zuzüglich 4.750 Euro Umsatzsteuer. Die Einnahmen werden für satzungsmäßige Zwecke der Tagesstätte verwendet. Die gemeinnützige Tagesstätte ist partiell mit den Einnahmen aus dem Verkauf von Speisen und Getränken steuerpflichtig. Nach § 64 Abs. 3 AO wird ein wirtschaftlicher Geschäftsbetrieb angenommen, wenn die Bruttojahreseinnahmen (hier: 29.750 Euro) aus

dieser wirtschaftlichen Tätigkeit über 50.000 Euro liegen. Das ist hier nicht der Fall, sodass die Einnahmen ertragsteuerfrei behandelt werden. Demnach fallen weder Körperschaft- und Gewerbesteuer noch Solidaritätszuschlag an. Jahreseinnahmen bis 50.000 Euro führen zu einer bürokratischen Entlastung, denn für die Kindertagesstätte entfällt in diesem Fall eine Sphäreneinteilung. Wird die Bruttoeinnahmengrenze hingegen überschritten (z.B. Einnahmen in Höhe von 59.840 Euro einschließlich Umsatzsteuer), unterliegt der gesamte steuerpflichtige Gewinn der Ertragsbesteuerung. Auf den Unterschied der Prüfgrenze (Einnahmenhöhe) und Besteuerungsgrundlage (Gewinn) ist zu achten!

Ein steuerpflichtiger wirtschaftlicher Geschäftsbetrieb bewirkt den Ausschluss der Steuervergünstigungen für die dem Geschäftsbetrieb zuzuordnenden Besteuerungsgrundlagen (Einkünfte, Umsätze, Vermögen). Es wird eine partielle Steuerpflicht für die Vermögenswerte des wirtschaftlichen Geschäftsbetriebs und den daraus erzielten Einnahmen angenommen. Unterhalb der Besteuerungsgrenze von 50.000 Euro (Bruttojahreseinnahmen) entfallen aus Vereinfachungsgründen die Körperschaft- und Gewerbesteuer sowie der Solidaritätszuschlag. Übersteigen die Einnahmen auch nur mit einem Euro oder Cent diese Freigrenze, wird der gesamte steuerpflichtige Gewinn körperschaft- und gewerbesteuerpflichtig. Analog zur Besteuerung von Betrieben gewerblicher Art werden im Besteuerungsfall einem wirtschaftlichen Geschäftsbetrieb bei der Ermittlung des steuerpflichtigen Gewinns Freibeträge im Körperschaftsteuergesetz (5.000 Euro) und Gewerbesteuergesetz (5.000 Euro) gewährt.

Beispiel:
Die Kindertagesstätte „Zwergenland" (gemeinnützige Einrichtung) veranstaltet einmal jährlich einen Tag der offenen Tür. Bei dieser Veranstaltung kommt es zum Verkauf von Speisen und Getränken in Höhe von 60.000 Euro zuzüglich 11.400 Euro Umsatzsteuer. Die Einnahmen werden für satzungsmäßige Zwecke der Tagesstätte verwendet. Nach §64 Abs.3 AO wird ein steuerpflichtiger wirtschaftlicher Geschäftsbetrieb angenommen, weil die Bruttojahreseinnahmen (hier: 71.400 Euro) über 45.000 Euro liegen. Zu beachten ist, dass Ausgaben im Zusammenhang mit der wirtschaftlichen Tätigkeit bei der Gewinnermittlung als Betriebsausgaben berücksichtigt werden. Entstehen bei der Veranstaltung z.B. Personal- und Materialaufwendungen von 8.000 Euro zuzüglich 19% Umsatzsteuer, so ergibt sich ein vorläufiger steuerpflichtiger Gewinn von 52.000 Euro (Betriebseinnahmen: 60.000 Euro abzüglich Betriebsausgaben: 8.000 Euro), der um einen Freibetrag von 5.000 Euro (§24 KStG und §11 GewStG) gekürzt wird. Der Ertragsbesteuerung wird ein steuerpflichtiges Ergebnis von 47.000 Euro (52.000 Euro – 5.000 Euro Freibetrag) unterworfen. Unter der Annahme, dass die Kita auch umsatzsteuerlicher Unternehmer ist, werden die Beträge hier immer *netto* behandelt. Für die Prüfgrenze des §64 Abs.3 AO sind die Jahreseinnahmen aber als Bruttobetrag (also einschließlich 19% Umsatzsteuer) zu betrachten! Auch hier gilt, dass auf den Unterschied der Prüfgrenze (Bruttoein-

nahmen: 71.400 Euro) und steuerpflichtige Besteuerungsgrundlage (Gewinn: 47.000 Euro) zu achten ist!

Betriebe gewerblicher Art unterscheiden sich im Bereich der Prüfgrenze von wirtschaftlichen Geschäftsbetrieben. Die Umsatzgrenze von 45.000 Euro wurde zwar als Indiz für eine wirtschaftlich bedeutsame Betätigung in den Verwaltungsanweisungen angenommen (vgl. R 4.1 Abs. 5 KStR); dennoch kann im Einzelfall auch ein Betrieb gewerblicher Art vorliegen, wenn der Jahresumsatz diese Mindesteinnahmengrenze unterschreitet. Diese Grenze besitzt für Betriebe gewerblicher Art keine Rechtsverbindlichkeit, weil sie nicht als Norm im Gesetz verankert ist, sondern lediglich die Auffassung der Finanzverwaltung in der Verwaltungsanweisung (Körperschaftsteuerrichtlinien 2022) dokumentiert. Außerdem wurde die Indizgrenze von 45.000 Euro (KStR 2022) noch nicht an die aktuelle Grenze des § 64 AO (50.000 Euro) angepasst. Für wirtschaftliche Geschäftsbetriebe ist die Grenze eine verbindliche Regelung in einer Norm, die zu einer Ertragsteuerfreiheit führt. Ob ein gemeinnütziger Betrieb gewerblicher Art diese Grenze ebenfalls beachten kann, ist umstritten. Nach Auffassung der Finanzverwaltung kann ein BgA keinen wirtschaftlichen Geschäftsbetrieb nach § 64 AO darstellen. Betriebe gewerblicher Art sind nicht explizit in § 64 AO aufgeführt und können somit nicht als wirtschaftlicher Geschäftsbetrieb eingeordnet werden.

Jede steuerbegünstigte Körperschaft kann nur einen wirtschaftlichen Geschäftsbetrieb haben. Unterhält ein Verein ein Museum, einen Tierpark und ein Theater (alle jeweils als gemeinnützig anerkannt), die aber jeweils wirtschaftliche Tätigkeiten ausüben, bilden alle drei Betriebe einen einzigen wirtschaftlichen Geschäftsbetrieb. Der Grund liegt vor allem in der Möglichkeit, eine Verlustverrechnung zwischen einzelnen Geschäftsbetrieben ohne Gefährdung der Gemeinnützigkeit vornehmen zu können. Die Steuervergünstigungen bleiben allerdings für bestimmte wirtschaftliche Tätigkeiten erhalten, wenn der wirtschaftliche Geschäftsbetrieb ein Zweckbetrieb (§§ 65–68 AO) ist. Zweckbetriebe sind besondere wirtschaftliche Geschäftsbetriebe, die ausdrücklich von der Besteuerung ausgenommen wurden.

2.3 Steuererleichterungen für Zweckbetriebe

Zweckbetriebe sind wirtschaftliche Geschäftsbetriebe, die wegen der engen Verbindung mit dem steuerbegünstigten Bereich unter den Voraussetzungen des § 65 AO dem steuerfreien Bereich zugeordnet und deshalb steuerlich begünstigt sind. Ein Zweckbetrieb als Sonderfall des wirtschaftlichen Geschäftsbetriebes liegt vor, wenn der wirtschaftliche Geschäftsbetrieb in seiner Gesamtrichtung dazu dient, die steuerbegünstigten satzungsmäßigen Zwecke der Körperschaft zu verwirklichen und die Zwecke nur durch einen solchen Geschäftsbetrieb erreicht werden können. Außerdem darf der wirtschaftliche Geschäftsbetrieb zu nicht begünstigten Betrieben derselben oder ähnlichen Art nicht in größerem Umfang in Wettbewerb treten, als es bei Erfüllung der steuerbegünstigten Zwecke unvermeidbar ist. Sämtliche Voraussetzungen müssen kumulativ vorliegen.

Für die Einordnung als Zweckbetrieb kommt es in der Praxis also darauf an, die Ursache bzw. den Anlass der Einnahmenerzielung und der wirtschaftlichen Tätigkeit genau zu betrachten. So ist entscheidend, ob die wirtschaftlichen Tätigkeiten, wie Warenverkäufe im Rahmen von Flohmärkten, primär dazu dienen, Einnahmen zu erzielen (wirtschaftlicher Geschäftsbetrieb) oder aber die wirtschaftlichen Tätigkeiten ausschließlich dem Satzungszweck der gemeinnützigen Einrichtung dienen, wie z.B. die Verpflegung der Studierenden in der Mensa (Zweckbetrieb). Bei dieser Prüfung kommt es nicht darauf an, wie die Mittel aus dieser wirtschaftlichen Tätigkeit verwendet werden.

Beispiel:
Die gemeinnützige Kindertagesstätte veranstaltet ein Jahresfest, auf dem Speisen und Getränke (Restaurationsleistung) verkauft werden. Der Verkauf von Speisen und Getränken ist kein primäres Satzungsziel. Es ist also nicht die Satzungsaufgabe der Kindertagesstätte, den Verkauf von Speisen und Getränken zu fördern. Diese wirtschaftliche Tätigkeit dient vorrangig der Einnahmenerzielung und führt zu einem wirtschaftlichen Geschäftsbetrieb nach § 64 AO. Dabei ist unbeachtlich, dass die Mittel für steuerbegünstigte Satzungszwecke verwendet werden, z.B. Erwerb von Spielgeräten aus diesen Einnahmen.

Anders verhält es sich im folgenden Fall: Das gemeinnützige Krankenhaus versorgt die Patienten mit Speisen und Getränken. Die Versorgung der Patienten dient ihrer Gesundheit und ihrem Wohlergehen nach dem medizinischen Eingriff. Die Versorgung mit Speisen und Getränken nach einem erfolgreichen medizinischen Eingriff ist für die Patienten lebensnotwendig und dient primär dem steuerbegünstigten Satzungszweck, nicht aber der Einnahmenerzielung. Daher führt in diesem Fall die wirtschaftliche Tätigkeit zu einem nicht ertragsteuerpflichtigen Zweckbetrieb gem. § 65 AO.

Zweckbetriebe sind mit ihrem wirtschaftlichen Ergebnis von der Körperschaft- und Gewerbesteuer sowie Solidaritätszuschlag befreit. Im Umsatzsteuerrecht ist dagegen keine Steuerbefreiung vorgesehen. Vielmehr kommt es auf die Art der steuerbaren Lieferung oder sonstigen Leistung an, ob eine Steuerbefreiung nach § 4 UStG oder eine Steuerermäßigung nach § 12 UStG gewährt wird. Der ideelle Bereich ist nicht steuerbar. Zweckbetriebe unterliegen mit ihren steuerbaren und steuerpflichtigen Leistungen allerdings einem ermäßigten Steuersatz von 7 %, während für wirtschaftliche Geschäftsbetriebe die Regelbesteuerung von 19 % gilt.

Der Gesetzgeber hat bestimmte Zweckbetriebe (vgl. Tabelle 21 zu den Beispielen der Zweckbetriebe) angenommen; hiermit wird Rechtssicherheit für Zweifelsfälle der Praxis geschaffen. Auch ein steuerbegünstigter Betrieb gewerblicher Art kann unter Erfüllung aller Voraussetzungen einen Zweckbetrieb nach § 65 AO unterhalten, auch wenn er nicht als wirtschaftlicher Geschäftsbetrieb nach § 64 AO gilt.

Tabelle 21: Beispiele für Zweckbetriebe

Zweckbetrieb	Beispiele
Einrichtungen der Wohlfahrtspflege (§ 66 AO)	Einrichtungen, die in besonderem Maße den in § 53 AO genannten Personen dienen. Beispiele: Diakonisches Werk der Evangelischen Kirche in Deutschland e. V., Caritas, Paritätischer Wohlfahrtsverband, DRK, Arbeiterwohlfahrt, Zentralwohlfahrtsstelle der Juden, Deutscher Blindenverband, Verband der Kriegsblinden
Krankenhäuser (§ 67 AO)	Krankenhäuser, deren Träger der Bund ist; Polizeikrankenhäuser; Krankenhäuser der Träger der gesetzlichen Rentenversicherung oder im Straf- und Maßregelvollzug; Tuberkulose- und Kurkrankenhäuser
Sportveranstaltungen (§ 67a AO)	Sportvereine, deren Bruttojahreseinnahmen 50.000 Euro nicht übersteigen und nicht aus der Werbung oder dem Verkauf von Speisen und Getränken stammen (Optionsrecht)
Einzelne Zweckbetriebe (§ 68 AO)	Alten- und Pflegeheime (Altenheime, Pflegeheime, Erholungsheime, Mahlzeitendienste) Einrichtungen für Kinder und Jugendliche (Kindergärten, Jugendherbergen, Schullandheime, Studentenheime) Einrichtungen zur Versorgung, Verpflegung und Betreuung von Flüchtlingen Selbstversorgungseinrichtungen (Handwerks- und Dienstleistungsbetriebe, die der Selbstversorgung der Körperschaften dienen: Gärtnereien, Tischlereien, Schlossereien, landwirtschaftliche Betriebe) Arbeitstherapeutische Betriebe, Fürsorgeeinrichtungen und Inklusionsbetriebe (Behinderten-Werkstätten, Fürsorgeeinrichtungen für Blinde und Körperbehinderte, Integrationsprojekte) Einrichtungen über Tag und Nacht (Heimerziehung) und sonstige betreute Wohnformen Öffentliche Lotterien und Ausspielungen [Zweckbetrieb, sofern max. zweimal jährlich eine Lotterie oder Ausspielung (Tombola), die von den zuständigen Behörden genehmigt wurde]. Überschüsse müssen ausschließlich für steuerbegünstigte Zwecke verwendet werden Kulturelle Einrichtungen und Veranstaltungen (Theater, Museen, Konzerte, Kunstausstellungen, Gartenschauen). Ausnahme: Verkauf von Speisen und Getränken i. V. m. kulturellen Veranstaltungen ist stets wirtschaftlicher Geschäftsbetrieb

Zweckbetrieb	Beispiele
Einzelne Zweck-betriebe (§ 68 AO)	Volkshochschulen und andere Veranstaltungen wissenschaftlicher oder belehrender Art Wissenschafts- und Forschungseinrichtungen, deren Träger sich überwiegend aus Zuwendungen der öffentlichen Hand, Dritter oder aus der Vermögensverwaltung finanziert

(Quelle: Eigene Darstellung)

Einen Sonderfall nehmen Forschungseinrichtungen ein. Wissenschafts- und Forschungseinrichtungen sind steuerbegünstigte Zweckbetriebe, wenn sich ihr Träger überwiegend aus Zuwendungen der öffentlichen Hand oder Dritter finanziert. Der Träger der Forschungseinrichtung ist gewöhnlich die Körperschaft, welche die Einrichtung betreibt. Als Einrichtung kommt ein Verein oder eine GmbH in Betracht. Aber auch Betriebe gewerblicher Art können Forschungs-Zweckbetriebe sein, wenn sie auf einer entsprechenden Satzung beruhen. Forschungseinrichtungen, die ihre Forschungsaktivitäten im Interesse eines Auftraggebers nach seinen Vorgaben und gegen Entgelt durchführen, betreiben eine Auftragsforschung, die zur Annahme eines steuerpflichtigen wirtschaftlichen Geschäftsbetriebes führt.

Unter den Voraussetzungen des § 68 Nr. 9 AO kann die Auftragsforschung jedoch auch zu einem steuerbegünstigten Zweckbetrieb führen, wenn die Forschungseinnahmen die Zuwendungen aus dem gemeinnützigen Bereich nicht übersteigen und die Finanzierung der Forschungseinrichtung überwiegend aus den Zuwendungen der Vermögensverwaltung, der öffentlichen Hand oder Dritter erfolgt. Die Forschungstätigkeiten sind von der Körperschaft- und Gewerbesteuer befreit, wenn die Zuschüsse oder Spenden der allgemeinen Forschung dienen *(steuerfreier ideeller Bereich)* oder die Forschungsergebnisse veröffentlicht werden und keine Exklusivrechte bestehen *(steuerfreier Zweckbetrieb nach § 68 Nr. 9 AO)*. Die Auftragsforschung ist dagegen steuerpflichtig, wenn der Zahlende Exklusivrechte über die Verwertung der Forschungsergebnisse erhält *(steuerpflichtiger wirtschaftlicher Geschäftsbetrieb nach § 64 AO)*.

Dienen die wirtschaftlichen Tätigkeiten der steuerbegünstigten Zweckerreichung, z. B. Weiterbildungseinrichtungen, kulturelle Einrichtungen, zoologische Gärten, Erholungsanlagen, medizinische Versorgungszentren, nicht aber primär der Mittelbeschaffung, ist von einem Zweckbetrieb auszugehen. Der Mitteltransfer des BgA-Zweckbetriebs an die Trägerkörperschaft unterliegt unter bestimmten Voraussetzungen einer Kapitalertragsteuerpflicht. Sie beträgt 15 % nach § 20 Abs. 1 Nr. 10b EStG i. V. m. § 43 Abs. 1 S. 1 Nr. 7c EStG, wenn der Gewinn des BgA bilanziell ermittelt wird. Außerdem kann bei einer vereinfachten Einnahmen-Überschuss-Rechnung nach § 4 Abs. 3 EStG eine Kapitalertragsteuer in Höhe von 15 % anfallen, wenn die Umsatzerlöse über 350.000 Euro im Kalenderjahr oder

der Gewinn über 30.000 Euro liegen. Bei der Prüfung dieser steuerlichen Buchführungsgrenze ist nicht § 141 AO, sondern § 20 Abs. 1 Nr. 10 EStG anzuwenden.

Ist dagegen der Betrieb gewerblicher Art steuerbefreit, z.B. als Zweckbetrieb, unterliegt der Mitteltransfer vom steuerbegünstigten Betrieb gewerblicher Art an die Trägerkörperschaft keiner Kapitalertragsteuer, wenn die Mittel ebenfalls für steuerbegünstigte Zwecke bei der Trägerkörperschaft verwendet werden. Es ist allerdings auf eine entsprechende Satzungsregelung bei der Mittelverwendung zu achten, um nicht mit dem Gewinnausschüttungsverbot des § 55 AO zu kollidieren. Hiernach dürfen keine Gewinnanteile oder sonstige Zuwendungen aus Mitteln der steuerbegünstigten Körperschaft (BgA) an ihre Mitglieder oder Gesellschafter (Trägerkörperschaft) „ausgeschüttet" werden.

2.4 Umfang der Besteuerung für wirtschaftliche Geschäftsbetriebe

a) Körperschaftsteuer und Solidaritätszuschlag: Steuerbegünstigte kommunale Einrichtungen sind im Rahmen der Einkünfte aus einem wirtschaftlichen Geschäftsbetrieb körperschaftsteuerpflichtig, sofern die Bruttojahreseinnahmengrenze des § 64 Abs. 3 AO von 50.000 Euro überschritten ist. Nach Abzug des Freibetrags von 5.000 Euro ergibt sich die Körperschaftsteuer aus dem Gewinn aus wirtschaftlichem Geschäftsbetrieb multipliziert mit dem Körperschaftsteuersatz von 15 % (bis 2027). Auf die ermittelte Körperschaftsteuer wird zusätzlich ein Solidaritätszuschlag von 5,5 % erhoben.
b) Gewerbesteuer: Steuerpflichtig, sofern die steuerbegünstigte kommunale Einrichtung einen Gewerbebetrieb unterhält, der die Besteuerungsgrenze des § 64 Abs. 3 AO von 50.000 Euro überschreitet (wirtschaftlicher Geschäftsbetrieb). Nach Abzug des Freibetrags von 5.000 Euro ergibt sich die Gewerbesteuer aus der Multiplikation des Gewerbeertrags mit der Steuermesszahl von 3,5 % und dem Hebesatz der Gemeinde. Nicht gewerbesteuerpflichtig sind im Regelfall steuerbegünstigte kommunale Einrichtungen nach § 3 Nr. 6 GewStG im Rahmen der Einkünfte aus der Vermögensverwaltung und aus Zweckbetrieben.
c) Grundsteuer: Sofern die steuerbegünstigte kommunale Einrichtung über inländischen Grundbesitz (Grundstücke, Gebäude) verfügt, ergibt sich die Grundsteuer nach der Formel:
   Grundsteuerwert × Steuermesszahl × Hebesatz der Gemeinde = Grundsteuer
   Steuerbegünstigte Körperschaften sind im Regelfall jedoch von der Grundsteuer befreit (§ 3 Abs. 1 Nr. 3 GrStG), wenn der Grundbesitz unmittelbar und ausschließlich für gemeinnützige Zwecke genutzt wird (ideeller Bereich, Vermögensverwaltung, Zweckbetrieb).
d) Umsatzsteuer: Steuerbegünstigte kommunale Einrichtungen sind Unternehmer des Umsatzsteuergesetzes. Sie können als Kleinunternehmer von der Umsatzsteuerpflicht befreit sein oder als Unternehmer steuerbare, aber steuerbefreite Umsätze (§ 4 UStG) und/oder steuerpflichtige Umsätze mit Regel-

steuersatz (19 %) oder mit dem ermäßigten Steuersatz (7 % oder 0 %) ausführen, insbesondere von Zweckbetrieben und den Leistungen aus der Vermögensverwaltung. Die Gemeinnützigkeit ist Voraussetzung bei einigen Steuerbefreiungen. Einnahmen aus wirtschaftlichen Geschäftsbetrieben unterliegen – sofern nicht steuerbefreit – dem Regelsteuersatz von 19 %.

e) Kapitalertragsteuer: Soweit die steuerbegünstigte Einrichtung Kapitalerträge aus der verzinslichen Anlage von Kapital erwirtschaftet, entsteht eine Kapitalertragsteuerpflicht (§§ 20, 43, 43a EStG). Dem Kapitalertragsteuerabzug an der Quelle unterliegen Beteiligungserträge (Dividenden), Zinseinkünfte aus Schuldverschreibungen und Genussrechten sowie Einlagezinsen. Eine steuerbegünstigte Einrichtung kann den Kapitalertragsteuerabzug und Zinsabschlag durch eine so genannte Abstandnahme vom Kapitalertragsteuerabzug (§ 44a EStG) vermeiden oder im Fall eines tatsächlichen Steuerabzugs eine Erstattung der Abzugsbeträge beim Bundeszentralamt für Steuern (§ 44b EStG) beantragen. Die Abstandnahme vom Kapitalertragsteuerabzug nach § 44a EStG erfolgt durch die Erteilung eines Freistellungsauftrags gegenüber dem Kreditinstitut, das die Kapitalerträge auszahlt. Alternativ kann auch eine Nichtveranlagungsbescheinigung (NV-Bescheinigung) beim zuständigen Finanzamt beantragt und dem auszahlenden Kreditinstitut vorgelegt werden, wenn die Einrichtung nicht zur Einkommensteuer veranlagt wird. In einigen Fällen reicht auch vereinfachend die Vorlage des Bescheids über die Freistellung von der Körperschaftsteuer oder eine beglaubigte Kopie der Bescheinigung über die Gemeinnützigkeit aus, um eine Abstandnahme vom Kapitalertrag zu bewirken (vgl. auch hierzu BMF-Schreiben vom 12.01.2006 und 14.03.2006, BStBl I 2006, S. 101).

Ausgewählte Literaturempfehlungen zu Teil IV

Alber, Matthias: Gemeinnützigkeit im Ertragsteuerrecht, 2. Aufl., Stuttgart 2025.

Buchna, Johannes/Leichinger, Carina/Seeger, Andreas/Brox, Wilhelm: Gemeinnützigkeit im Steuerrecht, 12. Aufl., Achim 2023.

Hüttemann, Rainer: Gemeinnützigkeitsrecht und Spendenrecht, 5. Aufl., Köln 2021.

Pieske-Kontny, Detlef: Förderung wohngemeinnütziger Zwecke gemäß §52 Abs. 2 Satz 1 Nr. 27 AO, Gemeindewirtschaft 2025, Heft 04, S. 87 – 89.

Schauhoff, Stephan/Kirchhain, Christian: Handbuch der Gemeinnützigkeit, 4. Aufl., München 2023.

Schleder, Herbert: Steuerrecht der Vereine, 13. Aufl., Herne 2023.

Seeger, Andreas/Kurz, Tilo/Grummann, Stephan/ Roller, Frank/Imberg, Anna: Die Reform des Gemeinnützigkeitsrechts, Berlin 2022.

Wallenhorst, Rolf/Halaczinsky, Raymond: Die Besteuerung gemeinnütziger Vereine, Stiftungen und der juristischen Personen des öffentlichen Rechts, 7. Aufl., München 2017.

Anwendungsbezogene Sachverhalte und Berechnungsbeispiele zu Teil IV

1

Für welche öffentlichen Aufgaben, die im Rahmen eines Regie- oder Eigenbetriebes geführt werden, sollte eine Kommune die Beantragung der Gemeinnützigkeit in Erwägung ziehen? Nennen Sie typische Fälle!

2

Sind Steuerbegünstigungen für gemeinnützige Einrichtungen gerechtfertigt? Warum kommt es zu einer Steuerpflicht für bestimmte wirtschaftliche Tätigkeiten?

3

Welche wirtschaftliche Bedeutung besitzen gemeinnützige Einrichtungen? Wo liegen die Schwerpunkte des Non-Profit-Bereichs in Deutschland aus der Sicht der Kommunen?

4

Sachverhalt: Die aufgeführten Beispiele werden von einer steuerbegünstigten Körperschaft ausgeübt. Es werden grundsätzlich jeweils Bruttojahreseinnahmen in Höhe von 60.000 Euro erzielt; Ausgaben fallen nicht an.

Aufgabe: Entscheiden Sie durch Ankreuzen, ob ein Zweckbetrieb (ZB), wirtschaftlicher Geschäftsbetrieb (wiGB) oder eine Vermögensverwaltung (VV) vorliegt.

	ZB	wiGB	VV
1. Einnahmen aus der Übernachtung in einer Jugendherberge			
2. Werbeeinnahmen eines Sportvereins			
3. Ansichtskartenverkauf eines Tierparks			
4. Eintrittsgeld aus Schlossturmbesichtigung			
5. Verkaufseinnahmen von selbst hergestellten Produkten einer Behindertenwerkstatt			
6. Verkaufserlöse aus Wohltätigkeitsbasar			
7. Einnahmen aus der Versorgung von Studierenden mit Speisen in der Mensa des Studentenwerks			
8. Eintrittsgelder aus Musikkonzert eines Musikvereins			

	ZB	wiGB	VV
9. Umsatzerlöse einer öffentlich zugänglichen Cafeteria eines Seniorenwohnheims			
10. Einnahmen aus dem Weiterverkauf von gesammeltem Altmaterial (Altpapier, Altglas, Altkleider)			
11. Einnahmen aus der Vermietung von Vereinsräumen			
12. Dividenden aus der Beteiligung an einer GmbH			

5

Hoheitliche Pflichtaufgaben und gemeinnützige öffentliche Aufgaben der öffentlichen Hand werden häufig auf privatrechtliche Einrichtungen übertragen (Beleihung). Ist eine privatrechtliche Einrichtung mit der Erfüllung der gemeinnützigen Aufgabe gleichzeitig auch eine gemeinnützige Einrichtung? Wie verhält es sich bei einer kommunalen GmbH (Eigengesellschaft), die hoheitliche Pflichtaufgaben der Kommune übernimmt und ausübt?

6

Aufgabe und Sachverhalt: Welche steuerlichen Wirkungen sind mit der Gemeinnützigkeit verbunden? Bitte vergleichen Sie hierzu die ertragsteuerlichen und umsatzsteuerlichen Folgen für ein als Regiebetrieb geführtes Stadt-Theater der Stadt Musterhausen, für das (a) keine Gemeinnützigkeit beantragt und (b) die Freistellungsbescheinigung nach Erteilung der Gemeinnützigkeit vorliegt. Der Gewerbesteuer-Hebesatz beträgt 400 %. Das Theater ist Unternehmerin nach § 2 UStG.

Das Theater übt im Jahr t_1 die folgenden Tätigkeiten aus:

1. Theateraufführungen von Mai – Juli t_1 Einnahmen (netto) aus den Eintrittsgeldern: 46.000 Euro; Ausgaben i. V. m. Aufführungen: 7.500 Euro (Umsatzsteueranteil: 1.425 Euro). Einnahmen aus dem Verkauf von Getränken bei der Aufführung: 37.000 Euro (netto); Ausgaben: 13.000 Euro (Umsatzsteueranteil: 2.470 Euro).
2. Operettengala im Dezember t_1 Einnahmen (netto) aus den Eintrittsgeldern: 38.000 Euro (keine Ausgaben); Einnahmen aus dem Verkauf von Getränken bei der Gala: 57.000 Euro (netto); Ausgaben: 33.000 Euro (Umsatzsteueranteil: 6.270 Euro).

7

Sachverhalt: Das Forschungsinstitut „Innovations-GmbH" mit Sitz in Berlin wurde in t_0 gegründet und vom zuständigen Finanzamt als gemeinnützig anerkannt. Im Laufe des Jahres t_1 fallen folgende Einnahmen und Ausgaben (netto) an:

- Allgemeine Verwaltungskosten: 70.000 Euro
- Verkauf von Getränken im Rahmen einer Tagung am 01.12.t_1: 30.000 Euro
- Mieterträge aus einem Institutsgrundstück: 40.000 Euro
- Wareneinkauf (Getränke): 20.000 Euro
- Grundsteuer t_1 für Institutsgrundstück: 5.000 Euro
- Eintrittsgelder einer Tagung am 01.12.t_1: 50.000 Euro
- Zinserträge aus der verzinslichen Anlage von Institutskapital: 10.000 Euro
- Spenden an das Institut: 60.000 Euro
- Verkauf von Getränken im Rahmen einer Tagung am 01.12.t_1: 20.000 Euro
- Kopierkosten für Erstellung von Tagungsmappen: 10.000 Euro
- Zuschuss vom Bundesministerium für Wissenschaft: 300.000 Euro

Aufgabe: Ordnen Sie die Einnahmen und Ausgaben den vier Sphären der gemeinnützigen GmbH im Rahmen einer Einnahmen-Überschuss-Rechnung zu.

8

Aufgabe: Berechnen Sie die Gesamtertragsteuerbelastung (Gewerbesteuer mit einem Hebesatz von 400 %, Körperschaftsteuer und Solidaritätszuschlag) für die Innovations-GmbH aus dem Sachverhalt 7.

9

Sachverhalt: Die städtische Verwaltungsangestellte Müller ist Schatzmeisterin des gemeinnützigen Vereins „Musikchor Pavarotti". Im Geschäftsjahr t_1 sind folgende Netto-Einnahmen und Netto-Ausgaben angefallen:

- Spenden und Mitgliedsbeiträge: 45.000 Euro
- Mieterträge eines Vereinsgrundstücks: 36.000 Euro
- Eintrittsgelder aus einer Chorveranstaltung: 57.000 Euro
- Bewirtungseinnahmen i. V. m. Veranstaltungen: 60.000 Euro
- Verwaltungs- und Büroaufwand: 1.000 Euro
- Chorleiter-Vergütung (freier Mitarbeiter): 15.000 Euro
- Erwerb von Noten: 5.000 Euro
- Grundsteuer für Vereinsgrundstück: 500 Euro
- Materialeinkauf (Getränke): 11.300 Euro

Bearbeitungshinweise: Die Mieteinnahmen ergeben sich aus der langfristigen Vermietung eines unbebauten Grundstücks an einen Unternehmer (Dauer des Mietvertrages: zehn Jahre). Die Eintrittsgelder stammen aus regelmäßig durchgeführten Chor-Konzerten. Hierfür wurden optisch ansprechende Notenausgaben erworben. Die Grundsteuer resultiert aus dem vermieteten Grundstück, das sich im Eigentum des Vereins befindet. Die Bewirtungseinnahmen stammen aus dem Erlös bei einer Benefizveranstaltung, bei der Getränke verkauft wurden. Die Bewirtungseinnahmen unterliegen dem Regelsteuersatz; die Eintrittsgelder dem ermäßigten Steuersatz. Aus den Vorleistungen gehen folgende Vorsteuerbeträge hervor: Noteneinkauf 350 Euro und Wareneinkauf 2.147 Euro.

Aufgabe: Ordnen Sie die Einnahmen und Ausgaben den vier Sphären des gemeinnützigen Vereins im Rahmen einer Einnahmen-Überschuss-Rechnung zu. Berechnen Sie anschließend die Gesamtsteuerbelastung: Gewerbesteuer (Hebesatz: 410 %), Körperschaftsteuer und Solidaritätszuschlag.

10

Aufgabe: Ermitteln Sie die Umsatzsteuerzahllast aus dem Sachverhalt 9 für den Verein „Musikchor Pavarotti". Gehen Sie davon aus, dass der Verein Unternehmer nach § 2 UStG ist.

Teil V Kommunale Unternehmen im Umsatzsteuerrecht

Inhaltsübersicht

1. Unternehmer, Unternehmen und Gebietsbegriffe

1.1 Konzeption der Umsatzsteuer und unternehmerfähige Wirtschaftsgebilde

Die Umsatzsteuer ist eine indirekte und unmerkliche Steuer, weil der Unternehmer als Steuerschuldner und Steuerzahler vom Steuerträger (Steuerdestinatär), dem privaten Endverbraucher, zu trennen ist. Dem Unternehmerbegriff kommt daher eine zentrale Bedeutung zu, denn er ist in das Besteuerungsverfahren als Schnittstelle zwischen Finanzamt und Endverbraucher eingebunden. Gelingt die „Überwälzung" (Weitergabe) der Umsatzsteuer im Preis, wird der Endverbraucher zum Steuerträger. Für Unternehmen entstehen allerdings mit der Ermittlung, Einbehaltung und Abführung der Umsatzsteuer an das Finanzamt regelmäßig Steuerverwaltungskosten.

Seit 1968 ist die Umsatzsteuer als Allphasen-Nettoumsatzsteuer mit sofortigem Vorsteuerabzug ausgestaltet. Sie ist eine Allphasensteuer, weil der Mehrwert jeder Wirtschaftsstufe (Hersteller, Großhändler, Einzelhändler) vom Nettoumsatz (ohne Umsatzsteuer) erhoben wird. Mit der Anwendung des Umsatzsteuersatzes auf den Nettoumsatz ergibt sich die Umsatzsteuerschuld nach § 13 UStG (Umsatzsteuer-Traglast), die der Unternehmer schuldet. Von dieser Umsatzsteuerschuld können Unternehmer die von anderen Unternehmern in Rechnung gestellte Umsatzsteuer als Vorsteuer abziehen (§ 15 UStG). Im Ergebnis wird die Umsatzsteuer-Zahllast als Differenz abgeführt, die auf die Wertschöpfung (Mehrwert) entfällt. Übersteigen die Vorsteuerbeträge die Umsatzsteuer-Traglast z.B. bei höheren Investitionen, entsteht ein Vorsteuerüberhang, der dem Unternehmen erstattet oder gutgeschrieben wird. Die in der Praxis gebräuchliche Bezeichnung „Mehrwertsteuer" beruht darauf, dass der Unternehmer, der seine Umsätze nach den allgemeinen Vorschriften des Umsatzsteuergesetzes versteuert, die Vorsteuer von der Steuerschuld abziehen kann.

Umsatzsteuer-Traglast	
–	*Vorsteuerabzug*
=	*Umsatzsteuer-Zahllast*

Beispiel:
Der städtische Bauhof erzielt im Monat Oktober aus dem Verkauf von Rindenmulch (netto) Einnahmen in Höhe von 50.000 Euro. Im gleichen Monat wurde ein Transporter für den städtischen Bauhof für netto 25.000 Euro angeschafft. Im Zuge des Vorsteuerabzugs versteuert der Unternehmer den Unterschied zwischen Einkaufs- und Verkaufspreis seiner Leistung („Mehrwert"). Bemessungsgrundlage für die Umsatzsteuer ist das Entgelt in Höhe von 50.000 Euro, die Umsatzsteuer-Traglast ergibt sich in Höhe von 9.500 Euro (50.000 Euro x 19 %). Unternehmer können unter den Voraussetzungen des § 15 UStG die von Vor-

unternehmern in Rechnung gestellte Eingangs-Umsatzsteuer als Vorsteuer abziehen. In diesem Fall stellt der Erwerb des Transporters eine Anschaffung in Höhe von 25.000 Euro dar, die zu einer Vorsteuer von 4.750 Euro führt. Die konkret an die Finanzbehörde zu zahlende Steuer ermittelt sich durch Umsatzsteuer auf Ausgangsumsätze (9.500 Euro) abzüglich der Vorsteuer auf Eingangsumsätze (4.750 Euro) auf insgesamt 4.250 Euro (Umsatzsteuer-Zahllast). Dem Vorsteuerabzug kommt im System der Umsatzsteuer eine zentrale Bedeutung zu. Hierbei wird deutlich, dass das Umsatzsteuergesetz aus zwei wesentlichen Bereichen aufgebaut ist: Einerseits die Ausgangs-Umsatzsteuer (Frage: Muss Umsatzsteuer abgeführt werden?) und andererseits die Eingangs-Umsatzsteuer als Vorsteuer (Frage: Kann die geschuldete Umsatzsteuer als Vorsteuer geltend gemacht werden?)

Die Umsatzsteuer soll nach der Intention des Gesetzgebers den Endverbraucher wirtschaftlich belasten, indem sie im Bruttorechnungspreis einkalkuliert wird (indirekte Steuer). Damit aber die Erhebung der Umsatzsteuer steuertechnisch überhaupt möglich ist, muss an denjenigen angeknüpft werden, der die Umsätze ausführt, also Waren (z.B. Trinkwasserverkauf an Familie Y) verkauft oder Dienstleistungen (z.B. Energieberatung für Bürger) anbietet. Nach dem Umsatzsteuergesetz übernimmt diese Funktion der „Unternehmer". Der Unternehmer tritt quasi als Erfüllungsgehilfe des Staates in Bezug auf die Umsatzsteuer auf und schuldet die Mehrwertsteuer, obwohl diese als Verbrauchsteuer letztlich vom Endverbraucher getragen werden soll. Da eine Kommune als juristische Person des öffentlichen Rechts wirtschaftliche Leistungen anbietet und damit als Unternehmer am Markt auftritt, wird die öffentliche Hand je nach Steuerart selbst zum Steuerpflichtigen, Steuerzahler und/oder Steuerschuldner. Im Zuge der öffentlichen Aufgabenerfüllung werden wirtschaftliche, aber auch nichtwirtschaftliche Tätigkeiten im Interesse des Gemeinwohls und der Daseinsvorsorge für die Bevölkerung ausgeführt, wie u.a. Veranstaltung von Märkten, Beförderung von Personen, Vermietung von städtischen Wohnungen und Parkplätzen, Betrieb von Stadthallen und Campingplätzen. Es handelt sich um wirtschaftliche Tätigkeiten, die auch von privaten Unternehmern ausgeführt werden könnten. Somit werden diese wirtschaftlichen Tätigkeiten einer Kommune umsatzsteuerrechtlich privatwirtschaftlichen Unternehmen gleichgestellt und unterliegen der Umsatzsteuer.

Der Unternehmerbegriff ist bewusst weit gefasst; so ist jedes Wirtschaftsgebilde oder Wirtschaftssubjekt ein Unternehmer, das *„eine gewerbliche oder berufliche Tätigkeit selbständig ausübt"*. Unternehmerfähig sind alle selbständigen Wirtschaftssubjekte, die nachhaltig Leistungen gegen Entgelt ausüben, z.B. Einzelunternehmer, Kapitalgesellschaften, Personengesellschaften, andere Personenzusammenschlüsse wie Arbeitsgemeinschaften oder Genossenschaften, Körperschaften des öffentlichen Rechts, rechtsfähige und nichtrechtsfähige Vereine, Stiftungen und Vermögensmassen sowie Kommunen mit ihren Betrieben gewerblicher Art (vgl. Schaukasten 2). Die Unternehmerfähigkeit erfolgt losgelöst von der zivilrechtlichen Rechtsfähigkeit und Geschäftsfähigkeit. Daher sind auch die Gebietskörperschaften (Bund, Länder, Gemeinden, Gemeindeverbände, Zweckverbände), Innungen, Handwerks-, Industrie- und Handelskammern, Anstalten und Stiftungen des öffentlichen Rechts unternehmerfähige Gebilde.

Schaukasten 2: Unternehmerfähige Wirtschaftssubjekte

Unternehmerfähige Wirtschaftsgebilde nach dem Umsatzsteuergesetz
Natürliche Personen (Unabhängig vom Alter oder von der Geschäftsfähigkeit; Einzelunternehmen, Vermieter) *Beispiele:* Einzelhändler, Handwerker, Ärzte, Bäcker, Fabrikanten, Mietshausbesitzer, Schriftsteller, Steuerberater **Juristische Personen des Privatrechts** (Zusammenschlüsse des Zivilrechts mit eigener Rechtsfähigkeit, Vermögensmassen) **Juristische Personen des öffentlichen Rechts** (Gebilde, die aufgrund des öffentlichen Rechts eigene Rechtspersönlichkeit besitzen) *Beispiele:* Aktiengesellschaften, GmbH, rechtsfähige Vereine, Betriebe gewerblicher Art als öffentliche Verkehrsbetriebe, Energieversorgungsbetriebe, städtische Friedhofsgärtnereien, Universitäten, Sparkassen **Nichtrechtsfähige Personenvereinigungen** *Beispiele:* Personengesellschaften des Handelsrechts (OHG, KG, Partenreederei), Gesellschaften bürgerlichen Rechts, Partnerschaftsgesellschaften, Europäische Wirtschaftliche Interessenvereinigungen, Erbengemeinschaften, Ehegattengemeinschaften, nichtrechtsfähige Vereine, politische Parteien, Arbeitsgemeinschaften

(Quelle: Eigene Darstellung)

Für juristische Personen des öffentlichen Rechts gilt zunächst die Prüfung der Unternehmereigenschaft nach § 2 UStG für alle wirtschaftlichen Tätigkeiten. Zusätzlich wurde mit § 2b UStG eine Auffangvorschrift für öffentliche Einrichtungen eingeführt, deren Tätigkeiten im Rahmen der öffentlichen Gewalt ausgeübt werden.

1.2 Begriff des Unternehmers, Unternehmens und des Inlands

Der Unternehmerbegriff erfüllt eine entscheidende Aufgabe im Umsatzsteuerrecht. Seine zentrale Funktion ist die ordnungsgemäße Ermittlung der Umsatzsteuer, ihre Einbehaltung und schließlich die fristgerechte Abführung der einbehaltenen Umsatzsteuer an den Staat bzw. an das zuständige Finanzamt. Die Anknüpfung an den Unternehmer ist steuersystematisch von zentraler Bedeutung, denn der Unternehmer sorgt für die Einbehaltung und Abführung der einbehaltenen Umsatzsteuer an das zuständige Finanzamt („Umsatzsteuereinsammler"), aber auch für die ordnungsgemäße Berechnung der Umsatzsteuer. Bei einer unrichtigen Ermittlung der Umsatzsteuer (z.B. Ausweis von 7 % anstelle von 19 % Umsatzsteuersatz) schuldet der Unternehmer auch den unzutreffend berechneten Steuerbetrag, denn er ist nach § 13a UStG Steuerschuldner der Umsatzsteuer. Darüber hinaus entstehen aufgrund der umfangreichen Aufzeichnungspflichten des UStG Steuerverwaltungskosten, denn der Unternehmer hat die auszuweisende Umsatzsteuer selbst und zutreffend zu berechnen und einzubehalten (sog. Steueranmeldung).

Öffentliche Einrichtungen, die am Markt wirtschaftliche (gewerbliche) Tätigkeiten erzielen, sind im Regelfall Unternehmer. Der Unternehmerbegriff ist in § 2 UStG geregelt und enthält folgende fünf Voraussetzungen (Tatbestandsmerkmale), die kumulativ erfüllt sein müssen:

1. Wirtschaftsgebilde, die nach außen im eigenen Namen Leistungen bewirken und empfangen. Hierunter fallen alle Wirtschaftssubjekte unabhängig von der Rechts- oder Organisationsform, wie z.B. Einzelunternehmer, Kapitalgesellschaften, Personengesellschaften, andere Personenzusammenschlüsse (Arbeitsgemeinschaften oder Genossenschaften), Körperschaften des öffentlichen Rechts (Sparkassen) oder rechtsfähige/nichtrechtsfähige Vereine und Stiftungen.
2. Erbringung von Leistungen im wirtschaftlichen Sinne (berufliche oder gewerbliche Tätigkeiten), wie z.B. Veräußerung von Gegenständen.
3. Nachhaltigkeit der Leistungen, d.h. auf Dauer zur Erzielung von Entgelten angelegte Tätigkeiten mit Wiederholungsabsicht.
4. Selbständigkeit, d.h., die wirtschaftlichen Tätigkeiten werden auf eigene Rechnung und eigene Verantwortung ausgeübt. Für die juristische Person des öffentlichen Rechts wird im Regelfall von einer Selbständigkeit ausgegangen.
5. Einnahmeerzielungsabsicht, d.h. Absicht zur Erzielung von Einnahmen. Eine Gewinnerzielungsabsicht ist nicht erforderlich; Kostendeckung reicht aus.

Sollte ein Kriterium nicht erfüllt sein, liegt keine Unternehmereigenschaft vor.

Kommunen nehmen als Wirtschaftsgebilde mit ihren tätigkeitsbezogenen Leistungen bzw. gewerblichen Tätigkeiten am Markt teil. Diese Leistungserbringung im wirtschaftlichen Sinne entspricht der Absicht, Gegenstände zu veräußern oder Dienstleistungen anzubieten, nicht jedoch das Halten und Verwalten von Sparkonten und Wertpapieren (Leistungen im rechtlichen Sinne). Außerdem muss die Tätigkeit auf Dauer zur Erzielung von Entgelten angelegt sein. Diese Nachhaltigkeit wird durch eine mehrjährige Tätigkeit, ein planmäßiges Handeln (tatsächliche Wiederholung gleichartiger Geschäfte), eine Beteiligung am Markt oder das Auftreten wie ein Händler dokumentiert. Die Tätigkeit braucht nicht der Allgemeinheit gegenüber erfolgen. Es reicht, wenn ein eingeschränkter Personenkreis vorliegt.

Beispiel:
Die Stadt Beispielrode wird für entgeltliche, wirtschaftliche Leistungen wie Verkäufe von Waren (Versorgung), z.B. Trinkwasser oder Energie, sowie dem Management von Liegenschaften (Grundstücke, Gebäude) umsatzsteuerlich tätig. Auch für die Erbringung entgeltlicher Dienstleistungen (z.B. Vermittlung, Vermietung, Beratung, Ausstellung von Baugenehmigungen, Personenbeförderung) ist die Stadt Unternehmerin.

Weiterhin hat eine Einnahmeerzielungsabsicht zu bestehen, d.h. die Absicht zur Erzielung von Einnahmen (Leistungen gegen Entgelt). Eine Gewinnerzielungsabsicht ist dagegen nicht erforderlich. Daher können Unternehmer auch bei einer Kostendeckung oder Verlustentstehung als sogenannte „erfolglose Unternehmer" angenommen werden. Unternehmer üben außerdem Tätigkeiten auf eigene Rechnung und eigene Verantwortung selbständig aus. Unselbständig sind dagegen Arbeitnehmer, die ihre Arbeitskraft schulden, persönlich abhängig und weisungsgebunden sind im Hinblick auf Umfang, Ort, Zeit und Inhalt der Tätigkeit. Arbeitnehmer sind im Rahmen ihrer beruflichen Tätigkeit keine Unternehmer.

Beispiel:
Die Stadt Beispielrode ist Unternehmerin für die folgenden wirtschaftliche Tätigkeiten, die im Rahmen eines Regie- oder Eigenbetriebs geführt werden: Energieversorgung, Einnahmen aus dem Betrieb eines Freizeitparks, Mehrzweck- und Stadthallenbewirtschaftung, Betrieb eines städtischen Parkhauses außerhalb der Straßenverkehrsordnung, städtische Verkehrsbetriebe und Wasserversorgung.

Besondere Beachtung gilt kommunalen Kureinrichtungen und Tourismusbetrieben. Eine Kommune, die einen Eigenbetrieb „Kurverwaltung" mit dem Zweck gem. Betriebssatzung unterhält, alle mit dem Kurbetrieb verbundenen Aufgaben zu erfüllen und hierfür ein Entgelt (Kurtaxe, Fremdenverkehrsabgabe, Tourismusabgabe) erhebt, erzielt steuerbare Umsätze, wenn die Kureinrichtungen nicht für jedermann frei und unentgeltlich zugänglich sind (vgl. BFH-Urteil vom 06.12.2023 – XI R 33/21). Handelt die Kurgemeinde bei der Bereitstellung von Kureinrichtungen gegen Kurtaxe auf öffentlich-rechtlicher Grundlage, ist sie nur dann als Unternehmerin tätig, wenn ihre Behandlung als Nichtunternehmerin zu größeren Wettbewerbsverzerrungen führen würde (vgl. BFH-Urteil vom 15.12.2021 – XI R 30/19). Die umsatzsteuerlichen Leistungen können nur dann steuerbar sein, wenn sie von einem Unternehmer im Rahmen seines Unternehmens ausgeführt werden. Hierbei ist der Grundsatz der Unternehmenseinheit zu beachten, d.h., ein Unternehmer kann zwar mehrere Betriebe, Firmen, Betriebsstätten haben, aber nach dem Umsatzsteuergesetz wird immer nur ein einziges Unternehmen angenommen. Mit diesem Grundsatz sind verfahrensrechtliche Vereinfachungen verbunden, z.B. Abgabe einer einzigen Umsatzsteuervoranmeldung. Außerdem sind Innenumsätze zwischen den Betrieben des Unternehmens mangels Leistungsaustausch nicht steuerbar. Umsatzsteuerbare Leistungen können nur mit Unternehmensvermögen erzielt werden. Die Kommune muss also entscheiden, ob der Gegenstand in Abhängigkeit von seinem Einsatz dem nichtunternehmerischen oder wirtschaftlichen Bereich (Unternehmensvermögen) zugeordnet wird.

Beispiel:
Die Stadt Beispielrode übt folgende wirtschaftliche Tätigkeiten aus: „Betrieb gewerblicher Art Marktveranstaltungen", „Betrieb gewerblicher Art Verkehrsunternehmen" und „Betrieb gewerblicher Art Ratskeller". Auch wenn ertragsteuerlich drei getrennt zu erfassende Betriebe gewerblicher Art vorliegen, besitzt die Stadt Beispielrode im Umsatzsteuerrecht zwar drei Betriebe, aber nur ein Unternehmen. Die Betriebe werden umsatzsteuerlich als „wirtschaftliche Einheit" betrachtet.

Sollte die Kommune als Unternehmerin am europäischen Warenverkehr teilnehmen, weil Waren innerhalb der Europäischen Union erworben oder geliefert werden, ist neben der Steuernummer auch eine Umsatzsteuer-Identifikationsnummer (USt-IdNr.) erforderlich. Auf Antrag vergibt das Bundeszentralamt für Steuern (BZSt) die Identifikationsnummer. Im Bestätigungsverfahren kann der Unternehmer vom Bundeszentralamt für Steuern Auskünfte über die Gültigkeit anderer Identifikationsnummern oder Angaben zum Unternehmen erhalten (elektronisch, schriftlich oder telefonisch).

Eine weitere Bedeutung zur Annahme umsatzsteuerbarer Leistungen hat der Inlandsbegriff (§ 1 Abs. 2 und 2a UStG). Inland ist das Gebiet der Bundesrepublik Deutschland außer Büsingen, Helgoland, Freizonen des Kontrolltyps I, Gewässer und Watten der Hoheitsgrenze und Strandlinie von 12 Seemeilen sowie deutsche Schiffe und Luftfahrzeuge in Gebieten, die zu keinem Zollgebiet gehören. Büsingen und Helgoland zählen als umsatzsteuerliches Sondergebiet zum Drittland. Ebenfalls nicht zum Inland gehören auch die Freihäfen des Kontrolltyps I, also Bremerhaven und Cuxhaven. Ursache ist das europäisierte Zollrecht. Hiernach werden Freizonen des Kontrolltyps I (mit zollrechtlich überwachter Begrenzung) und Freizonen des Kontrolltyps II (ohne zollrechtlich überwachte Begrenzung) unterschieden. Die Freihäfen Deggendorf und Duisburg gehören als Freizone Kontrolltyp II zum Inland.

Deutschland ist außerdem ein Teil des Gemeinschaftsgebietes. Das übrige Gemeinschaftsgebiet erfasst alle EU-Staaten außer Deutschland, namentlich Belgien, Bulgarien, Dänemark, Estland, Finnland, Frankreich mit Monaco, Griechenland, Irland, Italien, Kroatien, Lettland, Litauen, Luxemburg, Malta, Niederlande, Österreich, Polen, Portugal, Rumänien, Schweden, Slowakei, Slowenien, Spanien, Tschechien, Ungarn, Zypern (griechischer Teil). Drittländer sind alle ausländischen Hoheitsgebiete, die nicht zur Europäischen Union gehören, z. B. Südafrika, USA oder die Schweiz.

Beispiel:
Die Stadt Beispielrode vereinbart mit B, Bauherr einer Tiefgarage, die Errichtung des Bauwerks und die Zurverfügungstellung von Stellplätzen für die Allgemeinheit. Die Stadt zahlt B hierfür die Summe von 2 Mio. Euro. Die Durchführung des Vertrages ist ein Leistungsaustausch.

Alle Umsätze, die ein Unternehmer in Deutschland gegen Entgelt im Rahmen seines Unternehmens ausführt, werden vom Umsatzsteuergesetz erfasst und sind damit steuerbare Leistungen. Zentraler Anknüpfungspunkt ist der Leistungsaustausch, der voraussetzt, dass sich ein Leistender und ein Leistungsempfänger gegenüberstehen (zwei Rechtspersonen) und der Leistung eine Gegenleistung (Entgelt) folgt.

Beispiel:
Die Stadtwerke des Landkreises Mustercity versorgen die Bürger des Landkreises mit Strom. Es handelt sich um eine steuerbare Lieferung im Inland. Die Stadt Musterhausen erhält eine Spende in Höhe von 20.000 Euro. Hier liegt mangels Leistungsaustausch kein steuerbarer Umsatz im Inland vor.

Umsätze, die nicht im Inland, nicht im Rahmen eines Unternehmens oder nicht gegen Entgelt ausgeführt werden, sind folglich nicht steuerbar. Hierzu gehören Innenumsätze, Leistungen eines Nichtunternehmers (Hoheitsbetriebe), Lieferungen im (nicht in das) Ausland, Schadensersatzleistungen, Schenkungen und Erbschaften oder einmalige Veräußerungen im Hoheitsbereich. Nicht unternehmerfähig sind sogenannte Innengesellschaften, d.h. Personenzusammenschlüsse, die nach außen hin nicht in Erscheinung treten und damit keine Unternehmereigenschaft begründen (z.B. stille Gesellschaften). Auch Innenleistungen innerhalb einer Kommune gehören zu den nichtunternehmerfähigen Bereichen.

1.3 Auffangvorschrift des § 2b UStG für juristische Personen des öffentlichen Rechts

Im Jahr 2017 wurde mit der Aufhebung des § 2 Abs. 3 UStG und Einführung des § 2b UStG eine Neuregelung für juristische Personen des öffentlichen Rechts geschaffen, die sich an Art. 13 der EU-Mehrwertsteuersystemrichtlinie orientiert. Die bisherige Systematik, die eine Unternehmereigenschaft vom Vorliegen eines Betriebs gewerblicher Art abhängig macht, spielt damit umsatzsteuerrechtlich keine Rolle mehr. Juristische Personen des öffentlichen Rechts sollen als Unternehmer nach § 2 UStG marktrelevante, unternehmerische Leistungen nach den gleichen Grundsätzen erbringen wie andere Marktteilnehmer. Auch nichtunternehmerische (hoheitliche) Leistungen im Rahmen der öffentlichen Gewalt, die auf öffentlich-rechtlicher Grundlage erbracht werden, jedoch keinem generellen Marktausschluss unterliegen, können unter bestimmten Voraussetzungen des § 2b UStG steuerbar und steuerpflichtig sein. Die öffentlich-rechtliche Sonderregelung kann sich aus einem Gesetz, einer Rechtsverordnung, einer Satzung, aus

Staatsverträgen, verfassungsrechtlichen Verträgen, Verwaltungsabkommen, Verwaltungsvereinbarungen oder öffentlich-rechtlichen Verträgen ergeben.

Alle inländischen Warenlieferungen und Dienstleistungen einer juristischen Person des öffentlichen Rechts, die eine selbständige, nachhaltige Tätigkeit zur Erzielung von Einnahmen nach § 2 UStG darstellen und auf privatrechtlicher Grundlage erfolgen, führen zu einer steuerbaren Leistung nach Umsatzsteuerrecht. Hierzu gehören typische gewerbliche Leistungen einer öffentlichen Einrichtung, z.B. Verkauf von Souvenirs in einem Fremdenverkehrsamt oder Verkauf von Familienstammbüchern im Standesamt. Für die Annahme eines steuerbaren Umsatzes im Inland kommt es also entscheidend auf die Unternehmereigenschaft nach § 2 UStG an. § 2b Abs. 1 S. 1 UStG sieht zunächst vor, dass juristische Personen des öffentlichen Rechts bei Leistungen, die ihnen im Rahmen der öffentlichen Gewalt obliegen, nicht als Unternehmer nach § 2 UStG gelten. Führt die Behandlung als Nichtunternehmer jedoch zu größeren Wettbewerbsverzerrungen, wird eine Unternehmereigenschaft und damit eine Steuerbarkeit der Leistungen angenommen (§ 2b Abs. 1 S. 2 UStG).

Der Gesetzgeber hat in § 2b UStG die Regelungen des Art. 13 MwStSystRL übernommen und vier Voraussetzungen für den Nicht-Unternehmerstatus der jPöR definiert: Wirtschaftliches Handeln einer juristischen Person des öffentlichen Rechts, Ausübung einer ihr im Rahmen der öffentlichen Gewalt obliegenden Tätigkeit, Fehlen größerer Wettbewerbsverzerrungen und Ausschluss einer Katalogtätigkeit nach § 2b Abs. 4 UStG. Tätigkeiten einer juristischen Person des öffentlichen Rechts, die diese im Rahmen öffentlich-rechtlicher Sonderregelungen ausführt, unterliegen nur dann der Umsatzsteuer, wenn die Nichtbesteuerung dieser Leistungen zu größeren Wettbewerbsverzerrungen führen würde.

Nach § 2b Abs. 1 S. 1 UStG gelten juristische Person des öffentlichen Rechts nicht als Unternehmer nach § 2 UStG, wenn sie Tätigkeiten im Rahmen der öffentlichen Gewalt ausüben. Sollte jedoch diese Behandlung als Nichtunternehmer zu größeren Wettbewerbsverzerrungen führen, ist von einer Unternehmereigenschaft auszugehen (§ 2b Abs. 1 S. 2 UStG). Entscheidend ist das Kriterium „größere Wettbewerbsverzerrungen", die in § 2b Abs. 2 UStG definiert werden. Verzerrungen des Wettbewerbs können nur stattfinden, wenn Wettbewerb besteht. Dies setzt voraus, dass die von einer juristischen Person des öffentlichen Rechts auf öffentlich-rechtlicher Grundlage erbrachte Leistung gleicher Art auch von einem privaten Unternehmer erbracht werden könnte. Eine größere Wettbewerbsverzerrung liegt nach § 2b Abs. 2 Nr. 1 UStG vor, wenn eine prognostizierte Jahresumsatzgrenze von 17.500 Euro aus gleichartigen Tätigkeiten überschritten wird. Das Überschreiten dieser Umsatzgrenze ist bereits mit der Haushaltsplanung zu dokumentieren. Allerdings soll es nicht auf ein tatsächliches Erreichen der Umsatzgrenze ankommen. Diese Geringfügigkeitsgrenze gilt nur für Tätigkeiten im Rahmen der öffentlichen Gewalt. Steuerbare und nicht steuerfreie Umsätze auf privatrechtlicher Grundlage sind dagegen grundsätzlich umsatzsteuerpflichtig. Das bedeutet: Sobald eine öffentliche Einrichtung auf privatrechtlicher Grundlage (z.B. zivilrechtlicher Vertrag) wirtschaftliche Leistungen erbringt, ist sie als Unternehmerin nach §2 UStG tätig. Führt dagegen die juristische Person des öffentlichen Rechts Leistungen auf öffentlich-rechtlicher Grundlage aus, kann die Ausnahmeregelung des §2b UStG zur Umsatzbesteuerung führen, wenn die Jahresumsatzgrenze überschritten und eine größere Wettbewerbsverzerrung bei bestimmten Tätigkeiten angenommen wird. Keine größeren Wettbewerbsverzerrungen liegen auch nach §2b Abs.2 Nr.2 UStG vor, wenn vergleichbare, auf privatrechtlicher Grundlage erbrachte Leistungen umsatzsteuerbefreit sind. Kann jedoch auf eine Steuerbefreiung nach §9 UStG verzichtet werden, wie z.B. bei Vermietungsumsätzen nach §4 Nr.12 UStG, gilt dies nicht.

§2b Abs.3 UStG enthält eine Ausnahmeregelung für den Leistungsaustausch im Rahmen einer interkommunalen Zusammenarbeit von zwei juristischen Personen des öffentlichen Rechts. Kooperationen zwischen juristischen Personen des öffentlichen Rechts wurden nach der Altregelung als nicht steuerbare Beistandsleistungen eingeordnet. Demnach sollen gemeinsame öffentliche Aufgaben aus der Kooperation zweier Kommunen nicht zusätzlich mit Umsatzsteuer belastet werden, um eine Verteuerung öffentlicher Leistungen zu verhindern und eine unerwünschte Belastung des Bürgers zu vermeiden. Für die Anwendung von §2b Abs.3 UStG kommt es darauf an, dass es sich um hoheitliche, also nicht marktorientierte Leistungen handelt. Analog zu den Beistandsleistungen sollen diese Leistungen als nicht umsatzsteuerbar behandelt werden, wenn keine größeren Wettbewerbsverzerrungen vorliegen. So besteht nach §2b Abs.3 UStG kein Wettbewerb, wenn Leistungen auf Grundlage einer langfristigen öffentlich-rechtlichen Vereinbarung erbracht werden, sie dem Erhalt der öffentlichen Infrastruktur und der Wahrnehmung einer allen Beteiligten obliegenden öffentlichen Aufgabe dienen, sie ausschließlich gegen Kostenerstattung erbracht werden und die leistende juristische Person des öffentlichen Rechts gleichartige Leistungen im Wesentlichen nur an andere juristischen Personen des öffentlichen Rechts erbringt. Wichtig ist aber: Diese Ausnahme kann nur greifen, wenn nach der Handlungsgrundlage feststeht, dass die Zusammenarbeit zwischen beiden juristischen Personen des öffentlichen Rechts in Ausübung öffentlicher Gewalt erfolgt, also auf einer öffentlich-rechtlichen Grundlage stattfindet.

Eindeutig steuerbare Leistungen sind sog. Katalogtätigkeiten, d.h. Umsätze, die nach §2b Abs.4 UStG über die Unternehmereigenschaft explizit als steuerbar definiert sind. Folgende Tätigkeiten sind stets unternehmerische und damit steuerbare Leistungen: Leistungen der Vermessungs- und Katasterbehörden bei der Wahrnehmung von Aufgaben der Landesvermessung und des Liegenschaftskatasters mit Ausnahme der Amtshilfe sowie die Tätigkeit der Bundesanstalt für Landwirtschaft und Ernährung, soweit Aufgaben der Marktordnung, der Vorratshaltung und der Nahrungsmittelhilfe wahrgenommen werden. Darüber hinaus führen folgende Tätigkeiten zu einer Steuerbarkeit: Tätigkeiten im Telekommunikationswesen, Lieferung von Wasser, Gas, Elektrizität und thermischer Energie, Güter- und Personenbeförderung, Hafen- und Flughafendienstleistungen, Lieferung von neuen Gegenständen zum Zwecke ihres Verkaufs, Veranstaltung von Messen und Ausstellungen mit gewerblichem Charakter, Lagerhaltung, Tätigkeiten gewerblicher Werbe- oder Reisebüros, Umsätze von betriebseigenen Kantinen oder Verkaufsstellen. Führt eine juristische Person des öffentlichen Rechts eine dieser Tätigkeiten aus, ist sie unternehmerisch tätig.

Die Umsatzsteuer knüpfte bis zum 31.12.2016 an den ertragsteuerlichen Tatbestand des Betriebs gewerblicher Art (BgA) nach § 4 KStG an. Mit dem Jahressteuergesetz 2024 bleibt diese Anknüpfung durch eine erneute Verlängerung der Optionsregelung gem. § 27 Abs. 22a UStG bis zum 31.12.2026 bestehen. Der Gesetzgeber begründet die erneute Verlängerung, um Zweifelsfragen bei der Rechtsauslegung, die zu einer erheblichen Verunsicherung der Verantwortlichen führen, zu beseitigen. Eine wesentliche Beeinträchtigung des Wettbewerbs durch die erneute Verlängerung der Übergangsregelung sei nicht anzunehmen.

Im Ergebnis führt die Annahme eines Betriebs gewerblicher Art gleichzeitig zum Unternehmerstatus nach § 2 UStG und seine Tätigkeiten damit zu umsatzsteuerbaren Leistungen. Ein Stadtwerke-Eigenbetrieb als Versorgungsbetrieb ist ein BgA nach § 4 Abs. 3 KStG und zugleich auch Unternehmer nach § 2 Abs. 1 UStG. Nach der Optionsregelung (§ 27 Abs. 22a UStG) sind jedoch Betriebe, die überwiegend der Ausübung öffentlicher Gewalt dienen (Hoheitsbetriebe gem. § 4 Abs. 5 KStG), hiervon ausgeschlossen. Ausübung öffentlicher Gewalt ist eine Tätigkeit, die der öffentlich-rechtlichen Körperschaft eigentümlich und vorbehalten ist. Kennzeichnend ist die Erfüllung öffentlich-rechtlicher Aufgaben, die aus der Staatsgewalt abgeleitet sind und staatlichen Zwecken dienen, z. B. Abwasser- und Abfallbeseitigung, Brandschutz (Feuerwehr) oder Straßenreinigung. Hoheitsbetriebe sind nach § 4 Abs. 5 KStG keine Betriebe gewerblicher Art und mangels steuerbarer Leistungen nach der Optionsregelung von der Umsatzbesteuerung ausgenommen.

Voraussetzung zur Anwendung der Optionsregelung ist eine wirksame Erklärung seitens der juristische Person des öffentlichen Rechts gegenüber dem Finanzamt gem. § 27 Abs. 22a S. 3 UStG, dass die Altregelung des § 2 Abs. 3 UStG weiter angewandt werden soll und diese Optionserklärung für vor dem 01.01.2025 endenden Zeiträume nicht widerrufen wurde. Die Erklärung gilt dann für sämtliche Leistungen, die nach dem 31.12.2024 und vor dem 01.01.2027 ausgeführt werden, weiter. Ein Handlungsbedarf wäre nur erforderlich, wenn die juristische Person des öffentlichen Rechts eine wirksame und noch gültige Optionserklärung besitzt, aber zur Regelung des § 2b UStG wechseln möchte. In dem Fall wäre ein Widerruf notwendig. Dies könnte z. B. für juristische Personen des öffentlichen Rechts sinnvoll sein, die sich bereits umfangreich mit dem Inhalt des § 2b UStG und ihren Leistungsbeziehungen beschäftigt haben und Vorteile aus der

Anwendung der Rechtsnorm ziehen können (z.B. Nutzung von Vorsteuerüberhängen durch Investitionstätigkeiten).

Mit Ende der Optionsverlängerung zum 01.01.2027 kommt es nicht mehr auf das Vorliegen eines BgA an. Vielmehr ist gemäß §2b UStG insbesondere zwischen einem Handeln auf privatrechtlicher oder öffentlich-rechtlicher Grundlage sowie dem Vorliegen einer größeren Wettbewerbsverzerrung bei Einrichtungen der öffentlichen Hand zu differenzieren. Vor dem Hintergrund einer europarechtskonformen Ausgestaltung des umsatzsteuerlichen Unternehmerbegriffs waren Wortlaut und Systematik des aufgehobenen §2 Abs.3 UStG nicht mit Art.13 MwStSystRL vereinbar. Hiernach wird die Steuerpflicht für Tätigkeiten der öffentlichen Hand anderen Voraussetzungen unterworfen. Außerdem wird deutlich, dass die Umsatzsteuer eine europäisierte Steuerart ist und sich das Umsatzsteuerrecht den europäischen Vorgaben anpasst. Für die Bürger sind erhöhte Gebühren zu erwarten, weil zusätzlich die bislang nicht steuerbaren (hoheitlichen) Leistungen unter bestimmten Voraussetzungen steuerbar und steuerpflichtig werden.

1.4 Sonderfragen zur Personalgestellung im kommunalen Bereich

Personalgestellungen und Personalüberlassungen durch juristische Personen des öffentlichen Rechts gegen Erstattung der Kosten führen grundsätzlich zu einem Leistungsaustausch, wenn die gestellende Kommune weiterhin als Arbeitgeber bestehen bleibt. Eine nicht steuerbare Innenleistung liegt vor, wenn die Kommune Bedienstete des Hoheitsbetriebes in den eigenen Betrieben gewerblicher Art einsetzt.

Beispiel:
Die Stadt Beispielrode setzt eine Verwaltungsangestellte, die im Hoheitsbereich Bestattungswesen tätig ist, auch im städtischen Betrieb gewerblicher Art „Friedhofsgärtnerei" ein. Es handelt sich um eine Innenleistung, die nach außen nicht in Erscheinung tritt und damit nicht steuerbar ist.

Eine nicht steuerbare Personalgestellung kann auch zwischen zwei juristischen Personen des öffentlichen Rechts erfolgen, wenn die Tätigkeiten ausschließlich im hoheitlichen Bereich ausgeübt werden.

Beispiel:
Die Stadt Beispielrode stellt eine Verwaltungsangestellte, die im Hoheitsbereich Bestattungswesen der Stadtverwaltung tätig ist, an den Hoheitsbereich Bestattungswesen der Stadt Mustercity ab. Die Stadt Mustercity erstattet die Kosten für die Personalgestellung, die dem Hoheitsbereich der Stadt Beispielrode zufließen. Es handelt sich um eine Innenleistung, die nicht steuerbar ist, weil jeweils der nicht unternehmerische Hoheitsbereich betroffen ist.

Anders verhält es sich dagegen, wenn die Personalgestellung zwischen mehreren Kommunen nicht ausschließlich den hoheitlichen, sondern auch den unternehmerischen Bereich betrifft oder das Personal einer juristischen Person des öffentlichen Rechts bei einem privatrechtlichen Unternehmer tätig wird.

Beispiel:
Die Stadt Beispielrode stellt eine Verwaltungsangestellte, die im Hoheitsbereich Bestattungswesen der Stadt tätig ist, an den Betrieb gewerblicher Art „Marktveranstaltungen" der Stadt Mustercity ab. Außerdem stellt die Stadt Beispielrode eine weitere Verwaltungsangestellte, die im Hoheitsbereich Bestattungswesen der Stadt tätig ist, an den privaten Bestattungsunternehmer Müller ab. Die Stadt Mustercity und der Unternehmer Müller erstatten der Stadt Beispielrode die Kosten für die Personalgestellung. In diesen Fällen wird die Personalgestellung nicht ausschließlich von hoheitlichen Zwecken veranlasst, sondern dient auch wirtschaftlichen Zielen. Die Personalgestellung ist für die Stadt Beispielrode insgesamt ein Betrieb gewerblicher Art, der steuerbare Leistungen ausübt. Die Kostenerstattungen sind umsatzsteuerpflichtig.

Auch der umgekehrte Fall, in dem eine Kommune ihre Bediensteten aus einem Betrieb gewerblicher Art im Hoheitsbereich einer anderen Kommune einsetzt, bewirkt eine steuerbare Leistung, wenn die Kostenerstattungen für die Personalgestellung direkt an den Betrieb gewerblicher Art zurückfließen. Handelt es sich um Bedienstete ausschließlich aus dem Hoheitsbereich, wäre keine steuerbare Leistung anzunehmen. Die Personalgestellung zwischen zwei Betrieben gewerblicher Art von zwei unterschiedlichen Kommunen bewirkt ebenfalls eine steuerbare Leistung. Erfolgt die Personalgestellung (Bedienstete aus dem Hoheitsbereich) einer Kommune an eine gemeinnützige Einrichtung, die nicht unternehmerisch tätig ist, wird ebenfalls eine umsatzsteuerbare Leistung ausgeübt.

Beispiel:
Die Stadt Beispielrode stellt zwei Arbeitnehmerinnen frei für die Sitzung des Gemeinderats oder für den Fiskalausschuss. Außerdem wird ein Arbeitnehmer freigestellt für die Zwecke der Ausbildung, zu Übungen oder zu einem Einsatz bei der Feuerwehr.

Personalgestellungen gegen Aufwandsersatz sind entgeltliche Leistungen. Ein Leistungsaustausch fehlt hingegen, wenn Arbeitnehmer vom Unternehmer freigestellt werden und dieser die Aufwendungen, wie z. B. Lohnkosten oder Sozialversicherungsbeiträge, erstattet. In diesem Fall mangelt es an einem konkretisierbaren Leistungsempfänger, sodass keine umsatzsteuerbare Leistung vorliegt.

1.5 Umsatzbesteuerung der kommunalen Leistungen

Kommunale Tätigkeiten sind vom Umsatzsteuerrecht in unterschiedlicher Weise betroffen. Unabhängig von der zivilrechtlichen Rechtsfähigkeit und Geschäftsfähigkeit knüpft die Umsatzsteuerpflicht nicht an die Rechtsform, sondern an die Art der wirtschaftlichen Tätigkeit („Umsatz") an. Daher sind die Lieferungen von Gegenständen (Waren, Trinkwasser, Energieträger) und Dienstleistungen (Ausstellung von Reisepässen oder Baugenehmigungen, Energieberatung) umsatzsteuerbar.

Beispiel:
Die Stadt Beispielrode versorgt die Bürger der Stadt mit Trinkwasser oder Energieträgern durch den Stadtwerke-Eigenbetrieb und führt als Unternehmerin umsatzsteuerbare Lieferungen aus. Die Energieberatung der Stadt ist eine umsatzsteuerbare sonstige Leistung. Die umsatzsteuerbaren Leistungen sind durch einen Leistungsaustausch (Lieferung von Energie als Leistung und Bezahlung der Lieferung durch den Bürger als Gegenleistung) entstanden. Die Kommune hat in der Rechnung einen Umsatzsteuerausweis vorzunehmen. Sie ist als Steuerzahlerin verpflichtet, die selbst berechnete und einbehaltene Umsatzsteuer an die Finanzbehörde abzuführen.

Zusätzlich knüpft der Gesetzgeber am Unternehmer an, der die Umsatzsteuer zutreffend ermitteln, einbehalten und fristgerecht an die Finanzbehörde abführen muss. Übt eine Gemeinde oder Stadt wirtschaftliche Tätigkeiten aus, sind steuerbare Leistungen anzunehmen, die steuerbefreit oder steuerpflichtig sein können.

Beispiel:
Die Stadt Beispielrode wird nach der Höhe ihrer Jahresumsätze als Monatszahlerin vom zuständigen Finanzamt eingeteilt. Sie muss die Umsatzsteuer des abgelaufenen Monats Mai bis zum 10. Juni bzw. unter Beachtung von einer Dauerfristverlängerung nach § 46 UStDV und einer Schonfrist nach § 240 AO bis zum 13. Juli fristgerecht abführen. Sollte der Kommune als Unternehmerin bei der Berechnung der Umsatzsteuer ein Fehler unterlaufen, schuldet sie die gesamte Umsatzsteuer als Steuerschuldnerin.

Da in der Kommune viele unterschiedliche wirtschaftliche Tätigkeiten ausgeführt werden, unterhält sie im Regelfall mehrere Betriebe gewerblicher Art. Nach dem Grundsatz der Unternehmenseinheit können Unternehmer (Kommune) zwar viele Betriebe (BgA) haben, nach § 2 Abs. 1 S. 2 UStG aber nur *ein* Unternehmen. Hieraus ergibt sich für Kommunen als Unternehmer, dass sie für alle Betriebe zusammen nur eine Umsatzsteuer-Voranmeldung und eine Umsatzsteuer-Jahreserklärung abzugeben haben. Im Körperschaftsteuerrecht dagegen ist die Kommune für jeden einzelnen Betrieb gewerblicher Art steuerpflichtig.

Beispiel:
Die Stadt Beispielrode führt einen Stadtentwässerungs-Eigenbetrieb und einen Stadtwerke-Eigenbetrieb. Für beide Betriebe ist insgesamt nur eine Umsatzsteuererklärung abzugeben. Aus diesem Grundsatz der Unternehmenseinheit

folgt auch, dass Umsätze zwischen diesen beiden Betrieben als Innenumsatz nicht steuerbar sind. Hier fehlt es an einem Leistungsaustausch (Leistung und Gegenleistung zwischen zwei Rechtsträgern), der regelmäßig zwei eigenständige Rechtsträger (Leistungsgeber und Leistungsempfänger) erfordert.

Von der Umsatzsteuer ausgenommen sind Kleinunternehmer (§ 19 UStG). So könnte die Kommune als Kleinunternehmer von der Umsatzsteuererhebung ausgenommen sein, wenn die Jahresumsätze bestimmte Umsatzgrenzen im Vorjahr (bis 25.000 Euro) und im laufenden Kalenderjahr (bis 100.000 Euro) nicht überschreiten. Es besteht aber ein Wahlrecht, auf diese Regelung zu verzichten. Dagegen kann die Vermögensverwaltung (Vermietung und Verpachtung von unbeweglichem Vermögen oder die verzinsliche Anlage von Kapital) steuerbar, also entweder steuerbefreit oder steuerpflichtig sein (normaler oder ermäßigter Steuersatz).

Handelt es sich zusätzlich um eine steuerbegünstigte Einrichtung (Betrieb gewerblicher Art, für den eine Gemeinnützigkeit beantragt und vom Finanzamt erteilt wurde), sind umsatzsteuerlich folgende Besteuerungsprinzipien festzuhalten: Der ideelle Bereich (Spenden, echte Mitgliedsbeiträge) gehört zum nichtunternehmerischen Bereich, dessen Umsätze grundsätzlich nicht steuerbar sind, weil kein Leistungsaustausch stattfindet. Dagegen kann die steuerbare Vermögensverwaltung steuerbefreit oder steuerpflichtig sein. Begründet die steuerbegünstigte Einrichtung einen wirtschaftlichen Geschäftsbetrieb, sind steuerbare Leistungen anzunehmen. Umsätze der Vermögensverwaltung sowie aus Zweckbetrieben unterliegen dem ermäßigten Umsatzsteuersatz. Leistungen im Rahmen eines steuerpflichtigen wirtschaftlichen Geschäftsbetriebes sind mit dem Regelsteuersatz von 19 % belastet. Da die steuerbegünstigten Körperschaften oft kaum Vorsteuerbeträge in Anspruch nehmen können, ist nach § 23a UStG unter bestimmten Voraussetzungen ein fiktiver pauschaler Vorsteuerabzug von 7 % des Gesamtumsatzes möglich. Darüber hinaus kommt auch hier die Kleinunternehmerregelung in Betracht.

Von den Betrieben gewerblicher Art und den steuerbegünstigten Einrichtungen sind öffentliche Betriebe zu unterscheiden, die in privatrechtlicher Form agieren, etwa eine kommunale GmbH, an der die Kommune Alleingesellschafterin ist. Diese Eigengesellschaften sind im Umsatzsteuerrecht grundsätzlich eigenständige Unternehmer, die steuerbare, aber auch steuerfreie oder steuerpflichtige Umsätze ausüben.

2. Leistungen als Steuergegenstand der Umsatzsteuer

2.1 Steuerbare Umsätze und Lieferungen im Inland

Haupttatbestand der Umsatzsteuer sind Leistungen, die ein Unternehmer im Inland gegen Entgelt im Rahmen seines Unternehmens ausführt. Leistung ist der Oberbegriff für Lieferungen und sonstige Leistungen. Damit bildet jedes Verhalten (Tun, Dulden, Unterlassen) einem anderen gegenüber, das Gegenstand des Rechtsverkehrs sein kann, einen umsatzsteuerlich relevanten Steuergegenstand. Eine bloße Entgeltentrichtung (Barzahlung oder Überweisung, Unterhalten von Spar-, Giro- und Bausparkonten) gehört dagegen nicht zu den Leistungen im wirtschaftlichen Sinne. Die Leistungen sind nur steuerbar, wenn ein Leistungsaustausch stattfindet (Leistender und Leistungsempfänger bzw. Leistung und Gegenleistung). Keinen Leistungsaustausch stellen z.B. die Zuschüsse an einen Verein aus öffentlichen Mitteln, Spenden, echte Mitgliederbeiträge oder Aufnahmegebühren dar. Nach §1 Abs.1 UStG unterliegen der Umsatzsteuer folgende Umsätze:

- Lieferungen und sonstigen Leistungen, die ein Unternehmer im Inland gegen Entgelt im Rahmen seines Unternehmens ausführt
(*Inlandsfall:* Leistungen im Inland)
- Einfuhr von Gegenständen im Inland
(*Drittlandsfall:* Import von Warenlieferungen aus Nicht-EU-Ländern)
- Innergemeinschaftlicher Erwerb im Inland gegen Entgelt
(*EU-Fall:* Import von Warenlieferungen aus der EU)

Lieferungen sind Leistungen, durch die ein Unternehmer einen Abnehmer befähigt, im eigenen Namen über einen Gegenstand zu verfügen (Verschaffung der Verfügungsmacht). Hierzu gehören körperliche Gegenstände aller Art (Sachen i.S.d. §90 BGB) und Gegenstände, die im Wirtschaftsverkehr wie Sachen behandelt werden (Energie oder immaterielle Wirtschaftsgüter). Rechte können nicht Gegenstand der Lieferung sein. Dabei ist entscheidend, ob die Lieferung des Gegenstands im Inland ausgeführt wird oder nicht. Zur Prüfung einer Lieferung im Inland spielen einerseits der Inlandsbegriff und andererseits der Ort der Lieferung eine entscheidende Rolle, denn eine Lieferung ist nur dann im Inland steuerbar, wenn sie in Deutschland ausgeführt wird. Bei der bewegten Lieferung (Beförderung, Versendung, Abholung) liegt der Ort der Lieferung dort, wo sich der Gegenstand zu Beginn der Beförderung oder Versendung befindet (Startort, §3 Abs.6 UStG).

Beispiel:
Die Stadt Beispielrode veräußert Rindenmulch aus der Herstellung im städtischen Bauhof an einen Unternehmer aus Nordhausen und liefert die Ware mit dem eigenen Betriebsfahrzeug nach Nordhausen (Beförderung der Ware durch den Unternehmer). Ort der (bewegten) Lieferung ist nach §3 Abs.6 UStG Beispielrode, weil sich das Inventar zu Beginn der Lieferung in Beispielrode befindet. Der Vorgang ist steuerbar und steuerpflichtig. Die Stadt muss einen Umsatzsteuerausweis in der Rechnung berücksichtigen. An dieser Lösung ändert sich nichts, wenn der Unternehmer aus Nordhausen das Inventar selbst abholt (Abholung) oder die Stadt Beispielrode einen Dritten (Spediteur) beauftragt, das Inventar nach Nordhausen zu transportieren (Versendung der Ware durch

einen Dritten). Beginn der Lieferung ist jeweils Beispielrode als Startort (Beginn der Lieferung nach § 3 Abs. 6 UStG).

Bei der unbewegten Lieferung liegt der Lieferort dort, wo sich der Gegenstand zur Zeit der Verschaffung der Verfügungsmacht befindet (§ 3 Abs. 7 UStG).

Beispiel:
Die Stadt Beispielrode veräußert das städtische Hallenbad in der Innenstadt an einen Unternehmer aus Berlin. Ort der (unbewegten) Lieferung ist nach § 3 Abs. 7 UStG Beispielrode, weil sich der Gegenstand (Hallenbad) zum Zeitpunkt der Verschaffung der Verfügungsmacht in Beispielrode befindet. Der Vorgang ist steuerbar.

Für die Lieferung von Gas oder Elektrizität an private oder unternehmerische Endverbraucher liegt der Ort der Lieferung beim Verbraucher. Der tatsächliche Verbrauch oder die tatsächliche Nutzung bestimmt sich dort, wo sich der Zähler des Abnehmers befindet (§ 3g Abs. 2 UStG). Sollte der Abnehmer ein Unternehmer als Wiederverkäufer sein (Energieversorgungsunternehmen), verlagert sich der Ort an den Unternehmenssitz des Wiederverkäufers (§ 3g Abs. 1 UStG).

Einen weiteren Sondertatbestand stellen Lieferungen innerhalb der Europäischen Union zwischen zwei Unternehmern dar. Die Ortsbestimmung richtet sich danach, wo sich der Gegenstand am Ende der Beförderung oder Versendung befindet (§ 3d S. 1 UStG). Aus der Sicht des leistenden Unternehmers liegt eine innergemeinschaftliche Lieferung (§ 6a UStG) vor, die nach § 4 Nr. 1b UStG umsatzsteuerbefreit ist. Aus der Sicht des Abnehmers und Leistungsempfängers liegt ein innergemeinschaftlicher Erwerb gem. § 1a UStG vor, der im Inland einen steuerbaren Vorgang darstellt, weil sich der Gegenstand am Ende im Inland befindet. Darüber hinaus kann die Ortsbestimmung durch die Verwendung der Umsatzsteueridentifikationsnummer (USt-IdNr.) beeinflusst werden. Diese besondere Identifikationsnummer wird nur Unternehmern erteilt, die Umsätze innerhalb der Europäischen Union ausführen. Der Inhaber einer USt-IdNr. wird als Unternehmer qualifiziert und unterliegt der Umsatzbesteuerung.

Beispiel:
Die Stadt Beispielrode (Unternehmer B) erwirbt für ihren Stadtwerke-Eigenbetrieb einen neuen Transformator vom französischen Unternehmer U für 10.000 Euro zuzüglich Umsatzsteuer. U ist der Leistungsgeber und liefert die Maschine von Frankreich nach Deutschland (Beispielrode). Aus Sicht von U liegt eine steuerfreie innergemeinschaftliche Lieferung in Frankreich vor, weil der Gegenstand an einen andern Unternehmer in der EU geliefert wird. Die Stadt Beispielrode bewirkt mit dem Kauf einen umsatzsteuerpflichtigen innergemeinschaftlichen Erwerb im Inland. Deutschland erhebt auf diesen Umsatz den Regelsteuersatz von 19 % (10.000 Euro + 1.900 Euro = 11.900 Euro). Gleichzeitig kann Unternehmer B diese „Erwerbsteuer“ in Höhe von 1.900 Euro als

Vorsteuer abziehen (§15 Abs.1 S.1 Nr.3 UStG). Im Ergebnis neutralisieren sich die beiden Vorgänge, sodass beide Unternehmer von der Umsatzsteuer nicht direkt belastet sind. Eine indirekte Steuerbelastung entsteht jedoch infolge der Aufzeichnungspflichten (Steuerverwaltungskosten).

Sollte die Kommune als juristische Person des öffentlichen Rechts einen Gegenstand für den hoheitlichen Bereich erwerben (nichtunternehmerisch), liegt ein innergemeinschaftlicher (i.g.) Erwerb nur vor, wenn alle i.g. Erwerbe die Summe von 12.500 Euro überschreiten (Erwerbsschwelle nach §1a Abs.3 UStG oder Option zur Erwerbsbesteuerung nach §1 Abs.4 UStG). Kommunen haben alle in ihrem Bereich vorgenommenen innergemeinschaftlichen Erwerbe zusammen zu fassen. Bei Gebietskörperschaften, wie Bund und Länder, können auch einzelne Organisationseinheiten (Ressorts, Behörden, Ämter) für ihre i.g. Erwerbe als Steuerpflichtige behandelt werden und eine eigene Umsatzsteueridentifikationsnummer erhalten. In diesen Fällen geht die Finanzverwaltung vereinfachend davon aus, dass die Erwerbsschwelle von 12.500 Euro überschritten ist .

2.2 Sonstige Leistungen

Alle Leistungen, die keine Lieferungen sind, werden als sonstige Leistung bezeichnet. Hiervon sind nahezu alle wirtschaftlichen Tätigkeiten betroffen, die im Dienstleistungsbereich entstehen: Typische Dienstleistungen (Steuer- und Rechtsberatung), Beförderungsleistungen (Spediteurleistungen, öffentlicher Personennahverkehr), Gebrauchs- oder Nutzungsüberlassungen (Vermietung, Verpachtung, Kreditgewährung der Sparkassen), Einräumung, Übertragung, Wahrnehmung von Patenten, Markenrechten und Urheberrechten, Reiseleistungen oder Abgabe von Speisen und Getränken zum Verzehr an Ort und Stelle (in einer Gastwirtschaft), Werkleistungen, Besorgungsleistungen, Verzichtsleistungen (Wettbewerbsverzicht).

Steuerbare Leistungen liegen nur vor, wenn der Leistungsort im Inland liegt. Aufgrund der Vielfältigkeit der sonstigen Leistungen ist jedoch die Ortsbestimmung abhängig von der Art der sonstigen Leistung. Auch hier wird deutlich, dass die Umsatzsteuerpflicht tätigkeitsbezogen erfolgt. Hierzu sind zwei Grundfälle in §3a Abs.1 und 2 UStG geregelt, die jedoch nur nachrangig anzuwenden sind. Vorrang haben stets die Regelungen des §3a Abs.2 bis 8 sowie §§3b und 3e UStG.

Nach dem Grundfall des §3a Abs.1 UStG liegt der Ort der sonstigen Leistung dort, wo der leistende Unternehmer sein Unternehmen betreibt. Dieser Grundfall betrifft regelmäßig sonstige Leistungen an private Endverbraucher. Hierzu gehören Leistungsempfänger, die keine Unternehmer sind (Privatpersonen), aber auch Unternehmer, die die Leistungen nicht für ihr Unternehmen nutzen sowie nicht unternehmerisch tätige juristische Personen ohne Umsatzsteuer-Identifikationsnummer. Die Leistungsortbestimmung nach §3a Abs.1 UStG betrifft in der Praxis z.B. Reiseleistungen, sonstige Leistungen der Testamentsvollstrecker oder sonstige Leistungen nach § 3a Abs. 4 an einen Nichtunternehmer mit Ansässigkeit in Deutschland oder in der EU.

Abweichend von § 3a Abs. 1 UStG bestimmt § 3a Abs. 2 UStG für sonstige Leistungen an Unternehmer, dass sich der Ort der sonstigen Leistung an dem Ort ergibt, wo der Unternehmer als Leistungsempfänger sein Unternehmen betreibt. Wichtig ist hierbei, dass der Unternehmer die sonstige Leistung für sein Unternehmen bezogen hat. Zu den sonstigen Leistungen zwischen zwei Unternehmern, die unter § 3a Abs. 2 UStG fallen, gehören insbesondere Arbeiten und die Begutachtung an beweglichen körperlichen Gegenständen oder Vermittlungsleistungen zwischen Unternehmen.

Beispiel:
Der Landkreis Musterhausen ist mit seinem Versorgungsunternehmen ausschließlich wirtschaftlich tätig. Ein in Frankreich ansässiger Unternehmer U berät den Landkreis in speziellen Versorgungsfragen und erbringt eine schuldrechtliche Beratungsleistung. Dem Versorgungsunternehmen wurde eine gesonderte USt-Identifikationsnummer für Zwecke der Besteuerung innergemeinschaftlicher Erwerbe erteilt. Diese USt-IdNr. wird zusätzlich zur Steuernummer vom Bundeszentralamt für Steuern grundsätzlich nur an Unternehmern erteilt, die innerhalb der Europäischen Union Warenlieferungen und Leistungen durchführen. Der Ort der Beratungsleistung liegt nach § 3a Abs. 2 UStG in Deutschland (Ort des Leistungsempfängers).

Bei Leistungsbezügen juristischer Personen des öffentlichen Rechts, die sowohl hoheitlich als auch unternehmerisch tätig sind, kommt es für die Ortsbestimmung nicht darauf an, ob die Leistung für den unternehmerischen oder hoheitlichen Bereich ausgeführt worden ist.

Beispiel:
Der Landkreis Musterhausen beauftragt einen Unternehmer mit Sitz in Frankreich mit der Reparatur eines Aktenschrankes im Büro des Stadtwerke-Eigenbetriebes des Landkreises (unternehmerischer Bereich). Der Landkreis gibt seine deutsche Umsatzsteuer-Identifikationsnummer (USt-IdNr.) an. Damit liegt der Ort der Reparaturleistung gem. § 3a Abs. 2 UStG in Deutschland (Sitz des Leistungsempfängers). Am Ort ändert sich nach A. 3a.2 Abs. 14 UStAE nichts, auch wenn der Aktenschrank dem hoheitlichen (nicht unternehmerischen) Bereich zugeordnet (z.B. Büro des Schulamts oder Büro der Polizeibehörde) worden wäre.

Im Regelfall gelten jedoch die folgenden Sondertatbestände, die vorrangig anzuwenden sind. Hierbei kommt es oft darauf an, ob der Leistungsempfänger ein Unternehmer oder Nichtunternehmer ist. Zum Teil ist zusätzlich der Wohnsitz des Nichtunternehmers entscheidend (Inland, übriges Gemeinschaftsgebiet oder Drittland). Aus kommunaler Sicht kommen vor allem nachfolgende Schwerpunkte in Betracht:

- *Sonstige Leistungen im Zusammenhang mit einem Grundstück (§ 3a Abs. 3 Nr. 1 UStG)*

Bei sonstigen Leistungen im Zusammenhang mit Grundstücken ist der Leistungsort dort, wo Grundstück und Gebäude liegen (*Belegenheitsort bei Grundstücken*). Zu den sonstigen Leistungen im Zusammenhang mit bebauten oder unbebauten Grundstücken gehören die Vermietung und Verpachtung, die Veräußerung oder der Erwerb von Grundstücken, Leistungen zur Erschließung, zur Vorbereitung oder Ausführung von Bauleistungen (Architektenleistungen, Entwässerungsarbeiten) sowie sonstige Dienstleistungen i.V.m. einem Grundstück (Wartung und Überwachung von Gas-, Wasser- oder Abwasserleitungen, Reinigung von Gebäuden und Gebäudeteilen, Einräumung dinglicher Rechte, z.B. Dienstbarkeiten oder dinglicher Nießbrauch).

Beispiel:
Die Stadt Beispielrode vermietet ein in Mustercity belegenes Mehrfamilienhaus. Die Vermietung ist eine sonstige Leistung, deren Ort nach § 3a Abs. 3 Nr. 1a UStG in Mustercity liegt (Belegenheit/Lage des Grundstücks). Die langfristige Vermietung ist steuerbar, aber nach § 4 Nr. 12a UStG im Regelfall umsatzsteuerfrei.

Zur Vermietung und Verpachtung gehören auch die Vermietung von Wohn- und Schlafräumen, die ein Unternehmer bereithält, um kurzfristig Fremde zu beherbergen, die Vermietung von Plätzen, um Fahrzeuge abzustellen, die Überlassung von Wochenmarkt-Standplätzen am Markthändler, die Einräumung eines Nutzungsrechts an einem Grundstück oder Grundstücksteil einschließlich der Gewährung von Fischerei- und Jagdrechten, die Benutzung von Straßen, Brücken oder Tunnel gegen eine Mautgebühr und die selbständige Zugangsberechtigung zu Warteräumen auf Flugplätzen gegen Entgelt, die Überlassung von Räumlichkeiten für Aufnahme- und Sendezwecke von in- und ausländischen Rundfunkanstalten des öffentlichen Rechts untereinander.

Beispiel:
Die Stadt Beispielrode vermietet wöchentlich Standplätze für den Wochenmarkt am Rathausplatz an Markthändler aus Mustercity. Ort der sonstigen Leistung ist nach § 3a Abs. 3 Nr. 1 S. 2 Buchst. a UStG der Rathausplatz der Stadt (Lage der Wochenmarktstandplätze).

Zu den sonstigen Leistungen in Verbindung mit der Veräußerung oder dem Erwerb von Grundstücken (§ 3a Abs. 3 Nr. 1 S. 2 Buchst. b UStG) zählen auch Leistungen der Grundstücksmakler, Notare (Beurkundung von Grundstücksverkäufen). Sonstige Leistungen, die der Erschließung von Grundstücken, der Vorbereitung oder Ausführung von Bauleistungen dienen, schließen auch Leistungen der Architekten, Bauingenieure, Vermessungsingenieure, Bauträgergesellschaften, Sanierungsträger und Unternehmer, die Abbruch- oder Erdarbeiten ausführen, ein. Zu § 3a Abs. 3 Nr. 1 S. 2 Buchst. c UStG gehören auch Wartungs-, Renovierungs- und

Reparaturarbeiten an Gebäuden, Installation oder Montage von Maschinen oder Ausrüstungsgegenständen als wesentlicher Bestandteil des Grundstücks, Bauaufsichtsmaßnahmen, Begutachtung und Bewertung von Grundstücken, Vermessung von Grundstücken oder die Errichtung eines Baugerüsts.

> **Beispiel:**
> Die Stadt Nordrode plant die Errichtung eines Windparks an einem geeigneten, kommunalen Grundstück in Nordercity. Die Lage des Grundstücks bestimmt den Ort der sonstigen Leistungen, wie z.B. Studien und Untersuchungen zur Prüfung der Voraussetzungen zur Errichtung des Windparks oder ingenieurtechnische und gutachterliche Leistungen im Rahmen der Projektzertifizierung. Ort der Leistung ist nach § 3a Abs. 3 Nr. 1 S. 2 Buchst. c UStG Nordercity.

Bei der Überlassung von Standflächen auf Messen und Ausstellungen ist der Ort der sonstigen Leistung dort, wo die Standflächen liegen (§ 3a Abs. 3 Nr. 1 UStG). Hierzu gehören auch die Überlassung von Räumen und ihren Einrichtungen sowie Parkplätzen auf dem Messegelände.

> **Beispiel:**
> Die Stadt Mustercity bietet jedes Frühjahr eine Haushaltswarenmesse auf dem Messegelände der Stadt an. Neben der Standflächenvermietung sorgt die Stadt auch für die Reinigung der Stände und deren technische Versorgung. Wird diese Veranstaltungsleistung an die Nichtunternehmerin Schmidt überlassen, ist der Ort der Leistung nach § 3a Abs. 3 Nr. 1 UStG am Ort der Standfläche (Messegelände der Mustercity). Wird die Leistung dagegen an den Unternehmer Müller überlassen, der seinen Unternehmenssitz in Beispielrode hat, verlagert sich der Ort der Leistung gem. § 3a Abs. 2 UStG an den Ort, von dem Unternehmer Müller als Leistungsempfänger sein Unternehmen betreibt (Beispielrode).

Häufig erbringen die Unternehmer (Kommune) neben der Standflächenvermietung auch andere Leistungen, wie technische Versorgung der überlassenen Stände (Anschlüsse für Strom, Wasser, Gas, Telefon, Internet, Lautsprecher), Standbetreuung und Standbewachung, Reinigung von Ständen, Überlassung von Garderoben und Schließfächer auf dem Messegelände, Besuchermarketing, Eintrittsausweise und Eintrittskartenorganisation sowie die Beförderung und Lagerung von Ausstellungsgegenständen und Standausrüstungen. Diese oft als (einheitliche) Veranstaltungsleistung bezeichnete Dienstleistung nimmt eine Sonderstellung ein. Die Ortsbestimmung richtet sich danach, ob der Leistungsempfänger ein Nichtunternehmer oder Unternehmer ist.

- *Kurzfristige Vermietung von Beförderungsmitteln (§ 3a Abs. 3 Nr. 2 UStG)*

Der Ort der Vermietung eines Beförderungsmittels ist zunächst von der Vermietungsdauer abhängig. § 3a Abs. 3 Nr. 2 UStG betrifft kurzfristige Vermietungen von Beförderungsmitteln (sich fortbewegende Gegenstände mit dem Hauptzweck der Beförderung von Personen und Gütern zu Lande, zu Wasser oder in der Luft). Hierzu gehören z. B. Fahrzeuge, Sattel- und Fahrzeuganhänger, Eisenbahnwaggons, Elektro-Caddywagen; Sport- und Segelflugzeuge, Wohnmobile, Schiffe; Fahrzeuge der Land- und Forstwirtschaft sowie Fahrzeuge für kranke oder verletzte Personen. Bagger, Planierraupen, Bergungs- und Ladekräne, Gabelstapler, Container, Rohrleitungen oder militärische Kampffahrzeuge sind keine Beförderungsmittel.

Ort der kurzfristigen Vermietung ist stets der Übergabeort (Ort, an dem das Beförderungsmittel tatsächlich zur Verfügung gestellt wird bzw. dem Leistungsempfänger übergeben wird). Ein Zeitraum von maximal 90 Tagen bei Wasserfahrzeugen und 30 Tagen bei anderen Beförderungsmitteln wird als kurzfristig angesehen. Die Vermietungsdauer entspricht der tatsächlichen Dauer der Nutzungsüberlassung. Sollte sich der Zeitraum von z. B. 30 Tagen aufgrund höherer Gewalt verlängern und 30 Tage überschreiten, bleibt es bei einer kurzfristigen Vermietung.

Beispiel:
Die Stadt Mustercity vermietet kurzfristig City-E-Fahrzeuge (PKW-Carsharing) für jeweils maximal drei Tage an Privatpersonen. Die Fahrzeugmieter holen die Fahrzeuge in der Carsharing-Zentrale, Hauptstraße 1, ab. Da an diesem Ort das Fahrzeug dem Empfänger tatsächlich zur Verfügung gestellt wird, ergibt sich der Ort der sonstigen Leistung in Mustercity, Hauptstraße 1. Die kurzfristige Vermietung ist eine steuerbare Leistung. Wird die Frist von 30 Tagen überschritten, verlagert sich der Ort der sonstigen Leistung an den Wohnsitz oder Sitz des Leistungsempfängers (Mieter), soweit es sich um einen Nichtunternehmer handelt (§ 3a Abs. 3 Nr. 2 S. 3 UStG). Handelt es sich beim Leistungsempfänger dagegen um einen Unternehmer, gilt § 3a Abs. 2 UStG (Sitzort des Unternehmers als Leistungsempfänger).

- *Bestimmte Dienstleistungen (sonstige Leistungen)*
  (§ 3a Abs. 3 Nr. 3 und Nr. 3a UStG)

Diese Vorschrift zählt bestimmte sonstige Leistungen auf; der Leistungsort bestimmt sich danach, wo die Tätigkeit tatsächlich ausgeübt wird (*Tätigkeitsort*). Nach § 3a Abs. 3 Nr. 3 und Nr. 3a UStG werden folgende Gruppen unterschieden: (1) Kulturelle, künstlerische, wissenschaftliche, unterrichtende, sportliche, unterhaltende oder ähnliche Leistungen an Nichtunternehmer. Hierzu gehört auch der Verkauf (nicht aber die Vermittlung) von Eintrittskarten für z. B. kulturelle, sportliche oder wissenschaftliche Veranstaltungen (§ 3a Abs. 3 Nr. 3 UStG). (2) Restaurationsleistungen (§ 3a Abs. 3 Nr. 3a Buchst. a UStG) und (3) Arbeiten an beweglichen körperlichen Gegenständen sowie deren Begutachtung (§ 3a Abs. 3 Nr. 3a Buchst. b UStG).

Beispiel:
Die Stadt Beispielrode führt anlässlich des 800. Bestehens eine historische Sonderausstellung im Stadtarchiv entgeltlich aus. Es liegt eine steuerbare Leistung

im Inland vor, weil der Tätigkeitsort der kulturellen Leistung in Beispielrode liegt. Die Eintrittsgelder sind steuerbare Leistungen, wenn sich die Veranstaltung nicht ausdrücklich an Unternehmer richtet (vgl. aber § 3a Abs. 3 Nr. 5 UStG) und die Teilnehmer Nichtunternehmer sind.

Auch die Abgabe von Speisen und Getränken zum Verzehr an Ort und Stelle (Restaurationsleistungen) bestimmt sich nach dem Ort, an dem die Leistung tatsächlich erbracht wird, folglich der Ort der Gastwirtschaft, des Restaurants oder Hotels (§ 3a Abs. 3 Nr. 3a Buchst. a UStG). Für Restaurationsleistungen an Bord von Schiffen, in Flugzeugen oder in einer Eisenbahn gelten Sonderregeln.

Beispiel:
Die Stadt Beispielrode betreibt in Eigenregie einen städtischen Ratskeller (Restaurationsbetrieb), der Speisen und Getränke anbietet. Ort der sonstigen Leistung ist Beispielrode, also der Ort, an dem die Stadt (Unternehmerin) ihr Unternehmen (Ratskeller) betreibt. Der Verkauf von Speisen und Getränken ist steuerbar und steuerpflichtig. Die Stadt muss einen Umsatzsteuerausweis in den Rechnungen berücksichtigen.

Zu den Arbeiten an beweglichen Gegenständen gehören Werkleistungen (Bearbeitung oder Verarbeitung), die im Ergebnis zu einer Veränderung des Gegenstands führen.

- *Vermittlungsleistungen (§ 3a Abs. 3 Nr. 4 UStG)*

Vermittlungsleistungen an Nichtunternehmer werden an dem Ort erbracht, an dem der vermittelte Umsatz ausgeführt wird (§ 3a Abs. 3 Nr. 4 UStG). Dieser Sonderfall betrifft vor allem Leistungen der Handelsvertreter und die Vermittlung von kurzfristigen Zimmervermietungen in Hotels, Gaststätten und Pensionen sowie die Vermittlung von Ferienwohnungen, Ferienhäusern und Fremdenzimmern an Privatpersonen. Bei Vermittlungsleistungen an Unternehmer richtet sich der Leistungsort nach § 3a Abs. 2 UStG.

- *Eintrittsberechtigungen zu bestimmten Veranstaltungen (§ 3a Abs. 3 Nr. 5 UStG)*

Hierunter fallen Eintrittsberechtigungen zu kulturellen, künstlerischen, wissenschaftlichen, unterrichtenden, sportlichen oder unterhaltenden Veranstaltungen (z. B. Theateraufführungen, Zirkusveranstaltungen, Freizeitparks oder sportliche Spiele und Wettkämpfe gegen Entgelt), Messen und Ausstellungen sowie Konferenzen und Seminare, wenn der Leistungsempfänger ein Unternehmer ist und die Veranstaltung für dessen Unternehmen ausgeführt wird. Leistungsort ist der Ort, an dem die Leistung tatsächlich erbracht wird.

- *Katalogleistungen (§ 3a Abs. 4 UStG)*

Einen weiteren Sonderfall nimmt § 3a Abs. 4 UStG ein, der eine abschließend genannte Aufzählung an bestimmten sonstigen Leistungen enthält. Tendenziell bestimmt sich hier der Leistungsort nach dem Sitzort des Leistungsempfängers als natürliche Person und damit am Ort des Verbrauchs (Bestimmungslandprinzip). § 3a Abs. 4 UStG gilt für Katalogleistungen an Leistungsempfänger, die in Drittstatten ansässig sind. Ist die natürliche Person als Leistungsempfängerin in Deutschland oder in der EU ansässig, gilt der Ort des leistenden Unternehmens nach § 3a Abs. 1 UStG (Ursprungslandprinzip). Ist der Leistungsempfänger ein Unternehmer, bestimmt sich der Leistungsort nach § 3a Abs. 2 UStG (Sitzort des Leistungsempfängers, Bestimmungslandprinzip).

Zu den „Katalogleistungen" nach § 3a Abs. 4 UStG gehören nachfolgende Leistungen der Übersicht (Tabelle 22).

Tabelle 22: Katalogleistungen nach § 3a Abs. 4 UStG

Katalogleistungen nach § 3a Abs. 4 UStG	
Nr. 1:	Einräumung von Urheberrechten und ähnlichen Rechten (Patente, Markenrechte)
Nr. 2:	Leistungen der Werbung und der Öffentlichkeitsarbeit
Nr. 3:	Rechtliche, technische oder wirtschaftliche Beratungsleistungen (Rechtanwälte, Steuerberater, Wirtschaftsprüfer, Ingenieure, Dolmetscher)
Nr. 4:	Datenverarbeitung
Nr. 5:	Überlassung von Informationen und Know-how (Erfahrungen, Verfahren)
Nr. 6:	Finanz- und Edelmetallumsätze
Nr. 7:	Personalgestellung
Nr. 8–9:	Unterlassensleistungen und Verzichtsleistungen
Nr. 10:	Vermietung beweglicher körperlicher Gegenstände (nicht Beförderungsmittel)
Nr. 14:	Dienstleistungen im Zusammenhang mit Gas- und Stromleistungen

(Quelle: Eigene Darstellung)

Gem. § 3a Abs. 4 UStG bestimmt sich der Ort von „Katalogleistungen" nach dem Wohnsitz oder Sitz des Leistungsempfängers, wenn es sich um eine Privatperson (natürliche Person) mit Wohnsitz oder Sitz im Drittland handelt.

Beispiel:
Rechtsanwalt R mit Kanzlei in Rechtshausen berät Privatperson P mit Wohnsitz in Zürich (Drittland/Schweiz) in rechtlichen Angelegenheiten. Ort der Beratungsleistung als Katalogleistung nach § 3a Abs. 4 S. 2 Nr. 3 UStG liegt am Ort des Wohnsitzes von P als Leistungsempfänger (Zürich, § 3a Abs. 4 S. 1 UStG).

Nimmt eine Privatperson (natürliche Person) mit Wohnsitz in Deutschland oder im übrigen Gemeinschaftsgebiet eine Katalogleistung in Anspruch, greift § 3a Abs. 1 UStG (Sitzort des leistenden Unternehmens als Leistungsgeber).

Beispiel:
Rechtsanwalt R mit Kanzlei in Rechtshausen berät Privatperson P mit Wohnsitz in Mustercity (Inland/Deutschland) in rechtlichen Angelegenheiten. Ort der Beratungsleistung als Katalogleistung nach § 3a Abs. 4 S. 2 Nr. 3 UStG liegt am Ort des Sitzes des Leistungsgebers (Rechtshausen, § 3a Abs. 1 UStG).

Nimmt ein Unternehmer die Katalogleistung in Anspruch, richtet sich der Ort nach dem Sitzort des Unternehmers als Leistungsempfänger.

Beispiel:
Rechtsanwalt R mit Kanzlei in Rechtshausen berät die Kommune Beispielrode (Unternehmerin) in rechtlichen Angelegenheiten. Ort der Beratungsleistung als Katalogleistung nach § 3a Abs. 4 S. 2 Nr. 3 UStG liegt in Beispielrode als Sitz des Leistungsempfängers (Beispielrode, § 3a Abs. 2 UStG).

Aus kommunaler Sicht ist hier entscheidend, ob die Katalogleistung für den Unternehmensbereich oder für den nicht unternehmerischen Bereich in Anspruch genommen wird, soweit § 2b Abs. 1 S. 1 UStG gilt.

Beispiel:
Steuerberaterin Freund aus Musterhausen berät die Stadt Beispielrode in ertragsteuerlichen Angelegenheiten der Betriebe gewerblicher Art in ihrer Kanzlei in Musterhausen. Es liegt eine Katalogleistung nach § 3a Abs. 4 S. 2 Nr. 3 UStG vor. Da die Katalogleistung an die Stadt Beispielrode für den unternehmerischen Bereich erbracht wird, richtet sich der Ort dieser Beratungsleistung nach dem Sitz des Unternehmens als Leistungsempfänger (Beispielrode, § 3a Abs. 2 UStG). Der Ort verlagert sich nach § 3a Abs. 1 UStG nach Musterhausen (Sitzort des leistenden Unternehmers), wenn sich die Beratung auf nicht wirtschaftliche Bereiche der Stadt richtet.

Die kommunalen wirtschaftlichen Tätigkeiten berühren den Katalog sonstiger Leistungen vor allem in den Bereichen der Personalgestellung, Rundfunk- und Fernsehleistungen sowie die Nutzung des Rohrleitungs- und Kabelnetzes zur Beförderung von Gas und Strom.

Beispiel:
Die öffentlich-rechtlichen Rundfunk- und Fernsehanstalten erbringen sonstige Leistungen (Rundfunk- und Fernsehprogramme, die auf der Basis eines Sendeplans über Kabel, Antenne oder Satellit verbreitet werden). Der Ort der sonstigen Leistungen bestimmt sich nach dem Wohnsitz des Leistungsempfängers (§ 3a Abs. 5 UStG), wenn der Leistungsempfänger ein Nichtunternehmer ist.

Personen- und Güterbeförderungen können mit einem Beförderungsmittel (Bus, Bahn, Fahrzeuge, Flugzeuge) durchgeführt werden, aber auch mit einem stationären Beförderungsmittel, z.B. Rohrleitungen oder Kabelnetze. Die Beförderungsleistung wird dort erbracht, wo die Beförderung tatsächlich bewirkt wird (§ 3b UStG). Für grenzüberschreitende Beförderungen gelten Sonderregelungen.

2.3 Unentgeltliche Leistungen zwischen unternehmerischem und hoheitlichem Bereich

Für die kommunalen wirtschaftlichen, hoheitlichen oder steuerbegünstigten Einrichtungen sind die umsatzsteuerlichen Regelungen der Besteuerung unentgeltlicher Wertabgaben anzuwenden. Der Sondertatbestand des § 3 Abs. 1b UStG fingiert eine entgeltliche Lieferung, wenn ein Gegenstand aus dem unternehmerischen Bereich entnommen und außerhalb des Unternehmens unentgeltlich eingesetzt wird.

Beispiel:
Die Stadt Beispielrode stellt die nicht mehr genutzten Büromöbel des BgA „öffentliche Verkehrsbetriebe" der städtischen Grundschule unentgeltlich zur Verfügung. Der Gegenstand (Büromöbel) verlässt den unternehmerischen Bereich und geht in den nicht unternehmerischen Hoheitsbereich über. Die Entnahme des Gegenstands stellt eine der Lieferung gegen Entgelt vergleichbare steuerbare und steuerpflichtige Lieferung dar (§ 3 Abs. 1b Nr. 1 UStG). Voraussetzung ist jedoch, dass die Büromöbel zu mindestens 10 % betrieblich genutzt wurden und zum vollen oder teilweisen Vorsteuerabzug berechtigt haben (steuerbare Wertabgabe nach § 3 Abs. 1b UStG).

Parallel hierzu fingiert § 3 Abs. 9a UStG eine entgeltliche sonstige Leistung, wenn sonstige Leistungen für unternehmensfremde Zwecke ausgeübt werden.

Beispiel:
Die Stadt Beispielrode hat unter anderem ihrem BgA „öffentliche Verkehrsbetriebe" einen Personalcomputer in vollem Umfang zugeordnet, der zu 20 % auch vom Hoheitsbetrieb „Bestattungswesen" genutzt wird. Die Nutzung des betrieblichen PC im hoheitlichen Bereich stellt eine Verwendung des Unternehmensgegenstands dar, soweit dieser zum vollen oder teilweisen Vorsteuerabzug berechtigt hat, die nach § 3 Abs. 9a UStG den entgeltlichen sonstigen Leistungen gleichgestellt wird (steuerbare Wertabgabe nach § 3 Abs. 9a UStG).

Zur Annahme einer steuerbaren Wertabgabe ist erforderlich, dass der hoheitlich genutzte Gegenstand zum vollen oder teilweisen Vorsteuerabzug berechtigt hat. Liegt kein Vorsteuerabzug vor, ist die nicht unternehmerische Nutzung nicht steuerbar.

Beispiel:
Die Stadt Beispielrode betreibt ein kommunales Schwimmbad. Dieses Schwimmbad wird unentgeltlich von örtlichen Schulen und Vereinen genutzt. Die Stadt hat eine Parkanlage am Waldrand dem Betrieb gewerblicher Art „Kurbetrieb" zugeordnet und gestattet die Mitbenutzung an Dritte (keine Kurgäste). Stellt die Stadt in der Weihnachtszeit ein Parkhaus gebührenfrei zur Verfügung, liegt jeweils keine steuerbare, unentgeltliche Wertabgabe vor.

Überlässt die Kommune unentgeltlich und dauerhaft ein Grundstück (z.B. Mehrzweck- oder Stadthallen, Schwimmbäder, Parkhäuser) an Schulen oder gemeinnützige Vereine, liegt eine Nutzung für nichtwirtschaftliche Tätigkeiten vor. Da die Halle nicht dem Unternehmensvermögen und wirtschaftlichen Tätigkeiten dient, ist ein Vorsteuerabzug nach § 15 Abs. 1 UStG ausgeschlossen. Eine Versteuerung als unentgeltliche Wertabgabe scheidet infolge des partiellen Zuordnungsverbots aus.

2.4 Steuerfreie Umsätze und Wirkungen des Optionsrechts

Steuerbare Leistungen sind steuerpflichtig, wenn sie nicht steuerbefreit sind. Die Nichterhebung der Umsatzsteuer beruht regelmäßig darauf, dass kein steuerbarer Vorgang gem. § 1 UStG vorliegt oder ein steuerbarer Umsatz von der Umsatzsteuer ausdrücklich befreit ist. In § 4 UStG sind fünf Schwerpunkte der steuerbefreiten Umsätze vorgesehen.

1. *Umsatzsteuerbefreiung für Ausfuhrumsätze*
   Ausfuhrumsätze sind von der Umsatzsteuer befreit (§ 4 Nr. 1–7, §§ 6–8 UStG). Begründung: Die Steuerbefreiung soll keine Steuervergünstigung darstellen. Vielmehr muss die Steuerbefreiung gelten, damit die Besteuerungskonzeption der Umsatzsteuer als Verbrauchsteuer nach dem Bestimmungslandprinzip umgesetzt werden kann. Die Lieferung eines Gegenstandes in das Ausland wird in Deutschland steuerfrei gestellt, sodass der Umsatzsteuersatz des Bestimmungslandes erhoben werden kann (Bestimmungslandprinzip).
2. *Umsatzsteuerbefreiung aus sozialen, kulturellen und wirtschaftspolitischen Aspekten*
   Steuerbefreit sind Umsätze im Geld- oder Kreditverkehr (§ 4 Nr. 8 UStG), Umsätze aus der Tätigkeit als Bausparkassen-, Versicherungsvertreter oder Versicherungsmakler (§ 4 Nr. 11 UStG), die unmittelbar dem Postwesen dienende Umsätze (§ 4 Nr. 11b UStG), Vermietung von Grundstücken (§ 4 Nr. 12–13 UStG), Umsätze im Gesundheitsbereich (§ 4 Nr. 14 – 17 UStG), Umsätze im Zusammenhang mit sozialen und kulturellen Aufgaben (§ 4 Nr. 18, 20 – 27 UStG), Umsätze zwischen selbständigen Gliederungen politischer Parteien (§ 4 Nr. 18a UStG), Umsätze von Blinden (§ 4 Nr. 19 UStG). Begründung: Die Endverbraucher sollen bei bestimmten Leistungen entlastet werden, unabhängig von den individuellen Verhältnissen („umsatzsteuerliches Existenzminimum"). Daher wird das Eintrittsgeld in das städtische Museum, Theater oder den Tierpark nicht zusätzlich mit der Umsatzsteuer belastet.

3. *Umsatzsteuerbefreiung bei Umsätzen, die bereits einer speziellen Verkehrsteuer unterliegen*
   Umsätze, die bei einer speziellen Verkehrsteuer steuerbar sind, werden bei der Umsatzsteuer befreit. Hierzu gehören Umsätze im Zusammenhang mit dem Erwerb von bebauten und unbebauten Grundstücken (§ 4 Nr. 9a UStG) sowie Umsätze, die unter das Rennwett- und Lotteriegesetz fallen (§ 4 Nr. 9b UStG) oder Umsätze, die aus Versicherungsverhältnissen stammen (§ 4 Nr. 10 UStG). Begründung: Die Umsatzsteuer als allgemeine Verkehrsteuer und die Grunderwerbsteuer als spezielle Verkehrsteuer werden auf dieselbe Besteuerungsgrundlage erhoben (Erwerb eines Grundstücks). Um eine doppelte Belastung von zwei Steuern zu vermeiden, sind bestimmte Umsätze bei der Umsatzsteuer befreit.
4. *Vermeidung einer Doppelbelastung mit Umsatzsteuer*
   Steuerbefreit sind Umsätze von Gegenständen, bei denen der Vorsteuerabzug ausgeschlossen ist oder die der Unternehmer nur für steuerfreie Tätigkeiten verwendet (§ 4 Nr. 28 UStG). Begründung: Soweit beim Erwerb des Gegenstandes die Vorsteuer aus bestimmten Gründen nicht abgezogen werden konnte, verhindert die Steuerbefreiung eine zusätzliche Umsatzbelastung beim Ausscheiden aus dem Unternehmensvermögen.
5. *Gleichstellung des grenzüberschreitenden Leistungsaustauschs*
   Steuerbefreit sind bestimmte innergemeinschaftliche Erwerbe und bestimmte Einfuhren (§ 4b und § 5 UStG). Begründung: Die Steuerbefreiung soll unabhängig davon gewährt werden, ob die Leistung an einen in- oder ausländischen Unternehmer erbracht wird.

Die Steuerbefreiungen bewirken, dass trotz eines steuerbaren Umsatzes keine Steuerpflicht angenommen wird. Im Gegenzug können jedoch auch für steuerbefreite Umsätze keine Vorsteuerbeträge geltend gemacht werden.

Beispiel:
Die Stadt Beispielrode betreibt einen Tierpark, der steuerbare, aber steuerbefreite Umsätze nach § 4 Nr. 20a UStG ausführt. Bei Reparaturarbeiten an Tiergehegen sind Vorsteuerbeträge in Höhe von 10.000 Euro entstanden. Die Stadt kann diese Beträge nicht als Vorsteuer geltend machen, weil ausschließlich steuerfreie Umsätze bewirkt wurden.

Die Überlassung von Parkflächen auf Parkplätzen und in Parkhäusern ist aus der Befreiung nach § 4 Nr. 12 S. 2 UStG herausgenommen worden und demnach steuerbar und steuerpflichtig. Einige Umsatzsteuerbefreiungen setzen hingegen die Gemeinnützigkeit voraus. Das gilt für Leistungen bestimmter Krankenhäuser (§ 4 Nr. 16b UStG) und Wohlfahrtspflegeverbände (§ 4 Nr. 18 UStG) sowie Vorträge, Kurse und andere Veranstaltungen wissenschaftlicher oder belehrender Art (§ 4 Nr. 20a UStG).

Beispiel:
Die Stadt Beispielrode (45.000 Einwohner) zahlt an ihre (ehrenamtlichen) Ratsmitglieder eine angemessene, pauschale Aufwandsentschädigung in Höhe von 200 Euro im Monat. Damit folgt sie den Erlassen der Finanzministerien und beachtet den Höchstbetrag der Entschädigungen und Sitzungsgeldern, die bis zu einem Betrag von 250 Euro pro Monat ertragsteuerfrei bleiben. Mit der selbständigen Tätigkeit handeln kommunale Mandatsträger umsatzsteuerlich als Unternehmer. Sie üben mit der ehrenamtlichen Stadtratstätigkeit eine umsatzsteuerbare sonstige Leistung gegen Entgelt gem. § 3a Abs. 4 S. 2 Nr. 3 UStG aus. Diese Leistungen sind jedoch gem. § 4 Nr. 26a UStG von der Umsatzsteuer befreit, wenn sie an eine juristische Person des öffentlichen Rechts (Stadt Beispielrode) ausgeübt werden. Ein Vorsteuerabzug nach § 15 Abs. 2 UStG ist ausgeschlossen.

Vor dem Hintergrund dieser Zusammenhänge hat der Gesetzgeber trotz der Steuerbefreiungen für bestimmte steuerbefreite Umsätze (§ 4 Nr. 1 – 7 UStG) einen Vorsteuerabzug (§ 15 Abs. 3 UStG) zugelassen.

Beispiel:
Die Stadt Beispielrode führt den Betrieb gewerblicher Art „Heimatmuseum". Auf Nachfrage wird an das Museum der Partnerstadt Paris ein Originalstich von A. Dürer veräußert und geliefert. In diesem Zusammenhang entstehen der Stadt Beispielrode Aufwendungen für den aufwändigen Transport, die trotz der Steuerbefreiung für die innergemeinschaftliche Lieferung nach § 4 Nr. 1b UStG als Vorsteuerbeträge geltend gemacht werden können.

Darüber hinaus ist nach § 9 UStG ein Optionsrecht für bestimmte steuerbefreite Umsätze vorgesehen (§ 4 Nr. 8 a – g, 9a, 12, 13, 19 UStG). Für diese Umsätze, insbesondere Vermietungsumsätze, Umsätze der Blinden und Blindenwerkstätten, kann der Unternehmer entscheiden, sie von der Steuerbefreiung herauszunehmen, um Vorsteuerbeträge in Anspruch zu nehmen.

Beispiel:
Die Stadt Beispielrode besitzt ein Geschäftshaus, das an einen regionalen Unternehmer (Erdgeschoss) und an eine private Familie (Obergeschoss) umsatzsteuerfrei vermietet ist. Die Stadt kann nach § 9 UStG nur für die Vermietung an den Unternehmer das Optionsrecht ausüben. Die Vermietung an den Unternehmer wäre dann umsatzsteuerpflichtig, während die Vermietung an die Familie weiterhin steuerbefreit bleibt. Gleichzeitig könnte die Stadt jedoch (anteilig) Vorsteuerbeträge aus Vorleistungen geltend machen.

Für den Verzicht auf Steuerbefreiung muss es sich beim Leistungsempfänger immer um einen nicht befreiten Unternehmer handeln. Alle anderen steuerfreien Umsätze sind vom Optionsrecht ausgeschlossen.

Als Ausnahme zur Steuerbefreiung von Vermietungen und Verpachtungen ist A. 4.12.6 UStAE zu beachten. Die Vorschrift wendet sich an „Verträge besonderer Art". Hier tritt die Gebrauchsüberlassung des Grundstücks gegenüber anderen, wesentlicheren Leistungen zurück, obwohl das Vertragsverhältnis ein einheitliches und unteilbares Ganzes darstellt. Diese Verträge besonderer Art liegen vor, wenn eine Kommune Grundstücksflächen für die Dauer eines Jahrmarkts vermietet, der neben Verkaufsbetrieben vor allem Gaststätten-, Vergnügungs- und Schaubetriebe anbietet.

Beispiel:
Die Stadt Beispielrode erzielt aus der Vermietung von Standflächen eines Wochenmarktes insgesamt 100.000 Euro. Hiervon sind 75.000 Euro der Mieteinnahmen umsatzsteuerfrei; 25.000 Euro sind dagegen steuerpflichtig.

Bei Wochen- und Jahrmärkten, die reine Verkaufsveranstaltungen sind, gelten nur 75 % der Mieteinnahmen aus den Standgeldern als steuerfrei nach § 4 Nr. 12 UStG. Dagegen sind 25 % der Mieteinnahmen steuerpflichtig. Bei Jahrmärkten mit überwiegender Beteiligung von Gaststätten-, Vergnügungs- und Schaustellergewerbe oder auf Messen, Ausstellungen und Volksfesten ist das Platzgeld in voller Höhe steuerpflichtig, weil ein besonderer Vertrag angenommen wird.

3. Steuerschuldnerschaft und Reverse-Charge-Verfahren

Nach § 13a Abs. 1 Nr. 1 UStG ist der Unternehmer, der den jeweiligen Umsatz ausgeführt hat (Leistungsgeber), Steuerschuldner für steuerbare Umsätze nach § 1 Abs. 1 Nr. 1 UStG. Der Steuerschuldner erfüllt für den Staat eine wichtige Funktion im System der Umsatzsteuer, weil er die Umsatzsteuer beim zuständigen Finanzamt anzumelden und abzuführen hat. Hierdurch wird das Steueraufkommen gesichert. Dieser Grundfall wird durch § 13b UStG entscheidend ergänzt, denn der *Leistungsempfänger* ist nunmehr nicht mehr nur der Haftende. Vielmehr schuldet er selbst und allein die Umsatzsteuer mit der Folge, dass Steuerschuld und Vorsteuerabzugsberechtigung zusammenfallen. Für den leistenden Unternehmer entsteht dagegen keine Steuerschuld. Auch haftet er nicht zusätzlich zum Leistungsempfänger. Zum Wechsel des Steuerschuldners kommt es abhängig von der jeweiligen Leistung jedoch nur, wenn der Leistungsempfänger ein Unternehmer oder eine juristische Person des öffentlichen Rechts ist und der ausländische Leistungsgeber im Inland steuerbare und steuerpflichtige Umsätze erbringt. Vergibt die öffentliche Hand einen öffentlichen Auftrag an einen in der EU oder im Drittstaat ansässigen Unternehmer, so ist stets § 13b UStG zu beachten.

Für bestimmte Leistungen nach § 13b UStG ist zwischen dem nichtunternehmerischen und unternehmerischen Bereich einer juristischen Person des öffentlichen Rechts zu unterscheiden. Für folgende Leistungen sind Kommunen auch

Steuerschuldner, unabhängig davon, ob die Leistungen für den unternehmerischen oder nichtunternehmerischen Bereich bezogen werden:

- § 13b Abs. 1 UStG: Sonstige Leistungen gem. § 3a Abs. 2 UStG eines Unternehmers aus dem EU-Ausland
- § 13b Abs. 2 Nr. 1 UStG: Werklieferungen und sonstige Leistungen ausländischer Unternehmer
- § 13b Abs. 2 Nr. 2 UStG: Lieferung sicherungsübereigneter Gegenstände

Dagegen führt nur der Leistungsbezug für den unternehmerischen, nicht aber für den hoheitlichen (nichtunternehmerischen) Bereich, in folgenden Fällen zur Steuerschuldnerschaft der juristischen Person des öffentlichen Rechts:

- § 13b Abs. 2 Nr. 4 UStG: Bauleistungen, wenn die jPöR als Leistungsempfänger auch Bauleister ist.
- § 13b Abs. 2 Nr. 5a UStG: Energielieferungen aus dem Ausland an Versorger im Inland, wenn die jPöR als Leistungsempfänger auch Versorger ist.
- § 13b Abs. 2 Nr. 5b UStG: Lieferungen von Strom und Gas an Wiederverkäufer im Inland, wenn die jPöR als Leistungsempfänger auch Wiederverkäufer ist.
- § 13b Abs. 2 Nr. 8 UStG: Gebäudereinigungsleistungen, wenn die jPöR als Leistungsempfänger auch Gebäudereiniger ist.
- § 13b Abs. 2 Nr. 12 UStG: Telekommunikationsleistungen an Wiederverkäufer im Inland, wenn die jPöR als Leistungsempfänger auch Wiederverkäufer ist.

Ein Leistungsbezug ausschließlich für den unternehmerischen Bereich führt zur Steuerschuldnerschaft einer Kommune in den Fällen des § 13b Abs. 2 Nr. 6 (Emissionshandel), Nr. 7 (Altmetall- und Schrotthandel), Nr. 9 (Lieferung von Gold), Nr. 10 (Tablet-Computer, Mobilfunkgeräte) sowie Nr. 11 (Metalle > 5.000 Euro). Die Steuerschuld für diese Umsätze geht, soweit sie im Inland steuerbar und steuerpflichtig sind, auf den jeweiligen Leistungsempfänger über (Reverse-Charge-Verfahren). Der Leistungsempfänger wird damit zum Steuerschuldner und ist verpflichtet, die Umsatzsteuer – unabhängig von einer Rechnung – beim zuständigen Finanzamt anzumelden. Der Leistungsempfänger ist in Fällen des § 13b UStG nach § 15 Abs. 1 Nr. 4 UStG grundsätzlich berechtigt, die angemeldete Steuer – unabhängig von einer Rechnung – als Vorsteuer abzuziehen, wenn die Leistung für sein Unternehmen erfolgt ist, sodass sich im Ergebnis die abzuführende Umsatzsteuer und abziehbare Vorsteuer betragsmäßig ausgleichen (umsatzsteuerliche Neutralisierung). Damit wickelt die zuständige Finanzbehörde den gesamten Vorgang nur mit dem Leistungsempfänger ab. Der ausländische Unternehmer als Leistungsgeber muss sich weder in Deutschland registrieren lassen noch im Inland umsatzsteuerliche Pflichten erfüllen.

4. Bemessungsgrundlage, Steuersatz und Vorsteuerabzug

4.1 Steuerpflichtiges Entgelt und Umsatzsteuersatz

Die umsatzsteuerliche Bemessungsgrundlage für entgeltliche Lieferungen und sonstige Leistungen wird als Entgelt bezeichnet. Es erfasst alle Aufwendungen des Leistungsempfängers, um die Leistung zu erhalten. Die Umsatzsteuer gehört nicht zum Entgelt, weil es eine Nettogröße ist. Enthält ein Betrag Entgelt und Umsatzsteuer, so muss für die Berechnung der Umsatzsteuer das Entgelt herausgerechnet werden. Dies geschieht mittels eines Divisors (1,19 oder 1,07). Alternativ kann die Umsatzsteuer mithilfe eines Faktors herausgerechnet werden. Auch Minderungen des Entgelts wie Skonti, Boni oder Rabatte sind herauszurechnen.

Beispiel:
Die folgenden wirtschaftlichen Tätigkeiten der Stadt Beispielrode unterliegen dem Regelsteuersatz (19 %): Energielieferungen (Strom, Erdgas). Dagegen unterliegen folgende Leistungen dem ermäßigten Steuersatz (7 %): Trinkwasser/Leitungswasser an Haushalte, Personenbeförderungsverkehr innerhalb der Gemeinde oder maximal 50 km zwischen verschiedenen Gemeinden (Schienenbahnen, Oberleitungsomnibusse, Linienverkehrsfahrzeuge, Fähren), kurzfristige Vermietung von Wohn- und Schlafräumen (Hotelgewerbe) oder Campingflächen, Waren des Buchhandels, Schwimmbadbenutzung, Eintrittsberechtigungen für nicht nach § 4 Nr. 20a UStG steuerbefreite Theater, Konzerte, Museen und zoologische Gärten einschließlich Aquarien und Terrarien.

Das steuerpflichtige Entgelt unterliegt dem allgemeinen Umsatzsteuersatz von 19 % (§ 12 Abs. 1 UStG). Hierunter fallen alle wirtschaftlichen Tätigkeiten in einem Betrieb gewerblicher Art oder Leistungen im Rahmen eines wirtschaftlichen Geschäftsbetriebes bei steuerbegünstigten Einrichtungen. Dagegen werden bestimmte Leistungen mit einem ermäßigten Umsatzsteuersatz von 7 % erfasst (§ 12 Abs. 2 UStG). Hierzu gehören Umsätze im Rahmen der Vermögensverwaltung sowie aus Zweckbetrieben einer steuerbegünstigten Einrichtung. Darüber hinaus unterliegen bestimmte Lieferungen und sonstige Leistungen dem ermäßigten Steuersatz, wie die nachfolgende Übersicht 23 zeigt:

Tabelle 23: Überblick zu den ermäßigt besteuerten Umsätzen (7 %)

Umsätze mit dem ermäßigten Steuersatz nach § 12 Abs. 2 UStG	
Nr. 1:	Lieferung bestimmter Gegenstände aus der Anlage 2 zum UStG
Nr. 2:	Vermietung bestimmter Gegenstände aus der Anlage 2 zum UStG
Nr. 3–4:	Tier- und Pflanzenzucht, Tierhaltung, Förderung der Tierzucht
Nr. 6:	Leistungen aus der Tätigkeit als Zahntechniker
Nr. 7 a:	Eintrittsberechtigung für Theater, Konzerte, Museen, Vorführungen
Nr. 7 b:	Überlassung von Filmen zur Auswertung und Vorführung

Umsätze mit dem ermäßigten Steuersatz nach § 12 Abs. 2 UStG	
Nr. 7 c:	Überlassung von Rechten nach dem Urhebergesetz
Nr. 7 d:	Zirkusvorführungen, Schausteller, Umsätze der zoologischen Gärten
Nr. 8 a:	Zweckbetriebe einer steuerbegünstigten Körperschaft
Nr. 8 b:	Zweckbetriebe einer steuerbegünstigten, nichtrechtsfähigen Personenvereinigung
Nr. 9:	Umsätze der Schwimmbäder und Heilbäder
Nr. 10:	Personenbeförderung in Schienenbahnen, Bussen, Taxen, im Fährverkehr
Nr. 11:	Vermietung von Wohn- und Schlafräumen an Fremde (Beherbergung)
Nr. 14:	Digitale Medien
Nr. 15:	Restaurationsumsätze außer Abgabe von Getränken (ab 2026)

(Quelle: Eigene Darstellung)

Zu den Gegenständen der Anlage 2 gehören insbesondere lebende Tiere, Pflanzen, Obst und Gemüse, Gewürze, Futtermittel, zubereitete Lebensmittel, bestimmte Getränke (Leitungs- bzw. Trinkwasser, Milch), Düngemittel, Waren des Buchhandels (Bücher, Zeitschriften, Noten, Briefmarken), Rollstühle und Körperersatzstücke sowie Hygieneartikel.

Lieferungen von Solarmodulen an Betreiber einer Photovoltaikanlage und deren Installation sind gem. § 12 Abs. 3 UStG steuerbefreit (0 %).

4.2 Vorsteuerabzugsverfahren

Kernbereich des europäisierten Umsatzsteuerrechts ist seit 1968 das Allphasen-Nettoumsatzsteuersystem mit sofortigem Vorsteuerabzug (§ 15 UStG). Nach der Intention des Gesetzgebers soll die Umsatzsteuer vom Endverbraucher getragen werden (Umsatzsteuer als allgemeine Verbrauchsteuer). Daher ist für Umsätze zwischen Unternehmern eine Entlastung vorgesehen mit dem Ziel einer Wettbewerbsneutralität und einer wirtschaftlichen Belastung des Endverbrauchers mit Umsatzsteuer. Steuertechnisches Instrument hierfür ist der Vorsteuerabzug, d. h., das Finanzamt erstattet einem Unternehmer die von einem anderen Unternehmer in Rechnung gestellte Umsatzsteuer (Vorsteuer).

Beispiel:
Der „Stadtwerke-Eigenbetrieb" der Mustercity erzielt im Monat Januar aus der Energieversorgung umsatzsteuerpflichtige Einnahmen in Höhe von 100.000 Euro. Hierauf entfallen 19 % Umsatzsteuer (19.000 Euro). Im gleichen Monat werden Wartungsarbeiten im Betrieb durchgeführt; hierfür werden dem Eigenbetrieb 25.000 Euro zuzüglich 19 % Umsatzsteuer (4.750 Euro) in Rechnung gestellt. Der Betrieb kann die in Rechnung gestellte Umsatzsteuer

von 4.750 Euro als Vorsteuer von der geschuldeten Umsatzsteuer in Höhe von 19.000 Euro abziehen. Für den Monat Januar ergibt sich eine Umsatzsteuer-Zahllast von 14.250 Euro, die an das Finanzamt bis zum 10. Februar zu entrichten ist.

Eine wichtige Funktion üben die Rechnungen (§ 14 UStG) aus, die steuerrechtlich bestimmte Kriterien erfüllen müssen, um einen Vorsteuerabzug in Anspruch zu nehmen. Der Umsatz wird für das Unternehmen des Empfängers auf der Basis einer ordnungsgemäßen Rechnung über die Leistung mit offenem Steuerausweis ausgeführt. An den Rechnungsausweis werden somit erhöhte Anforderungen gestellt (Ausnahme: Kleinbetragsrechnungen bis 250 Euro), die in der Tabelle 24 synoptisch dargestellt sind. Abzugsfähig ist nur die gesetzlich geschuldete Umsatzsteuer, nicht aber die zu hoch oder zu niedrig ausgewiesene Umsatzsteuer.

Abzugsfähig sind auch die entrichtete Einfuhrumsatzsteuer auf Gegenstände, die für das Unternehmen aus dem Drittland eingeführt wurden sowie die Umsatzsteuer auf den innergemeinschaftlichen Erwerb von Gegenständen aus dem übrigen Gemeinschaftsgebiet für das Unternehmen (Erwerbsteuer). Schließlich können auch Vorsteuerbeträge aus Umsätzen, die zum Vorsteuerabzug berechtigen (Abzugsumsätze) aus bestimmten steuerfreien Umsätzen (§ 4 Nr. 1 – 7 UStG) und aus steuerfreien Umsätzen, für die optiert wurde (§ 9 UStG), berücksichtigt werden.

Beispiel:
Die Stadt Musterhausen verkauft einen gebrauchten PKW der Stadtverwaltung für 5.000 Euro an den privaten Unternehmer U. Dieser erteilt der Stadt eine Gutschrift über 5.000 Euro zuzüglich 750 Euro Umsatzsteuer, um den Vorsteuerabzug zu nutzen. Die Stadt sollte dieser Gutschrift widersprechen, denn der Verkauf eines Gegenstandes aus dem hoheitlichen Bereich ist nicht steuerbar.

Im Einzelfall kann anstelle einer Rechnung auch eine Gutschrift vom Leistungsempfänger an den Leistungsgeber ausgestellt werden, wenn dies vorher vereinbart wurde. Hierzu sind die Voraussetzungen des § 14 Abs. 2 S. 2 UStG zu beachten. Eine Gutschrift verliert die Wirkung einer Rechnung, sobald der Empfänger der Gutschrift dem ihm übermittelten Dokument widerspricht.

Ab dem 01.01.2025 ist bei Umsätzen zwischen inländischen Unternehmern regelmäßig eine elektronische Rechnung (E-Rechnung) zu verwenden. Bei der Einführung dieser obligatorischen (verpflichtenden) E-Rechnung gelten allerdings Übergangsregelungen. Hierdurch soll die Digitalisierung gefördert werden, z. B. Vereinfachung von Prozessen im Rechnungswesen, weil die Rechnungsdaten beim Empfänger nicht doppelt erfasst und hierbei entstehende Fehler vermieden werden können. Für einen bis zum 31.12.2024 ausgeführten Umsatz gilt als elektronische Rechnung eine Rechnung, die in einem elektronischen Format ausgestellt und empfangen wird. Unter diese Definition fällt z. B. auch ein per E-Mail versandtes einfaches PDF-Dokument. Ab dem 01.01.2025 liegt eine E-Rechnung nur noch dann vor, wenn die Rechnung in einem strukturierten elektronischen Format ausgestellt, übermittelt und empfangen wird und eine elektronische Verarbeitung ermöglicht. So fällt ein einfaches PDF-Dokument nicht mehr unter diese Definition, da es kein strukturiertes Format hat, sondern unter die Bezeichnung „sonstige Rechnung". Eine E-Rechnung liegt vor, wenn sie die Vorgaben der europäischen Norm EN 16931 erfüllt. Diese wurden ursprünglich für die Rechnungsstellung an die öffentliche Verwaltung erarbeitet. Ihre Vorgaben wurden vom Europäischen Komitee für Normung (Comité Européen de Normalisation) mit der europäischen Normenreihe EN 16931 technisch umgesetzt.

Die Regelungen zur verpflichtenden E-Rechnung gelten im Regelfall für den B2B-Bereich, wenn eine umsatzsteuerliche Pflicht zur Ausstellung einer Rechnung besteht. Daher gelten die Regelungen nicht bei Rechnungen an Endverbraucher (B2C-Umsätze) sowie für bestimmte steuerfreie Umsätze (§ 4 Nr. 8 bis 29 UStG, z.B. steuerfreie Finanzdienstleistungen oder steuerfreie Grundstücksvermietungen). Rechnungen an die öffentliche Verwaltung (B2B-Umsätze) sind von den umsatzsteuerlichen Regelungen für die verpflichtenden E-Rechnungen ausgenommen, wenn die Verwaltung nicht als Unternehmen handelt. Allerdings sind Lieferanten und Dienstleister auf Grundlage der E-Rechnungsverordnungen zur elektronischen Rechnungsstellung gegenüber öffentlichen Auftraggebern verpflichtet.

Tabelle 24: Anforderungen an den Rechnungsausweis

Rechnungsanforderungen nach § 14 UStG	
Grundsatz	Die Ausübung des Vorsteuerabzugs setzt voraus, dass der Unternehmer eine nach § 14 UStG ausgestellte ordnungsgemäße Rechnung besitzt
Pflichtangaben in einer Rechnung bei Leistungen	
Inhalt nach § 14 Abs. 4 S. 1 Nr. 1–10 UStG	– Vollständiger Name und Anschrift des Leistenden – Vollständiger Name und Anschrift des Kunden – Datum der Rechnungserstellung – Datum der Leistung, wenn abweichend vom Ausstellungsdatum – Menge und Bezeichnung der Ware – Art und Umfang der sonstigen Leistung

Rechnungsanforderungen nach § 14 UStG	
Inhalt nach § 14 Abs. 4 S. 1 Nr. 1–10 UStG	– Steuernummer oder USt-Identifikationsnummer – Fortlaufende Rechnungsnummer (einmalig vergeben) – Entgelt der Leistung nach Steuersatz und Steuerbefreiungsnorm – Anzuwendender Steuersatz und auf das Entgelt entfallender Steuerbetrag oder Hinweis auf Steuerbefreiung – Hinweis auf Anwendung der Differenzbesteuerung (§ 25a UStG), der Margenbesteuerung (§ 25 UStG), Aufbewahrungspflichten – Angabe „Gutschrift"
Zusätzlich gilt für	
Neue KFZ	an Endverbraucher in ein anderes EU-Land; neu = Kilometerstand (max. 6.000 km) und Datum der Erstzulassung (max. sechs Monate vor Lieferung)
i. g. Lfg.	USt-Identifikationsnummer des Empfängers der innergemeinschaftlichen Lieferung
Ausnahme Kleinbetragsrechnungen bis 250 Euro (§ 33 UStDV)	
Inhalt	– Name und Anschrift des leistenden Unternehmens – Menge und Bezeichnung der Ware – Art und Umfang der sonstigen Leistung – Entgelt und Steuerbetrag in einer Summe – Steuersatz und Ausstellungsdatum – Hinweis auf Steuerbefreiung

(Quelle: Eigene Darstellung)

Zum Vorsteuerabzug sind grundsätzlich Unternehmer berechtigt. Der Vorsteuerabzug ist jedoch nur bei Umsätzen aus dem unternehmerischen Bereich möglich, wenn die Gegenstände mindestens 10 % betrieblich genutzt werden (Zuordnung zum Unternehmensvermögen) und die Unternehmereigenschaft erfüllt ist. Mit dem Vorsteuerabzug verbindet sich das Recht des Unternehmers, von der eigenen Umsatzsteuerschuld die Umsatzsteuerbeträge abzuziehen, die beim Bezug von Vorleistungen aus Lieferungen und sonstigen Leistungen, bei der Einfuhr oder beim innergemeinschaftlichen Erwerb in Rechnung gestellt wurden. Da der Vorsteuerabzug nur durch Unternehmer möglich ist, sind Tätigkeiten einer Kommune gem. § 2b Abs. 1 UStG oder Umsätze eines Kleinunternehmers als Nichtunternehmer vom Vorsteuerabzug ausgenommen. Der Leistende muss ein in- oder ausländischer Unternehmer sein (Ausnahme: Fahrzeuglieferer), der eine Leistung von einem anderen Unternehmer empfängt und die gesondert in Rechnung gestellte deutsche Umsatzsteuer für Lieferungen und Leistungen nachweisen kann. Nach § 15 Abs. 1b UStG ist bei gemischt-genutzten Grundstücken, die sowohl dem unternehmerischen Bereich (wirtschaftliche Tätigkeiten mittels Regie- oder Eigenbetrieb) als auch dem nichtunternehmerischen Bereich dienen, ein Vorsteuerabzug für Leistungen ausgeschlossen, die auf den nichtunternehmerischen Bereich entfallen.

Beispiel:
Die Kommune Musterhausen beginnt im Jahr t_1 mit der Errichtung eines Verwaltungsgebäudes, das zu 100 % hoheitlich (nichtunternehmerisch) genutzt werden soll, z.B. als Büroräume für das Ressort Abfallmanagement. Im Jahr t_2 beschließt der Gemeinderat, dass 40 % des Gebäudes für unternehmerische Zwecke genutzt werden sollen. Das Gebäude wird in t_2 fertig gestellt. Die in Rechnung gestellte Umsatzsteuer (Vorsteuer) für die Errichtung des Gebäudes beträgt 30.000 Euro (t_1) und 50.000 Euro (t_2). Da die Kommune in t_1 beabsichtigt, das Gebäude für nichtwirtschaftliche Tätigkeiten zu nutzen, ist ein Vorsteuerabzug für das Jahr t_1 ausgeschlossen (§ 15 Abs. 1 und 1b UStG). Bei einer teilweisen unternehmerischen Nutzung (40 %) kann die Kommune dagegen für das Jahr t_2 ein Vorsteuerabzug für den unternehmerischen Teil in Höhe von 20.000 Euro geltend machen.

Darüber hinaus sind bestimmte Vorsteuerbeträge vom Abzug ausgeschlossen, die auf folgende Aufwendungen entfallen (§ 15 Abs. 1a UStG): Aufwendungen für Geschenke über 50 Euro netto Einzelwert je Empfänger (§ 4 Abs. 5 S. 1 Nr. 1 EStG) und Aufwendungen für Gästehäuser, Jagd, Fischerei, Segel- und Motorjachten (§ 4 Abs. 5 Nr. 3–4 EStG). Diese Aufwendungen dürfen im Ertragsteuerrecht den betrieblichen Gewinn nicht mindern, weil sie sich mit dem privaten Bereich vermischen.

Beispiel:
Die Stadt Beispielrode verschenkt an Geschäftskunden zum Jahresende Bildbände über die historische Entwicklung der Stadt. Die Bücher wurden im Einzelwert von 60 Euro zzgl. 7 % Umsatzsteuer von einem Buchhändler erworben. Ein Vorsteuerabzug ist hier gem. § 15 Abs. 1a UStG ausgeschlossen, weil der Nettoeinzelwert über 50 Euro liegt. Bei Beachtung der Grenze, z.B. Bücher mit einem Einzelwert von 30 Euro zzgl. 2,10 Euro Umsatzsteuer, hätte ein Vorsteuerabzug durchgeführt werden können.

Außerdem sind Vorsteuerbeträge aus Umsätzen, die den Vorsteuerabzug ausschließen (Ausschlussumsätze, § 15 Abs. 2 UStG) nicht abziehbar, z.B. steuerfreie Umsätze (§ 4 Nr. 8–28 UStG) ohne Optionsrecht und fiktive steuerfreie Umsätze im Ausland, die nach § 4 Nr. 8 – 28 UStG steuerfrei wären, wenn sie im Inland ausgeführt würden.

Beispiel:
Die Stadt Beispielrode besitzt ein Mehrfamilienhaus in Beispielrode, das an zwei Familien vermietet ist. Die Außenfassade des Gebäudes wurde neu gestaltet; der Stadt wurden hierfür 25.000 Euro zzgl. 19 % Umsatzsteuer (4.750 Euro) in Rechnung gestellt. Die Mieteinnahmen sind nach § 4 Nr. 12a UStG umsatzsteuerfrei.

Der Vorsteuerbetrag in Höhe von 4.750 Euro kann nicht genutzt werden, weil er mit Umsätzen in wirtschaftlichem Zusammenhang steht, die steuerfrei sind (§ 15 Abs. 2 Nr. 1 UStG, Ausschlussumsätze).

In besonderen Fällen sind BMF-Schreiben zum Vorsteuerabzug für den kommunalen Bereich ergangen. Sie betreffen die Einschaltung von Unternehmern in die Erfüllung hoheitlicher Aufgaben (BMF-Schreiben vom 27.12.1990, BStBl I 1991, S. 81), Public-Private-Partnerships (PPP) im Bundesfernstraßenbau (BMF-Schreiben vom 03.02.2005, BStBl I 2005, S. 414), den Vorsteuerabzug bei Errichtung von Erschließungsanlagen (BMF-Schreiben vom 07.06.2012, BStBl I 2012, S. 621) sowie die Umsatzbesteuerung der öffentlichen Hand nach § 2b UStG, Vorsteuerabzug bei unternehmerisch tätigen juristischen Personen des öffentlichen Rechts (BMF-Schreiben vom 12.06.2024, DOK 2024 0514307).

5. Entstehung der Umsatzsteuer, Besteuerungsverfahren und Aufzeichnungspflichten

Kommunen sind als Unternehmer verpflichtet, die Umsatzsteuer selbst zu berechnen, einzubehalten und fristgerecht an das Finanzamt abzuführen (Steueranmeldungen gemäß § 150 AO). Die Umsatzsteuer ist von der Summe der steuerpflichtigen Umsätze eines Besteuerungszeitraums zu berechnen. Die Umsatzsteuer muss entstanden und die Steuerschuldnerschaft der Kommune als Unternehmerin gegeben sein (§ 16 Abs. 1 UStG). Von der berechneten Umsatzsteuer sind die abziehbaren Vorsteuerbeträge abzusetzen, sodass sich ein Unterschiedsbetrag ergibt. Dieser ist im Regelfall die Umsatzsteuerschuld (Umsatzsteuer-Zahllast) eines Unternehmers. Übersteigt die abziehbare Vorsteuer die Umsatzsteuer, z. B. bei größeren Investitionsmaßnahmen oder Unternehmensgründungen, kann sich ein Vorsteuerguthaben (Erstattungsanspruch) ergeben. Die berechnete Umsatzsteuerschuld ist als Vorauszahlung an das Finanzamt zu entrichten.

Beispiel:
Die Stadt Beispielrode hat als Unternehmerin für ihr (gesamtes) „Unternehmen" (demnach alle umsatzsteuerbaren Tätigkeiten) *eine* Umsatzsteuer-Voranmeldung je Voranmeldungszeitraum und *eine* Umsatzsteuer-Erklärung für das gesamte Kalenderjahr auf elektronischem Weg abzugeben. Hier wirkt sich der Grundsatz der Unternehmenseinheit im Hinblick auf die Aufzeichnungspflichten entlastend aus.

Die Umsatzsteuer entsteht bei der Berechnung nach vereinbarten Entgelten mit Ablauf des Voranmeldezeitraums, in dem die Leistungen ausgeführt wurden (§ 13 Abs. 1 Nr. 1a UStG). Die Unternehmer sind verpflichtet, eine Voranmeldung bis zum 10. Tag nach Ablauf jedes Voranmeldezeitraums an das zuständige Finanzamt abzugeben. Unter Beachtung einer Zahlungsschonfrist von drei Tagen und der Dauerfristverlängerung von einem Monat verlagert sich die Abgabefrist.

Beispiel:
Die Stadt Beispielrode muss die Voranmeldung nach amtlich vorgeschriebenem Vordruck durch Datenfernübertragung nach Maßgabe der Steuerdaten-Übermittlungsverordnung an das Finanzamt übermitteln. Es ist darauf zu achten, dass die elektronische Übermittlungssoftware authentifiziert ist. Für nicht authentifizierte Software ist ein Authentifizierungszertifikat bei der Finanzbehörde zu beantragen.

Der Voranmeldungszeitraum des laufenden Kalenderjahres bestimmt sich nach der Vorjahressteuer und ist im Regelfall ein Kalendervierteljahr (10.01., 10.04., 10.07., 10.10.). Der Besteuerungszeitraum der Umsatzsteuer ist das gesamte Kalenderjahr. Übersteigt die Umsatzsteuerschuld für das vorangegangene Kalenderjahr den Betrag von 9.000 Euro, entspricht der Voranmeldezeitraum dem Kalendermonat. Das gilt auch für neu gegründete Unternehmen; sie müssen in den ersten beiden Jahren monatlich eine Voranmeldung auf amtlich vorgeschriebenen Vordruck abgeben. Bei einer Umsatzsteuerschuld des vorangegangenen Kalenderjahres bis 2.000 Euro kann der Unternehmer jährlich eine Voranmeldung übermitteln (§ 18 UStG).

Beispiel:
Die Stadt Beispielrode hat im Kalenderjahr $t_1$eine Umsatzsteuerschuld von 9.450 Euro an das zuständige Finanzamt gezahlt. Demzufolge ist der Kalendermonat der Voranmeldungszeitraum für das nachfolgende Kalenderjahr t_2. Die Umsatzsteuerschuld des Monats Januar t_2 ist demnach bis zum 10.02.t_2 an das Finanzamt zu zahlen. Die Ortschaft Musterhausen zahlte im Kalenderjahr eine Umsatzsteuerschuld von 4.680 Euro; demnach ist das Kalendervierteljahr der Voranmeldungszeitraum für das nachfolgende Kalenderjahr t_2. Die Umsatzsteuerschuld des Monats Januar t_2 ist bis zum 10.04.t_2 an das Finanzamt zu zahlen.

Bei der Voranmeldung handelt es sich um eine Gegenüberstellung der entstandenen Umsatzsteuer und der angefallenen Vorsteuer in einer Selbstberechnung (Steueranmeldung). Die im Voranmeldungszeitraum entrichteten oder erstatteten Beträge werden auf die Jahressteuer angerechnet. Unternehmer müssen die Abgabe einer Voranmeldung vor Ablauf eines Kalenderjahres und spätestens zehn Tage nach Ablauf des Voranmeldungszeitraums auf amtlich vorgeschriebenem Vordruck auf elektronischem Weg nach der Steuerdatenübermittlungsverordnung übermitteln (§ 18 Abs. 1 UStG).

Bei Nichtabgabe oder verspäteter Abgabe der Voranmeldung kann das Finanzamt einen Verspätungszuschlag (§ 152 AO) festsetzen. Die Vorauszahlungen sind am 10. Tag nach Ablauf des Voranmeldezeitraums fällig. Bei verspäteter Vorauszahlung kann ein Säumniszuschlag (§ 240 AO) festgesetzt werden. Hierbei gilt eine Zahlungs-Schonfrist von drei Tagen. Darüber hinaus können die Abgabe- und Vorauszahlungsfristen mittels Dauerfristverlängerung (§§ 46 – 48 UStDV) um einen Monat verlängert werden.

Beispiel:
Die Stadt Beispielrode ist aufgrund der Vorjahresumsätze t_1 Monatszahler für das Kalenderjahr t_2. Die Umsatzsteuerschuld des Monats Januar t_2 ist folglich bis zum 10.02.t_2 an das Finanzamt zu zahlen. Für das Kalenderjahr t_2 wird ein Antrag in elektronischer Form auf Dauerfristverlängerung beim Finanzamt gestellt. Hierdurch verlängern sich die Abgabefrist der Voranmeldung Januar t_2 und die Entrichtung der Vorauszahlungen Januar t_2 um einen Monat (10.03.t_2). Unter Beachtung der Zahlungs-Schonfrist von drei Tagen bei Banküberweisungen ist spätestens am 13.03.t_2 die Voranmeldung und Vorauszahlung für Januar t_2 an das Finanzamt zu übermitteln. Die Schonfrist endet erst mit Ablauf des nächsten Werktags, wenn der 3. Tag auf einen Samstag, Feiertag oder Sonntag fällt. Die Fristverlängerung bei Monatszahlern (nicht aber bei Vierteljahreszahlern) setzt aber voraus, dass bis zum 10. Februar eine Sondervorauszahlung angemeldet und entrichtet wird. Die Sondervorauszahlung beträgt 1/11 der Vorauszahlungen für das vorangegangene Kalenderjahr. Bei Umsatzsteuer-Vorauszahlungen des Jahres t_1 in Höhe von 19.000 Euro ergibt sich eine Sondervorauszahlung in t_2 von Höhe von 1.727 Euro (abgerundet auf volle Euro).

Die Jahresumsatzsteuererklärung muss bis zum 31. Juli des Folgejahres abgegeben werden; hiermit werden die monatlichen Voranmeldungen kontrolliert. Der Unternehmer hat die zu entrichtende Umsatzsteuer oder den Überschuss selbst zu berechnen. Ist an der Erstellung der Steuererklärung ein Steuerberater beteiligt, verlängert sich die Abgabefrist der Steuererklärung auf den 31.04. des nächsten Folgejahres.

Beispiel:
Die Stadt Beispielrode muss die Umsatzsteuer-Erklärung für das Kalenderjahr t_1 bis zum 31.07. t_2 in elektronischer Form übermitteln. Bei Erstellung durch einen Steuerberater ist die Umsatzsteuer-Erklärung bis zum 31.04.t_3 einzureichen.

Darüber hinaus sind Aufzeichnungspflichten bei grenzüberschreitenden Umsätzen zu beachten, insbesondere die Angabe von innergemeinschaftlichen Lieferungen, der Umsatzsteuer-Identifikationsnummern ausländischer Abnehmer und die Summe der Bemessungsgrundlagen der an jeden Kunden ausgeführten Warenlieferungen in einer sogenannten „Zusammenfassenden Meldung" auf elektronischem Weg. Hierfür stehen mit dem ElsterOnline-Portal, dem Formularserver der Bundesfinanzverwaltung oder dem BZSt-Online-Portal drei Verfahren zur Auswahl. Innerhalb der EU besteht ein besonderes Vorsteuervergütungsverfahren (§ 18 Abs. 9 und § 18g UStG). Hierbei kann ein inländischer Unternehmer die Rückerstattung einer Vorsteuer, die in einem anderen EU-Staat geleistet wurde, in Deutschland beantragen.

6. Fördermaßnahmen für Unternehmen im Umsatzsteuerrecht

6.1 Kleinunternehmerregelung

Mit der Kleinunternehmerregelung (§ 19 UStG) werden alle Unternehmen gefördert, die nur geringe Umsätze in einem Kalenderjahr ausüben. Ein Kleinunternehmer ist ein Unternehmer, dessen Umsätze im vorangegangenen Kalenderjahr und im laufenden Kalenderjahr bestimmte Grenzen nicht überschreiten. Rechtsfolge: Bei Umsätzen von Kleinunternehmern, die im Inland ansässig sind, wird keine Umsatzsteuer erhoben. In den ausgestellten Rechnungen des Kleinunternehmers erfolgt kein gesonderter Ausweis der Umsatzsteuer. Gleichzeitig sind sie von allen Aufzeichnungspflichten des Umsatzsteuergesetzes befreit. Allerdings ist der Kleinunternehmer vom Vorsteuerabzug ausgeschlossen. Diese Regelung wird in der Praxis von vielen kleineren Kommunen in Anspruch genommen, weil sie der Verwaltungsvereinfachung dient.

Umsätze von inländischen Unternehmern sind steuerfrei, wenn ihr Gesamtumsatz im vorangegangenen Kalenderjahr 25.000 Euro nicht überschritten hat und im laufenden Kalenderjahr 100.000 Euro tatsächlich nicht überschreitet. Bei den neuen Grenzbeträgen zum 01.01.2025 handelt es sich um Netto-Grenzen ohne eine Prognose der Umsatzhöhe. Nach der Rechtslage bis zum 31.12.2024 waren die beiden Umsatzgrenzen als Bruttobeträge ausgestaltet: Im vorangegangen Kalenderjahr maximal 22.000 Euro, im laufenden Jahr voraussichtlich maximal 50.000 Euro. Damit kommt es nicht mehr auf ein voraussichtliches, sondern ein tatsächliches Überschreiten des oberen Grenzwertes von 100.000 Euro an. Es ist zwar keine Prognose der im laufenden Jahr zu erwarteten Umsätze erforderlich, aber wenn die obere Grenze erreicht wird, entfällt die Anwendung der Kleinunternehmerregelung bis zum Ende des laufenden Kalenderjahres. Der Wechsel von der Steuerfreiheit zur Regelbesteuerung tritt unterjährig ein, wenn der Umsatz 100.000 Euro im laufenden Kalenderjahr übersteigt. Hierdurch sollte die Umsatzentwicklung bei öffentlichen Einrichtungen regelmäßig beobachtet werden. Unternehmer konnten bis zum 31.12.2024 die Kleinunternehmerregelung nur für inländische Umsätze anwenden. Ab 2025 ist dies auch für Umsätze innerhalb des Gemeinschaftsgebietes unter zwei Voraussetzungen möglich: Der im Gemeinschaftsgebiet erzielte Gesamtumsatz darf sowohl im vorangegangenen als auch im laufenden Jahr 100.000 Euro nicht überschritten haben. Außerdem muss der Ansässigkeitsstaat eine Kleinunternehmer-Identifikationsnummer erteilen.

Beispiel:
Der Museumsverein *Tabakspeicher e. V.* mit Sitz in Musterhausen betreibt seit drei Jahren einen Museumsshop, der kleine Geschenkartikel und Kunstgegenstände verkauft. Im vorherigen Jahr t_0 ergab sich ein Jahresumsatz (netto) in Höhe von 20.000 Euro. Der Nettoumsatz des laufenden Jahres beträgt zum 30.10.t_1 80.000 Euro. Am 02.11.t_1 beträgt der Nettoumsatz 125.000 Euro.

Ergebnis: Der Museumsverein *Tabakspeicher e. V.* ist im laufenden Jahr bis zum 30.10.t_1 Kleinunternehmer gem. § 19 Abs. 1 UStG, weil der Umsatz des Vereins im Vorjahr t_0 25.000 Euro (hier: 20.000 Euro) nicht überstiegen hat und im laufenden Jahr 100.000 Euro (hier: 80.000 Euro) bis zum 30.10. nicht übersteigt. Es wird keine Umsatzsteuer auf Umsätze des Vereins erhoben. Andererseits kann der Museumsverein keinen Vorsteuerabzug in Anspruch nehmen. Im November t_1 wird die Umsatzgrenze von 100.000 Euro (hier: 125.000 Euro) überschritten. In der Rechtslage bis zum 31.12.2024 konnte bei Überschreitung der oberen Grenze des laufenden Jahres die Kleinunternehmerregelung bis zum Jahresende angewandt werden. Nach der Rechtslage ab 01.01.2025 bleiben die Umsätze im Beispielfall bis zum 30. Oktober umsatzsteuerfrei. Ab 01.11.t_1 muss der Unternehmer die Umsatzsteuer in seinen Rechnungen ausweisen, weil der Kleinunternehmerstatus mit Überschreitung der Grenze entfällt.

Erfüllt ein Unternehmer 2025 die Voraussetzungen für die Kleinunternehmerregelung und lässt sich beim Finanzamt als Kleinunternehmer registrieren, muss in seinen Rechnungen ein Hinweis eingefügt werden, dass für die Lieferung oder Leistung die Steuerbefreiung im Rahmen der Kleinunternehmerregelung nach § 19 UStG gilt. Auch müssen umsatzsteuerliche Kleinunternehmer ab 2025 in der Lage sein, von inländischen Unternehmen E-Rechnungen zu empfangen. Für Kleinunternehmer gilt aber keine Verpflichtung, selbst E-Rechnungen auszustellen. Der Kleinunternehmer kann erklären, dass er auf die Anwendung des § 19 Abs. 1 UStG verzichtet und zur Regelbesteuerung optiert. Die Ausübung des Optionsrechts führt zu einer Umsatzsteuerpflicht für alle Umsätze; zugleich ist aber ein Vorsteuerabzug möglich. Allerdings ist der Kleinunternehmer fünf Jahre an diese Regelbesteuerung gebunden.

6.2 Sollbesteuerung und Istbesteuerung

Der Zeitpunkt der Entstehung der Umsatzsteuer kann von der Höhe des Gesamtjahresumsatzes abhängen; es ergibt sich dann entweder eine Besteuerung nach vereinbarten Entgelten (Sollbesteuerung; Regelfall gem. § 13 Abs. 1 Nr. 1a UStG) oder nach vereinnahmten Entgelten (Istbesteuerung, Ausnahmeregelung gem. § 13 Abs. 1 Nr. 1b UStG). Soll- und Istbesteuerung führen im Ergebnis zu einer gleich hohen Umsatzsteuerbelastung (also die Steuerberechnung auf der Grundlage der tatsächlich vereinbarten Entgelte), aber der Unternehmer muss die Umsatzsteuer nicht vorfinanzieren. Die Besteuerung nach vereinnahmten Entgelten soll vor allem kleinen und mittelgroßen Unternehmen Erleichterungen bei der Organisation der Buchführung und finanzielle Vorteile bringen.

Bei der Sollbesteuerung (Regelfall) entsteht die Umsatzsteuer mit Ablauf des Voranmeldezeitraums, in dem die Leistungen ausgeführt werden (Sollbesteuerung, § 13 Abs. 1 Nr. 1a UStG). Die Ermittlung der Umsatzsteuer erfolgt auf der Basis vereinbarter Entgelte, unabhängig davon, ob der Leistungsempfänger die Rechnung bereits beglichen hat oder nicht.

Beispiel:
Die Stadt Beispielrode ist Monatszahler und führt steuerbare und steuerpflichtige Leistungen im Rahmen ihres Stadtwerke-Eigenbetriebs aus. Vom 19.10. bis zum 29.10. t_1 wurde eine Energieberatung beim Privatkunden Müller durchgeführt. Die Rechnung mit dem Datum vom 02.11. t_1 in Höhe von 500 Euro zuzüglich 95 Euro Umsatzsteuer wurde am 06.11. t_1 an Müller verschickt. Müller überweist die Rechnung am 08.01. t_2. Die Stadt Beispielrode muss als Unternehmerin bis zum 10. des nächsten Monats die monatlichen Vorsteuerbeträge abführen. Im Rahmen der *Sollbesteuerung* ist sie verpflichtet, 95 Euro Umsatzsteuer bis zum 10.11. t_1 an das zuständige Finanzamt abzuführen (vereinbartes Entgelt nach Abschluss der Leistung), weil die umsatzsteuerpflichtige Leistung im Oktober t_1 tatsächlich ausgeführt wurde. Die Stadt muss somit die Umsatzsteuer abführen, bevor der Kunde die Rechnung tatsächlich überwiesen hat.

Bei der Istbesteuerung (Ausnahmefall) entsteht die Umsatzsteuer erst mit Ablauf des Voranmeldezeitraums, in dem die Zahlung tatsächlich erfolgt (Istbesteuerung, § 20 UStG). Hierbei basiert die Ermittlung der Umsatzsteuer auf der Basis vereinnahmter Entgelte, sodass die Abführung der Umsatzsteuer erst nach Zahlung der Rechnung durch den Kunden erforderlich ist.

Beispiel:
Die Stadt Beispielrode ist Monatszahler und führt steuerbare und steuerpflichtige Leistungen im Rahmen ihres Stadtwerke-Eigenbetriebs aus. Vom 19.10. bis zum 29.10. t_1 wurde eine Energieberatung beim Privatkunden Müller durchgeführt. Die Rechnung mit dem Datum vom 02.11. t_1 in Höhe von 500 Euro zuzüglich 95 Euro Umsatzsteuer wurde am 06.11. t_1 an Müller verschickt. Müller überweist die Rechnung am 08.01. t_2. Die Stadt Beispielrode hat als Unternehmerin im Rahmen der *Istbesteuerung* die Möglichkeit, die Umsatzsteuer von 95 Euro erst zum 10.02. t_2 abzuführen. Die tatsächliche Zahlung (Vereinnahmung) durch den Kunden im Januar t_2 ist hier der Zeitpunkt der Entstehung der Umsatzsteuer.

Der Unternehmer kann also zwischen der Besteuerung seiner Umsätze nach vereinbarten und vereinnahmten Entgelten auswählen, wenn die folgenden Voraussetzungen erfüllt sind: Der Gesamtumsatz des vorangegangenen Kalenderjahres der Kommune übersteigt nicht 800.000 Euro oder die Betriebe sind von der Buchführungspflicht nach § 148 AO befreit oder es handelt sich um Umsätze einer juristischen Person des öffentlichen Rechts. Mit der Istbesteuerung ergeben sich Liquiditätsvorteile für den Unternehmer, weil erst nach tatsächlichem Zufluss durch den Kunden die Umsatzsteuer entsteht und somit der Voranmeldezeitraum verändert wird.

Ist-Unternehmer können den Vorsteuerabzug geltend machen, sobald sie eine ordnungsgemäße Rechnung erhalten. Bei Rechnungen, die nach dem 31.12.2027 ausgestellt werden, ist ein Vorsteuerabzug erst nach tatsächlicher Zahlung des Rechnungsbetrags zulässig. Damit der Leistungsempfänger erfährt, dass der leistende Unternehmer seine Leistungen nach vereinnahmten Entgelten versteuert, muss er in seiner Rechnung angeben, dass er seine Umsätze nach dem Ist-Prinzip versteuert. Diese neue Rechnungspflichtangabe wird auch für Kleinbetragsrechnungen und Fahrausweise umgesetzt.

6.3 Pauschalierter Vorsteuerabzug

Für steuerbegünstigte Körperschaften sowie land- und forstwirtschaftliche Betriebe ist eine Entlastung von Aufzeichnungspflichten nach § 22 UStG vorgesehen, indem die Vorsteuer nach pauschal festgesetzten Durchschnittssätzen (§§ 23a, 24 UStG) ermittelt und abgezogen werden kann. Hierdurch entfällt eine besondere Aufzeichnungspflicht. Der Vorteil der Besteuerung nach Durchschnittssätzen besteht für Kommunen darin, dass die umsatzsteuerlichen Aufzeichnungspflichten für bestimmte Umsätze, z.B. im Rahmen einer Land- oder Forstwirtschaft, entfallen. Aus kommunaler Sicht kommt diese Fördermaßnahme vor allem für steuerbegünstigte kommunale Einrichtungen (§ 23a UStG) in Frage.

Beispiel:
Die Stadt Beispielrode betreibt einen Land- und Forstbetrieb. Im Jahr t_1 erzielt die Stadt aus Holzverkäufen Einnahmen (ohne Umsatzsteuer) von 20.000 Euro. Im selben Jahr wurden ihr für Eingangsleistungen an den Forstbetrieb 1.400 Euro Vorsteuerbeträge in Rechnung gestellt. Die Umsatzsteuer auf die steuerbaren und steuerpflichtigen Leistungen bemisst sich nach § 24 Abs. 1 Nr. 3 UStG in Höhe von 9 %. Demnach sind 9 % aus der Bemessungsgrundlage herauszurechnen: (20.000 Euro × 100/109 =) 18.348,62 Euro. Auf dieser Basis bemisst sich die Umsatzsteuer: 18.348,62 Euro × 9 % = *1.651,37 Euro*. In gleicher Höhe kann eine Vorsteuer von *1.651,37 Euro* pauschal abgezogen werden, unabhängig von den tatsächlichen Vorsteuerbeträgen in Höhe von 1.400 Euro. Da die pauschale Vorsteuer höher ist als die üblicherweise anfallende Vorsteuer, kommt es zu einer Begünstigung. Hierdurch gelingt auch die Befreiung von Aufzeichnungspflichten, weil sich Umsatzsteuer und Vorsteuer ausgleichen.

Die Vereinfachungsregel für gemeinnützige, mildtätige oder kirchliche Körperschaften sieht die Inanspruchnahme eines pauschalen Vorsteuerabzugs von 7 % vor, sofern eine steuerbegünstigte Körperschaft nach § 5 Abs. 1 Nr. 9 KStG vorliegt, keine gesetzliche Buchführungspflicht besteht und die Umsätze im vergangenen Kalenderjahr 45.000 Euro nicht überstiegen haben.

Ausgewählte Literaturempfehlungen zu Teil V

BFH-Urteil vom 06.12.2023 – XI R 33/21 mit Anmerkung von Thomas Küffner: Steuerbare Umsätze, Unternehmereigenschaft und Vorsteuerabzug einer Kurgemeinde. In:, Gemeindewirtschaft 2024, Heft 06, S. 139 – 144.

BMF-Schreiben vom 16.12.2016: Anwendung des § 2b UStG, BStBl I 2016, S. 1451.

BMF-Schreiben vom 14.11.2019: Zur gesonderten Prüfung möglicher größerer Wettbewerbsverzerrungen bei § 2b Abs. 3 Nr. 2 UStG, BStBl I 2019, S. 1140.

Bunjes, Johann: Umsatzsteuergesetz. Kommentar, 23. Aufl., München 2024.

Hartmann, Alfred; Metzenmacher, Wilhelm: Umsatzsteuergesetz. Kommentar, Loseblattwerk, Berlin 2024.

Kronawitter, Martin: Jahressteuergesetz 2024 – Wesentliche Änderungen aus Sicht der Kommunen und ihrer Betriebe, Gemeindewirtschaft 2024, S. 291 – 296.

Kronawitter, Martin: Die Körperschaftsteuer und Kapitalertragsteuer bei der öffentlichen Hand, München 2022.

Kronawitter, Martin: Umsatzsteuer-ABC für die öffentliche Hand und ihre Betriebe, Loseblattausgabe, München 2022.

Löblein, Werner/Pentenrieder, Johann: Die Mehrwertsteuer der Gemeinden und ihrer Betriebe, Loseblattausgabe, Band I und II, Stuttgart 2023.

Maier, Alexandra: Lehrbuch Umsatzsteuer, 19. Aufl., Herne 2022.

Meissner, Gabi/Neeser, Alexander: Umsatzsteuer, 27. Aufl., München 2023.

Musil, Andreas/Küffner, Thomas: Besteuerung der öffentlichen Hand, 2. Aufl. Köln 2025.

Schwarz, Bernhard/Widmann, Werner/Radeisen, Rolf-Rüdiger: Umsatzsteuergesetz. Kommentar, Loseblattausgabe, 244. Lfg., München 2024.

Seibold-Freund, Sabine: Öffentliche Betriebe im Umsatzsteuerrecht, Berlin 2020.

Sölch, Ringleb: Umsatzsteuergesetz. Kommentar, Loseblattausgabe, 102. Lfg., München 2024.

Sterzinger, Christian: Kuchenverkauf in Schulen oder Kindertagesstätten vor dem Hintergrund des § 2b UStG, Gemeindewirtschaft 2024, Heft 11, S. 267 – 269.

Walkenhorst, Ralf: Praktikerhandbuch Umsatzsteuer, 10. Aufl., Herne 2024.

Anwendungsbezogene Sachverhalte und Berechnungsbeispiele zu Teil V

1

Sachverhalt: Das städtische Krankenhaus der Musterstadt betreibt seit dem Jahr t_0 in Eigenregie einen Kiosk im Hauptgebäude. Aus dem Verkauf von Waren, Zeitschriften, Speisen und Getränken erzielt der Kiosk im Jahr t_3 Netto-Einnahmen in Höhe von 20.000 Euro. Als betriebliche Aufwendungen fallen an:
Personalkosten: 15.000 Euro; Energiekosten: 1.500 Euro; Büroaufwand: 1.500 Euro; Sicherheitskosten: 2.000 Euro (Angaben alle ohne 19 % Umsatzsteuer).

Frage: Ist der Kiosk ein Unternehmer gemäß § 2 UStG? Begründen Sie Ihre Antwort anhand von fünf Merkmalen des Unternehmerbegriffs!

2

Sachverhalt: Der Regiebetrieb „Städtische Abfallentsorgung" erwirtschaftet im Jahr t_1 Gebühren (Netto-Einnahmen) in Höhe von a) 15.000 Euro bzw. b) 24.000 Euro. Ausgaben fallen vereinfachend nicht an.

Frage: Wie wirkt sich die Nichtanwendung von § 2b UStG bei hoheitlichen Tätigkeiten aus? Welche umsatzsteuerlichen Wirkungen ergeben sich, wenn § 2b UStG zur Anwendung kommt?

3

Sachverhalt: Der Eigenbetrieb „Wasserversorgung der Stadt Beispielshausen" liefert Trinkwasser an die privaten Haushalte der Stadt. Im Monat Juni ergeben sich hieraus Nettoeinnahmen in Höhe von 500.000 Euro. Vorsteuerbeträge im Zusammenhang mit Ausgaben des Standesamts ergeben sich im gleichen Monat in Höhe von 21.000 Euro.

Frage: Zeigen Sie die umsatzsteuerlichen Abläufe des Trinkwasserverkaufs für die Stadt Beispielshausen als Unternehmerin. Gehen Sie davon aus, dass der Monat der Voranmeldezeitraum ist (Stadt ist „Monatszahlerin"). Auf einen Antrag nach § 46 UStDV wird aus Vereinfachungsgründen verzichtet.

4

Sachverhalt: Aus dem öffentlichen Personennahverkehr der Stadt Mustercity ergeben sich im Monat August Netto-Einnahmen der Personenbeförderung in Höhe von 80.000 Euro. Im gleichen Monat fallen Ausgaben in Höhe von 12.000 Euro an. In diesem Zusammenhang ergeben sich Vorsteuerbeträge in Höhe von 2.200 Euro.

Frage: Wenden Sie das Prüfschema der Umsatzsteuer auf den Vorgang an! Gehen Sie davon aus, dass die Stadt sog. Monatszahler ist. Auf einen Antrag nach § 46 UStDV wird aus Vereinfachungsgründen verzichtet.

5

Aufgabe: Entscheiden Sie durch Ankreuzen, welche Tätigkeiten der Stadt Musterhausen zu steuerbaren und steuerpflichtigen Umsätzen nach *§ 1* UStG führen.

Öffentliche Tätigkeit/Aufgabe	Steuerbar	Nicht steuerbar
1. Verpachtung von Plakatanschlagtafeln der Stadt an ein privates Werbeunternehmen.		
2. Die Stadt betreibt ein Schwimmbad als Regiebetrieb, das ausschließlich für den Sportunterricht (Schulschwimmen) der Grundschule X genutzt wird.		
3. Die Stadtwerke der Stadt verkaufen (einmalig) einen gebrauchten LKW, der bislang der Stadtverwaltung (Hoheitsbereich) zugeordnet war.		
4. Verkauf von Trinkwasser durch den Zweckverband X an die Bürger der Stadt.		
5. Die Stadt überweist die Umsatzsteuervoranmeldung an das zuständige Finanzamt.		
6. Das städtische Versorgungsunternehmen betreibt ein Wasserwerk an einer Talsperre. Es verzichtet auf die volle Ausnutzung des Staurechts und erhält eine laufende Entschädigung.		
7. Die Stadt vermietet größere Mietwohnblocks an private Familien und erzielt Einnahmen in Höhe von 100.000 Euro		
8. Der städtische Tierpark bezieht aus Eintrittsgeldern Einnahmen in Höhe von 60.000 Euro.		
9. Im Museums-Shop des städtischen Heimatmuseums werden aus Warenverkäufen Einnahmen in Höhe von 80.000 Euro erzielt.		
10. Die Beförderung von Personen im Rahmen der Buslinie der Stadt führt zu Einnahmen von 40.000 Euro.		

6

Sachverhalt: Ein kommunales Schwimmhallenbad wird sowohl für das Schulschwimmen der Gemeinde (zu 40 %; pro Jahr 1.000 Schüler im Alter von 7 bis 12 Jahren) als auch für den öffentlichen Badebetrieb (zu 60 %) genutzt. Die Kommune ordnet das Schwimmbad vollständig ihrem Unternehmen zu. Die Eintrittsgelder für den öffentlichen Badebetrieb betragen 10 Euro (Erwachsene) und 5 Euro (Kinder von 6 – 18 Jahren). Die Nettoeinnahmen aus dem öffentlichen Badebetrieb betragen im Jahr t_1 39.500 Euro. Das Schwimmbad wurde zu Beginn des Jahres t_1 saniert; in diesem Zusammenhang entstanden Vorsteuerbeträge in Höhe von 1.850 Euro.

Fragen:

a) Wie ist der Vorgang umsatzsteuerlich zu betrachten?

b) Welche steuerlichen Wirkungen ergeben sich, wenn die Räumlichkeiten eines Bäderbetriebes an ein privatwirtschaftliches Unternehmen vermietet werden?

7

Welche kommunalen Tätigkeiten sind nach *§ 4* UStG von der Umsatzsteuer befreit? Nennen Sie Praxisbeispiele!

8

Sachverhalt: Der Wohlfahrtsverband X aus Stadthausen besteuert seine steuerpflichtigen Umsätze nach vereinbarten Entgelten (Monatszahler). Am 01.12.t_1 führt er einen Mahlzeitendienst an Privatpersonen aus. Die Rechnung hierüber wird am 15.01.t_2 über 200 Euro zzgl. 19 % Umsatzsteuer ausgestellt. Der Kunde überweist die Rechnung am 27.02.t_2.

Frage: Wann entsteht die Umsatzsteuer bei einer Sollbesteuerung?

9

Sachverhalt: Der Wohlfahrtsverband X aus Stadthausen besteuert seine steuerpflichtigen Umsätze nach vereinbarten Entgelten (Monatszahler). Am 01.12.t_1 führt er einen Mahlzeitendienst an Privatpersonen aus. Die Rechnung hierüber wird am 15.01.t_2 über 200 Euro zzgl. 19 % Umsatzsteuer ausgestellt. Der Kunde überweist die Rechnung am 27.02.t_2.

Frage: Wie verhält es sich, wenn der Verband eine Istbesteuerung beantragen würde?

10

Sachverhalt: Der gemeinnützige Musikverein „Notenschlüssel e. V." erzielt im Jahr t_1 einen steuerpflichtigen (Netto-)Umsatz von 34.000 Euro. Aus Vorleistungen könnte der Verein Vorsteuerbeträge von insgesamt 1.400 Euro in Anspruch nehmen.

Aufgabe: Welche Zahllast ergibt sich für den Regelfall?

11

Sachverhalt: Der gemeinnützige Musikverein „Notenschlüssel e. V." erzielt im Jahr t_1 einen steuerpflichtigen (Netto-)Umsatz von 34.000 Euro. Aus Vorleistungen könnte der Verein Vorsteuerbeträge von insgesamt 1.400 Euro in Anspruch nehmen.

Aufgabe: Berechnen Sie die Traglast, die pauschalierte Vorsteuer und die Zahllast des Vereins für das Kalendervierteljahr t_1, wenn der Verein einen Antrag nach § 23a UStG stellt.

12

Sachverhalt: Die Stadt Musterhausen errichtet ein Gebäude, das gemischt genutzt werden soll. Im Erdgeschoss (450 m^2) betreibt die Stadt einen als Eigenbetrieb geführten Energieversorgungsbetrieb. Das Obergeschoss (150 m^2) wird ausschließlich für die Kommunalverwaltung der Stadt (Ordnungsamt Musterhausen) genutzt. Die Baukosten belaufen sich auf 545.000 Euro. In dieser Summe sind Vorsteuerbeträge in Höhe von 87.016 Euro enthalten. Die Gebäudeabschreibung beträgt 16.350 Euro pro Jahr.

Frage: In welcher Höhe kann die Stadt Musterhausen einen Vorsteuerabzug geltend machen? Gehen Sie davon aus, dass im Ordnungsamt der Kommunalverwaltung ein Jahresumsatz von 6.370 Euro anfällt.

13

Beurteilen Sie den nachfolgenden *Sachverhalt* aus umsatzsteuerlicher Sicht: Die Bürgermeisterin der Stadt Musterhausen fährt zu einem Dienstgeschäft (Eröffnung der neuen Grundschule) mit einem Fahrzeug, das dem Unternehmensvermögen des Betriebs gewerblicher Art „Wasserversorgung" zugeordnet ist, weil das Dienstfahrzeug des Verwaltungsbereichs gegenwärtig nicht eingesetzt werden kann (Reparaturarbeiten). Die ermittelten tatsächlichen Kosten des Fahrzeugs pro gefahrenen Kilometer betragen 0,38 Euro; insgesamt werden 200 Kilometer für das Dienstgeschäft (hoheitliche Tätigkeit) zurückgelegt.

14

Beurteilen Sie den nachfolgenden *Sachverhalt* aus umsatzsteuerlicher Sicht: Der Regiebetrieb der Gemeinde Beispielrode liefert an einen privaten Haushalt Trinkwasser in Höhe von 600 Euro.

15

Beurteilen Sie den nachfolgenden *Sachverhalt* aus umsatzsteuerlicher Sicht: Die Stadt Beispielrode vermietet seit dem Jahr t_1 ein kommunales Mietwohngebäude an drei Parteien: Im Erdgeschoss betreibt ein Zahnarzt eine eigene Praxis. Das erste Geschoss ist an eine große Wirtschaftsprüfungs- und Steuerberatungsgesellschaft vermietet (Umsatzerlöse in t_1: 1 Mio. Euro); das obere Geschoss bewohnt die Verwaltungsangestellte Maier mit ihrer Familie. Alle Mietparteien zahlen in t_1 und t_2 eine Jahresmiete von 6.000 Euro und haben gleich große Wohnungen. Im Jahr t_2 wird die Außenfassade des Gebäudes neu gestrichen. In diesem Zusammenhang fallen Vorsteuerbeträge in Höhe von 3.000 Euro an.

16

Sachverhalt: Die Stadt Mustercity ist als städtische Gemeinde Eigentümerin eines Stadtbades, das zum 01.01.t_1 an den (privaten) Unternehmer Müller verpachtet wird. Die Eintrittspreise richten sich laut Pacht- und Betriebsführungsvertrag nach der städtischen Entgeltverordnung. Der Pächter zahlt eine Jahrespacht von 60.000 Euro. Im Pachtvertrag ist festgehalten, dass die laufenden Kosten des Betriebes nicht durch die Einnahmen gedeckt sind und der Vertrag das Ziel habe, den sicheren Badebetrieb zu gewährleisten. Der Pächter hat laut Vertrag das gesamte Grundstück mit Stadtbad und Liegewiese gepachtet und es im Auftrag der Stadt in gleicher Weise wie bisher der Öffentlichkeit zur Verfügung gestellt. Vertraglich ist auch vorgesehen, dass Aufwendungen, die aus dem ordnungsgemäßen Badebetrieb entstehen, nicht aber durch Eintrittsgelder und sonstige betriebliche Einnahmen gedeckt sind („ungedeckter Aufwand"), von der Stadt als jährlicher Zuschuss an den Pächter gezahlt werden.

Frage: Liegt ein steuerbarer Leistungsaustausch vor?

17

Die Stadt Beispielrode entnimmt zu Beginn des Jahres t_2 aus dem Eigenbetrieb „Energieversorgung" einen vor einem Jahr angeschafften PC und verwendet ihn für den Hoheitsbetrieb „Grundschule". Der PC hat im Zeitpunkt der Entnahme einen aktuellen Zeitwert von 750 Euro. Ist der Vorgang steuerbar und steuerpflichtig?

18

Sachverhalt: Die Stadt Musterhausen als juristische Person des öffentlichen Rechts setzt im Dezember des Jahres t_1 zwei städtische Angestellte aus dem Bereich der Friedhofsverwaltung in der Poststelle des Kernverwaltungsbereichs zwecks Verteilung der Dienstpost ein.

Frage: Liegt ein umsatzsteuerbarer Vorgang vor?

19

Sachverhalt: Die Vermessungs- und Katasterbehörde der Mustercity führt Vermessungen bei privaten Grundstücken durch und übernimmt hierdurch Aufgaben der Landesvermessung und des Liegenschaftskatasters. Einnahmen hieraus für das Jahr t_1 entstehen in Höhe von 85.500 Euro.

Frage: Sind diese Tätigkeiten steuerbar? Welche Tätigkeiten der öffentlichen Hand sind grundsätzlich steuerbar?

20

Sachverhalt: Unternehmer U aus der Schweiz baut im Auftrag der Stadt Musterhausen im Hauptgebäude des Stadtverwaltungsamts einen von U mit eigenem LKW gelieferten Heizkessel und Brenner für 14.000 Euro (Nettoeinzelwert) zuzüglich 19 % Umsatzsteuer (2.660 Euro) ein.

Frage: Wer ist in diesem Fall Steuerschuldner? Welche Bedeutung hat der Umstand, dass U die Hauptstoffe (Heizkessel und Brenner) selbst beschafft und einbaut?

Lösungsvorschläge

Inhaltsübersicht

Teil I – Rechtsformen

1. Die Kommunen erfüllen öffentliche Aufgaben und nehmen in begrenztem Rahmen am marktwirtschaftlichen Prozess teil. Die wirtschaftlichen Tätigkeiten können im Ergebnis über eine Kostendeckung hinausgehen und zu einem Gewinn führen, der ertragsteuerpflichtig ist. Mit der Besteuerung von Kommunen wird eine Gleichbehandlung von kommunalen und privatwirtschaftlichen Tätigkeiten angestrebt. Eine Nichtbesteuerung würde zu einem Wettbewerbsvorteil bei den Kommunen führen und die privatwirtschaftlichen Unternehmen benachteiligen. Diese Ungleichbehandlung würde dem steuerlichen Gleichbehandlungsgebot nach Art. 3 GG und dem Subsidiaritätsprinzip widersprechen.

2. Die fehlende Rechtsfähigkeit des Regie- und Eigenbetriebes führt dazu, dass die Besteuerung von der Art der kommunalen Tätigkeit abhängt. Hoheitliche Aufgaben bleiben von der Besteuerung ausgenommen, während wirtschaftliche Tätigkeiten der Körperschaftsteuer, Gewerbesteuer und dem Solidaritätszuschlag im Rahmen eines „Betriebs gewerblicher Art“ unterliegen. Die Rechtsfähigkeit der GmbH bedingt, dass Kapitalgesellschaften ein eigenständiges Steuersubjekt im Körperschaft- und Gewerbesteuerrecht darstellen und damit grundsätzlich Steuersubjekt der Ertragsbesteuerung sind. Die Grundsteuer erfasst den inländischen Grundbesitz. Steuerschuldner der Grundsteuer ist der (wirtschaftliche) Eigentümer des Grundstücks. Damit können sowohl Kommunen, Betriebe gewerblicher Art als auch Kapitalgesellschaften von der (rechtsformneutralen) Grundsteuer betroffen sein. Die Umsatzsteuer erfasst als allgemeine Verbrauch- und Verkehrsteuer Lieferungen und sonstige Leistungen im Inland, die ein Unternehmer gegen Entgelt im Rahmen eines Unternehmens ausführt. Unternehmerfähig sind alle Wirtschaftssubjekte, wie Gesellschaften, Vereine oder Kommunen mit ihren Tätigkeiten im Rahmen der öffentlichen Aufgabenerfüllung. Die Tätigkeiten der Kommunen können steuerbar, steuerbefreit und steuerpflichtig sein. Steuerschuldner der Umsatzsteuer ist der Unternehmer, der die selbst ermittelte Umsatzsteuer binnen zehn Tagen nach Ablauf eines Voranmeldezeitraums abzuführen hat.

3. Die GmbH ist ein eigenständiges Steuersubjekt. Sie kann jedoch als Körperschaft steuerbegünstigte Zwecke verfolgen. Hiermit sind gemeinnützige, mildtätige und kirchliche Zwecke nach §§ 52 – 54 AO angesprochen. Eine gemeinnützige GmbH ist von der Körperschaft- und Gewerbesteuer befreit, wenn sie steuerbegünstigte Zwecke verfolgt. Eine partielle Steuerpflicht kann allerdings im Rahmen eines wirtschaftlichen Geschäftsbetriebes entstehen. In diesem Fall übt eine gemeinnützige Gesellschaft wirtschaftliche Tätigkeiten aus und nimmt in begrenztem Umfang am marktwirtschaftlichen Prozess teil. Darüber hinaus hat der Gesetzgeber in § 5 KStG bestimmte Körperschaften von der Körperschaftsteuer befreit, z.B. Deutsche Bundesbank, kommunale Spitzenverbände auf Bundes- oder Landesebene, die Auftragsforschung öffentlich-rechtlicher Wissenschafts- und Forschungseinrichtungen.

4. Wirtschaftliche Unternehmen werden in den Kommunalordnungen geregelt. Es handelt sich nach § 71 ThürKO um „Einrichtungen und Anlagen der Gemeinde, die auch von privatwirtschaftlichen Unternehmen mit Gewinnerzielungsabsicht betrieben werden könnten". Zu den wirtschaftlichen Unternehmen gehören in der Regel Energie- und Wasserversorgungsbetriebe, Betriebe des öffentlichen Personen- und Nahverkehrs einschließlich Parkhäuser, Straßenbahnen oder U-Bahnen, Betriebe der Urproduktion (Molkereien, Fischereien), sonstige Betriebe der Gastronomie oder Sparkassen. Dagegen fallen unter die nichtwirtschaftlichen Betriebe im Regelfall Hoheitsbetriebe, die überwiegend der Ausübung der öffentlichen Gewalt dienen (z.B. Entsorgungsbetriebe). Sie bieten keine Anknüpfungspunkte für die Besteuerung und sind im Ertragsteuerrecht nicht steuerbar.

5. Der Zweckverband ist eine Körperschaft des öffentlichen Rechts mit eigener Rechtspersönlichkeit. Er wird häufig als Zusammenschluss mehrerer Gebietskörperschaften zur Führung gemeinsamer Unternehmen gegründet. Es handelt sich um Körperschaften des öffentlichen Rechts, die der interkommunalen Zusammenarbeit dienen und im gesetzlichen Rahmen ihre öffentlichen Aufgaben eigenverantwortlich verwalten. Zweckverbände können freiwillig oder durch staatliche Zwangsanordnung gebildet werden. Sie sind insbesondere in der Wasserversorgung und Abfallbeseitigung, im schulischen und kulturellen Bereich zu finden. Im Umsatzsteuerrecht haben sie für bestimmte öffentliche Aufgaben im Zuge des § 2b UStG eine zunehmende Bedeutung.

6. Steuern werden aus fiskalischen Gründen erhoben, um die für das Gemeinwesen erforderlichen Ausgaben decken zu können. Werden Mittel von dritter Seite (Non-Profit-Organisationen) unmittelbar zum Wohl der Allgemeinheit aufgewendet, wird die öffentliche Hand dadurch entlastet. Es wäre nicht sinnvoll, die Besteuerung wie bei der Betätigung aus eigenwirtschaftlichen Interessen vorzunehmen. Die Besteuerung würde die Mittel zur Finanzierung der Aufgaben im Interesse der Allgemeinheit schmälern und die Bereitschaft zum selbstlosen Handeln einschränken. Daher werden Körperschaften steuerlich begünstigt, die gemeinnützige, mildtätige oder kirchliche Zwecke verfolgen. Allerdings bestehen strenge Verfahrens- und Formvorschriften für die Satzung und die tatsächliche Geschäftsführung.

7. Auch gemeinnützige Einrichtungen können steuerpflichtig werden. Wenn sich Non-Profit-Organisationen am allgemeinen Wirtschaftsleben beteiligen, treten sie in Konkurrenz zu („normal" besteuerten) privatwirtschaftlichen Unternehmen. Da die steuerbegünstigte Körperschaft Wettbewerbsvorteile infolge der Steuerbefreiungen hätte, wären privatwirtschaftliche Unternehmer benachteiligt. Aus diesem Grund sehen alle Steuergesetze eine partielle Steuerpflicht für die Betätigung im Rahmen eines wirtschaftlichen Geschäftsbetriebes gem. § 14 und § 64 AO vor.

8. Steuerbegünstigte Zwecke können von allen Körperschaften im Sinne des Körperschaftsteuergesetzes (§ 1 Abs. 1 KStG) erfüllt werden. Dazu gehören sowohl nicht rechtsfähige Vereine oder Stiftungen (§ 1 Abs. 1 Nr. 5 KStG) als auch rechtsfähige Vereine oder Stiftungen (§ 1 Abs. 1 Nr. 4 KStG).

9. Zunächst gelten die kommunalrechtlichen Anforderungen an die Gründung eines Unternehmens in der Rechtsform des privaten Rechts: Der öffentliche Zweck muss das Unternehmen rechtfertigen und in einem angemessen Verhältnis zur Leistungsfähigkeit der Gemeinde stehen. Auch hat die Kommune zu beachten, dass ein angemessener Einfluss im Aufsichtsrat oder über die Beteiligungsquote auf die Erfüllung des öffentlichen Zwecks gewährleistet ist. Schließlich sind Verlustübernahmen auszuschließen und Haftungsbegrenzungen zu beachten. Eine GmbH entsteht zivilrechtlich mit der Eintragung in das Handelsregister. Steuerrechtlich wird hingegen zwischen der Vorgründungsgesellschaft (Zeitraum zwischen Entschluss zur Gründung und Abschluss des GmbH-Gesellschaftsvertrages) und der Vorgesellschaft (Zeitraum zwischen Abschluss des Gesellschaftsvertrages und Eintragung in das Handelsregister) unterschieden. Die Ertragsteuerpflicht der GmbH beginnt bereits mit dem Abschluss des Gesellschaftsvertrages, der notariell beurkundet werden muss. Umsatzsteuerrechtlich können Vorsteuerbeträge der Vorgründungsgesellschaft genutzt werden, weil der Zweck dieser Gesellschaft in der Vorbereitung der unternehmerischen Tätigkeit der Vorgesellschaft liegt.

   Die Gründungskosten einer kommunalen GmbH (Kommune ist Alleingesellschafterin) sind von unterschiedlichen Faktoren abhängig (Zahl der Gesellschafter, Umfang der Sacheinlagen, Verwendung von Musterprotokollen). Beispielsweise betragen die Kosten für eine Ein-Mann-GmbH mit einer Kommune als Alleingesellschafterin, einem Stammkapital von 25.000 Euro, einem Gegenstandswert von 30.000 Euro und mindestens einer Sacheinlage rund 900 bis 1.000 Euro. Im Einzelnen gehören dazu: Gebühren des Registergerichts für die Eintragung in das Handelsregister (150 Euro bei einer Ein-Mann-GmbH ohne Sacheinlage). Grundlage dieser Gebührenberechnung ist der Gegenstandswert. Bei der Gründung einer GmbH richtet sich der Gegenstandswert nach dem Stammkapital. Hierzu ist ein Mindestwert von 30.000 Euro und ein Höchstwert von 10 Mio. Euro vorgesehen. Für die Gründung einer GmbH mit einem Stammkapital von 25.000 Euro wird der Mindestwert von 30.000 Euro angewandt. Die Höhe der Gebühr hängt von der Zahl der Gründungsgesellschafter ab. Gründet die Kommune die GmbH allein, so wird eine 1,0-fache Gebühr fällig. Für den Entwurf der Handelsregisteranmeldung und die Beglaubigung der Unterschrift des Geschäftsführers fällt eine 0,5-fache Gebühr an. Bei einem Gegenstandswert von 30.000 Euro sind das 62,50 Euro zuzüglich 19 % Umsatzsteuer. Für die automatische Weiterverarbeitung müssen die Daten in XML vorliegen, für deren Erzeugung zusätzlich eine Gebühr von 37,50 Euro anfällt. Für die Beurkundung des Gesellschaftervertrages und der

Geschäftsführerbestellung durch den Notar fällt eine Gebühr von 384 Euro zuzüglich 19 % Umsatzsteuer an. Bei der Gründung ist beim Handelsregister eine Liste der Gesellschafter einzureichen. Eine vom Notar angefertigte Liste einer Gesellschaft mit einem Gesellschafter führt zu einer Gebühr von 96 Euro zuzüglich 19 % Umsatzsteuer. Zusätzlich zu den Gebühren kann der Notar eine Pauschale für Auslagen erheben, z.B. für Ausdrucke und Kopien, sowie eine Pauschale für Post- und Telekommunikationsdienstleistungen.

Die Zeitspanne vom Abschluss des GmbH-Vertrags bis zur rechtsverbindlichen Eintragung in das Handelsregister (Abteilung B) liegt zwischen wenigen Tagen (fünf bis acht Werktage) und maximal ein bis zwei Wochen. Diese Zeitspanne hängt von einzelnen Faktoren ab, wie z. B. Vollständigkeit der Unterlagen, rechtlich korrekte Inhalte oder Begleichung des Kostenvorschusses. Das elektronische Handelsregister (www.handelsregister.de) kann diese Frist verkürzen. Für kommunale Unternehmen in privater Rechtsform gibt es besondere Anforderungen an die Publizitäts- und Rechnungsprüfungspflicht (vgl. z. B. § 75 Abs. 4 ThürKO); sie müssen die umfangreichen Regelungen für große Kapitalgesellschaften oder Eigenbetriebe anwenden.

10. Die Unternehmergesellschaft haftungsbeschränkt (UG) ist eine Vorstufe der GmbH, aber keine eigene Rechtsform (§ 5a GmbHG). Das Besondere hieran ist, dass die GmbH noch nicht das gesetzlich vorgeschriebene Mindestkapital aufweist, sondern mit einem geringeren Stammkapital (z. B. 5.000 Euro) gegründet werden kann. Es besteht daher (noch) kein Haftungskapital; die symbolische Einlage von 1 Euro bedeutet jedoch eine Inbetriebnahme ohne Haftungsrisiken. Auch ist die Eintragung in das Handelsregister ohne notarielle Beurkundung des Gesellschaftsvertrages möglich. Im Einzelfall kann die Eintragung in das elektronische Handelsregister bereits innerhalb von 24 bis 48 Stunden erfolgen. Die UG darf jedoch Gewinne nicht vollständig ausschütten, sondern muss 25 % des Jahresüberschusses in eine besondere Rücklage einstellen. Sofern Stammkapital und Rücklage das vorgesehene Mindestkapital erreichen, wird die UG in eine GmbH „überführt". Für kommunale Aufgabenerfüllung, insbesondere bei steuerbegünstigten Zwecken (Tierheime, Theater, Museen), könnte diese „Mini-GmbH" durchaus eine Alternative darstellen. Im Regelfall wird sich aber für eine wirtschaftliche Tätigkeit weiterhin der Eigenbetrieb oder die Eigengesellschaft besser eignen.

Teil II – BgA

1. Es besteht der Grundsatz der Wettbewerbsgleichheit, d.h., die öffentliche Hand tritt in Wettbewerb mit privatwirtschaftlichen Unternehmen bei bestimmten wirtschaftlichen Aktivitäten, z. B. Wettbewerb zwischen Sparkassen und privaten Kreditinstituten. Eine Steuerfreistellung würde die öffentlichen Unternehmen im Wettbewerb mit privatwirtschaftlichen Unternehmen bes-

ser stellen und damit eine Wettbewerbsverzerrung bewirken. Dennoch bestehen zum Teil steuerliche Erleichterungen für wirtschaftliche Tätigkeiten, die im Rahmen eines Regie- oder Eigenbetriebes ausgeführt werden, z.B. Annahme eines steuerpflichtigen Betriebes ab einer bestimmten Umsatzhöhe oder die Gewährung von Freibeträgen.

2. Die öffentliche Hand wird als juristische Person des öffentlichen Rechts (jPöR) bezeichnet. Ihre wirtschaftlichen Tätigkeiten bei der Erfüllung öffentlicher Aufgaben begründen steuerlich einen Betrieb gewerblicher Art, wenn die Betriebe in einer öffentlich-rechtlichen Organisationsstruktur agieren (als Regie- oder Eigenbetriebe). Dagegen sind nichtwirtschaftliche Tätigkeiten dem steuerlich nicht relevanten hoheitlichen Bereich zuzuordnen (Hoheitsbetriebe). Betriebe, die mit einer privatrechtlichen Rechtsform geführt werden, sind eigenständige Steuersubjekte. Hier wird die öffentliche Hand nur partiell, über die Gewinnausschüttungen der Eigengesellschaften, steuerpflichtig, wenn sie an der GmbH beteiligt sind. Die Eigengesellschaft selbst (kommunale GmbH) ist aufgrund der Rechtsfähigkeit im Regelfall ertragsteuerpflichtig.

3. *Pachteinnahmen:* Die Verpachtung der Grundstücke stellt eine ertragsteuerfreie Vermögensverwaltung dar, unabhängig von Einnahmenhöhe (laut Sachverhalt: 300.000 Euro).

   Veräußerung des Dienstwagens und der Büroeinrichtung: Die Verwertung oder Veräußerung von Material oder Gegenständen aus dem hoheitlichen Bereich einer juristischen Person des öffentlichen Rechts ist als Hoheitsbetrieb einzuordnen. Zu diesen Hilfsgeschäften des Hoheitsbereiches gehören sowohl der Verkauf des Dienstwagens als auch der Verkauf der Büroeinrichtung. Es handelt sich um einen gelegentlichen, einmaligen Vorgang des steuerlich nicht relevanten Hoheitsbereichs (vgl. auch R 4.4 Abs. 2 KStR).

   Ergebnis: Ein Betrieb gewerblicher Art ist nicht anzunehmen.

4. Zu den typischen hoheitlichen Tätigkeiten gehören die folgenden Bereiche (vgl. auch R 4.4 und R 4.5 KStR):
   - Wetterwarten
   - Anstalten zur Lebensmitteluntersuchung und zur Desinfektion
   - Straßenreinigung und Straßenbeleuchtung
   - Müllentsorgung
   - Abwasserbereich (Wasserentsorgung) einschließlich Hochwasserschutz
   - Feuerwehr
   - Bestattungswesen (Friedhofswesen)
   - Schulen einschließlich Hochschulen
   - Rundfunkanstalten (öffentliches Recht)
   - Schlachthöfe in Gemeinden mit Schlachtzwang

5. Um einen Betrieb gewerblicher Art anzunehmen, sind die Tatbestandsmerkmale des BgA nach dem Körperschaftsteuerrecht zu prüfen und auf den Sachverhalt anzuwenden. Hiernach ergeben sich folgende Ergebnisse:

Merkmale des BgA	Subsumtion/Sachverhaltsbezug
Einrichtung (wirtschaftliche oder organisatorische Selbständigkeit)	*Merkmal erfüllt, weil* ein geschlossener Geschäftskreis (Märkte) besteht und der Stundenaufwand der Mitarbeiterin abgrenzbar ist (vgl. auch R 4.1 Abs. 2 KStR).
Nachhaltigkeit (Wiederholungsabsicht, dauerhafte Einnahmequelle)	*Merkmal erfüllt, weil* eine Wiederholungsabsicht besteht (wöchentlicher Markt im gesamten Jahr).
Einnahmenerzielung (entgeltliche Leistungen in Form von Gebühren, Beiträgen oder Preisen)	*Merkmal erfüllt, weil* Einnahmen aus der Vermietung der Stände in Höhe von 85.000 Euro vorliegen.
Wirtschaftliche Bedeutung der Tätigkeit (Kommune steht im Wettbewerb zu anderen Unternehmen; Jahresumsatz > 45.000 Euro)	*Merkmal erfüllt, weil* der Jahresumsatz als Indiz einer bedeutsamen wirtschaftlichen Tätigkeit mit 85.000 Euro die Grenze nach R 4.1 Abs. 5 KStR überschritten hat.

(Quelle: Eigene Darstellung)

Ergebnis: Die Stadt Musterhausen begründet nach § 1 Abs. 1 Nr. 6 KStG und § 4 KStG mit ihrer wirtschaftlichen Tätigkeit einen Betrieb gewerblicher Art Marktveranstaltungen. Es ist zu erwarten, dass die Indizgrenze auf 50.000 Euro angehoben wird.

6. Um einen Betrieb gewerblicher Art anzunehmen, sind die Tatbestandsmerkmale des BgA nach dem Körperschaftsteuerrecht zu prüfen und auf den Sachverhalt anzuwenden. Hiernach ergeben sich folgende Ergebnisse:

Merkmale des BgA	Subsumtion/Sachverhaltsbezug
Einrichtung (wirtschaftliche oder organisatorische Selbständigkeit)	*Merkmal erfüllt, weil* der Futterautomat organisatorisch eine selbständige Anlage ist, die sich von der Stadtverwaltung geografisch abgrenzt.
Nachhaltigkeit (Wiederholungsabsicht, dauerhafte Einnahmequelle)	*Merkmal erfüllt, weil* eine Wiederholungsabsicht besteht; der Automat bietet seit acht Jahren ganzjährig das Futter an.

Merkmale des BgA	Subsumtion/Sachverhaltsbezug
Einnahmenerzielung (entgeltliche Leistungen in Form von Gebühren, Beiträgen oder Preisen)	*Merkmal erfüllt, weil* Einnahmen aus dem Futterverkauf in Höhe von 4.500 Euro vorliegen; eine Gewinnerzielungsabsicht ist nicht erforderlich; die Kostendeckung reicht aus.
Wirtschaftliche Bedeutung der Tätigkeit (Kommune steht im Wettbewerb zu anderen Unternehmen; Jahresumsatz > 45.000 Euro)	*Merkmal nicht erfüllt, weil* der Jahresumsatz als Indiz einer bedeutsamen wirtschaftlichen Tätigkeit deutlich unter der Grenze nach R 4.1 Abs. 5 KStR liegt. Außerdem steht die Stadt nicht im Wettbewerb zu anderen privaten Anbietern.

(Quelle: Eigene Darstellung)

Ergebnis: Die Stadt Musterhausen begründet mit ihrer wirtschaftlichen Tätigkeit keinen Betrieb gewerblicher Art, weil die Tätigkeit nicht von wirtschaftlichem Gewicht ist. Zur Annahme eines BgA müssen alle vier Tatbestandsmerkmale kumulativ erfüllt sein. Dieses Indiz wird jedoch nicht von allen Finanzverwaltungen als Anhaltspunkt betrachtet. Vielmehr kann ein Betrieb gewerblicher Art auch unabhängig von dieser Grenze angenommen werden, wenn „besondere Gründe" vorliegen, d.h., wenn die Stadt Musterhausen mit ihrer Tätigkeit zu anderen Unternehmern unmittelbar in Wettbewerb tritt. Hierfür müsste ein privater Anbieter tatsächlich am städtischen Teich eine vergleichbare Tätigkeit ausüben. In einzelnen Finanzverwaltungen braucht dagegen tatsächlich kein Wettbewerber am Markt bestehen; es reicht für die Annahme und Besteuerung eines Betriebes gewerblicher Art bereits die Möglichkeit aus, dass ein privater Anbieter eine vergleichbare wirtschaftliche Tätigkeit ausüben könnte. Eine einheitliche Rechtsanwendung kann jedoch nicht aus der Rechtsprechung oder aus den Verwaltungsanweisungen abgeleitet werden.

7. Betriebe der Land- und Forstwirtschaft umfassen u.a. Abbauland (§ 234 Abs. 3 BewG). Hierzu gehören Betriebsflächen, die durch Abbau der Bodensubstanz überwiegend für den Betrieb der Land- und Forstwirtschaft nutzbar gemacht werden, z.B. Steinbrüche, Torfstiche, Sand-, Kies- und Lehmgruben oder städtischer Forst. Land- und forstwirtschaftliche Betriebe von juristischen Personen des öffentlichen Rechts gehören nicht zu den Betrieben gewerblicher Art (§ 4 Abs. 1 KStG und R 4.1 Abs. 6 KStR).
Ergebnis: Steinbrüche sind keine Betriebe gewerblicher Art. In der Praxis arbeiten land- und forstwirtschaftliche Einrichtungen oft defizitär.

8. Die Beteiligungserträge an die Stadt Musterhausen (juristische Person des öffentlichen Rechts) sind der Vermögensverwaltung (§ 14 S. 3 AO und R 4.1 Abs. 2 S. 6 KStR) zuzuordnen. Ein Betrieb gewerblicher Art ist erst dann anzunehmen, wenn sich die Stadt an einer Personengesellschaft (OHG, GbR, KG) beteiligt.
   Ergebnis: Es ist kein Betrieb gewerblicher Art anzunehmen.

   Im Rahmen der beschränkten Körperschaftsteuerpflicht nach § 2 Nr. 2 KStG wird die Stadt Musterhausen mit ihrer Dividende kapitalertragsteuerpflichtig (zuzüglich Solidaritätszuschlag). Verfahrenstechnisch wird die Ertragsteuer von der ausschüttenden Energie-AG ermittelt, einbehalten und abgeführt. In diesem Fall ergibt sich eine Kapitalertragsteuer von 12.500 Euro auf die Dividende (25 % × 50.000 Euro), die sich um 3/5 auf 7.500 Euro reduziert (§ 44a Abs. 8 EStG). Hierauf ist ein Solidaritätszuschlag von 5,5 % zu berechnen (412,50 Euro).
   Ergebnis: Die Dividende ist in Höhe von 7.912,50 Euro ertragsteuerpflichtig. Der Auszahlungsbetrag an die Stadt Musterhausen ergibt sich in Höhe von 42.087,50 Euro. Kommunale Beteiligungserträge werden demnach teilweise steuerlich entlastet.

9. Die Grundschule stellt regelmäßig einen Hoheitsbetrieb nach § 4 Abs. 5 KStG dar. Der Verkauf von Speisen und Getränken führt jedoch in der Regel zu gewerblichen Tätigkeiten, sodass ein Betrieb gewerblicher Art im Rahmen eines Hoheitsbetriebes anzunehmen ist, soweit die Voraussetzungen des § 4 KStG vorliegen (vgl. auch R 4.1 KStR). Um einen Betrieb gewerblicher Art anzunehmen, sind die Tatbestandsmerkmale des BgA nach dem Körperschaftsteuerrecht zu prüfen und auf den Sachverhalt anzuwenden. Hiernach ergeben sich folgende
   Ergebnisse:

Merkmale des BgA	Subsumtion/Sachverhaltsbezug
Einrichtung (wirtschaftliche oder organisatorische Selbständigkeit)	*Merkmal erfüllt, weil* der Verkauf einen eigenen Rechnungskreis hat und vom Schulbetrieb organisatorisch abgegrenzt werden kann.
Nachhaltigkeit (Wiederholungsabsicht, dauerhafte Einnahmequelle)	*Merkmal erfüllt, weil* eine Wiederholungsabsicht besteht; der Verkauf erfolgt seit vier Jahren.
Einnahmenerzielung (entgeltliche Leistungen in Form von Gebühren, Beiträgen oder Preisen)	*Merkmal erfüllt, weil* Einnahmen aus dem Verkauf der Speisen und Getränke in Höhe von 69.000 Euro vorliegen.

Merkmale des BgA	Subsumtion/Sachverhaltsbezug
Wirtschaftliche Bedeutung der Tätigkeit (Kommune steht im Wettbewerb zu anderen Unternehmen; Jahresumsatz > 45.000 Euro)	*Merkmal erfüllt, weil* der Jahresumsatz als Indiz einer bedeutsamen wirtschaftlichen Tätigkeit über der Grenze nach R 4.1 Abs. 5 KStR liegt. Außerdem könnte auch ein privater Anbieter diese Tätigkeit ausführen.

(Quelle: Eigene Darstellung)

Ergebnis: Angesichts des relativ hohen Jahresumsatzes ist davon auszugehen, dass die Gemeinde Beispielrode mit der Verkaufsstelle einen Betrieb gewerblicher Art begründet.

10. Aus der nachfolgenden Übersicht geht hervor, dass mehrere Betriebe gewerblicher Art zusammengefasst werden können, wenn sie gleichartige Tätigkeiten ausüben oder Versorger nach § 4 Abs. 3 KStG sind. Dagegen dürfen Hoheitsbetriebe und Betriebe gewerblicher Art nicht zusammengefasst werden.

Sachverhalt	Zusammenfassung zulässig	Zusammenfassung unzulässig
a) Hallenbad und Freibad	X weil gleichartige Betriebe (zulässig auch: Krankenhaus und Pflegeheim; Restaurant und Hotel)	
b) Wochenmarkt und Weihnachtsmarkt	X weil gleichartige Betriebe (R 4.2 KStR)	
c) Markt-BgA und städtische Markt-GmbH	X soweit keine Gewinn- und Verlustbetriebe zwecks Steuerentlastung zusammengefasst werden	
d) Straßenreinigung und öffentlicher Personennahverkehr		X weil die Straßenreinigung einen Hoheitsbetrieb bildet, der nicht mit einem BgA zusammengefasst werden darf (§ 4 Abs. 6 S. 2 KStG)

Sachverhalt	Zusammenfassung zulässig	Zusammenfassung unzulässig
e) Hafenbetrieb und öffentlicher Personennahverkehr	X weil Versorgungsbetriebe nach § 4 Abs. 3 KStG	

(Quelle: Eigene Darstellung)

11. Der Zweckverband Musterau ist eine juristische Person des öffentlichen Rechts (jPöR), die eine gemeinsame öffentliche Aufgabenerfüllung mit mindestens einer Kommune und einem anderen Rechtsträger ausübt.

    Auftrag des Landkreises Musterau: Die Auftragserteilung des Landkreises Musterau als juristische Person des öffentlichen Rechts (jPöR) an den Zweckverband Musterau (ebenfalls juristische Person des öffentlichen Rechts) wird steuerlich als so genannte „Amtshilfe" betrachtet, wenn die funktionell gleichartige Tätigkeit ausschließlich im Hoheitsbereich ausgeübt wird. Mit der Amtshilfe wird eine jPöR für den Hoheitsbereich einer anderen jPöR tätig. Die Einnahmen in Höhe von 750.000 Euro sind als Hilfsgeschäft des Hoheitsbereichs einzuordnen und damit für den Zweckverband ein steuerfreier Hoheitsbetrieb.

    Auftrag der Verpackungsgesellschaft: Wird dagegen die Auftragserteilung an einen Dritten, hier an die privatwirtschaftliche CHRISTO-Verpackungsgesellschaft mbH erteilt, also an einen nicht öffentlichen Auftraggeber, liegt aus der Sicht des Zweckverbandes ein steuerpflichtiger Betrieb gewerblicher Art vor. Die Einnahmen hieraus in Höhe von 250.000 Euro sind steuerpflichtig.

12. Aus der nachfolgenden Übersicht ergeben sich hoheitliche, vermögensverwaltende und wirtschaftliche Tätigkeiten.

    Hinweis zu g) Die Führung eines Besichtigungsbetriebs erfüllt grundsätzlich die Voraussetzungen für die Annahme eines Gewerbebetriebes und damit einen Betrieb gewerblicher Art, wenn die juristische Person des öffentlichen Rechts die Inhaberin des Betriebes ist. Besichtigungsbetriebe sind Gebäude mit Inventar zur entgeltlichen Besichtigung. Weil die entgeltliche Besichtigung von Aussichtstürmen, Burgen, Schlössern, Museen und anderen „Besichtigungsbetrieben" zu einem steuerpflichtigen Betrieb gewerblicher Art führt, verzichten viele Kommunen auf den Eintritt zugunsten einer freiwilligen Spende (in Form von Spendenboxen oder „Kasse des Vertrauens"), die Einnahmen sind dann steuerfrei. Alternativ kann eine Gemeinnützigkeit (kultureller Zweck) beantragt werden; allerdings führt auch in diesem Fall eine entgeltliche Besichtigung zu einem steuerpflichtigen wirtschaftlichen Geschäftsbetrieb nach § 64 AO (vgl. aber Besteuerungsgrenze von 50.000 Euro).

Sachverhalt	BgA	HB	VV
a) 100 % Beteiligung an der GmbH Hinweis: GmbH ist eigenständiges Steuersubjekt und kein BgA oder Hoheitsbetrieb			X Mit der Dividende ist die Stadt partiell steuerpflichtig (§ 2 Nr. 2 KStG).
b) Krankenhaus-Eigenbetrieb	X Gemeinnütziger Zweck, Steuervergünstigungen		
c) Forstwirtschaftliche Domäne (Sägewerk) Hinweis: Land- und forstwirtschaftliche Tätigkeiten sind keine BgA			
d) Städtischer Verkehrsbetrieb (Eigenbetrieb)	X Versorger nach § 4 Abs. 3 KStG		
e) Parkuhr i. V. m. StVO		X „Ausübung öffentlicher Gewalt"; R 4.5 Abs. 4 S. 1 KStR	
e) Parkhaus/öffentliche Parkplätze außerhalb der StVO	X (R 4.5 Abs. 4 S. 2 KStR)		
e) Parkraumüberlassung an die Bediensteten			X (R 4.5 Abs. 4 S. 3 KStR)

Sachverhalt	BgA	HB	VV
f) Müllabfuhr		X („Ausübung öffentlicher Gewalt"; R 4.5 Abs. 4 S. 1 KStR)	
g) Besichtigungsbetrieb (Aussichtsturm)	X		
h) Verpachtung Ratskeller mit Inventar	X weil der Ratskeller ein BgA ist, führt auch seine Verpachtung zu einem BgA.		
i) Verpachtung Ratskeller-Räume ohne Inventar			X Es liegt eine reine Raumvermietung ohne Betrieb vor.

Legende:
BgA: Ertragsteuerpflichtige Einnahmen im Rahmen eines Betriebes gewerblicher Art
HB: Ertragsteuerfreie Einnahmen im Rahmen eines Hoheitsbetriebes
VV: Ertragsteuerfreie Einnahmen im Rahmen der Vermögensverwaltung

(Quelle: Eigene Darstellung)

13. Die Stadt Musterhausen muss jeden einzelnen Betrieb gewerblicher Art im Hinblick auf die Steuerpflichten beurteilen. Es ergeben sich nachfolgende Lösungen:

a) Die jährliche Ausrichtung des Weihnachtsmarkts ist ein Betrieb gewerblicher Art im Körperschaft- und Gewerbesteuerrecht. Vereinfachend wird davon ausgegangen, dass eine § 4 Abs. 3 EStG-Rechnung als Überschuss der Betriebseinnahmen über die Betriebsausgaben zur Ermittlung des steuerpflichtigen Einkommens und Gewerbeertrags beim BgA durchgeführt wird.

a) Gewinnermittlung BgA:	
Betriebseinnahmen	69.000,00 Euro
– Betriebsausgaben	33.000,00 Euro
= Gewinn BgA „Marktveranstaltung"	36.000,00 Euro
b) Gewerbesteuer t_1:	
Gewinn:	36.000,00 Euro
– Freibetrag (§ 11 GewStG)	5.000,00 Euro
= bereinigter Gewerbeertrag	31.000,00 Euro
× 3,5 % Steuermesszahl (§ 11 GewStG)	
= Gewerbesteuermessbetrag	1.085,00 Euro
× GewSt-Hebesatz 440 %	
= Gewerbesteuer	**4.774,00 Euro**
c) Körperschaftsteuer t_1:	
Gewinn:	36.000,00 Euro
– Freibetrag (§ 24 KStG)	5.000,00 Euro
= Zwischensumme	31.000,00 Euro
× 15 % Steuersatz (§ 23 KStG)	
= Körperschaftsteuer	**4.650,00 Euro**
d) Solidaritätszuschlag t_1:	
Festgesetzte Körperschaftsteuer	4.650,00 Euro
× 5,5 % Steuersatz	
= Solidaritätszuschlag	**255,75 Euro**
(Centgenauer Betrag)	

b) Der Ratskeller ist ein Restaurationsbetrieb, der zu einem Betrieb gewerblicher Art im Körperschaftsteuerrecht führt. Er bildet eine funktionelle Einheit, die sich vom übrigen Verwaltungsbereich abgrenzen lässt; daher ist eine Einrichtung anzunehmen. Außerdem sind die Kriterien Nachhaltigkeit und Einnahmenerzielungsabsicht anzunehmen, weil der Betrieb mit Einnahmenerzielungsabsicht dauerhaft verpachtet ist. Auch ist die Tätigkeit angesichts der Pachteinnahmenhöhe von wirtschaftlichem Gewicht, sodass insgesamt ein Betrieb gewerblicher Art nach § 4 Abs. 1 KStG vorliegt. Weil der gesamte Ratskeller einschließlich Inventar verpachtet wird, liegt keine Vermögensverwaltung vor. Vielmehr wird der Betrieb aufrecht erhalten, sodass die Stadt bei Aufhebung des Pachtvertrages jederzeit den Betrieb fortführen könnte. Daher bewirkt auch die Verpachtung einen Betrieb gewerblicher Art im Körperschaftsteuerrecht (§ 4 Abs. 4 KStG). Die Betriebsverpachtung begründet jedoch im Gewerbesteuerrecht grundsätzlich keine gewerbliche Tätigkeit und bleibt gewerbesteuerfrei (vgl. R 2.2 S. 1 GewStR).

Vereinfachend wird davon ausgegangen, dass eine §4 Abs.3 EStG-Rechnung als Überschuss der Betriebseinnahmen über die Betriebsausgaben zur Ermittlung des steuerpflichtigen Einkommens und Gewerbeertrags beim BgA durchgeführt wird.

a) Gewinnermittlung BgA:

Betriebseinnahmen	72.000,00 Euro
– Betriebsausgaben	7.000,00 Euro
= Gewinn BgA	65.000,00 Euro

b) Körperschaftsteuer t_1:

Gewinn:	65.000,00 Euro
– Freibetrag (§24 KStG)	5.000,00 Euro
= Zwischensumme	60.000,00 Euro
× 15 % Steuersatz (§23 KStG)	
= Körperschaftsteuer t_1	**9.000,00 Euro**

c) Solidaritätszuschlag t_1:

Festgesetzte Körperschaftsteuer	9.000,00 Euro
× 5,5 % Steuersatz	
= Solidaritätszuschlag	**495,00 Euro**

(Centgenauer Betrag)

c) Die städtische Bücherei stellt einen Betrieb gewerblicher Art im Körperschaftsteuerrecht dar, der sich vom Verwaltungsbereich abgrenzen lässt und eine Einrichtung darstellt. Außerdem sind die Kriterien Nachhaltigkeit und Einnahmenerzielungsabsicht anzunehmen, weil der Betrieb mit Einnahmenerzielungsabsicht arbeitet und dauerhaft eine Bücherausleihe betreibt. Allerdings ist die Tätigkeit angesichts der Einnahmenhöhe von geringem wirtschaftlichem Gewicht, sodass aufgrund des Kriteriums der wirtschaftlichen Bedeutung ein Betrieb gewerblicher Art nach §4 Abs.1 KStG fraglich ist. Die Rechtsprechung und Finanzverwaltung nimmt bei Büchereien gewöhnlich einen BgA an, wenn besondere Gründe vorliegen (Wettbewerb zu anderen Unternehmen).

Für den Sachverhalt bedeutet die Annahme eines BgA, dass sich im Jahr t_1 ein Verlust in Höhe von –37.000 Euro aus der Differenz zwischen Betriebseinnahmen (5.000 Euro) und Betriebsausgaben (42.000 Euro) ergibt. Der Verlust wird gesondert festgestellt und kann in das Jahr t_0 zurückgetragen werden, soweit der BgA „Bücherei" in dem Jahr zuvor auch Gewinne in entsprechender Höhe erwirtschaftet hat. Andererseits kann der Verlust in künftige Jahre (ab t_2) vorgetragen werden. Der defizitäre Betrieb gewerblicher Art ist kein Gewerbebetrieb, weil es an der Gewinnerzielungsabsicht mangelt.

14.

a) *Berechnungsschritte: Bodenwert (§ 247 Abs. 1 BewG):*
Grundstücksfläche (4.500 qm) × Bodenrichtwert (140 Euro/qm)
= 630.000,00 Euro
Mindestwert (§ 251 BewG): 630.000,00 x 75 % = 472.500,00 Euro
(Mindestwert niedriger)
Abgezinster Bodenwert (§ 257 BewG):
i. V. m. Umrechnungskoeffizient (Anlage 36): 0,64
= Zwischenwert: 403.200,00 Euro
× Abzinsungsfaktor Anlage 41 (36 Jahre/4,5 %): 0,2050
= abgezinster Bodenwert: 82.656,00 Euro

Kapitalisierter Reinertrag in Euro (§ 253 BewG):

Monatliche Nettokaltmiete Anlage 39 (Thüringen): 5,88 Euro	
– 10 % Abschlag (Mietniveaustufe 2): 5,29 Euro	
× Wohnfläche 1.800 qm	
= monatlicher Rohertrag	9.522,00
= jährlicher Rohertrag (x 12)	114.264,00
Abzüglich Bewirtschaftungskosten Gesamtnutzungsdauer: 80 Jahre Gebäudealter zum Hauptfeststellungszeitpunkt gem. § 253 Abs. 2 BewG: 44 Jahre Restnutzungsdauer (80J – 44J): 36 Jahre Mindestnutzungsdauer erfüllt (80 Jahre x 30 % = 24 Jahre < 36 Jahre) Anlage 40: Pauschalierte Bewirtschaftungskosten: 27 % × 114.264,00	
– pauschalierte Bewirtschaftungskosten	– 30.851,28
= jährlicher Reinertrag	= 83.412,72
× Liegenschaftszins 4,5 % (§ 256 Abs. 1 S. 2 Nr. 4 BewG) Vervielfältiger (Anlage 37): 17,67	
= Kapitalisierter Reinertrag	1.473.902,76
Ergebnis:	
Abgezinster Bodenwert	82.656,00
+ kapitalisierter Reinertrag	1.473.902,76
= Grundsteuerwert 2025	1.556.558,76
Abrundung auf volle 100 Euro	1.556.500,00
× Steuermesszahl 0,00031	482,52
× Hebesatz 420 %	
= Grundsteuer 2025	2.026,58

b) *Berechnungsschritte:*
Bodenwert (§ 247 BewG):
Grundstücksfläche (5.000 qm) x Bodenrichtwert (80 Euro/qm) = 400.000,00 Euro
Mindestwert (§ 251 BewG): 400.000,00 x 75 % = 300.000,00 Euro (Mindestwert niedriger)

Gebäudesachwert (§ 259 BewG):

Normalherstellungskosten Baujahrgruppe 1995 – 2004:	1.071,00
Angepasste Normalherstellungskosten (Baupreisindex) x 183,3 %	1.963,14
× Bruttogrundfläche 2.000 qm	
= Gebäudenormalherstellungswert (Gebäude-NHW) nach § 259 BewG	3.926.280,00
Abzüglich Alterswertminderung (AWM) Gesamtnutzungsdauer: 60 Jahre Gebäudealter zum Bewertungsstichtag: 20 Jahre Verhältnis des Gebäudealters zur wirtschaftlichen Gesamtnutzungsdauer: 0,3333 × Gebäudenormalherstellungswert	
= Alterswertminderung (Abzug)	–1.308.760,00
= verbleibender Gebäudewert nach AWM (§ 259 Abs. 4 BewG)	2.617.520,00
Dieser Wert beträgt mindestens 30 % des Gebäude-NHW gemäß § 259 Abs. 4 S. 4 BewG: 30 % x 3.926.280 Euro = 1.177.884,00 Euro	
= Gebäudesachwert	2.617.520,00

Ergebnis:

Bodenwert	400.000,00
+ Gebäudesachwert	2.617.520,00
= vorläufiger Sachwert des Gebäudes	3.017.520,00
× Wertzahl gemäß § 260 BewG (Anlage 43) 0,50	
= Grundsteuerwert	1.508.760,00
Abrundung auf volle 100 Euro	1.508.700,00
× Steuermesszahl 0,00034	512,96
× Hebesatz 420 %	
= Grundsteuer 2025	2.154,43

15. Die Verpachtung eines Betriebes, dessen Führung ein größeres Inventar erfordert, ist steuerpflichtig, wenn das Inventar vom Verpächter beschafft wurde und dem Pächter zur Nutzung überlassen wird. Das gilt auch, wenn das mitverpachtete Inventar nicht vollständig ist, aber zur Führung des Betriebs ausreicht, z.B. bei gastronomischen Betrieben, Campingplätzen, Saunen, Massageeinrichtungen in den städtischen Bädern oder Stadthallen.

    Ein Betrieb gewerblicher Art liegt trotz seiner Verpachtung nach §4 Abs.4 KStG weiterhin bei folgenden Beispielen aus der Praxis vor: Verpachtung einer Gastwirtschaft mit Inventar, Verpachtung einer Apotheke mit Inventar, Verpachtung einer Aufzugsanlage in einem Fernsehturm und von Räumen für den Betrieb einer Gaststätte. Nach der Rechtsprechung wurden diese Fälle als BgA bestätigt.

    Die Unterhaltung eines Zelt- oder Campingplatzes durch eine Kommune begründet die Annahme eines Betriebes gewerblicher Art. Auch die Verpachtung eines Campingplatzes bewirkt eine wirtschaftliche Tätigkeit, wenn neben dem Grundstück auch die notwendigen Einrichtungen eines Campingplatzes mitverpachtet werden (Duschen, WC). Die kurzfristige Vermietung auf Campingplätzen ist außerdem nicht von der Umsatzsteuer befreit; als kurzfristig gilt eine Gebrauchsüberlassung bis zu sechs Monaten.

    Bei einer Verpachtung ohne Inventar wird in der Regel eine steuerfreie Vermögensverwaltung angenommen. Auch die Verpachtung von Hoheitsbetrieben sowie Land- und Forstwirtschaften ist nicht steuerpflichtig.

16. Die Wasserversorgung (Wasserwerke) ist grundsätzlich ein Betrieb gewerblicher Art, weil er der Grundversorgung der Bevölkerung nach §4 Abs.3 KStG dient. Auch eine Talsperre ist Gegenstand der Wasserversorgung und Betriebsvermögen des Betriebes gewerblicher Art. Dagegen sind die Wasserbeschaffung und Wasserentsorgung ein hoheitlicher Bereich, der keine wirtschaftliche Tätigkeit darstellt. Werden jedoch beide Bereiche zusammen ausgeführt, liegt nach Auffassung der Rechtsprechung (BFH-Urteil vom 30.11.1989 – I R 79-80/86, BStBl II 1990, S.452) eine einheitliche und untrennbare wirtschaftliche Tätigkeit vor, die insgesamt zu einem Betrieb gewerblicher Art führt. Hieraus folgt, dass die mit der kommunalen Wasserversorgung zusammenhängenden Erschließungsarbeiten von den Kommunen steuerrechtlich dem Betrieb gewerblicher Art zuzuordnen sind. Sofern die Tätigkeiten nicht zu trennen sind, gibt die prägende Tätigkeit den Ausschlag. Ist eine Trennung möglich, z.B. durch einen zeitlich abgrenzbaren Einsatz von Personal und Sachmittel, sind ein Hoheitsbetrieb (Wasserbeschaffung) und ein Betrieb gewerblicher Art (Wasserversorgung) anzunehmen.

17. Die Forstbehörden können neben der kostenfreien Betreuung der Waldbesitzer auch forstliche Dienstleistungen gegen Entgelt anbieten (sogenannte „tätige Mithilfe“). Diese Dienstleistungen erfassen die technische Betriebsleitung (Planung und Überwachung des Betriebsvollzugs), die Beförsterung (forstlicher Betriebsvollzug) und die Forsteinrichtung (Betriebsplanerstellung oder

Betriebsgutachten); sie gehören nicht zum hoheitlichen Bereich, sondern stellen eine wirtschaftliche Tätigkeit dar. Werden diese Tätigkeiten im Rahmen eines Betriebes gewerblicher Art ausgeübt, der die Kriterien des § 4 KStG erfüllt, ist eine steuerpflichtige Tätigkeit anzunehmen.

18. Es liegt keine steuerpflichtige Tätigkeit vor, weil die Hausmüllentsorgung ein Hoheitsbetrieb ist, soweit sie durch Landesgesetz den Gebietskörperschaften als Pflichtaufgabe zugewiesen ist. Der zusätzliche Verkauf von Müllsäcken der Stadt Musterhausen ist steuerlich als Hilfsgeschäft des Hoheitsbetriebes zu qualifizieren. Ein steuerpflichtiger Betrieb gewerblicher Art wäre erst dann anzunehmen, wenn die Tätigkeiten nach Art und Umfang einem gewerblichen Unternehmen entsprechen oder den Wettbewerb mit privatwirtschaftlichen Unternehmen beeinträchtigen.

19. Grundsätzlich werden Vereinbarungen zwischen der Trägerkörperschaft und dem Betrieb gewerblicher Art steuerlich anerkannt, wenn sie zu angemessenen Bedingungen getroffen wurden. Als Drittvergleich wird regelmäßig das Verhältnis einer Kapitalgesellschaft zu ihrem beherrschenden Gesellschafter herangezogen. Bei steuerlicher Anerkennung der Vereinbarungen mindern die Entgelte den Gewinn beim Betrieb gewerblicher Art, während die Trägerkörperschaft die Einnahmen der steuerfreien Vermögensverwaltung zuordnet. Im Fall von Miet- und Pachtverträgen sind jedoch steuerliche Besonderheiten zu beachten. Die Vereinbarungen eines Miet- oder Pachtvertrags zwischen Trägerkörperschaft und dem Betrieb gewerblicher Art werden steuerlich nicht anerkannt, wenn der Gegenstand beim Betrieb gewerblicher Art eine „wesentliche Betriebsgrundlage" darstellt. Hierzu gehören Wirtschaftsgüter, die für die Betriebsführung des Eigenbetriebes von besonderer Bedeutung sind, z. B. Maschinen, Fahrzeuge, Produktionsanlagen. Grundstücke und Gebäude sind stets als wesentliche Betriebsgrundlage einzuordnen. Im vorliegenden Fall nutzt der Eigenbetrieb das vermietete Grundstück als Bürogebäude, sodass der Mietvertrag steuerlich nicht anerkannt wird. Im Ergebnis kann der Eigenbetrieb die Mietaufwendungen nicht als Betriebsausgabe gewinnmindernd berücksichtigen; bei der Stadt Musterhausen sind die Vermietungseinkünfte steuerpflichtig.

20. Der Stadtwerke-Eigenbetrieb führt zu einem steuerpflichtigen Betrieb gewerblicher Art. Der Eigenbetrieb besitzt keine eigene Rechtspersönlichkeit. Angesichts der Umsatzhöhe von 480.000 Euro und dem aktuellen Jahresüberschuss gilt § 20 Abs. 1 Nr. 10 EStG für die Weiterleitung von Gewinnen an die Trägerkörperschaft Musterhausen. Eigenbetriebe müssen die handelsrechtlichen Buchführungsvorschriften beachten und sind gem. § 140 AO auch im Steuerrecht zu einer bilanziellen Gewinnermittlung verpflichtet (§ 5 EStG).

Der weitergeleitete Gewinn des Eigenbetriebes unterliegt der Kapitalertragsteuer in Höhe von 15 % (§ 20 Abs. 1 Nr. 10 EStG). Wird er in Rücklagen eingestellt, entfällt die Besteuerung für den eingestellten Teil. Eine Rücklagenbildung ist möglich, wenn die Mittel für bestimmte Investitionen angesammelt werden. Nicht zulässig ist eine Bildung zur Deckung laufender, wiederkehrender Ausgaben oder zum Erhalt der Leistungsfähigkeit des BgA.

Für das Jahr t_1 ergibt sich folgende Besteuerung: Der Verlustvortrag mindert nach § 10d EStG den steuerpflichtigen Gewinn des Jahres t_1 und bewirkt eine Körperschaftsteuerzahlung von 45.000 Euro (Vernachlässigung von Freibeträgen und Solidaritätszuschlag; vereinfachte Darstellung). Vom zu versteuernden Einkommen (300.000 Euro) verbleibt nach Abzug der Rücklage sowie der gezahlten Körperschaftsteuer (200.000 Euro und 45.000 Euro) ein Betrag von 55.000 Euro, der weitergeleitet werden kann. Dieser unterliegt der Kapitalertragsteuer von 15 % sowie dem Solidaritätszuschlag.

	Jahresüberschuss:	700.000,00 Euro
–	Verlustvortrag	400.000,00 Euro
=	zu versteuerndes Einkommen	300.000,00 Euro
×	15 % Körperschaftsteuersatz	
=	**Körperschaftsteuer:**	**45.000,00 Euro**
–	Einstellung in Rücklagen:	200.000,00 Euro
=	restlicher Gewinn (300.000 Euro – 245.000 Euro):	55.000,00 Euro
×	15 % Kapitalertragsteuersatz (§ 20 Abs. 1 Nr. 10 EStG)	
=	**Kapitalertragsteuer:**	**8.250,00 Euro**
×	5,5 % Solidaritätszuschlagsatz	
=	**Solidaritätszuschlag:**	**453,75 Euro**

Ergebnis: Auf den an die Stadt Musterhausen weitergeleiteten Eigenbetriebsgewinn ist eine Kapitalertragsteuer zuzüglich Solidaritätszuschlag in Höhe von insgesamt 8.703,75 Euro zu entrichten.

21. Der Gesetzgeber hat in § 8 Abs. 7 und 8 KStG Sonderregelungen zur Verlustverrechnung im steuerlichen Querverbund vorgesehen. Soweit in einem zusammengefassten Versorger-BgA Gewinne und Verluste verrechnet werden, können Altverluste (Verluste vor der Zusammenfassung) nicht genutzt werden. Sie werden „eingefroren" und können erst bei Aufhebung der Zusammenfassung mit Gewinnen dieses BgA verrechnet werden.

Jahr t_1:
BgA öPNV: – 3 Mio. Euro
Ohne Zusammenfassung ist ein Verlustvortrag in Höhe von – 3 Mio Euro in das Jahr t_2 zulässig (§ 10d EStG i.V.m. § 8 KStG). Bei Zusammenfassung hingegen gilt ein Abzugsverbot im Jahr t_2 gem. § 8 Abs. 8 S. 2-4 KStG. Der Verlust kann erst nach Beendigung der Zusammenfassung verrechnet werden, sofern der BgA öPNV Gewinne erwirtschaftet.
BgA Energieversorger: 9 Mio. Euro x 30 % = 2.700.000 Euro Ertragsteuerbelastung

Jahr t_2:
Die vom Stadtrat beschlossene Zusammenfassung ist gem. §4 Abs. 6 S. 1 Nr. 3 KStG zulässig, weil beide BgA Versorgerbetriebe nach §4 Abs. 3 KStG sind. Aus der Zusammenfassung ergibt sich folgendes Ergebnis:
Neuer BgA „Versorger": +6.000.000 Euro × 30 % = 1.800.000 Euro Ertragsteuerbelastung
Eine Verlustverrechnung ist erst innerhalb des Jahres t_2 möglich. Ohne die Zusammenfassung hätte der BgA Energieversorgung den gesamten Gewinn von 10 Mio. Euro versteuern müssen (mit einer Ertragsteuerbelastung von 3.000.000 Euro). Die Zusammenfassung reduziert die Ertragsteuerbelastung.Der Verlustvortrag des alten BgA öPNV in das Jahr t_2 ist nicht zulässig (§8 Abs. 8 S. 3 KStG). Der Verlustvortrag kann erst nach Ende der Zusammenfassung vom BgA öPNV genutzt werden, sofern er Gewinne erwirtschaftet (§8 Abs. 8 S. 4 KStG).

22. Im Vergleich zum Fall 21 liegen keine Versorger-BgA, sondern gleichartige BgA vor, die gem. §4 Abs. 6 KStG zusammengefasst werden dürfen. Der Gesetzgeber hat in §8 Abs. 8 S. 5 KStG bewusst diese Betriebe aus der Verlustbegrenzung bei zusammengefassten Betrieben gewerblicher Art herausgenommen. Das bedeutet, dass eine Verlustverrechnung auch für Altverluste vor der Zusammenfassung zulässig ist.

Jahr t_1:
Verlustvortrag in das Jahr t_2: BgA Hallenbad – 3 Mio. Euro
BgA Freibad: 9 Mio. Euro x 30 % = 2.700.000 Euro Ertragsteuern

Jahr t_2:
Zusammenfassung zulässig nach §4 Abs. 6 S. 1 Nr. 1 KStG, weil es zwei gleichartige BgA sind.
Neuer BgA „Bäder": Es ergibt sich ein Jahresergebnis in Höhe von +6.000.000 Euro im Jahr der Zusammenfassung sowie zusätzlich eine Verlustverrechnung (Verlustvortrag gem. §10d Abs. 2 EStG) aus dem Jahr t_1 in Höhe von –3 Mio. Euro. Dieser kann zunächst in Höhe von 1 Mio. Euro (Sockelbetrag) sowie darüber hinaus zu 70 % (6 Mio. Euro – 1 Mio. Euro = 5 Mio. Euro × 70 % = 3,5 Mio. Euro zusätzliches Verlustnutzungspotential, maximal aber in Höhe des Verlustvortrags) in Höhe von 2 Mio. Euro verrechnet werden.

Gewinn in t_2 nach Zusammenfassung: + 6.000.000 Euro
abzüglich 1.000.000 Euro Sockelbetrag
= + 5.000.000 Euro
davon 70 % = 3.500.000 Euro, aber maximal 2.000.000 Euro (verbleibende Verlusthöhe aus t_1)
= – 2.000.000 Euro
= + 3.000.000 Euro steuerpflichtiger Gewinn
x 30 % kombinierter Ertragsteuersatz
= 900.000 Euro Ertragsteuern

Teil III – GmbH

1. *Thesaurierungsfall:* Aufgrund der Freibeträge vermindert sich die Gesamtertragsteuerbelastung für den Eigenbetrieb, während die Belastung der GmbH infolge des nicht anwendbaren Freibetrags geringfügig höher ausfällt.

	Eigenbetrieb	**Eigengesellschaft**
Gewinn nach HGB, EStG, KStG	50.000,00 Euro	50.000,00 Euro

a) Gewerbesteuer			
Gewerbeertrag		50.000,00	50.000,00
–	Freibetrag § 11 GewStG	5.000,00	– entfällt –
=	vorläufiger Gewerbeertrag	45.000,00	50.000,00
×	3,5 % Steuermesszahl		
=	Gewerbesteuermessbetrag	1.575,00	1.750,00
×	Hebesatz (400 %)		
=	**Gewerbesteuer**	**6.300,00**	**7.000,00**

b) Körperschaftsteuer			
Steuerpflichtiges Einkommen		50.000,00	50.000,00
–	Freibetrag § 24 KStG	5.000,00	– entfällt –
=	zu versteuerndes Einkommen	45.000,00	50.000,00
×	15 % KSt-Satz (bis 2027)		
=	**Körperschaftsteuer**	**6.750,00**	**7.500,00**

c) Solidaritätszuschlag			
Festgesetzte Körperschaftsteuer		6.750,00	7.500,00
×	5,5 % SolZ-Satz		
=	**Solidaritätszuschlag**	**371,25**	**412,50**

d) Gesamtbelastung (Thesaurierung)		
Gesamtsteuerbelastung	13.421,25	14.912,50
Gewinn nach Steuern	36.578,75	35.087,50

Ergebnis: Die Rechtsformentscheidung zugunsten des Eigenbetriebes löst im Thesaurierungsfall eine Ertragsteuerersparnis von 1.491,25 Euro aus. Für die Praxis empfiehlt sich eine öffentlich-rechtliche Organisationsform für öffentliche Aufgaben, die keine zusätzlichen Einrichtungen eines kaufmännischen Geschäftsbetriebes erfordern, z.B. Organisation und Verwaltung von Marktveranstaltungen mittels BgA.

2. *Ausschüttungsfall der Eigengesellschaft:* Die GmbH soll laut Sachverhalt ihren Gewinn nach Steuern an die Stadt Musterhausen vollständig ausschütten. Die Bruttobardividende (Ausschüttungsbetrag) beträgt 35.087,50 Euro nach Abzug aller Steuern auf Ebene der GmbH (Gewerbesteuer, Körperschaftsteuer und Solidaritätszuschlag). Nach Beschluss einer Ausschüttung durch die Gesellschafterversammlung muss die GmbH im Namen und auf Rechnung des Gesellschafters eine Kapitalertragsteuer in Höhe von 25 % der Bruttobardividende einschließlich Solidaritätszuschlag ermitteln, einbehalten und an das Finanzamt abführen.

Bruttobardividende:	35.087,50 Euro
× Kapitalertragsteuer (25 %)	8.771,88 Euro
× Solidaritätszuschlag (5,5 %)	482,45 Euro
= Nettobardividende (Auszahlungsbetrag)	25.833,17 Euro

Die GmbH schüttet die Bruttobardividende (Ausschüttungsbetrag) an die Stadt Musterhausen in Höhe von 35.087,50 aus. Da die Anteile im Hoheitsbereich der Stadt gehalten werden, ist die Beteiligung der Vermögensverwaltung zuzuordnen. Allerdings unterliegt die Stadt als juristische Person des öffentlichen Rechts mit der Dividende im Rahmen der partiellen Steuerpflicht nach § 2 Nr. 2 KStG grundsätzlich auch der Kapitalertragsteuer. Auf Grund der Zuordnung zum Hoheitsbereich vermindert sich die Kapitalertragsteuer von 25 % um drei Fünftel (§ 44a Abs. 8 EStG).

Kapitalertragsteuer (25 %)	8.771,88 Euro
× 3/5 vermindert auf	**5.263,13 Euro**
Solidaritätszuschlag (5,5 %)	482,45 Euro
× 3/5 vermindert auf	**289,47 Euro**
Belastung insgesamt	**5.552,60 Euro**

Demnach reduzieren sich die Kapitalertragsteuer von 5.263,13 Euro und der Solidaritätszuschlag auf 289,47 Euro, insgesamt also *5.552,60 Euro* (zuvor 9.254,33 Euro). Die Stadt Musterhausen erhält demzufolge eine Erstattung von 3.508,75 Euro (Kapitalertragsteuer) und 192,98 Euro (Solidaritätszuschlag), insgesamt also *3.701,73 Euro.*

Ergebnis: Für die Stadt Musterhausen ergibt sich für den Thesaurierungsfall eine Ertragsteuerbelastung von insgesamt 14.912,50 Euro (Sachverhalt 1). Im Ausschüttungsfall erhöht sich die Ertragsteuerbelastung durch die Kapitalertragsteuer zzgl. Solidaritätszuschlag auf *20.465,10 Euro.* Die Belastung auf GmbH-Ebene bleibt unverändert.

3. *„Ausschüttungsfall" des Eigenbetriebs:* Der Eigenbetrieb soll laut Sachverhalt seinen Gewinn nach Steuern an die Stadt Musterhausen vollständig weiterleiten (vergleichbar mit einer „Ausschüttung"). Der Eigenbetrieb wendet das kaufmännische Rechnungswesen an und ist bilanzierungspflichtig. Daher ist der Gewinn bei der Stadt Musterhausen – wie die Dividende der Eigengesellschaft im Sachverhalt 2 – steuerpflichtig. Soweit jedoch keine Bilanzierungspflicht wie bei Regiebetrieben besteht, entfällt eine weitere Steuerpflicht, wenn der Betrieb gewerblicher Art Jahresumsätze von weniger als 350.000 Euro oder einen Jahresgewinn unter 30.000 Euro erzielt (vgl. Buchführungsgrenzen nach § 20 Abs. 1 Nr. 10b EStG).

   Die Stadt Musterhausen erzielt mit dem Gewinn des BgA Einkünfte aus Kapitalvermögen i.S.d. § 20 Abs. 1 Nr. 10b EStG, § 43 Abs. 1 S. 1 Nr. 7c und § 43a Abs. 1 Nr. 2 EStG, die einer Kapitalertragsteuer von 15 % zuzüglich Solidaritätszuschlag unterliegen.

Einkünfte aus Kapitalvermögen (Nettogewinn des Eigenbetriebes)	36.578,75 Euro
× Kapitalertragsteuer 15 %	5.486,81 Euro
× Solidaritätszuschlag 5,5 %	301,77 Euro

   Die Gesamtsteuerbelastung für den Eigenbetrieb beträgt im Fall einer vollständigen Weitergabe der Gewinne an die Stadt insgesamt 19.209,83 Euro. Hinweis: Die Belastung des BgA (Sachverhalt 1) bleibt unverändert (13.421,25 Euro).

   Fazit: Die steuerliche Belastung von Einkünften aus wirtschaftlichen Tätigkeiten ist im Thesaurierungsfall bei einem Eigenbetrieb geringfügig niedriger als bei einer Eigengesellschaft. Der Grund liegt an den Freibeträgen bei der Körperschaft- und Gewerbesteuer, die nur dem Betrieb gewerblicher Art, nicht aber der GmbH gewährt werden. Die Gewinnausschüttung oder Weitergabe löst auf Gesellschafterebene (Stadt Musterhausen) eine Kapitalertragsteuerpflicht aus. Der Gesetzgeber hat auf Grund der Regelung des § 20 Abs. 1 Nr. 10 EStG eine Gewinnausschüttung der GmbH mit der Weitergabe von Gewinnen eines Betriebes gewerblicher Art an die Trägerkörperschaft (Stadt Musterhausen) steuerlich gleichgestellt. Aufgrund der geringeren Ausgangsgröße („Bruttobardividende") ergibt sich eine geringere Gesamtbelastung für den Eigenbetrieb.

Steuerbelastung	**Eigenbetrieb (BgA)**	**Eigengesellschaft (GmbH)**
Thesaurierung	13.421,25 Euro	14.912,50 Euro
Weitergabe/Ausschüttung	19.209,83 Euro	20.465,10 Euro

4. Es liegt eine verdeckte Gewinnausschüttung in Höhe von 40.000 Euro vor, denn ein ordentlicher und gewissenhafter Geschäftsleiter hätte die Vermögensminderung einem fremden Dritten gegenüber unter sonst gleichen Umständen nicht hingenommen.

Merkmale der vGA	Beispiel:
Zuwendung eines Vorteils der GmbH an den Gesellschafter oder eine ihm nahestehende Person	Unangemessen höhere Konzessionsabgabe als nach der KAV
Vermögensschmälerung bei GmbH (Vermögensminderung oder verhinderte Vermögensmehrung)	Gewinnminderung durch höhere Aufwandsverbuchung (+40.000 Euro)
Außerhalb der gesellschaftsrechtlichen Gewinnverteilung	Steht nicht im Zusammenhang mit einer offenen Gewinnausschüttung
Ursache im Gesellschaftsverhältnis	*Angemessener Teil: 10.000 Euro* – Betrieblich veranlasst – Betriebsausgabenabzug zulässig – Einkommenserzielung *Unangemessener Teil: 40.000 Euro* – Gesellschaftsrechtlich veranlasst – Verdeckte Gewinnausschüttung – Einkommensverwendung

Weil die GmbH bei ihrer Einkommensermittlung die gesamte Konzessionsabgabe als Betriebsausgabe abgezogen hat, ist der Gewinn um den unangemessenen Teil außerbilanziell wieder zu erhöhen. Der steuerpflichtige Gewinn ergibt sich aus dem handelsrechtlichen Gewinn von 100.000 Euro und der verdeckten Gewinnausschüttung in Höhe von 40.000 Euro = 140.000 Euro.

5. Es liegt eine verdeckte Gewinnausschüttung in Höhe von 80.000 Euro vor, denn ein ordentlicher und gewissenhafter Geschäftsleiter hätte die Vermögensminderung einem fremden Dritten gegenüber unter sonst gleichen Umständen nicht hingenommen. Weil die GmbH bei ihrer Einkommensermittlung die gesamte Miete als Betriebsausgabe abgezogen hat, ist der Gewinn um den unangemessenen Teil der Miete außerbilanziell wieder zu erhöhen. Der steuerpflichtige Gewinn ergibt sich aus dem handelsrechtlichen Gewinn von 400.000 Euro und der verdeckten Gewinnausschüttung in Höhe von 80.000 Euro = 480.000 Euro.

Merkmale der vGA	Beispiel:
Zuwendung eines Vorteils der GmbH an den Gesellschafter oder eine ihm nahestehende Person	Unangemessen höhere Jahresmiete als üblich

Merkmale der vGA	Beispiel:
Vermögensschmälerung bei GmbH (Vermögensminderung oder verhinderte Vermögensmehrung)	Gewinnminderung durch höhere Aufwandsverbuchung (+80.000 Euro)
Außerhalb der gesellschaftsrechtlichen Gewinnverteilung	Steht nicht im Zusammenhang mit einer offenen Gewinnausschüttung
Ursache im Gesellschaftsverhältnis	*Angemessener Teil: 20.000 Euro* – Betrieblich veranlasst – Betriebsausgabenabzug zulässig – Einkommenserzielung *Unangemessener Teil: 80.000 Euro* – Gesellschaftsrechtlich veranlasst – Verdeckte Gewinnausschüttung – Einkommensverwendung

6. Es liegt eine verdeckte Gewinnausschüttung in Höhe von 25.000 Euro vor, denn ein ordentlicher und gewissenhafter Geschäftsleiter hätte die verhinderte Vermögensmehrung einem fremden Dritten gegenüber unter sonst gleichen Umständen nicht hingenommen.

Merkmale der vGA	Beispiel:
Zuwendung eines Vorteils der GmbH an den Gesellschafter oder eine ihm nahestehende Person	Unentgeltliche Datenbasis zur Nutzung für hoheitliche Zwecke
Vermögensschmälerung bei GmbH (Vermögensminderung oder verhinderte Vermögensmehrung)	Verhinderte Vermögensmehrung; Gewinnminderung durch Verzicht auf Einnahmen (+ 25.000 Euro)
Außerhalb der gesellschaftsrechtlichen Gewinnverteilung	Steht nicht im Zusammenhang mit einer offenen Gewinnausschüttung
Ursache im Gesellschaftsverhältnis	*Unangemessener Teil: 25.000 Euro* – Gesellschaftsrechtlich veranlasst – Verdeckte Gewinnausschüttung – Einkommensverwendung

Die verdeckte Gewinnausschüttung ist außerbilanziell bei der GmbH wieder hinzuzurechnen.

7. Zunächst der steuerpflichtige Gewinn (EBITDA) zu ermitteln:

Steuerpflichtiger Gewinn vor Abzug der Ertragsteuern	0 Euro
+ (Zinsaufwendungen: 3.400.000 Euro – Zinserträge: 50.000 Euro)	3.350.000 Euro
+ planmäßige Abschreibungen	250.000 Euro
+ Aufwendungen für geringwertige Wirtschaftsgüter	0 Euro
= EBITDA	**3.600.000 Euro**

Die Freigrenze in Höhe von 3 Mio. Euro kommt nicht zur Anwendung, weil der Zinssaldo (Zinsaufwand abzüglich Zinsertrag) mit 3.350.000 Euro die Freigrenze überschreitet und dadurch die Zinsschranke angewandt wird.

Der für die Berechnung der Zinsschranke maßgebliche Gewinn (EBITDA) beträgt laut Berechnungsschema 3.600.000 Euro. Hiervon kann das Unternehmen maximal 30 % als Zinsaufwand verrechnen (30 % × EBITDA, Zinsschranke).

Der verrechenbare Zinsaufwand beträgt (30 % × 3,6 Mio. Euro =) 1.080.000 Euro zuzüglich der tatsächlichen Zinserträge in Höhe von 50.000 Euro. Der maximale und steuerlich zulässige Zinsabzug beträgt demnach insgesamt 1.130.000 Euro. Er setzt sich zusammen aus dem verrechenbaren Zinsaufwand (1.080.000 Euro) und den tatsächlichen Zinserträgen (50.000 Euro).

Ergebnis: Die Bäder-GmbH kann im Bereich der Fremdkapitalzinsen einen Betriebsausgabenabzug in Höhe von 1.130.000 Euro vornehmen. Die nicht abziehbaren Zinsaufwendungen in Höhe von 2.270.000 Euro (Differenz zwischen den tatsächlichen Zinsaufwendungen 3.400.000 Euro und dem maximalen Abzugsbetrag 1.130.000 Euro) können auf die zukünftigen fünf Jahre vorgetragen werden.

Die Anwendung der Zinsschranke wirkt sich auf die Gewinnermittlung und Besteuerung aus. Es ist auf Grund der Begrenzung der Fremdkapitalaufwendungen ein „neuer" steuerpflichtiger Gewinn zu ermitteln:

Umsatzerlöse	6.420.000 Euro
– Personalaufwand	920.000 Euro
– Energiekosten	2.500.000 Euro
– planmäßige Abschreibungen	250.000 Euro
– Zinsaufwendungen	1.130.000 Euro
+ Miet- und Pachterträge	600.000 Euro
+ Zinserträge	50.000 Euro
= steuerpflichtiger Gewinn t_1	2.270.000 Euro

Der steuerpflichtige Gewinn der GmbH erhöht sich infolge der Beschränkung des Fremdkapitalaufwands von 0 Euro auf 2.270.000 Euro. Die Zinsschranke bewirkt eine Mehrbelastung von 677.027,50 Euro in Höhe des nicht verrechenbaren Zinsaufwands von 2.270.000 Euro; sie setzt sich zusammen aus Gewerbesteuer 317.800 Euro (2,27 Mio. Euro × 3,5 % × 400 %), Körperschaftsteuer: 340.500 Euro (2,27 Mio. Euro × 15 %) und Solidaritätszuschlag: 18.727,50 Euro (340.500 Euro × 5,5 %).

8. Kapitalgesellschaften (ebenso wie die steuerlich gleich gestellten Betriebe gewerblicher Art) können aufgrund der gewerblichen Einkünfte einen Verlustabzug nach § 8 KStG und § 10d EStG auf Ebene der Gesellschaft vornehmen. Verluste bis zu einem Betrag von 1 Mio. Euro können mit den Gewinnen des Vorjahres verrechnet werden. Der Verlustrücktrag ist betragsmäßig (1 Mio. Euro) und zeitlich (ein Jahr) begrenzt.

	t_0	t_1	t_2
Steuerpflichtiges Ergebnis vor Verlustrücktrag	+ 1.200.000	– 4.500.000	+ 2.800.000
Verlustrücktrag	– 1.000.000	+ 1.000.000	
= steuerpflichtiges Ergebnis nach Verlustrücktrag	**+ 200.000**	**– 3.500.000**	

Im vorliegenden Sachverhalt kann der Gewinn im Jahr t_0 in Höhe von 1.200.000 Euro mit dem Verlust aus dem Jahr t_1 rückwirkend verrechnet werden. Damit reduziert sich die steuerpflichtige Bemessungsgrundlage von 1.200.000 Euro auf 200.000 Euro, sodass die Belastung mit Gewerbe- und Körperschaftsteuer einschließlich Solidaritätszuschlag sinkt. Der nach dem Rücktrag verbleibende Verlust (– 4.500.000 Euro + 1.000.000 Euro) in Höhe von –3.500.000 Euro kann auf spätere Jahre vorgetragen werden. Die Höhe des Verlustvortrags ist betragsmäßig begrenzt. Bis zu einem Sockelbetrag von 1 Mio. Euro können Verluste unbegrenzt vom Gesamtbetrag der Einkünfte abgezogen werden. Verluste, die diesen Sockelbetrag übersteigen, können nur bis zu 70 % des Gesamtbetrags der Einkünfte verrechnet werden. Die quotale Beschränkung des Verlustvortrages wird als „Mindestbesteuerung" bezeichnet, weil eine Restgröße der erzielten Gewinne trotz Verlustverrechnung besteuert wird. Laut Sachverhalt kann der verbleibende Verlust von –3.500.000 Euro zunächst bis zu einem Betrag von 1 Mio. Euro mit dem Gewinn im Jahr t_2 in Höhe von 2.800.000 Euro verrechnet werden. Von dem verbleibenden Gewinn (2,8 Mio. Euro – 1 Mio. Euro =) 1.800.000 Euro können 70 %, also 1.260.000 Euro verrechnet werden.

	t_0	t_1	t_2
Steuerpflichtiges Ergebnis vor Verlustvortrag	+200.000	–3.500.000	+2.800.000
Sockelbetrag (1 Mio. Euro)		+1.000.000	–1.000.000
= Zwischenergebnis		=–2.500.000	=+1.800.000
Quotale Begrenzung (70 % x 1.800.000 Euro)		+1.260.000	–1.260.000
= steuerpflichtiges Ergebnis nach Verlustvortrag		**=–1.240.000**	**=+540.000**

Nach Berücksichtigung des Verlustvortrages in das Jahr t_2 verbleibt ein Verlust für das Jahr t_1 in Höhe von –1.240.000 Euro, der in die Jahre ab t_3 vorgetragen werden kann. Der steuerpflichtige Gewinn des Jahres t_2 reduziert sich von 2,8 Mio. Euro auf 540.000 Euro (Sockelbetrag von 1 Mio. Euro und quotale Beschränkung von 1.260.000 Euro).

9. *Besteuerung Ebene Gasversorgungs-GmbH:* Die GmbH ermittelt ihren Gewinn auf der Basis einer Handels- und Steuerbilanz. Ausgehend vom handelsrechtlichen Gewinn in Höhe von 900.000 Euro sind die beiden Aufwandspositionen Miet- und Zinsaufwand laut Sachverhalt noch zu berücksichtigen. Der Mietaufwand in Höhe von 12.000 Euro ist als Betriebsausgabe bei der Körperschaftsteuer abzugsfähig sowie die angemessenen Fremdkapitalzinsen in Höhe von 250.000 Euro, die ebenfalls als Betriebsausgabe den körperschaftsteuerlichen Gewinn mindern. Die Zinsschranke nach § 8 Abs. 1 KStG i. V. m. § 4h EStG ist nicht anwendbar, weil die Freigrenze von 3 Mio. Euro nicht überschritten wird. Nach Abzug der beiden Aufwandspositionen verbleibt im Ergebnis ein körperschaftsteuerpflichtiger Gewinn in Höhe von 638.000 Euro. Die Körperschaftsteuer beträgt (638.000 Euro × 15 % =) 95.700 Euro zuzüglich Solidaritätszuschlag in Höhe von (95.700 × 5,5 % =) 5.263,50 Euro.

   Zur Berechnung der Gewerbesteuer ist vom Gewinn auszugehen, der nach dem EStG und KStG ermittelt wurde: 638.000 Euro. Aufgrund der Hinzurechnungsvorschrift des § 8 Nr. 1 GewStG ist ein Viertel der Summe aus Zins- und Mietaufwand, soweit sie den Freibetrag von 200.000 Euro übersteigt, als Hinzurechnungsbetrag dem Gewinn wieder hinzuzurechnen. Die Summe ergibt sich aus dem Zinsaufwand von 250.000 Euro (§ 8 Nr. 1a GewStG) und der Hälfte des Mietaufwands für unbewegliches Vermögen (§ 8 Nr. 1e GewStG) in Höhe von 6.000 Euro (50 % x 12.000 Euro). Damit ergibt sich ein Hinzurechnungsbetrag von (256.000 Euro – 200.000 Euro = 56.000 Euro × 25 % =) 14.000 Euro, der die gewerbesteuerliche Ausgangsgröße auf 652.000 Euro erhöht. Die Gewerbesteuer berechnet sich aus dem auf volle 100 Euro abgerundeten Gewerbeertrag (652.000 Euro) × Steuermesszahl (3,5 %) × Hebesatz (450 %) = 102.690 Euro. Die Gesamtertragsteuerbelastung der Gasversorgungs-GmbH beträgt 203.653,50 Euro auf Gesellschaftsebene. Der Gewinn nach Steuern (Bruttobardividende) beträgt 434.346,50 Euro.

Besteuerung Ebene Gesellschafter: Im Fall der Vollausschüttung führt die Gasversorgungs-GmbH im Namen und auf Rechnung der beiden Gesellschafter eine Kapitalertragsteuer von 25 % auf die Bruttobardividende (434.346,50 Euro) in Höhe von 108.586,62 Euro ab.

Gesellschafterin Stadt Musterhausen: Die Stadt Musterhausen erzielt mit der Gewinnausschüttung steuerpflichtige Einkünfte nach § 20 Abs. 1 Nr. 10 EStG, die einer Kapitalertragsteuer von 15 % unterliegen. Die Stadt Musterhausen unterliegt einer Kapitalertragsteuer von 32.575,98 Euro. Die bereits von der Gasversorgungs-GmbH selbst ermittelte, einbehaltene und an das Finanzamt abgeführte Kapitalertragsteuer ist entsprechend der Beteiligungsquote nach § 36 Abs. 2 EStG anrechenbar (anteilig 54.293,31 Euro).

Dividendenerträge (anteilig: 50 % × 434.346,50 Euro)	217.173,25 Euro
× 15 % Kapitalertragsteuer	32.575,98 Euro
– anrechenbare Kapitalertragsteuer (50 % × 108.586,62 Euro)	54.293,31 Euro
= KapESt-Erstattung	– 21.717,33 Euro

Gesellschafterin Energie-AG: Die AG erzielt mit der Gewinnausschüttung steuerpflichtige gewerbliche Einkünfte, die nach § 8b Abs. 1, Abs. 4 und 5 KStG zu 95 % (217.173,25 Euro x 95 % = 206.314,58 Euro) steuerbefreit sind. 5 % der steuerfreien Dividende sind nicht abzugsfähige Betriebsausgaben und steuerpflichtig. Die AG unterliegt einer Körperschaftsteuer in Höhe von 1.628,79 Euro. Die bereits abgeführte, anteilige Kapitalertragsteuer (54.787,20 Euro) ist anrechenbar (§ 36 Abs. 2 EStG).

Dividendenerträge (anteilig: 50 % × 434.346,50 Euro)	217.173,25 Euro
Davon steuerpflichtig (5 % x 217.173,25 Euro)	10.858,66 Euro
× 15 % Körperschaftsteuer	1.628,79 Euro
– anrechenbare Kapitalertragsteuer (50 % × 108.586,62 Euro)	54.293,31 Euro
= KapESt-Erstattung	– 52.664,52 Euro

10. Die Muster-GmbH ist eine Eigengesellschaft, weil die Stadt Mustercity Alleingesellschafterin ist. Sie übt sowohl hoheitliche als auch wirtschaftliche Tätigkeiten aus, die jeweils zu einem Gewinn und Verlust führen.
Nach § 8 Abs. 7 und Abs. 9 KStG sind Eigengesellschaften, die mit Dauerverlustgeschäften wirtschaften, bei der Einkommensermittlung zu einer Spartentrennungsrechnung verpflichtet. Jede Tätigkeit der Muster-GmbH führt demnach zu einer gesonderten Sparte, insbesondere die Sparte für hoheitliche Tätigkeiten, die Sparte für zusammengefasste wirtschaftliche Tätigkeiten und eine Sparte für alle übrigen (gewinnorientierten) Tätigkeiten.

Ergebnis zur Spartentrennung und Einkommensermittlung t_1

Sparte	t_1 in Euro
1a) Hoheitsbetrieb: Bestattungswesen	–75.000
1b) Hoheitsbetrieb: Brandschutz/Feuerwehr	-100.000
1c) Hoheitsbetrieb: Sporthalle	-250.000
2a) Zusammenfassbare Versorgungsbetriebe: ÖPNV und Wasserversorgung	-40.000
2b) Junges Theater (begünstigtes Dauerverlustgeschäft)	-50.000
2c) Stadtmuseum (begünstigtes Dauerverlustgeschäft)	-30.000
3) Übrige Tätigkeiten: Abfallentsorgung und EDV-Serviceleistungen	+55.000

Sparte 1a–1c): Die Ergebnisse der hoheitlichen Tätigkeiten sind gesondert zu ermitteln und dürfen nicht zusammengefasst werden. Daher wurden die Sparten 1a bis 1c für die hoheitlichen Dauerverlustgeschäfte „Bestattungswesen", „Brandschutz" und „Schulsporthalle" getrennt gebildet.

Sparte 2a): Kommunale Tätigkeiten, die nach §4 Abs.3 KStG der Versorgung mit Wasser, Gas, Strom, Wärme, dem öffentlichen Verkehr oder dem Hafenbetrieb dienen, sind in einer einheitlichen Sparte zu erfassen. Das gilt auch für Tätigkeiten, die nach §4 Abs.6 KStG wegen der Gleichartigkeit (Hallenbad und Freibad) zusammengefasst werden dürfen. Sie sind in einer einheitlichen Sparte zu erfassen. In diesem Fall sind die Trinkwasserversorgung (+50.000 Euro) und der öffentliche Personennahverkehr (–90.000 Euro) zusammenzufassen; dabei gleichen sich Verluste und Gewinne aus, sodass insgesamt noch ein Verlust von –40.000 Euro verbleibt. Eine verdeckte Gewinnausschüttung ist nicht anzunehmen. Dieser Verlust darf nicht mit Gewinnen aus der Sparte 3 verrechnet werden.

Sparte 2b – 2c): Hierbei werden wirtschaftliche, defizitäre Tätigkeiten erfasst, die zu begünstigten Dauerverlustgeschäften führen und demzufolge keine verdeckte Gewinnausschüttung darstellen. Die Dauerverlustgeschäfte des Theaters und Stadtmuseums erfolgen aus kulturpolitischen Gründen und sind damit begünstigte Dauerverlustgeschäfte.

Sparte 3): Alle übrigen (also nicht zusammenfassbare oder nicht dauerdefizitäre, wirtschaftliche) Tätigkeiten sind in einer gesonderten Sparte zu erfassen. Hierunter fallen die Abfallentsorgung (+40.000 Euro) und die EDV-Servicetätigkeiten (+15.000 Euro).

Ergebnis für t_1: Die Verluste der Sparten sind gesondert festzustellen. Nur Sparten, deren Gesamtbetrag der Einkünfte nicht negativ ist, sind bei der Ermittlung des Einkommens zu berücksichtigen. Demzufolge ist der Gewinn aus der Sparte „übrige Tätigkeiten" in Höhe von +55.000 Euro bei der Einkommensermittlung der Muster-GmbH für das Jahr t_1 zu berücksichtigen.

Ergebnis zur Spartentrennung und Einkommensermittlung t_2:

Sparte 2a und 2d): Nimmt die Muster-GmbH im Jahr t_2 neue, nicht gleichartige Tätigkeiten auf, sind neue Sparten zu bilden. Laut Sachverhalt wird zusätzlich die Gasversorgung von der GmbH mit einem positiven Ergebnis von +90.000 Euro angeboten. In diesem Fall wird neben der bisherigen Sparte 2a) Versorgungsbetriebe (ÖPNV und Wasserversorgung) im Jahr t_2 eine neue Sparte 2d) Versorgungsbetriebe „ÖPNV, Wasser- und Gasversorgung" gebildet. Ausgehend von der Annahme, dass das Vorjahresergebnis von −40.000 Euro für den ÖPNV und die Wasserversorgung erneut erzielt wird, kann aufgrund der Zusammenfassung eine Verlustverrechnung für das Jahr t_2 vorgenommen werden. So ergibt die neue Sparte ein Ergebnis von +50.000 Euro.

Ausgeschlossen ist allerdings eine weitere Verlustverrechnung mit der Sparte 2a) aus dem Vorjahr in Höhe von −40.000 Euro. Der Verlustvortrag der Sparte 2a wird festgeschrieben und kann erst wieder mit Gewinnen aus Tätigkeitsstrukturen verrechnet werden, die der Sparte 2a) entsprechen (also nur Tätigkeiten des ÖPNV und der Wasserversorgung). Diese Regelung entspricht der Verlustbegrenzung bei zusammengefassten Versorger-BgA gem. § 8 Abs. 8 S. 2–4 KStG.

Sparte 2b): Zum Dauerverlustgeschäft „Stadtmuseum" ist in t_2 das Naturkundemuseum hinzugekommen, das kein Dauerverlustgeschäft ist. Damit kann der Verlust aus dem Jahr t_1 (−30.000 Euro) mit dem Gewinn des neuen Museums (+50.000 Euro) im Jahr t_2 verrechnet werden, sodass sich ein Gewinn von +20.000 Euro ergibt. Im Gegensatz zur Sparte 2a) und 2d) handelt es sich bei der Erweiterung der Museumsbetriebe um die Aufnahme einer weiteren, gleichartigen Tätigkeit, sodass keine neue Sparte gebildet werden muss. Die Bedingungen des § 10d EStG sind zu beachten. Es dürfen allerdings Verluste aus einer Sparte nicht mit Gewinnen einer anderen Sparte verrechnet werden. So ist hier z.B. ein Verlustausgleich zwischen dem Theater (−50.000 Euro) und dem Gewinn der Museen (+20.000 Euro) ausgeschlossen.

Sparte	t_1 in Euro	t_2 in Euro
1a) Hoheitsbetrieb: Bestattungswesen	−75.000	−75.000
1b) Hoheitsbetrieb: Brandschutz/Feuerwehr	−100.000	−100.000
1c) Hoheitsbetrieb: Sporthalle	−250.000	−250.000
2a) Versorgungsbetriebe: ÖPNV und Wasserversorgung	−40.000	
2d) Versorgungsbetriebe: ÖPNV, Wasser-, Gasversorgung		+50.000
2b) Junges Theater	−50.000	−50.000
2c) Stadtmuseum und Naturkundemuseum	−30.000	+20.000
3) Übrige Tätigkeiten: Abfallentsorgung und EDV-Serviceleistungen	+55.000	+55.000

Ergebnis für t_2: Veränderungen der Sparten durch Aufnahme neuer, nicht gleichartiger Tätigkeiten oder dem Wegfall bisheriger Tätigkeiten führen zu neuen Sparten. Hieraus folgt, dass bereits festgestellte Vorjahresverluste nicht mit Ergebnissen der neuen Sparte verrechnet werden dürfen. Dagegen können Vorjahresverluste in Verbindung mit neuen, aber gleichartigen Tätigkeiten verrechnet werden, weil es bei der bisherigen Sparte bleibt.

Teil IV – Gemeinnützigkeit

1. Die Beantragung der Gemeinnützigkeit für einen Betrieb gewerblicher Art kommt vor allem für solche öffentlichen Aufgaben in Betracht, die zu einer steuerpflichtigen wirtschaftlichen Tätigkeit führen und außerhalb eines hoheitlichen Bereichs oder einer Vermögensverwaltung liegen. Aus Gründen der steuerlichen Gleichbehandlung werden wirtschaftliche Tätigkeiten (z.B. Verkauf von Speisen und Getränken bei einer Veranstaltung) einer steuerbegünstigten Körperschaft partiell steuerpflichtig. Besondere Geschäftsbetriebe (Zweckbetriebe) werden von der Ertragsbesteuerung ausdrücklich ausgenommen, weil der steuerbegünstigte Zweck nur im Rahmen einer wirtschaftlichen Tätigkeit verwirklicht werden kann und nicht vorrangig der Einnahmenerzielung dient (z.B. Verpflegung von Patienten im Krankenhaus). Der Gesetzgeber hat in den §§66–68 AO typische Zweckbetriebe und Grenzfälle geregelt, für die hierdurch eine höhere Rechtssicherheit geschaffen wurde.

   Für die öffentlichen Aufgaben, die auch gleichzeitig einen Zweckbetrieb darstellen, empfiehlt sich eine Beantragung der Gemeinnützigkeit. Hierzu gehören Einrichtungen zur Versorgung, Verpflegung und Betreuung von Flüchtlingen, Krankenhäuser, Altenheime, Altenwohnheime, Altenpflegeheime, Erholungsheime, Mahlzeitendienste, Kindergärten, Kinder-, Jugend-, Studentenheime, Schullandheime und Jugendherbergen. Krankenhäuser sind begrifflich weit gefasst und betreffen sowohl allgemeine Krankenhäuser als auch Spezialkliniken, Heilstätten, Kurheime, Kranken- und Entbindungsheime, Vorsorge- und Rehabilitationseinrichtungen mit stationärer Behandlung.

   Zu den Zweckbetrieben gehören außerdem Selbstversorgungseinrichtungen, wie landwirtschaftliche Betriebe oder Gärtnereien, die der Selbstversorgung der steuerbegünstigten Körperschaft bzw. gemeinnützigen BgA dienen oder Einrichtungen, die für die Selbstversorgung der Körperschaft erforderlich und Teil der Körperschaft sind. Hierzu gehören z.B. der handwerkliche Betrieb des gemeinnützigen BgA „Jugenderziehungsheim", die Reparaturwerkstatt des BgA „Jugendsport" oder die Schreinerei des BgA „Theater". Zweckbetriebe sind Werkstätten für Personen mit Behinderung sowie Inklusionsbetriebe: In Betracht kommen außerdem handwerkliche, landwirtschaftliche oder gärtnerische Betriebe. Auch arbeitstherapeutische Gesellschaften oder Beschäftigungsgesellschaften gelten als Zweckbetriebe.

Einen wichtigen Bereich nehmen kulturelle Einrichtungen und Veranstaltungen als Zweckbetriebe ein. Dabei wird ausdrücklich der Verkauf von Speisen und Getränken als steuerpflichtige wirtschaftliche Tätigkeit aus der Begünstigung herausgenommen. Kulturelle Einrichtungen sind Theater, Museen, Bibliotheken, Sammlungen, Kultur- und Naturdenkmäler. Zu den Veranstaltungen zählen Konzerte, Vorträge, Theateraufführungen, Kunstausstellungen, Führungen, Besichtigungen oder Spielmannszüge, die nur vorübergehend durchgeführt werden.

2. Gemeinnützige Einrichtungen, die nicht vorrangig eine Gewinn- und Rentabilitätsmaximierung anstreben, sondern zum Wohl der Allgemeinheit wirken, werden als Non-Profit-Organisationen bezeichnet. Diese Einrichtungen verfolgen im Regelfall steuerbegünstigte Zwecke, weil sie selbstlos handeln und keine eigenwirtschaftlichen Interessen einzelner Personen bestehen. Steuern werden aus fiskalischen Zwecken erhoben, um die für das Gemeinwesen erforderlichen Ausgaben decken zu können. Werden aber Mittel von dritter Seite (z.B. durch Non-Profit-Organisationen) unmittelbar zum Wohl der Allgemeinheit aufgewendet, wird die öffentliche Hand dadurch entlastet. Es wäre nicht sinnvoll, die Besteuerung wie bei der wirtschaftlichen Betätigung zwecks eigenwirtschaftlicher Interessen vorzunehmen. Die Besteuerung würde die Mittel zur Finanzierung der Aufgaben im Interesse der Allgemeinheit schmälern und die Bereitschaft zum selbstlosen Handeln einschränken. Daher werden Körperschaften steuerlich begünstigt, die gemeinnützige, mildtätige oder kirchliche Zwecke verfolgen. Wenn sich die Non-Profit-Organisationen am allgemeinen Wirtschaftsleben beteiligen, treten sie in Konkurrenz zu den (normal besteuerten) privatwirtschaftlichen Unternehmen. Da die steuerbegünstigte Körperschaft Wettbewerbsvorteile infolge der Steuerbefreiungen hätte, wären die privatwirtschaftlichen Unternehmen benachteiligt. Aus diesem Grund sehen alle Steuergesetze eine partielle Steuerpflicht für die Betätigung im Rahmen eines wirtschaftlichen Geschäftsbetriebes vor. Zu beachten ist aber, dass Betriebe gewerblicher Art (§ 4 KStG) nicht als wirtschaftliche Geschäftsbetriebe (§ 64 AO) qualifiziert werden und hierdurch die Freigrenze für die Besteuerungspflicht nach § 64 Abs. 3 AO nicht greift.

3. Der Non-Profit-Bereich („Dritte Sektor“ in Abgrenzung zur Wirtschaft und zum Staat) hat in den letzten Jahren erheblich an Bedeutung zugenommen. Träger dieser im Regelfall gemeinnützigen, mildtätigen oder kirchlichen Einrichtungen sind privatrechtliche Organisationen oder juristische Personen des öffentlichen Rechts. Der „bundesverband deutscher vereine und verbände (bdvv)“ gibt die Zahl der eingetragenen Vereine mit rund 616.000 an (2022). Es gibt nach Angaben des Bundesverbands deutscher Stiftungen rund 25.800 rechtsfähige Stiftungen bürgerlichen Rechts (2023). Weder im BGB noch in den Stiftungsgesetzen der Länder finden sich Bestimmungen zur Mindesthöhe des Stiftungsvermögens. Von den Stiftungsaufsichtsbehörden wird eine

Mindestvermögensmasse von 50.000 – 100.000 Euro empfohlen. Angesichts der marktüblichen Eigenkapitalverzinsung sollte das Stiftungsvermögen mindestens 500.000 Euro betragen. Die überwiegende Zahl von Stiftungen verfolgen ideelle Zwecke (Kultur, Wissenschaft, Soziales). Fast 90 % aller Stiftungen streben gemeinnützige Zwecke an. Daneben steht die Verwendung von Stiftungen zur Regelung der Unternehmensnachfolge. Im kommunalen Bereich erscheinen sie z. B. als Träger eines Museums auf dem Gebiet der Kulturförderung. Schwerpunkte der öffentlichen Hand im gemeinnützigen Sektor ergeben sich insbesondere im Bereich „Kultur und Freizeit" (Opernhäuser, Ferienheime, Sporteinrichtungen), im Bereich „Bildung und Forschung" (Schulen, Erwachsenenbildung, Forschungseinrichtungen), im „Gesundheitswesen" (Krankenhäuser, Pflegeheime) sowie im „Bereich sozialer Dienste" (Suppenküchen und Kantinen, Kindertagesstätten, Behinderten- und Flüchtlingshilfe). Die Stiftung Preußischer Kulturbesitz, Stiftung Fachhochschule Osnabrück sowie die Georg-August-Universität Göttingen, Conterganstiftung sowie die Bayerische Forschungsstiftung sind Stiftungen des öffentlichen Rechts.

4. *Ergebnis:*

		ZB	**wiGB**	**VV**
1.	Einnahmen aus der Übernachtung in einer Jugendherberge	×		
2.	Werbeeinnahmen eines Sportvereins			×
3.	Ansichtskartenverkauf eines Tierparks		×	
4.	Eintrittsgeld aus Schlossturmbesichtigung		×	
5.	Verkaufseinnahmen von selbst hergestellten Produkten einer Behindertenwerkstatt	×		
6.	Verkaufserlöse aus Wohltätigkeitsbasar		×	
7.	Einnahmen aus der Versorgung von Studierenden mit Speisen in der Mensa des Studentenwerks	×		
8.	Eintrittsgelder aus Musikkonzert eines Musikvereins	×		
9.	Umsatzerlöse einer öffentlich zugänglichen Cafeteria eines Seniorenwohnheims		×	
10.	Einnahmen aus dem Weiterverkauf von gesammeltem Altmaterial (Altpapier, Altglas, Altkleider)		×	
11.	Einnahmen aus der Vermietung von Vereinsräumen			×
12.	Dividenden aus der Beteiligung an einer GmbH			×

5. Zur Erfüllung von bestimmten hoheitlichen Aufgaben, wie Abfallbeseitigung oder Abwasserentsorgung, werden gemeinnützige Einrichtungen (z.B. Förderung des Umweltschutzes) gegründet, die im Eigentum der öffentlichen Hand stehen. Im Regelfall befasst sich eine privatrechtliche GmbH operativ mit der Abfallbeseitigung; die Kommune bleibt aber weiterhin verantwortlich für die ordnungsmäßige Erfüllung dieser Aufgabe. Die Finanzierung erfolgt durch die Kommune oft durch kommunale Zuschüsse in Höhe der Deckungslücke zwischen Gebühr und Aufwand. In anderen Fällen, wie im Bereich der Jugendhilfe oder bei Forschungsinstituten, wird eine projektbezogene Zuschussfinanzierung vorgenommen.

   Auch wenn die GmbH mit der Erfüllung einer Pflichtaufgabe für die Kommune dem Gemeinwohl dient, ist der Gemeinnützigkeitsstatus umstritten und wird von der Finanzverwaltung tendenziell abgelehnt, weil es am selbstlosen Handeln der Einrichtung mangelt (Einzelfallentscheidung). Nach dem Urteil des BFH vom 27.11.2013 wurde die Gemeinnützigkeit einer kommunalen Eigengesellschaft (GmbH) geprüft, die hoheitliche Pflichtaufgaben für eine juristische Person des öffentlichen Rechts übernimmt. Gesellschaftszweck der GmbH, an der eine Kommune (Landkreis) zu 100 % beteiligt ist, ist das operative Geschäft des Rettungsdienstes, insbesondere eine bedarfsgerechte und flächendeckende Notfallrettung, der Krankentransport und der Betrieb von Rettungswagen. Von der Finanzverwaltung wurde eine Gemeinnützigkeit für die GmbH nicht bescheinigt, weil die Gesellschaft eine hoheitliche (gemeinnützige) Pflichtaufgabe erfülle und damit nicht selbstlos tätig sein könne. Der BFH schließt dagegen aus grundsätzlichen Erwägungen nicht mehr aus, dass hoheitliche Pflichtaufgaben in privatrechtlicher Rechtsform als gemeinnützige Einrichtung auch steuerbegünstigt sein können.

6. Im vorliegenden Sachverhalt sollen die steuerlichen Wirkungen eines Betriebes gewerblicher Art „Stadt-Theater" als kommunale und nicht gemeinnützige Einrichtung (Fall A) einerseits und als gemeinnützige Einrichtung (Fall B) andererseits verglichen werden. Das Theater übt kulturelle und damit gemeinnützige Zwecke gem. § 52 Abs. 2 Nr. 5 AO aus. Nach Erfüllung der Anforderungen an die Satzung und an die tatsächliche Geschäftsführung der Einrichtung ist von einer Erteilung der Gemeinnützigkeit für das städtische Theater auszugehen. Die ertragsteuerliche Folgen ergeben sich vor allem durch die Annahme eines Zweckbetriebes, der unabhängig von seiner Einnahmenhöhe von der Körperschaft- und Gewerbesteuer befreit ist. Für einen nicht steuerbegünstigten Betrieb gewerblicher Art scheidet diese Möglichkeit aus.

   Fall A: Keine Gemeinnützigkeit

   Ertragsteuerpflicht: Die Theateraufführungen (Eintrittsgelder und Getränkeverkauf) und die Operettengala (Eintrittsgelder und Getränkeverkauf) führen zu einer steuerpflichtigen wirtschaftlichen Tätigkeit des Betriebes gewerblicher Art. Es ergeben sich folgende Belastungen:

a) Gewinnermittlung BgA:	
Betriebseinnahmen	178.000,00 Euro
– Betriebsausgaben	53.500,00 Euro
= Gewinn BgA t_1	124.500,00 Euro
b) Gewerbesteuer t_1:	
Gewinn	124.500,00 Euro
– Freibetrag (§ 11 GewStG)	5.000,00 Euro
= bereinigter Gewerbeertrag	119.500,00 Euro
× 3,5 % Steuermesszahl (§ 11 GewStG)	
= Gewerbesteuermessbetrag	4.182,50 Euro
× GewSt-Hebesatz 400 %	
= Gewerbesteuer	16.730,00 Euro
Abgerundeter Betrag (§ 20 GewStG)	16.730,00 Euro
c) Körperschaftsteuer t_1:	
Gewinn	124.500,00 Euro
– Freibetrag (§ 24 KStG)	5.000,00 Euro
= Zwischensumme	119.500,00 Euro
× 15 % Steuersatz (§ 23 KStG)	
= Körperschaftsteuer	17.925,00 Euro
Abgerundeter Betrag (§ 31 KStG)	17.925,00 Euro
d) Solidaritätszuschlag t_1:	
Festgesetzte Körperschaftsteuer	17.925,00 Euro
× 5,5 % Steuersatz	
= Solidaritätszuschlag	985,88 Euro
(Centgenauer Betrag)	

Ergebnis der Ertragsteuerpflicht: Der nicht gemeinnützige Betrieb gewerblicher Art unterliegt mit seinem Gewinn in Höhe von 124.500 Euro insgesamt einer Ertragsteuerbelastung von 35.640,88 Euro.

Umsatzsteuerpflicht: Das städtische Theater übt mit seinen kulturellen Veranstaltungen steuerbare Leistungen aus, die nach § 4 Nr. 20a UStG umsatzsteuerfrei sind. Voraussetzung für die Befreiung ist eine Gebietskörperschaft als Trägerin der Einrichtung. Diese Bedingung ist erfüllt, weil das Theater als BgA von der Stadt Musterhausen geführt wird. Steuerbefreit sind allerdings nur Umsätze, die eng mit dem Theater zusammenhängen. Hierzu gehören neben den Eintrittsgeldern auch die mit den Theateraufführungen verbundenen

Nebenleistungen, wie die Garderobenaufbewahrung, Vermietung von Operngläsern oder der Verkauf von Programmheften.

Hingegen ist die Abgabe von Speisen und Getränken keine steuerbefreite Nebenleistung, sondern ein steuerbarer und steuerpflichtiger Umsatz, der dem Regelsteuersatz unterliegt. Zum 01.01.2026 wurde der Umsatzsteuersatz auf Speisen, die in gastronomischen Betrieben serviert werden, dauerhaft von 19 % auf 7 % gesenkt (§ 12 Abs. 2 Nr. 15 UStG). Die Maßnahme knüpft an die temporäre Steuererleichterung während der Corona-Pandemie im Zeitraum vom 01.07.2020 bis zum 31.12.2023 an. Die Steuersatzsenkung auf Speisen (nicht aber auf Getränke) war eine steuerpolitische Soforthilfe zur Abmilderung der pandemiebedingten Umsatzeinbußen. Damit sind die Restaurationsleistungen in Höhe von 94.000 Euro (37.000 Euro + 57.000 Euro) umsatzsteuerpflichtig. Bei einem Regelsteuersatz von 19 % für den Getränkeverkauf ergibt sich eine Umsatzsteuer-Traglast von 17.860 Euro, die die Stadt Musterhausen i. V. m. dem Theater als Unternehmerin schuldet. Hiervon sind Umsatzsteuerbeträge aus Vorleistungen abzuziehen, die im Zusammenhang mit der Tätigkeit stehen. An Vorleistungen haben sich insgesamt 46.000 Euro ergeben, die einen Umsatzsteueranteil von 8.740 Euro (2.470 Euro + 6.270 Euro) haben. Die Umsatzsteuer-Zahllast wird aus der Differenz der Umsatzsteuer-Traglast (Umsatzsteuer aus steuerpflichtigen Leistungen) und Vorsteuer (Umsatzsteuer aus Vorleistungen) ermittelt.

Umsatzsteuer-Traglast	17.860,00 Euro
– Vorsteuerbeträge	8.740,00 Euro
= Umsatzsteuer-Zahllast	**9.120,00 Euro**

Hinweis: Die Umsatzsteuer-Traglast berechnet sich aus der Anwendung des Regelsteuersatzes (19 %) auf die Nettoeinnahmen in Höhe von 94.000 Euro. Die Umsatzsteuer aus Vorleistungen ist den Angaben im Sachverhalt zu entnehmen (Vorsteuerabzug: 2.470 Euro + 6.270 Euro =) 8.740 Euro. Die mit den steuerbefreiten Umsätzen entstandenen Vorsteuern (1.425 Euro) können nicht berücksichtigt werden.

Ergebnis der Umsatzsteuerpflicht: Insgesamt ergibt sich eine *Umsatzsteuer-Zahllast* in Höhe von 9.120 Euro, die bis zum 10. (ohne Beachtung von Schonfristen) des nachfolgenden Anmeldezeitraums abzuführen ist.

Fall B: Gemeinnützigkeit

Ertragsteuerpflicht: Die Theateraufführungen (Eintrittsgelder) und die Operettengala (Eintrittsgelder) stellen einen ertragsteuerfreien Zweckbetrieb (§ 68 Nr. 7 AO) dar. Hierbei kommt es nicht auf die Höhe der Einnahmen an. Die Einnahmen aus den Eintrittsgeldern in Höhe von 84.000 Euro (46.000 Euro + 38.000 Euro) sind von der Körperschaft- und Gewerbesteuer sowie dem Solidaritätszuschlag befreit.

Die Restaurationstätigkeit bewirkt stets einen steuerpflichtigen wirtschaftlichen Geschäftsbetrieb im Rahmen einer gemeinnützigen Einrichtung, insbesondere für den Getränkeverkauf bei der Aufführung und dem Verkauf von Getränken bei der Gala. Da die Summe aus diesen Bruttoeinnahmen in Höhe von 111.860 Euro (37.000 × 19% = 44.030 und 57.000 × 19% = 67.830) die Besteuerungsgrenze von 50.000 Euro (Bruttojahresumsatz nach § 64 Abs. 3 AO) deutlich überschreitet, wird eine Ertragsteuerpflicht für diese Einnahmen ausgelöst. Es ist jedoch für die weitere Steuerberechnung darauf zu achten, dass die Angaben der Betriebseinnahmen und Betriebsausgaben jeweils netto (ohne Umsatzsteuer) erfolgen müssen, weil von einem Unternehmer nach § 2 UStG ausgegangen wird. Da jede gemeinnützige Einrichtung nur *einen* wirtschaftlichen Geschäftsbetrieb führen kann, sind die beiden Vorgänge zusammen zu fassen. Ob diese Vorgehensweise auch auf Betriebe gewerblicher Art übertragen werden kann, ist strittig. Nach herrschender Meinung kann der gemeinnützige Betrieb gewerblicher Art zwar ein Zweckbetrieb, aber kein wirtschaftlicher Geschäftsbetrieb sein. Für die Restaurationsumsätze ergeben sich folgende Steuerbelastungen im gemeinnützigen BgA „Stadt-Theater":

a) Gewinnermittlung wirtschaftlicher Geschäftsbetrieb/BgA:

Betriebseinnahmen	94.000,00 Euro
– Betriebsausgaben	46.000,00 Euro
= Gewinn t_1	48.000,00 Euro

Hinweis: Die Ausgaben in Verbindung mit den Theateraufführungen in Höhe von 7.500 Euro können hierbei nicht als Betriebsausgabe berücksichtigt werden, weil sie dem Zweckbetrieb „kulturelle Veranstaltungen" zuzuordnen sind.

b) Gewerbesteuer t_1:

Gewinn	48.000,00 Euro
– Freibetrag (§ 11 GewStG)	5.000,00 Euro
= bereinigter Gewerbeertrag	43.000,00 Euro
× 3,5 % Steuermesszahl (§ 11 GewStG)	
= Gewerbesteuermessbetrag	1.505,00 Euro
× GewSt-Hebesatz 400 %	
= Gewerbesteuer	6.020,00 Euro
Abgerundeter Betrag (§ 20 GewStG)	6.020,00 Euro

c) Körperschaftsteuer t_1:

Gewinn	48.000,00 Euro
– Freibetrag (§ 24 KStG)	5.000,00 Euro
= Zwischensumme	43.000,00 Euro
× 15 % Steuersatz (§ 23 KStG)	
= Körperschaftsteuer	6.450,00 Euro
Abgerundeter Betrag (§ 31 KStG)	6.450,00 Euro

d) Solidaritätszuschlag t_1:

Festgesetzte Körperschaftsteuer	6.450,00 Euro
× 5,5 % Steuersatz	
= Solidaritätszuschlag	354,75 Euro
(Centgenauer Betrag)	

Ergebnis der Ertragsteuerpflicht: Der gemeinnützige Betrieb gewerblicher Art unterliegt mit seinem Gewinn in Höhe von 48.000 Euro insgesamt einer Ertragsteuerbelastung von 12.824,75 Euro.

Umsatzsteuerpflicht: Obwohl die Einnahmen aus den Eintrittsgeldern von der Körperschaft- und Gewerbesteuer unabhängig von ihrer Höhe aufgrund des Zweckbetriebs befreit sind, unterliegen sie als steuerbare Leistungen der Umsatzsteuer. Unabhängig von der Gemeinnützigkeit sind die Umsätze des Stadt-Theaters ebenfalls nach § 4 Nr. 20a UStG steuerbefreit, weil der Träger eine Gebietskörperschaft ist. Hingegen ist die Abgabe von Getränken ein steuerbarer und steuerpflichtiger Umsatz, der dem Regelsteuersatz unterliegt. Die Umsatzsteuer-Zahllast wird aus der Differenz der Umsatzsteuer-Traglast und Vorsteuer ermittelt.

Umsatzsteuer-Traglast	17.860,00 Euro
– Vorsteuerbeträge	8.740,00 Euro
= Umsatzsteuer-Zahllast	**9.120,00 Euro**

Hinweis: Die Umsatzsteuer-Traglast berechnet sich aus der Anwendung des Regelsteuersatzes (19 %) auf die Nettoeinnahmen in Höhe von 94.000 Euro. Die Umsatzsteuer aus Vorleistungen ist den Angaben im Sachverhalt zu entnehmen (Vorsteuerabzug: 2.470 Euro + 6.270 Euro =) 8.740 Euro. Die mit den steuerbefreiten Umsätzen entstandenen Vorsteuern (1.425 Euro) können nicht berücksichtigt werden.

Ergebnis der Umsatzsteuerpflicht: Insgesamt ergibt sich eine *Umsatzsteuer-Zahllast* in Höhe von 9.120 Euro, die bis zum 10. (ohne Beachtung von Schonfristen) des nachfolgenden Anmeldezeitraums abzuführen ist.

Vergleich der steuerlichen Wirkungen: Der Betrieb gewerblicher Art „Stadt-Theater“ ist mit Körperschaft- und Gewerbesteuer einschließlich Solidaritätszuschlag in Höhe von *35.640,88 Euro* belastet. Die Einnahmen aus den kulturellen Veranstaltungen und dem Verkauf von Getränken stellen eine steuerpflichtige Tätigkeit dar, die in vollem Umfang der Ertragsbesteuerung unterliegen. Wird dagegen für das städtische Theater die Gemeinnützigkeit nach § 52 Abs. 2 Nr. 5 AO beantragt und erteilt, reduziert sich die steuerliche Belastung infolge des Zweckbetriebs nach § 68 Nr. 7 AO auf *12.824,75 Euro*. Die Steuerersparnis von – 22.816,13 Euro ergibt sich vor allem aus der Steuerfreiheit der Eintrittsgelder im Rahmen des BgA-Zweckbetriebes.

Bei der Umsatzsteuer hingegen ergeben sich keine Unterschiede. Die Umsätze werden unabhängig vom Gemeinnützigkeitsstatus steuerlich gleich behandelt und führen in beiden Fällen zu einer Umsatzsteuer-Zahllast von 9.120 Euro.

7. Ergebnis der Zuordnung zu den einzelnen Sphären (in Euro):

	Einnahmen	**Ausgaben**	**Ergebnis**	**Besteuerung**
Ideeller Bereich	60.000 300.000	70.000	= 290.000	Keine Steuerfolgen
Vermögens-verwaltung	40.000 10.000	5.000	= 45.000	Keine Steuerfolgen
Zweckbetrieb	50.000	10.000	= 40.000	Keine Steuerfolgen
Wirtschaft-licher Geschäfts-betrieb	30.000 20.000	20.000	= 30.000	Steuerpflichtig, weil Bruttojahres-einnahmen (59.500 Euro) > 50.000 Euro

8. Zur Prüfung der Steuerpflicht eines wirtschaftlichen Geschäftsbetriebes ist von den Bruttojahreseinnahmen (30.000 Euro + 20.000 Euro = 50.000 Euro × 19 %) in Höhe von 59.500 Euro auszugehen. Diese Prüfgrenze darf für Besteuerungszwecke nicht mit dem steuerpflichtigen Gewinn von 30.000 Euro (Ertrag: 50.000 – Aufwand: 20.000) verwechselt werden. Unter der Annahme, dass die GmbH Unternehmerin nach § 2 UStG ist, werden die Rechengrößen immer netto behandelt. Andernfalls würde sich ein „Steuer-auf-Steuer-Effekt“ ergeben. Bei der Ertragsbesteuerung des wirtschaftlichen Geschäftsbetriebes der gemeinnützigen Innovations-GmbH ist ferner zu beachten, dass einer Kapitalgesellschaft der Freibetrag (5.000 Euro) nach § 24 KStG und § 11 GewStG nicht zusteht. Es ergeben sich folgende Steuerwirkungen:

a) **Gewinnermittlung wirtschaftlicher Geschäftsbetrieb/ GmbH:**

Betriebseinnahmen	50.000,00 Euro
– Betriebsausgaben	20.000,00 Euro
= Gewinn	30.000,00 Euro

b) **Gewerbesteuer t_1:**

Gewinn	30.000,00 Euro
= bereinigter Gewerbeertrag	30.000,00 Euro
× 3,5 % Steuermesszahl (§ 11 GewStG)	
= Gewerbesteuermessbetrag	1.050,00 Euro
× GewSt-Hebesatz 400 %	
= Gewerbesteuer	4.200,00 Euro
Abgerundeter Betrag (§ 20 GewStG)	4.200,00 Euro

c) **Körperschaftsteuer t_1:**

Gewinn	30.000,00 Euro
× 15 % Steuersatz (§ 23 KStG)	
= Körperschaftsteuer	4.500,00 Euro
Abgerundeter Betrag (§ 31 KStG)	4.500,00 Euro

d) **Solidaritätszuschlag t_1:**

Festgesetzte Körperschaftsteuer	4.500,00 Euro
× 5,5 % Steuersatz	
= Solidaritätszuschlag	247,50 Euro

(Centgenauer Betrag)

Ergebnis der Ertragsteuerpflicht: Die gemeinnützige GmbH unterliegt mit ihrem Gewinn in Höhe von 30.000 Euro insgesamt einer Ertragsteuerbelastung von 8.947,50 Euro.

9.

	Vier Sphären (in Euro):			
	Ideeller Bereich	**Vermögensverwaltung**	**Zweckbetrieb**	**Wirtschaftlicher Geschäftsbetrieb**
(1) Einnahmen				
Spenden	**45.000**			
Mieterträge		**36.000**		
Eintrittsgelder			**57.000**	
Bewirtungseinnahmen				**60.000**

	Vier Sphären (in Euro):			
	Ideeller Bereich	**Vermögensverwaltung**	**Zweckbetrieb**	**Wirtschaftlicher Geschäftsbetrieb**
(2) Ausgaben				
Verwaltungsaufwand	**1.000**			
Chorleitervergütung			**15.000**	
Notenkauf			**5.000**	
Grundsteuer		**500**		
Speisen und Getränke				**11.300**
Ergebnis (1)–(2):	**44.000**	**35.500**	**37.000**	**48.700**
Besteuerungsfolge	Steuerfrei	Steuerfrei	Steuerfrei unabhängig von Einnahmenhöhe	Steuerpflichtig, soweit Einnahmen brutto > 50.000 Euro

Im Bereich der Ertragsteuern sind der ideelle Bereich, die Vermögensverwaltung und der Zweckbetrieb von der Besteuerung ausgenommen. Die Besteuerungsgrenze des § 64 Abs. 3 AO gilt nicht für Zweckbetriebe. Dagegen unterliegen die Einnahmen des wirtschaftlichen Geschäftsbetriebs der Ertragsbesteuerung, weil der Bruttojahresumsatz (60.000 Euro × 19 % = 71.400 Euro) die Grenze von 50.000 Euro überschreitet. Der Gewinn als Ergebnis des wirtschaftlichen Geschäftsbetriebs in Höhe von 48.700 Euro unterliegt der Gewerbe- und Körperschaftsteuer einschließlich Solidaritätszuschlag.

a) Gewerbesteuer t_1:

Gewinn	48.700,00 Euro
– Freibetrag (§ 11 GewStG)	5.000,00 Euro
= bereinigter Gewerbeertrag	43.700,00 Euro
× 3,5 % Steuermesszahl (§ 11 GewStG)	
= Gewerbesteuermessbetrag	1.529,50 Euro
× GewSt-Hebesatz 410 %	
= Gewerbesteuer	6.270,95 Euro

Abgerundeter Betrag (§ 20 GewStG)	6.270,00 Euro
b) Körperschaftsteuer t_1:	
Gewinn	48.700,00 Euro
– Freibetrag (§ 24 KStG)	5.000,00 Euro
= Zwischensumme	43.700,00 Euro
× 15 % Steuersatz (§ 23 KStG)	
= Körperschaftsteuer	6.555,00 Euro
Abgerundeter Betrag (§ 31 KStG)	6.555,00 Euro
c) Solidaritätszuschlag t_1:	
Festgesetzte Körperschaftsteuer	6.555,00 Euro
× 5,5 % Steuersatz	
= Solidaritätszuschlag	360,53 Euro
(Centgenauer Betrag)	

Ergebnis der Ertragsteuerpflicht: Der gemeinnützige Verein unterliegt insgesamt einer Ertragsteuerbelastung von 13.185,53 Euro.

10. Die Umsatzsteuer folgt nicht den ertragsteuerlichen Prinzipien. Der ideelle Bereich ist nicht steuerbar; die Vermietung des unbebauten Grundstücks, die ertragsteuerlich der steuerfreien Vermögensverwaltung zugeordnet wird, ist dagegen steuerbar, aber nach § 4 Nr. 12a UStG in der Regel umsatzsteuerfrei (Ausnahme: Ausübung des Optionsrechts nach § 9 UStG, wenn an Unternehmer vermietet wird).

Die Umsätze des Zweckbetriebs unterliegen dem ermäßigten Umsatzsteuersatz (57.000 Euro × 7 % = 3.990 Euro), während die Bewirtungseinnahmen im Rahmen des wirtschaftlichen Geschäftsbetriebs der Regelbesteuerung unterliegen (60.000 Euro × 19 % = 11.400 Euro). Gem. § 12 Abs. 2 Nr. 15 UStG wurde der Steuersatz auf Speisen der Restaurant- und Verpflegungsleistungen ab 2026 auf 7 % gesenkt. Getränke sind hiervon ausgenommen. Hieraus folgt:

Umsatzsteuer-Traglast (3.990 Euro + 11.400 Euro)	15.390,00 Euro
– Vorsteuerbeträge: (350 Euro + 2.147 Euro)	2.497,00 Euro
= Umsatzsteuer-Zahllast	12.893,00 Euro

Hinweis: Die Vorsteuerbeträge des Zweckbetriebes werden unabhängig vom ermäßigten Steuersatz in voller Höhe berücksichtigt.

Ergebnis der Umsatzsteuerpflicht: Insgesamt ergibt sich für den Musikchor als Unternehmer eine *Umsatzsteuer-Zahllast* in Höhe von 12.893,00 Euro, die bis zum 10. (ohne Beachtung von Schonfristen) des nachfolgenden Anmeldezeitraums abzuführen ist.

Teil V – Umsatzsteuer

1. Der Unternehmerbegriff ist in §2 UStG geregelt und enthält folgende fünf Voraussetzungen (Tatbestandsmerkmale), die kumulativ erfüllt sein müssen:

   1) Wirtschaftsgebilde, die nach außen im eigenen Namen Leistungen bewirken und empfangen. Hierunter fallen alle Wirtschaftssubjekte unabhängig von der Rechts- oder Organisationsform, wie z.B. Einzelunternehmer, Kapitalgesellschaften, Personengesellschaften, andere Personenzusammenschlüsse (Arbeitsgemeinschaften oder Genossenschaften), Körperschaften des öffentlichen Rechts (Sparkassen) oder rechtsfähige/nichtrechtsfähige Vereine und Stiftungen.
   2) Erbringung von Leistungen im wirtschaftlichen Sinne (berufliche oder gewerbliche Tätigkeiten), wie z.B. Veräußerung von Gegenständen.
   3) Nachhaltigkeit der Leistungen, d.h. auf Dauer zur Erzielung von Entgelten angelegte Tätigkeiten mit Wiederholungsabsicht.
   4) Selbständigkeit, d.h., die wirtschaftlichen Tätigkeiten werden auf eigene Rechnung und eigene Verantwortung ausgeübt. Für die juristische Person des öffentlichen Rechts wird regelmäßig von einer Selbständigkeit ausgegangen.
   5) Einnahmeerzielungsabsicht, d.h. Absicht zur Erzielung von Einnahmen. Eine Gewinnerzielungsabsicht ist nicht erforderlich. Kostendeckung reicht aus.

   Sollte ein Kriterium nicht erfüllt sein, liegt keine Unternehmereigenschaft vor. Die Voraussetzungen für den Unternehmerstatus sind im vorliegenden Sachverhalt kumulativ erfüllt.

   1) Wirtschaftssubjekt: Der Kiosk wird als rechtlich unselbständiger Regiebetrieb der Musterstadt als Trägerin geführt. Die Musterstadt ist als juristische Person des öffentlichen Rechts nach dem Grundsatz der Unternehmenseinheit im Umsatzsteuergesetz Unternehmerin mit allen organisatorischen Untereinheiten.
   2) Nachhaltige Tätigkeiten: Der Kiosk wird seit dem Jahr t_0 betrieben und erzielt damit eine auf Dauer angelegte wirtschaftliche Tätigkeit.
   3) Einnahmenerzielung: Im Kalenderjahr ergeben sich Einnahmen in Höhe von 20.000 Euro. Die Tatsache, dass Einnahmen erzielt werden, reicht völlig aus. Eine Gewinnerzielungsabsicht (wie für Zwecke der Gewerbesteuer) ist im Umsatzsteuerrecht nicht erforderlich. Auch eine Kostendeckung, wie im vorliegenden Sachverhalt gegeben, ist ausreichend.
   4) Selbständigkeit: Der Kiosk wird in Eigenregie der Stadt betrieben und hierdurch ein gewisses Unternehmerrisiko dokumentiert. Im Regelfall geht die Finanzverwaltung bei juristischen Personen des öffentlichen Rechts grundsätzlich von einer Selbständigkeit aus.

5) Gewerbliche/berufliche Tätigkeiten liegen vor; denn der Verkauf von Speisen und Getränken bewirkt eine wirtschaftliche Tätigkeit. Grundsätzlich führen Warenverkäufe (Lieferungen) oder Dienstleistungsangebote (sonstige Leistungen) zu gewerblichen Tätigkeiten. Berufliche Tätigkeiten ergeben sich z. B. bei Rechtsberatungen von Steuerberatern.

Ergebnis: Der Kiosk als Regiebetrieb führt zum Unternehmer-Status der Stadt Musterhausen nach § 2 UStG.

2. *Umsatzsteuerwirkungen mit Optionsrecht zur Nichtanwendung von § 2b UStG:* Die Umsatzsteuer knüpft bis zum 31.12.2016 bzw. bei Ausübung der Option gem. § 27 Abs. 22a S. 3 UStG bis zum 31.12.2026 an den ertragsteuerlichen Tatbestand des Betriebs gewerblicher Art (BgA) aus dem Körperschaftsteuergesetz (KStG) an. Mit dieser Verknüpfung ist ein Vereinfachungseffekt verbunden. Die Annahme eines Betriebs gewerblicher Art nach § 4 KStG führt gleichzeitig zu einem Unternehmerstatus gem. § 2 Abs. 3 UStG und damit zu einer steuerbaren Leistung. So ist z. B. ein städtischer Energie-Versorgungsbetrieb grundsätzlich ein BgA nach § 4 Abs. 3 KStG und zugleich ein Unternehmer nach § 2 Abs. 1 UStG. Für alle anderen Betriebe gewerblicher Art kommt es neben der selbständigen und nachhaltigen Einrichtung auf die wirtschaftliche Bedeutung innerhalb der Betätigung der juristischen Person an. Indiz hierfür ist die Einnahmenhöhe der wirtschaftlichen Tätigkeit (> 45.000 Euro). Nicht zu den BgA gehören Betriebe, die überwiegend der Ausübung öffentlicher Gewalt dienen (Hoheitsbetriebe, § 4 Abs. 5 S. 1 KStG). Ausübung öffentlicher Gewalt ist eine Tätigkeit, die der öffentlich-rechtlichen Körperschaft eigentümlich und vorbehalten ist. Kennzeichnend ist die Erfüllung öffentlich-rechtlicher Aufgaben, die aus der Staatsgewalt abgeleitet sind und staatlichen Zwecken dienen, z. B. Abwasser- und Abfallbeseitigung, Brandschutz (Feuerwehr), Straßenreinigung und die Friedhofverwaltung. Als Hoheitsbetrieb ist die Abfallentsorgung kein Betrieb gewerblicher Art und würde demzufolge auch im Umsatzsteuerrecht keine steuerbaren Leistungen erzielen (§ 2 Abs. 3 UStG a. F.).

Umsatzsteuerwirkungen bei Anwendung von § 2b UStG: Mit Ende der Optionsverlängerung kommt es nicht mehr auf das Vorliegen eines BgA an. Vielmehr ist gemäß § 2b UStG insbesondere zwischen einem Handeln auf privatrechtlicher oder öffentlich-rechtlicher Grundlage sowie dem Vorliegen einer größeren Wettbewerbsverzerrung bei Einrichtungen der öffentlichen Hand zu differenzieren. Für den Sachverhalt ergibt sich, dass die Tätigkeiten der Abfallentsorgung umsatzsteuerpflichtig werden, wenn sie zu größeren Wettbewerbsverzerrungen führen. Das ist ab einem Jahresumsatz von über 17.500 Euro der Fall. Vor dem Hintergrund einer europarechtskonformen Ausgestaltung des umsatzsteuerlichen Unternehmerbegriffs waren Wortlaut und Systematik des aufgehobenen § 2 Abs. 3 UStG nicht mit Art. 13 MwStSystRL vereinbar. Hiernach wird die Steuerpflicht für Tätigkeiten der öffentlichen Hand anderen Voraussetzungen unterworfen. Außerdem wird deutlich, dass die Umsatzsteuer eine europäisierte Steuerart ist und sich das Umsatzsteuerrecht den europäischen Vorgaben anpasst. Für die Bürger sind erhöhte Gebühren zu erwarten, weil zusätzlich die bislang nicht steuerbaren (hoheitlichen) Leistungen unter bestimmten Voraussetzungen steuerbar und steuerpflichtig werden.

3. Nach der Systematik des Umsatzsteuergesetzes sind die folgenden Prüfungsschritte zur Lösung des Sachverhalts zur Lieferung von Trinkwasser vorzunehmen:

1) Art des Umsatzes:
Leistung (Lieferung, sonstige Leistung): Der Verkauf von Trinkwasser stellt eine Warenlieferung nach § 1 Abs. 1 Nr. 1 UStG dar. Leistungsort ist gem. § 3 Abs. 6 UStG die Stadt Beispielshausen.

↓ ja

2) Steuerbarer oder nicht steuerbarer Umsatz?
Die Stadt Beispielshausen ist mit ihrem Eigenbetrieb eine Unternehmerin, die im Rahmen ihres Unternehmens Lieferungen (Verkauf von Trinkwasser) gegen Entgelt ausführt. Da ein Leistungsaustausch (Leistung: Trinkwasser und Gegenleistung: Entgelt) zweier Rechtsträger besteht, die nicht identisch sind, liegt ein steuerbarer Umsatz vor.

↓ ja = steuerbar

3) Steuerpflichtiger oder steuerfreier (steuerbarer) Umsatz? (§ 4 UStG)
Die steuerbare Leistung ist nicht im Katalog der steuerfreien Umsätze nach § 4 UStG aufgeführt und damit eine steuerpflichtige Leistung.

↓ Nein = steuerpflichtig

4) Steuersatz? (§ 12 UStG)
Für den Warenverkauf und Lieferungen ist der Regelsteuersatz von 19 % anzuwenden. Für Trinkwasser gibt es einen ermäßigten Steuersatz gem. § 12 Abs. 2 Nr. 1 UStG (vgl. Nr. 34 der Liste der Anlage 2 zum UStG).

↓ Ermäßigter Steuersatz 7 %

5) Bemessungsgrundlage? (§ 10 UStG)
Bemessungsgrundlage für die Umsatzsteuer ist das Entgelt (netto). In diesem Fall 500.000 Euro.

↓

6) Ausgangs-Umsatzsteuer = Bemessungsgrundlage (5.) × Steuersatz (4.)

Es ergibt sich eine Ausgangs-Umsatzsteuer in Höhe von (500.000 Euro x 7 %) 35.000 Euro.

↓

7) Wer muss diese Umsatzsteuer wann abführen? (Steuerschuldner/Entstehung der USt)
Die Stadt Beispielshausen ist als juristische Person des öffentlichen Rechts verpflichtet, die Umsatzsteuer in Höhe von 35.000 Euro für den Monat Juni bis zum 10. des nächsten Monats (10. Juli) an das zuständige Finanzamt abzuführen. Als Umsatzsteuer-Zahllast ergibt sich ein Betrag in Höhe von 14.000 Euro (Umsatzsteuer: 35.000 Euro – Vorsteuer: 21.000 Euro). Die Umsatzsteuer entsteht für Unternehmer, die aufgrund der Gesamtumsätze des vorangegangenen Jahres monatlich die Umsatzsteuer abführen (Monatszahler) in dem Zeitpunkt (Ablauf des Monats als Voranmeldezeitraum), in dem die Leistungen (Warenverkauf) ausgeführt wurden (§ 13 Abs. 1 Nr. 1 UStG).

4. Nach der Systematik des Umsatzsteuergesetzes sind die folgenden Prüfungsschritte zur Lösung des Sachverhalts zur sonstigen Leistung vorzunehmen:

   1) Art des Umsatzes:
   Leistung (Lieferung, sonstige Leistung): Die Personenbeförderung des öPNV stellt eine sonstige Leistung nach § 3b und § 1 Abs. 1 Nr. 1 UStG dar. Leistungsort ist nach § 3b UStG Mustercity.

   ↓ **ja**

   2) Steuerbarer oder nicht steuerbarer Umsatz?
   Der öPNV ist als rechtlich unselbständiger Regiebetrieb der Mustercity ein Unternehmer, der im Rahmen seines Unternehmens (öPNV) Leistungen (Personenbeförderung) gegen Entgelt ausführt. Da es einen Leistungsaustausch (Leistung: Beförderung und Gegenleistung: Fahrausweise) zwischen zwei Rechtsträgern gibt, die nicht identisch sind, liegt ein steuerbarer Umsatz vor.

   ↓ ja = steuerbar

   3) Steuerpflichtiger oder steuerfreier (steuerbarer) Umsatz? (§ 4 UStG)
   Die steuerbare Leistung ist nicht im Katalog der steuerfreien Umsätze nach § 4 UStG aufgeführt und damit eine steuerpflichtige Leistung.

   ↓ Nein = steuerpflichtig

   4) Steuersatz? (§ 12 UStG)
   Für die Personenbeförderung gilt ein ermäßigter Steuersatz nach § 12 Abs. 2 Nr. 10 UStG von 7 %.

   ↓ Ermäßigter Steuersatz 7 %

5) Bemessungsgrundlage? (§ 10 UStG)
Bemessungsgrundlage für die Umsatzsteuer ist das Entgelt (netto). In diesem Fall 80.000 Euro.

↓

6) Ausgangs-Umsatzsteuer = Bemessungsgrundlage (5.) × Steuersatz (4.)
Es ergibt sich eine Ausgangs-Umsatzsteuer in Höhe von (80.000 Euro x 7 %) 5.600 Euro

↓

7) Wer muss diese Umsatzsteuer wann abführen? (Steuerschuldner/Entstehung der Umsatzsteuer)
Die Stadt Mustercity ist als Unternehmer, Steuerschuldner und juristische Person des öffentlichen Rechts verpflichtet, die Umsatzsteuer-Zahllast in Höhe von 3.400 Euro für den Monat August bis zum 10. des nächsten Monats (10. September) an das zuständige Finanzamt abzuführen. Als Umsatzsteuer-Zahllast ergibt sich ein Betrag in Höhe von 3.400 Euro (Umsatzsteuer: 5.600 Euro – Vorsteuer: 2.200 Euro).

5. Aufgabe: Entscheiden Sie durch Ankreuzen, welche Tätigkeiten der Stadt Musterhausen zu steuerbaren und steuerpflichtigen Umsätzen nach § 1 UStG führen.

Öffentliche Tätigkeit/Aufgabe	Steuerbar	Nicht steuerbar
Verpachtung von Plakatanschlagtafeln der Stadt an ein privates Werbeunternehmen.	X sonstige Leistung	
Die Stadt betreibt ein Schwimmbad als Regiebetrieb, das ausschließlich für den Sportunterricht (Schulschwimmen) der Grundschule X genutzt wird.		X Nicht steuerbarer Innenumsatz
Die Stadtwerke der Stadt verkaufen (einmalig) einen gebrauchten LKW, der bislang der Stadtverwaltung (Hoheitsbereich) zugeordnet war.		X Hilfsgeschäft der Hoheits-verwaltung
Verkauf von Trinkwasser durch den Zweckverband X an die Bürger der Stadt.	X Lieferung	
Die Stadt überweist die Umsatzsteuer-Voranmeldung an das zuständige Finanzamt.		X Keine wirtschaft-liche Leistung
Das städtische Versorgungsunternehmen betreibt ein Wasserwerk an einer Talsperre. Es verzichtet auf die volle Ausnutzung des Staurechts und erhält eine laufende Entschädigung.	X sonstige Leistung	
Die Stadt vermietet größere Mietwohnblocks an private Familien und erzielt Einnahmen in Höhe von 100.000 Euro.	X sonstige Leistung (steuerfrei)	
Der städtische Tierpark bezieht aus Eintrittsgeldern Einnahmen in Höhe von 60.000 Euro.	X sonstige Leistung	
Im Museums-Shop des städtischen Heimatmuseums werden aus Warenverkäufen Einnahmen in Höhe von 80.000 Euro erzielt.	X Lieferung	
Die Beförderung von Personen im Rahmen der Buslinie der Stadt führt zu Einnahmen von 40.000 Euro.	X sonstige Leistung	

6. (a) Die Kommune kann als Unternehmerin (§ 2 UStG) entscheiden, ob sie einen Gegenstand dem nichtunternehmerischen oder unternehmerischen Bereich zuordnet. Für den Fall einer vollständigen Zuordnung zum Unternehmensbereich muss der betriebliche Nutzungsanteil mindestens 10 % betragen. Laut Sachverhalt beträgt der betriebliche Nutzungsanteil 60 % und erfüllt die Voraussetzung. Der Betrieb eines kommunalen Schwimmbads bewirkt unabhängig vom Nutzungsanteil regelmäßig eine wirtschaftliche Tätigkeit und stellt im Umsatzsteuerrecht ein Unternehmen dar. Dadurch können Vorsteuerbeträge, die aus dem Erwerb, der Herstellung oder der Nutzung des gesamten Schwimmbadbetriebes entstehen, unter den Voraussetzungen des § 15 UStG geltend gemacht werden. Im Gegenzug sind die Eintrittsgelder aus dem öffentlichen Badebetrieb steuerbare und steuerpflichtige Leistungen, die dem ermäßigten Umsatzsteuersatz nach § 12 Abs. 2 Nr. 9 UStG unterliegen. Für den öffentlichen Badebetrieb ergibt sich eine Umsatzsteuer-Traglast in Höhe von 39.500 Euro × 7 % = 2.765 Euro.

Neben der Umsatzsteuerpflicht für den öffentlichen Badebetrieb muss die Kommune auch das Schulschwimmen umsatzsteuerlich beachten. Weil das Schwimmbad dem Unternehmen zugeordnet wurde, ist die anteilige (unentgeltliche) Nutzung des Schwimmbads für nichtunternehmerische Zwecke, z. B. Schulschwimmen eine steuerbare und steuerpflichtige Leistung, und zwar eine umsatzsteuerpflichtige Wertabgabe nach § 3 Abs. 9a UStG. Das gilt auch in den Fällen, in denen das Bad anderen Kommunen für Unterrichtszwecke überlassen wird. Diese Wertabgabe bemisst sich nach den Ausgaben, die durch die unentgeltliche Überlassung des Schwimmbades für das Schulschwimmen entstanden sind. Vereinfachend kann die Wertabgabe auch nach den im öffentlichen Badebetrieb erhobenen Eintrittsgeldern bemessen werden. Die Bemessungsgrundlage beträgt laut Sachverhalt bei 1.000 Schülern (à 5 Euro =) 5.000 Euro. Auf diese Bemessungsgrundlage ist der ermäßigte Steuersatz von 7 % gem. § 12 Abs. 2 Nr. 9 UStG anzuwenden. Für das Schulschwimmen ergibt sich eine Umsatzsteuer-Traglast in Höhe von 5.000 Euro × 7 % = 350 Euro.

Die Umsatzsteuer aus Vorleistungen im Zusammenhang mit den Reparaturarbeiten (Vorsteuerabzug) ist unter den Voraussetzungen des § 15 UStG in Höhe von 1.850 *Euro* zu berücksichtigen. Insgesamt ergibt sich eine Umsatzsteuer-Zahllast in Höhe von 1.265 Euro (Differenz zwischen Umsatzsteuer-Traglast in Höhe von 3.115 Euro und Vorsteuerabzug von 1.850 Euro), die bis zum 10. des nachfolgenden Voranmeldezeitraums an das zuständige Finanzamt abzuführen ist.

(b) Die Vermietung von Leerräumen eines Bäderbetriebes (zum Beispiel zwecks Führung eines Restaurationsbetriebs oder eines Kiosks) ist aus Sicht der Kommune dem steuerfreien Bereich der Vermögensverwaltung zuzuordnen. Das gilt einerseits für die Ertragsteuern; andererseits ist die Vermietung nach §4 Nr. 12a UStG von der Umsatzsteuer befreit (Ausnahme: Ausübung des Optionsrechts nach §9 UStG).

7. Zu den typischen kommunalen Leistungen, die nach §4 UStG steuerbefreit sind, gehören: *Gewährung und Vermittlung von Krediten der Sparkassen (Nr. 8); Verkauf von bebauten und unbebauten Grundstücken (Nr. 9a); staatliche Lotterieumsätze (Nr. 9b); Umsätze der TELEKOM, Telekom AG, Post AG (Nr. 11a, b); Vermietung und Verpachtung von kommunalen Grundstücken und Gebäuden (Nr. 12); Medizinische Versorgungszentren (Nr. 14); Umsätze der kommunalen Krankenhäuser, Diagnosekliniken, Altenheime, Altenwohnheime, Pflegeheime (Nr. 16); Umsätze der Wohlfahrtseinrichtungen (Nr. 18); Umsätze der Blindenwerkstätten (Nr. 19); Umsätze der Theater, Orchester, Chöre, Museen, Tierparks, der botanischen und zoologischen Gärten, Denkmäler der Bau- und Gartenkunst, Büchereien, Archive (Nr. 20); Schulen, allgemeinbildend und berufsbildend (Nr. 21); Volkshochschulen, Verwaltungsakademien (Nr. 22a); Kindergartengebühren, Leistungen der Kindertagesstätten und Halbtags-Schülerheime (Nr. 23); Leistungen des Deutschen Jugendherbergswesens (Nr. 24); Durchführung von Lehrgängen, Freizeiten, Zeltlagern oder ähnlichen Leistungen der öffentlichen Jugendhilfe (Nr. 25); ehrenamtliche Leistungen, die für den Hoheitsbereich einer Kommune ausgeübt werden (Nr. 26a) und die für den BgA einer Kommune ausgeübt werden (Nr. 26b).*

8. Sollbesteuerung: Entstehung der Umsatzsteuer in dem Monat, in dem die Leistungen ausgeführt wurden. Der Mahlzeitendienst erfolgt im Dezember t_1. Die Umsatzsteuer entsteht im Dezember t_1. Der Verband hat die Umsatzsteuer in Höhe von 38 Euro für den Monat Dezember t_1 spätestens am 10.01.t_2 abzuführen (unter Beachtung der Zahlungsschonfrist spätestens am 13.01.t_2 sowie der Dauerfristverlängerung nach §46 UStDV am 13.02.t_2).

9. Istbesteuerung: Entstehung der Umsatzsteuer in dem Monat, in dem die Rechnung bezahlt wurde, folglich wenn das Entgelt zufließt bzw. vereinnahmt wird. Die Überweisung erfolgt am 27.02.t_2; demnach entsteht die Umsatzsteuer im Februar t_2. Der Verband hat die Umsatzsteuer in Höhe von 38 Euro an das zuständige Finanzamt am 10.03.t_2 abführen (unter Beachtung der Zahlungsschonfrist und der Dauerfristverlängerung spätestens am 13.03.t_2).

10. Der Musikverein kann einen Vorsteuerbetrag von 1.400 Euro geltend machen und würde im Regelfall eine Umsatzsteuer-Zahllast von 5.060 Euro abführen.

Umsatzsteuer (Traglast): 34.000 Euro × 19 %	6.460 Euro
– abziehbare tatsächliche Vorsteuerbeträge laut Sachverhalt	1.400 Euro
= Umsatzsteuerschuld (Zahllast)	5.060 Euro

11. Bei einem Antrag auf eine Durchschnittssatzbesteuerung nach §23a UStG ergibt sich ein fiktiv höherer Vorsteuerbetrag von 2.380 Euro. Eine Antragstellung ist möglich, weil die Bruttojahreseinnahmen des Vereins unter

45.000 Euro (40.460 Euro) liegen. Der Verein muss an das Finanzamt eine Umsatzsteuer-Zahllast in Höhe von 4.080 Euro abführen.

Umsatzsteuer (Traglast): 34.000 Euro × 19 %	6.460 Euro
- abziehbare pauschalierte Vorsteuerbeträge: 34.000 Euro × 7 %	2.380 Euro
= Umsatzsteuerschuld (Zahllast)	4.080 Euro

Im Vergleich zwischen Regelfall und Sonderregelung nach § 23a UStG ist eine geringere Umsatzsteuer-Zahllast an das Finanzamt abzuführen. Die Differenz zwischen fiktivem und tatsächlichem Vorsteuerbetrag (2.380 Euro – 1.400 Euro =) in Höhe von 980 Euro verbleibt im Verein und erhöht seine Liquidität. Hierdurch sollen kleinere steuerbegünstigte Körperschaften gefördert werden.

12. Im Regelfall können Vorsteuerbeträge nur im Zusammenhang mit unternehmerischen Vermögen berücksichtigt werden. Es greift § 2b Abs. 1 S. 1 UStG, weil keine größeren Wettbewerbsverzerrungen vorliegen. Damit ist die Nutzung des Obergeschosses dem nichtunternehmerischen Bereich zuzuordnen. Für die Stadt Musterhausen bedeutet dies, dass die Vorsteuerbeträge nur anteilig für das unternehmerisch genutzte Erdgeschoss geltend gemacht werden können. Als objektiver Maßstab dient die Flächengröße des Erd- (75 %) und Obergeschosses (25 %). Für den vorliegenden Sachverhalt kann die Stadt Musterhausen einen anteiligen Vorsteuerbetrag von (87.016,00 Euro × 75 % =) 65.262,00 Euro für das unternehmerisch genutzte Erdgeschoss geltend machen. Dagegen ist für den nichtunternehmerisch genutzten Teil (Obergeschoss) ein Vorsteuerabzug ausgeschlossen (§ 15 Abs. 1b UStG). Insgesamt steht der Kommune ein *Vorsteuerüberhang* („Umsatzsteuerguthaben") in Höhe von *65.262,00 Euro* zu.

    Mit dem EuGH-Urteil vom 08.05.2003 (Rechtssache C-269/00, Wolfgang Seeling) wurde entschieden, dass gemischt-genutzte Gebäude vollständig dem Unternehmensvermögen zugeordnet werden können, wenn der betriebliche Nutzungsanteil mindestens 10 % beträgt. Gleichzeitig wurde eine anteilige Umsatzsteuerpflicht des nichtunternehmerisch genutzten Bereichs im Rahmen der steuerpflichtigen Wertabgabe nach § 3 Abs. 9a UStG angenommen. Der Gesetzgeber hat auf dieses EuGH-Urteil reagiert und den Vorsteuerabzug bei gemischt-genutzten Grundstücken neu geregelt (§ 15 Abs. 1b UStG). Demnach ist ein Vorsteuerabzug für nicht unternehmerische Gebäudeteile ausgeschlossen. Gleichzeitig entfällt die Wertabgabenbesteuerung nach § 3 Abs. 9a Nr. 1 UStG. Für den Fall einer späteren Änderung der unternehmerischen Nutzung ist nach § 15a Abs. 6 UStG eine Vorsteuerberichtigung vorzunehmen.

13. Die Nutzung eines zum Unternehmensvermögen gehörenden Gegenstands für nichtunternehmerische Zwecke stellt im Umsatzsteuerrecht eine unentgeltliche Wertabgabe dar. Die Wertabgabe bemisst sich nach den tatsächlichen Kosten des Fahrzeugs, soweit sie zum vollen oder teilweisen Vorsteuerabzug berechtigt

haben. Die Ausgaben für das Fahrzeug können anhand eines ordnungsgemäß geführten Fahrtenbuches oder nach der 1 %-Regelung (1 % des Bruttolistenpreises einschließlich Sonderausstattung) nachgewiesen werden. Kosten, die nicht zum Vorsteuerabzug berechtigt haben, sind auszuschließen. Die unentgeltliche Wertabgabe nach § 3 Abs. 9a UStG bemisst sich folglich nach den tatsächlichen Fahrzeugkosten (200 km × 0,38 Euro =) 76 Euro × 19 % = 14,44 Euro Umsatzsteuer, welche die Gemeinde an das Finanzamt abführen muss.

14. Mit der Trinkwasserversorgung privater Haushalte ist die Gemeinde Unternehmerin nach § 2 UStG. Die Lieferung von Trinkwasser ist eine steuerbare und steuerpflichtige Lieferung, deren Ort dort liegt, wo die Lieferung beginnt (Beispielrode, § 3 Abs. 6 UStG). Die Lieferung unterliegt allerdings dem ermäßigten Umsatzsteuersatz von 7 % (§ 12 Abs. 2 Nr. 1 UStG), weil Trinkwasser in der Nr. 34 der Anlage 2 zum UStG als Gegenstand aufgeführt ist. Die Gemeinde muss in der Rechnung eine Umsatzsteuer in Höhe von (600 Euro × 7 % =) 42 Euro ausweisen, kann aber Vorsteuerbeträge abziehen.

15. Die Vermietung und Verpachtung gehört im Ertragsteuerrecht zur steuerfreien Vermögensverwaltung. Im Umsatzsteuerrecht liegt mit der Vermietung von unbeweglichem Vermögen eine steuerbare sonstige Leistung vor, deren Ort sich nach der Belegenheit des unbeweglichen Vermögens (Grundstück und Gebäude) richtet (Beispielrode, § 3a Abs. 2 Nr. 1 UStG). Allerdings sind diese Leistungen nach § 4 Nr. 12a UStG steuerbefreit. Die Stadt Beispielrode kann jedoch für diese steuerfreien Umsätze das Optionsrecht nach § 9 UStG ausüben, wenn der Umsatz an einen anderen Unternehmer für dessen Unternehmen ausgeführt wird. Außerdem muss das Mietobjekt durch den Mieter nachweislich für Umsätze verwendet werden, die den Vorsteuerabzug nicht ausschließen. Es ist daher zu prüfen, welche Partei diese Eigenschaft eines Unternehmers mit vorsteuerabzugsberechtigten Umsätzen erfüllt.

    Der Zahnarzt des Erdgeschosses ist zwar ein Unternehmer nach § 2 UStG; er führt allerdings umsatzsteuerfreie Umsätze nach § 4 Nr. 14 UStG aus, die zum Ausschluss des Vorsteuerabzugs führen. Eine Option kommt nicht in Frage. Die Vermietung an eine Privatperson im oberen Geschoss schließt mangels Unternehmereigenschaft ebenfalls eine Optionsmöglichkeit aus. Das erste Geschoss ist an eine Beratungsgesellschaft vermietet, die als Unternehmer nach § 2 UStG steuerbare und steuerpflichtige Leistungen ausübt, die zum Vorsteuerabzug berechtigen. Angesichts der Umsatzhöhe scheidet eine Kleinunternehmerregelung für die Beratungsgesellschaft aus (§ 19 UStG). Das Optionsrecht kann für diese Mietpartei ausgeübt werden. Die steuerbare Vermietung wird durch den Verzicht auf die Steuerbefreiung umsatzsteuerpflichtig. Es ergibt sich eine Umsatzsteuer-Traglast von (6.000 Euro × 19 % =) 1.140 Euro. Die Beratungsgesellschaft wäre wirtschaftlich mit einer höheren Jahresmiete belastet, kann jedoch als Unternehmerin die Umsatzsteuer als Vorsteuer unter den Voraussetzungen des § 15 UStG geltend machen.

Ein Vorsteuerabzug nach § 15 UStG erfordert steuerbare und steuerpflichtige Umsätze. Die steuerfreie Vermietung hingegen schließt den Vorsteuerabzug aus. Da die Option (Verzicht auf Steuerbefreiung) im vorliegenden Sachverhalt nur für ein Geschoss ausgeübt werden kann, ist auch nur ein anteiliger Vorsteuerabzug möglich. Als objektiver Beurteilungsmaßstab bietet sich gewöhnlich die Flächengröße an. Da alle Wohnungen die gleiche Größe aufweisen, kann vereinfachend ein Drittel der Summe (3.000 Euro) als anteiliger Vorsteuerabzug berücksichtigt werden: 1.000 Euro. Die Gemeinde hat bei Ausübung der Option unter Beachtung der Umsatzsteuer-Traglast von 1.140 Euro und dem anteiligen Vorsteuerabzug von 1.000 Euro eine *Umsatzsteuer-Zahllast* von *140 Euro* an das zuständige Finanzamt zu entrichten.

16. Die Stadt Mustercity handelt auf einer privatrechtlichen Grundlage (Pacht- und Betriebsführungsvertrag) und überlässt das Stadtbad zum 01.01.t_1 einem privaten Dritten. Es liegt ein Leistungsaustausch vor, der aus einer Leistung des Pächters (Betriebsführung und Zahlung der Pacht an die Stadt) sowie einer Gegenleistung der Verpächterin (Zuschusszahlung und Überlassung des Stadtbades mit Anlagen) besteht. Unternehmer Müller als Pächter übernimmt aufgrund des gegenseitigen Pacht- und Betriebsführungsvertrages Leistungen gegen Entgelt. Daher ist das Pachtentgelt eine steuerbare Leistung. Im Gegenzug ist der jährliche Zuschuss der Stadt eine steuerbare, steuerpflichtige Gegenleistung.

    Ergebnis: Es liegt ein steuerbarer Leistungsaustausch vor, wenn ein Unternehmen aufgrund eines gegenseitigen Vertrages Leistungen zur Erfüllung der von ihm übernommenen Aufgaben einer Kommune gegen Entgelt übernimmt. Die Stadt bleibt weiterhin Unternehmerin, auch wenn sie auf privatrechtlicher Grundlage die Betriebsführung des Stadtbades an einen privaten Dritten übertragen hat.

17. Die Entnahme von Gegenständen des Unternehmensvermögens in den nicht unternehmerischen Bereich sind steuerbare Vorgänge (§ 3 Abs. 1b Nr. 1 UStG). Die Umsatzsteuer bemisst sich nach dem Einkaufspreis im Zeitpunkt der Entnahme (Wiederbeschaffungspreis oder Zeitwert des entnommenen Gegenstandes). Die Stadt muss diesen Vorgang mit 750 Euro × 19 % versteuern. Die anfallende Umsatzsteuer beträgt 142,50 Euro.

    Ergebnis: Die Entnahme des PC führt zu einem steuerbaren Vorgang in Höhe von 142,50 Euro.

18. Es liegt keine umsatzsteuerbare Leistung nach UStG vor. Die beiden Bediensteten werden im jeweiligen Hoheitsbereich der Friedhofsverwaltung und der Poststelle der Kernverwaltung eingesetzt und treten nicht nach außen am Markt auf. Es handelt sich um eine Innenleistung und damit um einen nicht steuerbaren Vorgang. Selbst bei einer Personalgestellung bei einer anderen juristischen Person des öffentlichen Rechts (Einsatz der Bediensteten) in der Friedhofsver-

waltung der Stadt Mustermetropole würde eine nicht steuerbare Innenleistung vorliegen. Vgl. hierzu Beispiel 1 und 2 gem. Abschnitt 2.11 Abs. 15 UStAE.

19. Nach § 2b Abs. 4 UStG sind die folgenden Tätigkeiten stets unternehmerische und damit steuerbare Leistungen: Leistungen der Vermessungs- und Katasterbehörden bei der Wahrnehmung von Aufgaben der Landesvermessung und des Liegenschaftskatasters mit Ausnahme der Amtshilfe sowie die Tätigkeit der Bundesanstalt für Landwirtschaft und Ernährung, soweit Aufgaben der Marktordnung, der Vorratshaltung und der Nahrungsmittelhilfe wahrgenommen werden. Darüber hinaus führen folgende Tätigkeiten zu einer Steuerbarkeit: Tätigkeiten im Telekommunikationswesen, Lieferung von Wasser, Gas, Elektrizität und thermischer Energie, Güter- und Personenbeförderung, Hafen- und Flughafendienstleistungen, Lieferung von neuen Gegenständen zum Zwecke ihres Verkaufs, Veranstaltung von Messen und Ausstellungen mit gewerblichem Charakter, Lagerhaltung, Tätigkeiten gewerblicher Werbe- oder Reisebüros, Umsätze von betriebseigenen Kantinen oder Verkaufsstellen. Führt die Stadt Mustercity eine dieser Tätigkeiten aus, ist sie auch bei Ausübung öffentlicher Gewalt unternehmerisch tätig.

20. Unternehmer U erbringt in Deutschland eine Werklieferung. Nach § 3 Abs. 4 S. 1 UStG liegt eine Werklieferung vor, weil U nicht nur die beiden Gegenstände mit dem eigenen LKW nach Deutschland befördert, sondern zusätzlich auch die Be- oder Verarbeitung dieser Gegenstände übernommen hat. In diesem Fall baut U den gelieferten Heizkessel und Brenner selbst ein und erbringt damit eine Leistung, die über die reine Anlieferung der Ware hinausgeht. Außerdem handelt es sich bei dem Heizkessel und Brenner um einen Hauptstoff, nicht aber um bloße Zutaten oder sonstige Nebensachen. Damit sind die Voraussetzungen für eine Werklieferung in Deutschland erfüllt. Ort der Werklieferung ist Musterhausen (§ 3 Abs. 8 UStG). Ist in diesem Fall der Leistungsempfänger (Stadt Musterhausen) selbst ein Unternehmer oder – wie hier im Sachverhalt - eine juristische Person des öffentlichen Rechts, wechselt die Steuerschuldnerschaft vom Leistungsgeber (Unternehmer U) auf den Leistungsempfänger (Stadt Musterhausen) nach § 13b Abs. 2 Nr. 1 und § 13b Abs. 5 S. 1 UStG über. In der Rechnung des Unternehmers U wird nur der Nettobetrag in Höhe von 14.000 Euro ausgewiesen. Zusätzlich ist es erforderlich, dass die Rechnung ohne Umsatzsteuerausweis ausgestellt wird und den Vermerk „Steuerschuldnerschaft des Leistungsempfängers" enthält. Die Stadt Musterhausen ist nunmehr Leistungsempfänger und hat als Steuerschuldner die Umsatzsteuer in Höhe von 2.660 Euro, die sie für die bezogene Werklieferung schuldet, in ihrer Umsatzsteuer-Voranmeldung anzumelden und an das Finanzamt abzuführen. An den Unternehmer U wird nur der Nettobetrag von 14.000 Euro überwiesen. Parallel hierzu steht der Stadt Musterhausen der Vorsteuerabzug in Höhe der geschuldeten Umsatzsteuer (2.660 Euro) nach § 15 Abs. 1 S. 1 Nr. 4 UStG zu.

Zur Autorin

Prof. Dr. Sabine Seibold-Freund lehrt an der Hochschule Nordhausen die Fachgebiete Allgemeine Betriebswirtschaftslehre, betriebliches Steuerwesen sowie öffentliche Betriebswirtschaft/Public Management und Besteuerung von Non-Profit-Organisationen/Sozialmanagement. Darüber hinaus ist sie als Dozentin bei Fortbildungsmaßnahmen von Städten, Gemeinden und Landkreisen tätig.

Stichwortverzeichnis

C

D

N

O

P

Q

R

T

U